Kindliche Mehrsprachigkeit
Determination und Genus

Waxmann Verlag GmbH
Steinfurter Straße 555, 48159 Münster
info@waxmann.com

Sprach-Vermittlungen

herausgegeben von
Konrad Ehlich

Band 7

Waxmann 2010
Münster / New York / München / Berlin

Elke Montanari

Kindliche Mehrsprachigkeit

Determination und Genus

Waxmann 2010
Münster / New York / München / Berlin

Bibliografische Informationen der Deutschen Nationalbibliothek
Die Deutsche Nationalbibliothek verzeichnet diese Publikation in
der Deutschen Nationalbibliografie; detaillierte bibliografische
Daten sind im Internet über http://dnb.d-nb.de abrufbar.

Diese Arbeit wurde von der Ludwig-Maximilians-Universität München
als Dissertation angenommen.

Sprach-Vermittlungen, Band 7

ISSN 1869-5477
ISBN 978-3-8309-2300-8

© Waxmann Verlag GmbH, 2010
Postfach 8603, D-48046 Münster

www.waxmann.com
info@waxmann.com

Umschlag: Christian Averbeck, Münster
Umschlagfoto: © Urbanhearts – Fotolia.com
Gedruckt auf alterungsbeständigem Papier,
säurefrei gemäß ISO 9706

INHALT

9

0. Notierungen

a. Zitate

Hervorhebungen sind im Original, wenn nicht anders vermerkt. Zitate werden in der ursprünglichen Rechtschreibung angegeben.

b. Nummerierung

(1)	Beispiele,
(T 1)	Äußerungen aus Transkripten aus dem Korpus,
(G 1)	Genuszuweisungsprinzipien.

c. Beispiele

abc   Sprachbeispiele, konstruierte Beispielsätze oder einzelne Wörter, z.b.: Der ist nur ein kurzes Wort.

d. Transkription

Die Transkription wurde als halbinterpretative Arbeitstranskription HIAT (Ehlich/ Rehbein 1976) mit dem Transkriptionsprogramm EXMERaLDA (Schmidt 2002) erstellt. Um eine gute Lesbarkeit auf geringem Raum zu erreichen, wird für die Druckausgabe auf die Partiturdarstellung verzichtet. Da sich die Äußerungen aufgrund der strukturierten Erhebungssituation selten überlappen, werden die Möglichkeiten, die eine Partitur bietet, hier nicht ausgeschöpft. Alle Transkripte wurden von einem erstsprachlichen Sprecher des Deutschen gegengehört. Scheinbare Schreibfehler wurden wie notiert gehört.

e. Interjektionen

Die Interjektionen sind in ihren Tonverläufen dargestellt (Ehlich 1986a: 54, 75). Die notierten Interjektionen sind:

Hmhm`	gleichbleibend fallend, meist in der Bedeutung der Verneinung bzw. der Anzeige komplexer Divergenz (Ehlich 1986a: 54),
Hm⁻	[m]-Laut auf gleicher Höhe, der eine Ermutigung zum Weiterreden anzeigt und zugleich ein „vielleicht – aber", eine Prä-Divergenz meinen kann (ebd.), ein „so weit kann ich dir folgen" (Ehlich 2007a: 431),
Hm˘	[m] mit fallend-steigender Intonation, mit der Bedeutung einer Bestätigung, „einverstanden" und der Anzeige von Konvergenz (Ehlich 1986a: 54).

f. Weitere Notierungen in den Transkripten

•	Pause, ein Punkt entspricht etwa einer Sekunde,
/	Äußerungsabbruch,
ABC	Hervorhebung durch die Sprecher,
‚abc'	interpretierende Umschrift,
Namethema (5,3; IX)	Datei (Alter des Kindes in Jahr, Monat; Beobachtungs-monat,
…	Auslassung von Redeteilen,
SF	„Sprachförderkraft", pädagogische Fachkraft,
EM	Verfasserin.

g. Glossierungskonvention

Glossierungen folgen den *Leipzig Glossing Rules* des Max-Planck-Instituts Leipzig und des Fachbereichs Linguistik der Universität Leipzig.[1]

---

1   Quelle: http://email.eva.mpg.de/~cysouw/teaching/graz/glossing_rules_2004.pdf

1. Mehrsprachige Aneignung, Determination und Genus

1.1 Zum Forschungsgegenstand

Aus einem 75-stündigen Korpus wurden 107 kindliche Erzählungen ausgewählt, um an ihnen zu untersuchen, wie sich mehrsprachige Kinder Determination und Genus des Deutschen aneignen. Erzählungen wurden deshalb ausgewählt, um Äußerungsfolgen betrachten zu können.

Die Kinder, von denen die Daten stammen, wachsen in Deutschland auf. Die Beherrschung der deutschen Sprache bereitet ihnen noch Schwierigkeiten, obwohl sie regelmäßige Gelegenheiten für Kontakte mit der deutschen Sprache haben. Zu Beobachtungsbeginn besuchen sie bereits seit mindestens zwei Jahren regelmäßig eine deutschsprachige Kindertagesstätte.

1.2 Mehrsprachige Aneignung aus funktional-pragmatischer Sicht

„Heute ist unbestritten, dass die menschliche Sprachfähigkeit grundlegend mehrsprachig angelegt und für alle Sprachen offen ist."

Rehbein/Meng 2007: 9[2]

1.2.1 Die Begrifflichkeit

Um zu beschreiben, wie ein Mensch beginnt, Sprache zu beherrschen und zu verwenden, werden vor allem die Begriffe *Aneignung, Emergenz, Entwicklung, Erwerb* und *Lernen* gebraucht.

Der Begriff *Aneignung* geht auf Leont'ev (1973) zurück und wird heute hauptsächlich im funktional-pragmatischen (FP-)Paradigma verwendet. Mit *Aneignung* ist ein Verständnis von einer aktiven Rolle des Kindes bei der Ausformung sprachlicher Handlungsfähigkeit verknüpft. Sprache wird in Hinblick auf die Realisierung von Handlungszwecken in der Interaktion betrachtet (z.B. Redder 1987; Brünner/Gräfen 1994; Meng/Schrabback 1994; Ehlich 2005; Ehlich/Trautmann 2005; Rehbein/Meng 2007). Der Aneignungsbegriff erfasst das Wechselverhältnis praktischer, mentaler und sprachlicher Prozesse in seiner historisch-gesellschaftlichen Qualität (Redder 1987).[3]

---

2   Siehe dazu auch Meisel (2002).

3   „(Die) historisch-gesellschaftliche Handlungsqualität (von Aneignung, EM) sowie das Wechselverhältnis von praktischen, mentalen und sprachlichen Prozessen sind so begrifflich gefasst." (Redder 1987: 32)

Vertreterinnen und Vertreter der FP verwenden neben *Aneignung* auch *Erwerb* (Redder 1987; Rehbein/Grießhaber 1994, 1996; Erfurt/Redder 1997; Garlin 2000; Ehlich 2001; Redder 2007; Ehlich/Bredel/Reich 2008) und *Entwicklung* (Ehlich 1996; Grießhaber 2006), selten *Lernen* (Hoffmann 1989: *zweitsprachliches Lernen*).
Emergence bzw. deutsch *Emergenz* ist eng mit Snow/Ferguson (1977), Bates/Mac Whinney (1989), Bates/Goodman (1999), MacWhinney (1999, 2001, 2005), Snow (1999) verbunden. In diesem Ansatz wird ersten, noch syntaktisch unanalysierten Äußerungen in sprachlichen Handlungen zwischen dem Kind und seinen Bezugspersonen eine zentrale Rolle bei der Aneignung eingeräumt; an ihnen erkennt das Kind, wie Handlung und Situation mit der sprachlichen Äußerung verbunden sind. Die syntaktischen und lexikalischen Analysen der Äußerungen folgen erst dem Erkennen der Handlungsqualität einer Phrase.
Ein breit verwendeter Begriff ist *Entwicklung*, die Ehlich (2007b) als Entfaltung von innewohnenden Potentialen beschreibt. Ein besonders klarer Ausdruck des Entwicklungsmodells ist die entelechische Form, die sich selbst entfaltet:

„So wie andere biologische Teilsysteme des Lebewesens Mensch entfaltet sich das Sprachvermögen aufgrund einer ihm innewohnenden, sozusagen biologischen, Kraft hin zu einem Zustand der Vollkommenheit. Dieses Vermögen hat die Kraft zur Erreichung des Zielzustands in sich selbst (en-tel-echon)."

Ehlich 2007b

In sprachwissenschaftlichen Texten wird *Entwicklung* mit dem Blick auf längere Zeitphasen und die Veränderungen, die sich über diese Zeiträume erstrecken, verwendet, z.B. für die Beschreibung von Verläufen des Schriftspracherwerbs (Panagiotopoulou/Carle 2004; Andresen 2005), in grundsätzlicher Sicht auf die Aneignung des Deutschen (Bamberg 1994), bei der Betrachtung zunehmender Erzählfähigkeit (Verhoeven/Strömqvist 2001; T. Becker 2005), zur Beschreibung früher Sprachentwicklung (Bruner 1987; MacWhinney 2001) sowie früher bilingualer Entwicklung (Ronjat 1913; Romaine 1999, 2001). In psychologischer bzw. psycholinguistischer Perspektive ist der Entwicklungsbegriff zentral (z.B. Piaget 1954, 1955, 1980; Szagun 1983; Kegel 1987; Cenoz/Genesee 1998; Genesee 2003, 2008).

„Kenntnisse über die Widerspiegelung der Persönlichkeitsentwicklung im Sprachverhalten, die Aneignung der Sprachfunktionen als Mittel zur Regulierung sozialen Verkehrs, die besondere Verbindung von Sprache und Denken während der Entwicklung und die fortschreitende Nutzung von Wörtern als Begriffssymbole bei der Lösung von Aufgaben müssen als Grundlage für die Bewertung der Sprachentwicklung im allgemeinen Sozialisationsprozess verstanden werden."

Kegel 1987: 112

Sprachentwickelung wird aber auch, z.B. in Wundt (1901, 1912), in ganz anderem Verständnis auf die Entstehung von Sprache aus den „ältesten menschlichen Aeußerungen" (Wundt 1901: V, 84) bezogen.

Im universalgrammatischen (UG-)Paradigma (Chomsky 1965) wird der englische Begriff *language acquisition* in deutschsprachigen Publikationen mit *Erwerb* übersetzt. Es wird von einem genetischen Mechanismus ausgegangen, der den ersten Spracherwerb ermöglicht (Felix 1987; Clahsen 1988; Weissenborn et al. 1992; Penner/Weissenborn 1996; Leuninger 2000, 2006; Tracy 1995, 2000, in letzterem auch *Entwicklung*; Hohenberger 2002; Grewendorf 2002).

Erwerb wird neben der Verwendung in UG-basierten Ansätzen paradigmenübergreifend verwendet (Andresen 1985; Apeltauer 1987, 2003; Wegener 1992; Klann-Delius 1999; Klein 2000, 2001; Siebert-Ott 2001; Eisenbeiss 2003; Haberzettl 2006; Hornung 2006; Knobloch 2007), vor allem in älteren Texten auch für Prozesse, die nach dem Kindesalter erfolgen, z.B. Ehlich (1981a), Clahsen/Meisel/Pienemann (1983).

Lernen ist als Bezeichnung für die Sprachaneignung in den ersten Lebensjahren in älteren Arbeiten ein wichtiger Begriff, wie bei H. Paul (1886) zum Zusammenhang von Sprachaneignung und Sprachwandel:

> „Aber die hauptperiode der beeinflussung ist doch die zeit der ersten aufnahme, der spracherlernung. ... Es liegt auf der hand, dass die vorgänge bei der spracherlernung von der allerhöchsten wichtigkeit für die erklärung der veränderungen des sprachusus sind."
>
> H. Paul 1886: 31

Eine grundlegende Differenzierung des Lernbegriffs erfolgt durch Krashen (1981, 2003). Er unterscheidet, im Rahmen seines Schwerpunkts der Beschäftigung mit Zweitspracherwerb, *language acquisition* von *language learning*, im Deutschen *Lernen* von *Erwerb*. *Acquisition* bestimmt er als einen unbewussten Prozess in der Interaktion mit bedeutungshaften Äußerungen, bei der die Sprecher auf das Gelingen der sprachlichen Handlung konzentriert sind.[4] *Lernen* beschreibt dagegen die formale Instruktion und einen bewussten Prozess, etwa das Lernen einer Sprache in der Schule oder einem Sprachkurs, bei dem auch formale Fragen, z.B. der Syntax, didaktisch systematisch bearbeitet werden.

> „Language *acquisition* is a subconscious process; while it is happening, we are not aware that it is happening. Also, once we have acquired something, we are not usually aware that we possess any new knowledge ... The research strongly

---

4 Die Frage, welchen Bewusstheitsstatus Wissen aus der Aneignung in sprachlichen Handlungen hat, thematisiert ausführlich Andresen (1985, 2005).

supports the view that both children and adults can subconsciously acquire language. ...
Language *learning* is what we did at school. It is a conscious process; ... learned knowledge is presented consciously in the brain."

Krashen 2003: 1

Diese Unterscheidung hat sich in vielen Publikationen durchgesetzt (z.b. Boos-Nünning 1976; Bartnitzky/Speck-Hamdan 2005; Barkowski 1993, 2007; kritisch Bausch/Königs 1983; Wode 1985).

Jedoch gibt es, zum Teil lange vor, zum Teil nach Krashen (1981) erschienen, Beispiele für weiter gefasste Verwendungen von *Lernen*. So liegt mit Bruners klassischer Darstellung der Sprachaneignung ein breit gefasstes Verständnis vor, das sich bereits im Titel erkennen lässt: *Child's Talk: Learning to Use Language* (Bruner 1983). Gleichbedeutend mit *acquisition* verwendet MacWhinney (2001) *learning*.

Als „theorieneutral" bezeichnen Edmondson/House (2000: 112) ihre Verwendung von „Lernen als Oberbegriff, durch den sowohl natürlicher Spracherwerb als auch gesteuertes Sprachlernen mitenthalten sind" (ebd.). Ein weiterer Beleg für eine offenere Verwendung von *Lernen*, als sie Krashen (1981) intendiert, findet sich in Knoblochs Darstellung von Konzepten zum Spracherwerb (Knobloch 2007), wo er *Lernen* gleichbedeutend mit *Erwerb* verwendet.

„Gelernt wird das, was wir gerne und missverständlich ,Sprache' nennen, als Ensemble von Techniken der lokalen und kooperativen Sinnerzeugung in der Kommunikation."

Knobloch 2007: 121

Resümierend betrachtet lässt sich aus der Verwendung des Begriffs der Aneignung auf ein funktional-pragmatisches Verständnis schließen. Andere Termini können für eine spezifische Konzeption von Spracherwerb stehen, bedeuten aber nicht zwangsläufig ein bestimmtes Paradigma.

Im Weiteren wird vor allem die Begrifflichkeit der *Aneignung* benutzt, da sie den gewählten theoretischen Bezugsrahmen mit anzeigt. Bei der Diskussion von Werken anderer Autoren wird die Terminologie des Originals verwendet.

1.2.2 Aneignung in gesellschaftlichen Handlungen

In funktional-pragmatischer Sicht ist Sprachaneignung die Ausfaltung und Differenzierung sprachlicher Formen und Funktionen durch kommunikative Tätigkeiten in einem Verständnis von Sprache, das die Handlungsqualität von Sprache in den Blick nimmt. Die Auffassung von Sprache als Handlung geht wesentlich auf Austin (1962) zurück. Das funktional-pragmatische Verständnis von Aneignung trifft keine Aussagen dazu, wie viele Sprachen angeeignet werden; es bezieht sich damit auf ein- wie mehrsprachige Aneignungsverläufe.

Die Sprachaneignung erfolgt als sich zunehmend erweiternde, psychisch-aktive Auseinandersetzung des Kindes mit einer gesellschaftlichen Realität. Diese ist durch Tätigkeiten, Interaktionen und Handlungsmuster strukturiert (Redder/Martens 1983; Ehlich/Rehbein 1986, 1994; Kraft 1996; Kraft/Meng 2007; Rehbein/Meng 2007): Das Kind eignet sich mit der Sprache Handlungsfähigkeit in der Gesellschaft an.[5] In der psychologischen Tradition Vygotskijs wird der Mensch als ein von Anfang an soziales Wesen gesehen (Vygotskij 2002).

Spracherwerb wird als eine Aneignung kognitiver Konzepte und kommunikativer Fähigkeiten verstanden (Redder 1987; Ehlich 1996, 1996a, 1999a).[6] In diesem Prozess wirken genetische, kognitive und interaktive Faktoren zusammen. Aus diesem Verständnis eines Zusammenspiels heraus sind Sprach- und Weltwissen, Lexikon und Grammatik nicht scharf voneinander trennbar (Hoffmann 2003b). Auch Morphologie und Syntax werden über ihre Funktionen in der Kommunikation angeeignet (Redder/Rehbein 1999; Ehlich 2005b; Rehbein/Meng 2007).

„Die Aneignung der (Erst-)Sprache ist ein Prozess, in den genetische, kognitive und interaktive Ressourcen eingebunden sind: Aus der Struktur des jeweils einzelsprachlichen „Inputs" aus der Umgebung gewinnt das Kind geeignete Parametrisierungen der Sprachanlagen (genetisch). Aus dem aktiven Umgang mit der gegenständlichen Umwelt erschließt es sich semantische und konzeptuelle Beziehungen zwischen Gegenständen und Sachverhalten, die den „Rohstoff" für den Aufbau semantischer Konzepte bilden (kognitiv). Wissen über die Funktionalität sprachlicher Mittel, über kommunikative Ablaufstrukturen und über zentrale Rollenkonfigurationen eignet sich das Kind in der Interaktion mit anderen an (interaktiv)."

Ehlich/Bredel/Reich 2008: 27

Auf der Grundlage von Handlungsfeldern werden die sprachlichen Mittel verstanden. Der Feldbegriff geht auf Bühlers Unterscheidung von *Symbolfeld* und *Zeigfeld* (Bühler 1934) zurück, die Ehlich (1986) unter Spezifikation weiterer Felder differenziert: Das *Lenkfeld*, das *Operationsfeld* und das *Malfeld* kommen nach ihren Funktionen als Kategorien sprachlichen Handelns zu den ursprünglichen zwei Feldern hinzu.

Die feldspezifischen Leistungen werden über Prozeduren erreicht, die expressiv (im Malfeld), expeditiv (im Lenkfeld), deiktisch (im Zeigfeld), nennend (im Symbolfeld)

---

5 „Die Aneignung von Sprache bedeutet, daß ein Kind Sprache als Handlungsmittel umfassend erwirbt und Sprechen so zu einer eigenen, gesellschaftlich hinreichenden Handlungsressource für sich entwickelt." (Ehlich 2005c: 252)

6 „Ein Kind eignet sich kognitive Konzepte ebenso wie das sprachliche Ausdrucksrepertoire und dessen zweckmäßige Handhabung in aktiver Auseinandersetzung mit der Wirklichkeit an." (Redder 1987: 31)

17

oder operativ (im Operationsfeld) wirken (Ehlich 1986; Redder 1994, 1994a). Prozeduren sind die kleinsten Einheiten sprachlichen Handelns; Sprechhandlungen sind Einheiten mittlerer Größenordnung. Diskurs oder Text stellen die größten Einheiten sprachlichen Handelns dar (Redder 2003).

Die in dieser Arbeit betrachteten Prozeduren sind die Substantive des Symbolfelds, die Determinative aus dem Operationsfeld, und die Anadeixis und Deixis, die zum Zeigfeld gehören. Die Prozeduren tragen dazu bei, jeweils spezifische kommunikative Funktionen auszuführen, wie die Abgleichung des Wissens von Sprecher (S) und Hörer (H).

Tabelle 1: Felder und Prozeduren

| | interaktional | Unmittelbarer Eingriff in H

(Handlungsverlauf; Empfindungsverlauf) | Fokussierung von H-Aufmerksamkeit | Abgleichung des S-H-Wissens | Abgleichung der S+H-Einschätzungen | Verarbeitung von Sprache/Wissen (z.B. W-Identifizierung, Sprachökonomie, Relatierung usw.) |
|---|---|---|---|---|---|---|
| **Funktionen** | ontologisch | | (Fokussierungsobjekt) | (Bezeichnung von Welt) | | |
| Prozeduren | expeditiv | deiktisch | nennend | malend | operativ |
| Felder | Lenkfeld | Zeigfeld | Symbolfeld | Malfeld | Operatives Feld |

Ehlich 2007a: 435

Determination dient der Verarbeitung von Sprache und Wissen und wird mit operativen Prozeduren erreicht. Genus ist ein Merkmal des Substantivs und daher Teil des Symbolfelds und seiner Prozeduren; als Mittel der Organisation von Texten und Diskursen unterstützt Genus operative Prozeduren.

1.2.3 Phasen der Aneignung

Das Kind eignet sich die Grundstrukturen seiner Umgebungssprache in den ersten Lebensjahren an, jedoch werden sprachliche Fähigkeiten in einem lebenslangen Prozess ausgebaut, reorganisiert und spezialisiert (cf. Ehlich/Bredel/Reich 2008: 15).

18

Fünf Phasen der Erstsprachaneignung werden von Hoffmann (2003b) aufgeführt. In der ersten Phase stehen die gemeinsame Ausrichtung der Aufmerksamkeit und des Blickkontakts sowie Zeigegesten im Vordergrund.

Die zweite Phase, die Initialphase, ist von intensiver Kooperation des Kindes und seiner Bezugspersonen gekennzeichnet. Formen und Funktionen werden koordiniert, es wird eine gemeinsame Orientierung in einem Verweisraum hergestellt. Spätestens zu diesem Entwicklungszeitpunkt beginnt die Auseinandersetzung mit Determination als Verständnissicherung darüber, dass beide Gesprächspartner sich auf den gleichen Redegegenstand beziehen. Die wesentliche Neuerung der dritten Phase und des ersten syntaktischen Zeitabschnitts besteht in der Synthese zweier Einheiten unterschiedlicher Funktion wie Papa da.

Dieser Phrasenkopf wird in der anschließenden zweiten syntaktischen, insgesamt vierten, Phase zur Phrase ausgebaut. Erste Vertreter des operativen Feldes werden geäußert.

Die Strukturen werden in der dritten syntaktischen, in der Gesamtzählung fünften, Phase ausgebaut; erst zu diesem Zeitpunkt werden die operativen Mittel der Sprache in ihrer Gesamtheit genutzt.

Hoffmann (2003b) setzt die Aneignung der Determinative als Prozeduren des operativen Feldes erst für die zweite syntaktische Phase, die vierte Phase seiner Spracherwerbsfolge, an. Dem zufolge steht also erst in einer relativ fortgeschrittenen späten Phase eine Struktur zur Verfügung, an der Genus und Determination angezeigt werden können.

Die Abfolge der Aneignungsschritte kann auf der Grundlage sprachlicher Handlungsfelder erfasst werden. Garlin (2000) und Redder (2007) beobachten eine Aneignungsreihenfolge, bei der einzelne sprachliche Handlungsfelder früher, andere später in den Mittelpunkt rücken.

„Expeditive und deiktische Prozeduren werden im allgemeinen vor den Symbolfeldausdrücken angeeignet; die operativen Ausdrücke folgen deutlich später; die intonatorischen Konturen des Malfeldes deuten sich zwar schon im präverbalen System der Schreie an, werden aber erst im Zuge des gesamten sprachlichen Ausbaus differenziert gestaltet."

Redder 2007: 142

In dieser Sicht richtet sich die Aneignungsreihenfolge nach der Funktion der jeweiligen sprachlichen Mittel und Prozeduren, die das Kind in seiner Interaktion braucht, in den Handlungsfeldern.

1.2.4 Sprachliche Basisqualifikationen

Für die Analyse und Diskussion bringt Ehlich (2005) das Konzept eines *Fächers* aus mehreren Basisqualifikationen in die Diskussion ein (siehe auch Ehlich 2005b, Ehlich/Trautmann 2005; aufgegriffen in Grießhaber 2006, 2007). Die Basisqualifikationen wirken in der Aneignung wie in der Interaktion im Verbund. Zuwächse an Fähigkeiten in sprachlichen Teilbereichen fördern Zuwächse in anderen Teilbereichen; in umgekehrter Wirkungsrichtung gilt dies für Stagnationen oder Fehlentwicklungen (cf. Ehlich 2005: 25).

Die *phonische Basisqualifikation* umfasst den Erwerb der Phonik von Sprache, der Segmentalia und Suprasegmentalia, der Prosodie und Intonation, und das sowohl rezeptiv als auch produktiv: z.b. die Lautunterscheidung, suprasegmentale-prosodische Strukturen, sonstige paralinguistische Diskriminierung. Die phonische Basisqualifikation stellt die materielle Basis für die Aneignung von Sprache dar.

„Die vielleicht wichtigste Errungenschaft von Kindern im ersten Lebensjahr ist ihre zunehmende Fähigkeit, aus dem Lautstrom einzelne Wörter herauszufiltern."

Falk/Bredel/Reich 2008: 35

Die Aneignung der phonischen Basisqualifikation setzen Falk/Bredel/Reich (2008) im Alter von drei Jahren als im Wesentlichen abgeschlossen an.

Die *pragmatische Basisqualifikation I* ist die kommunikative Grundlage für die Aneignung elementarer Handlungsqualität von Sprache, wenn das Kind Sprache zum Erreichen eigener Handlungsziele einsetzt. Handlungsmuster werden in der Interaktion mit den engsten Bezugspersonen in ihrer Grundstruktur angeeignet und zunehmend erweitert. Parallel dazu bauen die Kinder die Befähigung zum rezeptiven Verarbeiten von Verkettungen sprachlicher Handlungen aus.

Wichtige Schritte bei der Aneignung der pragmatischen Basisqualifikation sind die Überwindung der Beschränkung auf das rein handlungsbegleitende, empraktische Sprechen, die beginnende Perspektivenübernahme, die Aneignung sprachlicher Handlungen wie das Fragen, das Bestätigen, das Widersprechen und der Erwerb erster Handlungsmustersequenzen, z.B. Frage – Antwort (Trautmann/Reich 2008).

Im Rahmen dieser Basisqualifikation und in enger Vernetzung mit der semantischen Qualifikation eignen sich Kinder erprobend und lernend die komplexen propositionalen und illokutiven Gehalte von Modalverben an (Redder/Martens 1983; Redder 1984, 1987).

Die *pragmatische Basisqualifikation II* umfasst die zunehmende Ausbildung der Fähigkeit, die Einbettung von Handlungen und Handlungsfolgen in unterschiedlichen sozialen, insbesondere institutionellen Wirklichkeitsbereichen zu erkennen (Ehlich 2005c: 259). Mit dem Eintritt des Kindes in Institutionen jenseits der Familie verändern sich die Bedingungen für sprachliche Handlungen. Handlungsmuster, die aus der familiären Interaktion bekannt sind, werden aufgegriffen und institutionsspezifisch verändert (Ehlich/Rehbein 1986), wie z.b. institutionsspezifisches Auffordern, Bitten oder Bestätigen, Fragen[7], Widersprechen; neue Handlungsmuster kommen hinzu, wie das Bekunden von Wissen oder Nichtwissen, das Beschreiben und Deuten von Bildern (Trautmann/Reich 2008, ebd. eine Übersicht nach Aneignungsjahren).

Die *semantische Basisqualifikation* beinhaltet die Zuordnung sprachlicher Ausdrücke zu Elementen der Wirklichkeit und der Vorstellung sowie deren Kombinationen. Sie ist intensiv mit kognitiven wie emotiven mentalen Strukturen verbunden.

Diese Basisqualifikation umfasst die Aneignung des Wortschatzes und geht gleichzeitig weit darüber hinaus (cf. Ehlich 2005c: 258); mit dem Wort werden semantische, phonologische und grammatische Merkmale, wie Genus, ebenso wie die Begriffsbildung, angeeignet und organisiert.

Der produktive Wortschatz eines sechsjährigen Kindes kann mit ungefähr 14 000 Wörtern angesetzt werden, zu dem in den ersten Schuljahren jährlich ca. 3000 Wörter hinzukommen; der Wortschatz wird bis ins hohe Alter ausgeweitet (cf. Meibauer et al. 2007: 15).

In Bezug auf die Wortschatzaneignung des Deutschen als Zweitsprache gehen Komor/Reich (2008) davon aus, dass der produktive Wortschatz im Deutschen für sich allein genommen beim Übergang des Kindes vom Elementar- in den Primarbereich, also bei der Einschulung, kleiner als der in der Erstsprache, und ebenfalls kleiner als der der monolingualen Mitschüler ist. Sie nehmen ferner an, dass der Unterschied zu den monolingualen Mitschülern auch weiterhin bestehen bleibt.[8] Für diese Annahme sprechen Daten aus einigen älteren Arbeiten (Ben-Zeev 1977; Doyle/Champagne/ Segalowitz 1978; Rosenblum/Pinker 1983), während andere Arbeiten keine Evidenz für einen verminderten Wortschatz von simultan bilingualen im Vergleich zu monolingualen Kindern finden (Nicoladis 2001; Genesee 2003; Patterson/Pearson 2004; De Coster et al. 2006).

Die *morphologisch-syntaktische Basisqualifikation* umfasst die Fähigkeit, komplexe sprachliche Formen, Form- und Wortkombinationen sowie Kombinationen von Sätzen zu rezipieren und zu produzieren. Im Rahmen der morphologisch-syntaktischen Basisqualifikation werden die Konstruktion von Äußerungen und Sätzen, das Kasussystem,

---

7 Hörbeleg von einer Schulanfängerin in der zweiten Schulwoche: „Unsere Lehrerin weiß nicht, was 2+1 ergibt! Sie stellt immer solche Fragen." Dieses Kind ist dabei zu entdecken, dass eine schulische Frage eine institutionelle Bearbeitung des alltäglichen Handlungsmusters Frage darstellt (Ehlich/Rehbein 1986).

8 „Der Eintritt in die deutsche Schule bewirkt zwar einen Schub in der Aneignung des deutschen Wortschatzes, führt aber nicht dazu, dass eine völlige Angleichung an den durchschnittlichen Wortschatzumfang der einsprachigen Peers erfolgt." (Komor/Reich 2008: 55)

Kongruenz und morphologische Regelhaftigkeiten angeeignet (cf. Kemp/Bredel/Reich 2008: 69).

In den typologisch verschiedenen Sprachen ist jeweils spezifisch zu bestimmen, welche Formen für den jeweiligen Typ der Sprache – vorwiegend agglutinierend, flektierend oder überwiegend isolierend – die bedeutsamen morpho-syntaktischen Strukturen sind (Ehlich 2005). Die morpho-syntaktische Basisqualifikation wird also in der FP auf die einzelsprachlichen typologischen Eigenschaften bezogen und nicht universal verstanden.

Die *diskursive Basisqualifikation* zielt auf die Fähigkeit ab, mit anderen Interaktionsteilnehmern zweckgerichtet sprachlich zu handeln. Strukturen formaler sprachlicher Kooperation wie Abläufe und Strukturmerkmale von Diskursen, z.b. Verfahren des Sprecherwechsels, werden angeeignet. Teil der diskursiven Basisqualifikation ist die Aneignung der Fähigkeit zur Narration (Becker-Mrotzek 2002; Ehlich 2005b), z.b. der Erzählstrukturen, sowie der Fähigkeit, erzählte oder vorgelesene Geschichten zu verstehen (Ehlich/Wagner 1989; Hoffmann 1989).

Für kindliche Narrationen ist eine erste Form der Progression typisch, die oft durch und oder und dann realisiert wird. Sie gibt den einzelnen Elementen der Erzählung eine Struktur und einen Verlauf und verbalisiert die kontinuierliche Fortsetzung des ganzen Geschehens. Komplementär dazu verhalten sich die gedanklichen Einheiten, die Propositionen. Dem Zusammenspiel von Progression und Propositionen kommt in Bezug auf das einzelne Kind eine Indikatorfunktion für den Aneignungsverlauf zu (Ehlich 2005, 2005b).

Da Narrationen in enger Kooperation von Sprecher und Hörer entstehen (Hausendorf/Quasthoff 1989, 1996; Hoffmann 1989; T. Becker 2005), müssen die Gesprächsbeiträge von Sprecher und Hörer in die Analyse einbezogen werden, um Schlüsse über die sprachlichen Fähigkeiten des Kindes ziehen zu können. Die Aneignung der Narrativität wird in der Schule weiter geformt (Becker-Mrotzek 1989; Ehlich 2005b; Wieler 2006).

Die diskursive Basisqualifikation wird weiter in der Kind-Kind-Interaktion, z.b. im Rahmen kindlicher Spielerklärungen (Kern 2003), im Streit (Kraft/Meng 2007), im gemeinsamen Requisitenspiel (Birmele et al. 2007) oder im Aufbau von Spiel- und Phantasiewelten (Komor 2009), bearbeitet. Der kommunikative Aufbau von Spielwelten ermöglicht es, probeweise diskursiv zu handeln.

Kinder profitieren von einer Intensivierung ihrer Aneignung dadurch, dass sie stärker an Handlungen in der Kindertagesstätte teilnehmen. Damit nehmen die sprachlichen Handlungen, in die die Kinder involviert sind, zu, und mit ihnen die Aneignungsanreize, die die Kinder in der Interaktion erhalten (Montanari 2007). In Krisensituationen ist Diskursfähigkeit eine notwendige Voraussetzung dafür, dass Kinder Hilfebedarf mitteilen können (siehe Exkurs 1.2.5).

Die *literale Basisqualifikation I* befasst sich mit dem Schriftspracherwerb, der vor dem Schuleintritt beginnt (Speck-Hamdan 1998, 2001), z.b. mit den präliteralen Erfahrungen, die junge Aneignerinnen und Aneigner während des Vorlesens durch Ältere und der darauf bezogenen Anschlusskommunikation machen (Becker-Mrotzek 2002; Apeltauer 2003; Andresen 2005; Bredel/Reich 2008). In schriftbestimmten Gesellschaften wird mit der Aneignung der literalen Qualifikationen eine qualitativ neue Stufe gesellschaftlichen Handelns erreicht.

Die *literale Basisqualifikation II* befasst sich mit der vornehmlich in der Schule erfolgenden weiteren Bearbeitung des Schriftspracherwerbs (Speck-Hamdan 1998; Panagiotopoulou/Carle 2004; Bredel 2007, 2008; Bredel/Günther 2006), insbesondere mit der Ausbildung des rezeptiven und produktiven Umgangs mit schriftlichen Texten und der Orthographie (für eine Übersicht Bredel et al. 2003). Die Aneignung der Rechtschreibung bezieht intensiv das kindliche Wissen anderer Basisqualifikationen ein: Phonologisches Wissen ist erforderlich, um in alphabetbasierten Schriftsystemen Phonem-Graphem-Korrespondenzen zu erkennen, ebenso, um wahrzunehmen, dass gleiche Grapheme unterschiedliche Laute versprachlichen, die sich durch ihre Positionen im Wort und die Silbenform (Hauptsilbe versus Reduktionssilbe) differenzieren.[9] Kenntnisse aus der syntaktischen Basisqualifikation sind z.b. als Wissen über den Satz für die Interpunktion relevant (Bredel 2008).

1.2.5 Exkurs: Hilf mir!

Die Aneignung der diskursiven Basisqualifikation hat eine besondere Bedeutung, wenn Kinder auf sich aufmerksam machen wollen und müssen. Im vorliegenden Korpus finden sich von drei Kindern Erzählungen, die nahelegen, dass im Einzelgespräch geklärt werden muss, in welcher Lebenssituation sich die Familien befinden und ob Hilfsangebote benötigt werden.

(T1)   (Am Rande einer Bilderbuchbetrachtung)

SF	Die Ülkü hat auch eine Beule am Kopf, ne? Und eine Verletzung. Was is dir passiert, Ülkü?
Ülkü	Am Fenster. ...
SF	Was is mit dem Fenster.
Ülkü	So eins. (Zeigt auf das Raumfenster).
SF	Ülkü, was is passiert, erzähl mal.
Ülkü	Runterfällt.
SF	Erzähl mal der Frau M., was is passiert.
Ülkü	Da war ich einmal in Krankenhaus, da war/hab ich

---

9   Zum Beispiel lese [leza].

	blutet und ein Tuch mit ein Pflaster.
SF	Aber warum bist du ins Krankenhaus, was is denn am Fenster passiert?
Ülkü	Da war Blut. Da warn so Stein. Dann/•
SF	Bist du gegens Fenster gelaufen?
Ülkü	(schüttelt den Kopf)
SF	Was denn? Was is passiert am Fenster?
Ülkü	• Ich hab/•
SF	Was hattest du denn für einen Unfall?
Ülkü	• •
SF	Bist du mit dem Kopf gegen das Fenster gelaufen?
Ülkü	• (Schüttelt den Kopf) Hmhm`.
SF	Was denn?
Ülkü	• Bin mit dem Kopf so runtergefälle.
SF	(zu EM) Ist aus dem Fenster gestürzt.
Ülkü	Und da war noch mein kleiner Bruder und Gülcin und ich.
SF	Weil die abgeschlossen hat, hast du da versucht, ausm Fenster rauszugehen?
Ülkü	(schüttelt den Kopf) Hmhm`.
SF	Nee? Was wolltste denn am Fenster?
Ülkü	• • •
SF	Weißt du nicht mehr. Schon länger her, gell?
Ülkü	Ich war/Ich war/Ich war dann/„Knalla komm mit", hat mein Vater/hat mein Vater sagt: „Geh in mein Bruders Zimmer", und da ist es ganz tief. • • • Aber das geht jetzt bald wieder weg.
SF	Ja, das ist ja schon gut am Verheilen, ne? Da gucken wir mal, was bei dem Hassan dabei passiert, ne? SO!

(Blättert im Bilderbuch um.)

Ülküwehtun (5,10; VI)

Diese Erzählung vom Sturz aus dem Fenster bestätigt eine bereits in der Kindertagesstätte bestehende Besorgnis, dass dieses Kind in der Familie nicht genügend beauf-
sichtigt wird und Gefahren ausgesetzt ist.
Die Erzählung von dem Fenstersturz ist nicht die einzige Erzählung, die Fragen offen-
lässt; auch die folgende Erzählung eines anderen Kindes gibt einige Rätsel auf.

(T2)   (Bilderbuchbetrachtung: Ein Junge zieht einem anderen den Stuhl weg.
       Gespräch in der Runde.)

SF	Und was kann da passieren, wenn der mit dem Kopf auf den Tisch knallt?
Tomas	Ne Platzwunde.
SF	Was is denn ne Platzwunde?
Tomas	Wo/wo hier so ne Wunde is, wo Blut rauskommt.
SF	Ah so, und dann? Was passiert dann, wenn da Blut raus kommt? Was muss man denn machen?
(T3) Tomas	Bei mir war Krankenhaus, hab ich hier so gespritzt gekriegt, und dann/dann musst ich hier so mit das Handtuch so ziehn, und mit mein Haar ab, und dann hats nich mehr weh getan, und dann ha/dann hat der Mann gesagt: „Genäht oder mit Pflaster?" Hab ich gesagt: „Mit Pflaster."
SF	Ah ja, konntest du dir das sogar aussuchen.
Tomas	(nickt)
SF	Wo bist du denn mit dem Kopf gegen gestürzt, Tomas?
Tomas	Äh auf der/auf der Dusch • trenn • wand. Guck/ich/ich bin da runtergeflogen auf den Wand, und da bin ich/da hatt ich geblutet.
SF	Wovon bist du denn runtergefallen?
Tomas	Von dem Bett.
SF	Hmˇ, hast du getobt im Bett?
Tomas	Hmhm`.
SF	Ne? Wie is das denn dann passiert, im Schlafen?
Tomas	Hmhm`, ich/da war Morgen, da/da wollt ich runtergehen, da bin ich aus Versehen so runtergeknallt.
SF	Hast du ein Hochbett?
Tomas	Hmhm`. Unterbett. Wo/wo ich noch vier Jahre war, da hatt ich ein Hochbett. Jetzt unter/und je/und jetzt hab ich ein/bei vier Jahre hatt ich außer noch n/äh/äh/kleinen Bett.
SF	Hmˇ.

Tomaswehtun (6,1, VI)

Bei dieser Erzählung macht der Junge Angaben zum Hergang seiner Verletzung, die nicht kohärent sind. Ist Tomas vom Bett gefallen? Doch dann müsste es, wie die Erzieherin erfragt, ein Hochbett sein, oder er müsste im Bett getobt haben. Ist er gegen die Dusche gefallen? Doch wie kommt er von dem Bett an die Duschwand? Ist er vom Bett an eine Raumwand, nicht die Duschtrennwand, gefallen? Warum spricht Tomas das Wort Duschtrennwand mit zwei hörbaren Pausen aus? Hat er es auswendig gelernt?

Oder liegt ein anderer Verletzungsgrund vor, und das Kind bearbeitet die Aufgabe, einen Unfallhergang darzustellen, ohne den tatsächlichen Hergang zu erzählen? Genau das wäre die kommunikative Aufgabe, die von einem Kind im Krankenhaus bewältigt werden muss, wenn Eltern ihr Kind nach einer Handlung versorgen lassen, die sie nicht thematisieren wollen. Oder ist die Geschichte hinter der Erzählung nur zu komplex für die erzählerischen und lexikalischen Fähigkeiten des Kindes?

Die Verfügbarkeit diskursiver sprachlicher Mittel stellt eine notwendige Bedingung dafür dar, dass Kinder andere Bezugspersonen, z.b. in der Kindertagesstätte, auf Notlagen oder besonderen Betreuungsbedarf der Familie aufmerksam machen. Gerade darum sollte die diskursive Qualifikation ganz besonders beachtet und gestärkt werden.

1.3 Erst- und Zweitsprachen

Die Aneignung mehrerer Sprachen erfolgt mit sehr unterschiedlichen biografischen Erfahrungen und in heterogenen Konstellationen (Wong Fillmore 1979; Franceschini 2004a). In einer idealtypischen Unterscheidung (Klein 2001) können die Erwerbsverläufe in *Erstspracherwerb*, *Zweisprachigkeit*, *Zweitspracherwerb* sowie *simultaner* versus *sukzessiver multilingualer Erwerb* aufgegliedert werden (Klein 1984, 2000). Aktuell wird vor allem die Frage diskutiert, welche Gemeinsamkeiten und Unterschiede zwischen kindlichen sukzessiven zweisprachigen Aneignungsverläufen, simultan zweisprachiger Aneignung und zweitsprachlicher Aneignung im Erwachsenenalter vorliegen.

1.3.1 Frühe Zweisprachigkeit – simultaner mehrsprachiger Erwerb

Unter *früher Zweisprachigkeit* verstehen Rehbein/Grießhaber (1996) einen Aneignungsverlauf, bei dem zwei oder mehr Sprachen gleichzeitig und auf der Grundlage eines erstsprachlichen Inputs von Beginn des ersten Lebensjahres an erworben werden. Sie legen drei Kriterien für frühe Zweisprachigkeit an: Gleichzeitigkeit, Beginn im ersten Lebensjahr und erstsprachlicher Input. Das Kriterium der Inputqualität wird in anderen Arbeiten nur selten angewendet.

Den gleichzeitigen frühen Erwerb zweier Sprachen nennt De Houwer (1990) *simultanen bilingualen Erstspracherwerb*. Ein Verdienst ihrer Arbeit ist die konkrete Formulierung von Kriterien für *Bilingual First Language Acquisition BFLA*: Der Sprachkontakt muss in allen Sprachen regelmäßig, d.h. täglich, ab der ersten Lebenswoche für das Kind vorliegen (ebd.: 3). De Houwer (1990) setzt nur zwei Kriterien an: Gleichzeitigkeit und einen frühen Kontaktbeginn, den sie auf die erste Lebenswoche begrenzt. Das Kriterium der Erstsprachlichkeit von Input behandelt sie nicht.[10] Der drei- und mehrsprachige Spracherwerb zeichnet sich durch besondere Komplexität aus, verhält sich jedoch in Bezug auf die multilinguale erstsprachliche Aneignung in wesentlichen Bereichen analog zu Zweisprachigkeit (Ch. Hoffmann 2001[11]).

Der mehrsprachige simultane Erstspracherwerb wird in vielen Arbeiten als eine multiple Form von Erstspracherwerb gesehen. Er folgt den gleichen, recht klaren Aneignungsschritten wie der monolinguale Erwerb (Hoffmann 2003; Ehlich/Bredel/Reich 2008; in Bezug auf Morphologie und Syntax Clahsen 1988 für monolingualen Erwerb; Tracy/Gawlitzek-Maiwald 2000 für mono- und bilingualen Erwerb; Montanari 2002). Sprachliche Strukturen und Formen können bei multilingualen Kindern früher oder später, häufiger oder seltener als in monolingualer Aneignung auftauchen, es werden jedoch keine anderen Formen oder abweichende Reihenfolgen als im monolingualen Erwerb erwartet (Meisel 2004, 2007; dagegen argumentierend Bernardini/Schlyter 2004).

Sprachenkombinationen können, trotz grundsätzlich früher Sprachendifferenzierung (Meisel 2001), beschleunigende, verlangsamende oder transferbegünstigende Wirkungen ausüben (Genesee/Nicoladis/Paradis 1995; Paradis/Genesee 1996; Müller 1990, Müller et al. 2001; Müller/Hulk 2001; Müller et al. 2006). So hat Kupisch (2006) Evidenz dafür gefunden, dass Genuserwerb bei der Kombination der deutschen mit einer romanischen Sprache durch die overte Genusmarkierung in den romanischen Sprachen beschleunigt verläuft.

Ein- und mehrsprachige Erstsprachaneignung ist in der überwiegenden Anzahl der Fälle erfolgreich (siehe auch Kegel/Tramitz 1991):

„Language is the most complex skill that any of us will ever master. Despite this complexity, nearly every human child succeeds in learning language."

MacWhinney 2001: 486

---

10 Das ist möglicherweise deshalb der Fall, weil sie in dieser Arbeit ausschließlich Familien betrachtet, in denen die Eltern ihre Erstsprachen mit den Kindern sprechen.

11 „Trilingualism, and by extension multilingualism, are phenomena of special interest because the sheer complexity caused by the interaction of a number of processes and factors involved in their development and use." (Ch. Hoffmann 2001: 14)
„In relation to language acquisition, maintenance and loss, and also language processing and behaviour, trilinguals have been shown to follow the same patterns and to be subject to influence of the same kind of social and psychological facts as bilinguals; and any difference between them can be explained in quantitative terms." (ebd.: 19)
A.a.O. ist auch eine Übersicht zu Arbeiten über dreisprachige Aneignung im Kindesalter zu finden.

1.3.2 Zweitsprache – Fremdsprache

Zweitsprache wird für die Beschreibung zweier unterschiedlicher Sichtweisen auf Sprache verwendet. *Ein* Verständnis des Begriffs Zweitsprache hebt auf die Sprachverwendung in alltäglichen Handlungsbereichen ab. Eine Sprache, in der der Alltag organisiert wird, in der gearbeitet und vielleicht sogar der Lebenspartner angesprochen wird, ist nicht eine fremde, sondern eine zweite (oder dritte etc.) Handlungsoption. Die Zweitsprache wird in der alltäglichen Sprachpraxis ohne den Besuch von Sprachunterricht (Clyne 1968; Barkowski et al. 1978; Ehlich 1980a; Pienemann 1981) oder in einer Verbindung von alltäglicher Praxis und Sprachunterricht, z.b. in der Schule, angeeignet (Rehbein/Grießhaber 1996). In dieser Verwendung der Begrifflichkeit *Zweitsprache* wird die Abgrenzung zum Terminus *Fremdsprache* hervorgehoben (Barkowski 1993; Dittmar/Rost-Roth 1995; Ehlich 1995; Berend 1998; Edmondson/House 2000; Apeltauer 2001, 2004; Haberzettl/Naumann 2003; Glück/Schmöe 2005; Berkemeier 2007).

> „Für Sprachen, deren Aneignung sich nicht so sehr schulischen oder schulähnlichen Institutionen (Fremdsprachen) verdankt, sondern die ganz oder zu wesentlichen Teilen in praktischen Lebensvollzügen erworben werden, ist das Reden von Zweitsprachen charakteristisch."

> Ehlich 2005c: 26

Ehlich/Trautmann (2005) weisen darauf hin, dass kindliche Zweitsprachaneignung einen Verlauf nimmt, der nicht mit dem der Erstsprachaneignung gleichgesetzt werden kann. Die Unterscheidung zwischen Fremdsprach- und Zweitspracherwerb ist im Blick, wenn *gesteuerter* und *ungesteuerter Erwerb* gegenübergestellt werden (z.B. Barkowski/Harnisch/Kumm 1978; Apeltauer 1987; Haas 1993; Haberzettl 2006). Früher gesteuerter Erwerb liegt vor, wenn Kindergartenkindern oder Schülern institutionell eine weitere Sprache vermittelt wird (Apeltauer 1987; Wode 1996; Wode et al. 1996; Kubanek-German 2003; Franceschini 2004). Allerdings ist der ungesteuerte Erwerb, der in empraktischen Handlungszusammenhängen (Ehlich 1981) erfolgt, nicht tatsächlich ungesteuert; er wird genauer als *selbstorganisiert* im Gegensatz zu *fremdorganisiert* gefasst (Ehlich 2005c).

Einen zentralen Einfluss auf die Sprachaneignung übt die Familiensprache aus, die Sprache, in der die Kinder mit ihren Bezugspersonen sprachlich handeln. In vielen Familien stellt nicht die Herkunftssprache und Erstsprache, sondern die Zweitsprache der Eltern die teilweise oder ausschließliche Familiensprache dar, so dass die Abgrenzung von der Familiensprache, der Herkunftssprache und der Zweitsprache komplex ist (Clyne 1991, 1992; Tosi 1984, 1999). Bei den hier befragten Familien ist in einigen Fällen die deutsche Zweitsprache der Eltern die Familiensprache.

Grießhaber (2007a) skizziert eine Dreiheit der für die Aneignung von Schulkindern relevanten Sprachen von Familiensprache, Bildungsmedium bzw. schulisch verwendeter Sprache und Zweitsprache. Er bestimmt Zweitsprache auf der Grundlage des Gebrauchs in Handlungsfeldern: Familie versus Bildungsinstitution versus außerfamiliärer Alltag.

> „Es scheint, dass sich die Diskussion über lange Zeit vor allem um die Frage des Verhältnisses von Familiensprache (L1) und Deutsch als institutioneller Sprache in der Schule gedreht hat und dabei die systematische Förderung der Zweitsprache Deutsch etwas aus dem Blick verloren hat."

Grießhaber 2007a: 185

Der Begriff Zweitsprachenlerner, der auf spezifische Lernfragen und -bedürfnisse abzielt, wird dahingehend kritisiert, dass im pädagogischen Umfeld die Gefahr einer Defizitperspektive bestehe, in der die Erwerbserfolge unterbewertet, noch zu bewältigende Erwerbsschritte dagegen überbewertet werden (Rehbein/Grießhaber 1996). Weitere Einwände beziehen sich darauf, dass eine kontinuierliche Konzeptualisierung von Menschen als L2-Lerner, die in einer Sprache bereits Handlungsfähigkeit erreicht haben und eine zweite Sprache erwerben, zu einer reduzierten Wahrnehmung führe. Die unterschiedlichen Lernprozesse der Individuen würden nicht einbezogen, von den mehrsprachigen Fähigkeiten der Menschen werde abstrahiert (Extra/Verhoeven 1999).

1.3.3 Zweitsprache – Erstsprache

Ein anderes Verständnis des Begriffs Zweitsprache grenzt den Erwerbsverlauf von dem der Erstsprache ab.

Zwischen den Aneignungsabfolgen von Sprechern, die von Geburt an mit einer oder mehreren Sprachen in Kontakt gekommen sind, und denen, die erst nach der Pubertät mit dem Lernen einer Sprache begonnen haben, lassen sich erhebliche Unterschiede feststellen. Diese Unterschiede betreffen den Verlauf, die Variation und die Endergebnisse. Ein Beispiel für Differenzen im Erwerbsverlauf vom L1- versus L2-Erwerb des Englischen gibt Krashen (2003), wobei er sowohl Ähnlichkeiten als auch Unterschiede anmerkt:

> „The order of acquisition for first and second languages is similar, but not identical. It has been established, for example, that the -ing marker in English, the progressive, is acquired quite early in first language acquisition, while the third person singular -s is acquired later. The third person singular may arrive six months to a year after -ing. In adult second-language acquisition, the progressive is also acquired early, but the third person may never come."

Krashen 2003: 2

Die auffallendsten sprachübergreifenden Unterschiede zwischen L1- und L2-Erwerb sind die unterschiedlichen Anfangsstadien: Es gibt in der L2-Aneignung keine Lallphase, ebenso keinen Erwerbsabschnitt, in dem die Äußerungslänge schrittweise aufgebaut wird. Im weiteren Verlauf sind die L2-Erwerbssequenzen vom L1-Erwerb unterschieden und zeigen eine wesentlich höhere Variabilität der individuellen Verläufe (Meisel 2007). Fehler von L2-Lernern sind im L1-Erwerb selten (Clyne 1968; Clahsen/Meisel/Pienemann 1983).

Das Lernergebnis im L2-Erwerb ist nicht in allen Fällen weniger erfolgreich als im L1-Erwerb: Auch im L2-Erwerb ist es möglich, eine Sprachbeherrschung auf so hohem Niveau zu erreichen, dass sie von der von L1-Lernern nicht unterschieden werden kann (Abrahamsson/Hyltenstam 2008)[12], wobei Xenismen verbleiben (Ehlich 1986b, 2005a; Müller-Jacquier 2007). Dieser Erfolg tritt aber nicht so generell wie im L1-Erwerb ein (Meisel 2007).

In universalgrammatisch basierten Ansätzen werden Unterschiede vor allem zwischen kindlichem Erstspracherwerb und erwachsenem Zweitspracherwerb unter den Fragestellungen diskutiert, ob sich mentale Repräsentationen von L2-Lernern grundsätzlich von denen von L1-Erwerbern unterscheiden (Clahsen und Muysken 1986; Bley-Vroman 1989), ob Lerner einer L2 lokale Defekte zeigen (Beck 1998) oder ob durch Spracheneinfluss oder andere Oberflächeneinflüsse auf morphologischer Ebene Fehler entstehen (Haznedar und Schwartz 1997; Lardiere 1998, 1998a). Für den kindlichen Erwerb einer zweiten Sprache, der etwa um das dritte Lebensjahr herum beginnt, wird vorgeschlagen, einen besonderen Erwerbsweg des *kindlichen Zweitspracherwerbs chL2* anzunehmen (Meisel 2007).

Die Schwellenhypothese (SH)

Die Annahme, nach der Lernprozesse in einem späteren Lebensalter auf andere Weise als in den ersten Lebensjahren verlaufen würden, impliziert eine Schwelle, einen Zeitpunkt oder Zeitraum, nach der der Erwerb anders verläuft als vorher. Das Konzept der Schwellenhypothese geht auf Penfield/Roberts (1959) zurück. Sie setzen die Pubertät als kritisches Alter an, nach dem neurophysiologischen Entwicklungen des Individuums andersartige Lernprozesse als davor begründen. Diese Hypothese bezieht Lenneberg (1967) als *Schwellenhypothese* auf den Spracherwerb und geht von kritischen Phasen bzw. sensiblen Fenstern (Meisel 2007) aus, innerhalb derer bestimmte Entwicklungsschritte möglich sind bzw. innerhalb derer sie optimal verlaufen (siehe auch Bongaerts et al. 1995). Das Alterskriterium (s. die Beiträge in Singleton/Lengyel 1995, Bast 2003, Singleton/Ryan 2004) wird als ein äußerliches Kennzeichen für unter-

---

12 Siehe das Forschungsprojekt High-Level Proficiency in Second Language Use – AAA Avancerad Andrasspråks Användning der Universität Stockholm, Schweden, Abrahamsson/Hyltenstam (2008) sowie (2009).

schiedliche mentale, kognitive und neurophysiologische Entwicklungszustände jüngerer und älterer Menschen verstanden.

In universalgrammatisch orientierten Ansätzen wird die Schwellenhypothese auf die Kontinuitätshypothese bezogen; auf diese Weise wird erklärt, warum ältere Lerner andere Konstruktionen produzieren als Kinder im Erstspracherwerb. Für den Erstspracherwerb wird davon ausgegangen, dass alle Phrasen mit der Universalgrammatik vereinbar sind (Penner/Weissenborn 1996; Penner et al. 2001; Lust 1999); das gelte für ältere Lerner nicht, da sie keinen Zugriff mehr auf den genetischen Mechanismus des Spracherwerbs haben (Meisel 2007).

Auch in anderen Paradigmen wird eine Wirkung des Lernalters auf den Aneignungsweg gesehen und diskutiert, z.b. Rehbein/Grießhaber (1994, 1996); Kniffka/Siebert-Ott (2007); Chilla (2008).

Bei der Annahme von Wirkungen des Aneignungsbeginns auf den Erwerbsverlauf sind zwei Präzisierungen nötig, die sich auf die Erwerbsprozesse auswirken. Dabei handelt es sich um den Beginn und die Qualität des Sprachkontakts.

Der Beginn des Spracherwerbs ist für Schwellenhypothesen ein entscheidendes Datum. Er wird als relativ klar fixierbarer Zeitpunkt angenommen, ab dem der Erwerb einer Sprache beginnt (z.B. Thoma/Tracy 2006; Meisel 2007). Der Beginn kann z.B. dann eindeutig bestimmt werden, wenn ein altersgerecht entwickelter Junge Anton am Tag seines siebenten Geburtstags nach α-land einwandert und sofort das örtliche Schulsystem im Bildungsmedium α besucht. Antons Sprachkontakt mit α war, nehmen wir an, vor der Einreise nicht vorhanden, und ist nach der Einreise sofort täglich in ausreichender Menge und Qualität für seinen Spracherwerb verfügbar. Antons Alter bei Sprachkontaktbeginn in Bezug auf die Sprache α ist dann das Alter von sieben Jahren. Diese Zahl stellt einen Anhaltspunkt für die Einschätzung seiner kognitiven Entwicklung dar.

So eindeutig, quasi binär kodierbar als kein Sprachkontakt bis zum Datum X, voller Sprachkontakt nach dem Tag X, sind jedoch die Lebenssituationen von Kindern in mehrsprachigen Handlungssituationen oft nicht. Insbesondere bei Kindern, die im Zielland geboren sind, kann selten klar eingegrenzt werden, ab welchem Zeitpunkt sie mit der Umgebungssprache in Kontakt kommen. Eine alters und kontaktbeginngestützte Unterscheidung zwischen Erst- und Zweitspracherwerb büßt damit an Wirksamkeit ein.

„Für diese Kinder wird die systematische Unterscheidung von „Primär-" und „Sekundär"-Spracherwerb handlungspraktisch relativ schnell gleichgültig. Sie erwerben mehr oder weniger synchron zwei Sprachen."

Ehlich 1981a: 211

Eine weitere Schwierigkeit bei der Diskussion kritischer Fenster oder sensibler Phasen besteht darin, dass nur ansatzweise problematisiert wird, welche Vorstellung von Sprache als Input zu Grunde gelegt wird.

Die Sprache, mit der der Aneigner in Kontakt kommt, kann dialektal und umgangssprachlich sein, vielleicht seltener die in spezifischer Weise mit Schriftlichkeit verbundene Hochsprache (Ehlich 2001). Es kann aber auch eine Lernervarietät sein (Klein 1997): die Sprache, die sich die Eltern angeeignet haben und die sie mit ihrem Kind oder als familiäre *lingua franca* ausschließlich oder teilweise verwenden. Eine Differenzierung von Input in „Muttersprache der erziehenden Personen, deren Zweitsprachen sowie deren Sprachmischungen" (Rehbein/Grießhaber 1996: 68) scheint erforderlich. In dem erstgenannten Fall steht dem Kind als Basis für die Aneignung eine Erstsprache zur Verfügung, eine in Native-Speaker-Qualität angeeignete Sprache (erstsprachlicher Input). Im zweiten Fall gründen die Kinder ihre Aneignung auf eine Lernervarietät (lernersprachlicher Input bzw. *non-native input*, z.B. Bogaerde/ Knoors/Verrips 1994[13]).

Hinter dieser Differenzierung steht die Annahme, dass sich Lernervarietäten, vor allem, wenn sie sich auf niedrigen Lernniveaus befinden, strukturell, und nicht nur durch wenige Abweichungen, von vollständig angeeigneten Sprachen unterscheiden (Klein 1997; Ahrenholz 2005; Hendriks 2005), und dass es sich auf die Aneignung auswirkt, wenn Lernervarietäten auf niedrigem Niveau einen wesentlichen Anteil am Input darstellen. Dass eine sehr gut angeeignete Fremdsprache eine Grundlage für eine erfolgreiche bilinguale Aneignung darstellen kann, zeigt Saunders (1988), wobei er die Erfolge selbst sehr kritisch beurteilt.

1.3.4 Sukzessive Zweisprachigkeit – kindlicher Zweitspracherwerb

Wenn ein Kind erst zu einem späteren Zeitpunkt als der Geburt regelmäßig mit einer weiteren Sprache in Kontakt kommt – für De Houwer (1990) nach Ablauf der ersten Lebenswoche, für Rehbein/Grießhaber (1996) nach dem dritten Lebensjahr als Kontaktbeginn –, erwirbt es die zweite Sprache in sukzessiver Aneignung. Rehbein/Grießhaber (1996) grenzen einen *frühen sukzessiven Bilingualismus*, wobei sie den Erwerbsbeginn zwischen dem dritten und dem zwölften Lebensjahr ansetzen, von einem späteren *sukzessiven Bilingualismus* mit einem Beginn in der Pubertät ab.

In der Debatte um *kindlichen Zweitspracherwerb* (McLaughlin 1978) wird diskutiert, inwieweit Kinder, die mit drei, sechs oder zehn Jahren in intensiven Kontakt mit der weiteren Sprache eintreten, einen Erwerbsverlauf zeigen, der sich sowohl vom Erstspracherwerb als auch vom Aneignungsprozess erwachsener Lerner unterscheidet

---

13   Hier wird die Aneignung von Gebärdensprache durch gehörlose Kinder hörender Eltern beschrieben; in diesen Fällen ist regelmäßig die L2 der Eltern die Basis für den L1-Erwerb des Kindes.

(Meisel 2007). Kaltenbacher/Klages (2006) kommen dagegen zu dem Schluss, dass kindlicher Zweitspracherwerb in einigen Erwerbsfragen Gemeinsamkeiten mit dem L1-Erwerb, in anderen Fragen Gemeinsamkeiten mit dem L2-Erwerb Erwachsener zeigt.

Einen anderen interessanten Vorschlag macht Afshar (1998); sie findet in dem simultanen bilingualen Erwerb der von ihr untersuchten Kinder, dass sich Aneignungsverläufe wie im Zweitspracherwerb auch dann zeigen können, wenn zwei Sprachen simultan erworben werden, eine Sprache jedoch deutlich schwächer angeeignet wird. Die starke Sprache wird dann, so ihre These, wie eine Erstsprache angeeignet, die schwache Sprache wie eine Zweitsprache.

Für Kinder, die in Deutschland geboren sind, innerhalb der Familie kaum deutschen Sprachkontakt hatten und mit ca. drei Jahren in einer Kindertagesstätte in intensiven Sprachkontakt mit Deutsch getreten sind, verwenden Kroffke/Rothweiler (2006) die Begrifflichkeit *früher sukzessiver Erwerb*. Sie lassen die Frage, ob die Qualität dieses Spracherwerbstyps als erst- oder zweitsprachlich zu fassen ist, ausdrücklich offen. Die Frage, wie genau sich Erst- und Zweitspracherwerb beim Kind abgrenzen lassen, ist noch nicht beantwortet:

> „Zum gegenwärtigen Zeitpunkt wissen wir noch nicht, wo die Grenze zwischen dem bilingualen oder doppelten *Erst*spracherwerb und dem sukzessiven *Zweit*spracherwerb verläuft."
>
> Thoma/Tracy 2006: 76

1.3.5 Gewählte Terminologie

Der Begriff Zweitsprache wird einerseits als Abgrenzung zu dem der institutionell vermittelten Fremdsprache gebraucht, andererseits um einen vom Erstspracherwerb zu unterscheidenden Erwerbsverlauf zu bezeichnen. Diese Gleichnamigkeit verschiedener Konzepte gilt es, bei der Lektüre zu berücksichtigen.

Die Begrifflichkeit des simultanen versus sukzessiven Erwerbs beschränkt sich darauf, die Reihenfolge der angeeigneten Sprachen im Erwerb zu thematisieren. Sie ist daher kaum von konzeptionellen Vorannahmen beeinflusst, die sich erst noch bestätigen müssen; allerdings ist sie dadurch auch weniger komplex, und vielleicht nicht komplex genug, um die vielfältigen Vorgänge mehrsprachiger Aneignungsformen aufzugreifen. Für diese Arbeit wird, in Anlehnung an die Verwendung im funktional-pragmatischen Rahmen, die Verwendung von Zweitsprache im Sinne einer weiteren Sprache, die in alltäglichen Handlungszusammenhängen angeeignet und gebraucht wird, gewählt. Der große Vorteil dieses Verständnisses von Zweitsprache wird darin gesehen, dass es von Vorannahmen weitgehend frei ist, die im Bedarfsfall explizit diskutiert werden können.

1.3.6 Aneignung und Handlungsbereiche

Menschen eignen sich mehrere Sprachen in jeweils spezifischen Handlungszusammenhängen und unter verschiedenen Bedingungen an (Grosjean 1989; Heller 1995, 1999; Ehlich/Hornung 2006; Wei 1997, 2007). Sie benutzen die Sprachen in unterschiedlichen Situationen mit unterschiedlichen Partnern (Poplack 1980; Lüdi/Py 1986; Grosjean 1998; Kracht 2000; House/Rehbein 2004; Leist-Villis 2004) in heterogenen gesellschaftlichen Zusammenhängen (Naglo 2007, 2008). Das hat zur Folge, dass Multilinguale selten in allen Sprachen in sämtlichen sprachlichen Handlungsbereichen gleichermaßen gewandt sind (Afshar 1998; Apeltauer 2001; Grosjean 2001; für Kriterien Müller et al. 2006: 216ff.).

Ein einfacher und unreflektierter Vergleich von Kenntnissen und Fähigkeiten in einer Sprache von ein- und mehrsprachigen Kindern ist deshalb problematisch (Romaine 2001; Dirim/Auer 2004; grundsätzlich Ehlich 1995a).[14] Wenn bei mehrsprachigen Kindern als Fehler benotet wird, was in monolingualen Aneignungen zu einem Entwicklungszeitpunkt bereits in der Regel zielsprachlich realisiert wird, im sukzessiven Erwerb jedoch noch nicht realistischerweise erwartet werden kann, so liegt eine unzulässige Übertragung von Erwartungen von monolingualer auf bilinguale Aneignung vor. Es ist daher wichtig, Normalitätserwartungen mit Blick auf die spezifischen Eigenschaften mono- und bilingualer, simultaner und sukzessiver Aneignungsprozesse zu diskutieren, um so die Stärken und die Schwierigkeiten von Kindern besser beurteilen zu können (Ehlich/Bredel/Reich 2008). Eine derartige Diskussion von Normalitätserwartungen betrifft z.b. den Umfang und die Struktur des Lexikons in einer oder allen gesprochenen Sprachen (De Coster/De Houwer/Borsel 2006), den Syntaxerwerb (Kemp/Bredel/Reich 2008) oder sprachliche Handlungsmuster.

Werden Handlungsmuster in schulischen Zusammenhängen oder bei Elizitationen abgefragt (Rehbein 1984), die gesellschaftsspezifisch ausgeprägt und geformt sind, so kann dies in einem interkulturellen Kontext dazu führen, dass das Kind dieses Handlungsmuster in einer der elizitierten Sprachen nicht oder wenig beherrscht, wenn dieses Handlungsmuster in den in dieser Sprache kommunikativ bearbeiteten Handlungsbereichen oder Domänen (Grosjean 1989, 2001) nicht oder nicht auf die gleiche Weise ausgeführt wird.

---

14 „Multilingualism is shaped in different ways depending on a variety of social and other factors which must be taken into account when trying to assess the skills of a speaker and how speakers use the languages they know. It is possible for a bilingual to be fluent in both languages taken together without being able to function completely like a monolingual in either one on its own. The study of the behaviour of multilingual individuals and societies thus requires us to go beyond many of the concepts and analytical techniques presently used within linguistic theory which are designed for the description of monolingual." (Romaine 2001: 532)

Eine domänenspezifische Aneignung der Erzählfähigkeit nach Abbildungen konnte bei dieser Datenerhebung beobachtet werden: Das Mädchen Ülkü erzählt eine *Bildgeschichte auf Anforderung* (Rehbein 2007) zunächst auf Deutsch. Die anschließende kurdische Aufnahme mit derselben Vorlage mit ihrem Vater als Gesprächspartner bricht das Kind nach ca. drei Schweigeminuten weinend ab und ruft in deutscher Sprache:

(T4)   Ich kann das nicht auf Kurdisch!

ÜlküHAVASL1 (5,8; IV)

Zunächst liegt die Annahme nahe, dass das Kind vielleicht insgesamt besser Deutsch als Kurdisch spreche, da der Vater angibt, beide Sprachen etwa gleich häufig mit seiner Tochter zu verwenden. Bei einer Begegnung mit der Mutter stellt sich dann aber heraus, dass deren sprachliche Handlungsfähigkeiten auf Deutsch äußerst eingeschränkt sind und nicht über die Beherrschung weniger Schlüsselwörter hinausreichen. Man kann also davon ausgehen, dass Ülkü die kurdische Sprache für die gesamte Kommunikation mit der Mutter einsetzt und häufig im familiären Bereich Kurdisch spricht. Das spricht gegen die Annahme, dass das Mädchen grundsätzlich nicht auf Kurdisch handlungsfähig wäre.

Plausibler ist die folgende Erklärung: Das Handlungsmuster *Erzählen auf Aufforderung und nach Abbildungen* ist auf Kurdisch in der Elizitationssituation für das Kind spontan nicht leistbar, weil in der Familie und in den kurdischsprachigen Handlungszusammenhängen, die das Kind kennt, kein Erzählen nach Abbildungen praktiziert wird. Diese Analyse wird weiter dadurch gestützt, dass Ülkü berichtet, zu Hause seien keine Kinderbücher vorhanden. In der deutschsprachigen Kindertagesstätte gehört dagegen das Erzählen nach Abbildungen, z.B. bei Kinderbuchbetrachtungen, zum pädagogischen Alltag, so dass das Kind häufig Gelegenheiten für die Aneignung dieses sprachlichen Handlungsmusters in der Sprache der Einrichtung erlebt.

Bei Erhebungen dieser Art lässt sich nur gesichert feststellen, dass das Kind eine sprachliche Handlung in einer Sprache besser realisieren kann, wenn es eine ähnliche Handlung bereits mehrmals als Sprecher oder Hörer in dieser Sprache vollzogen hat. Das ist kein wirklich überraschendes Ergebnis; aber es ist aus einem Grunde zentral: Es zerstört die Illusion, schnell und einfach einen Zugriff auf die erstsprachlichen Fähigkeiten eines Kindes erhalten zu können. Die Konstellation der Elizitation, bei der gesellschaftsspezifische sprachliche Handlungen erfragt werden, kann ein erheblicher Störfaktor sein. Rückschlüsse auf stärker oder weniger ausgeprägte sprachliche Handlungsfähigkeit können aus einer solchen Situation kaum abgeleitet werden.

1.4 Kindliche Zweitsprachigkeit: empirische Forschung

Die Literatur zu mehrsprachigem Erstspracherwerb ist umfangreich (für Übersichten Apeltauer 1997; Siebert-Ott 2001; Müller/Kupisch/Schmitz/Cantone 2006). Zu früher sukzessiver kindlicher Zweisprachigkeit gibt es eine Reihe von Arbeiten, die zunächst in der Tradition der Ausländerpädagogik entstehen (für das Deutsche H.R. Koch 1970; Hohmann 1971; Tramsen 1973), dann aber auch aus sprachorientierter Sicht verfasst werden (für Finnisch-Schwedisch Skutnabb-Kangas/Toukomaa 1976; Reich/Neumann 1977; Pienemann 1981; Hohmann/Reich 1989). Einige Texte, die die Debatte um den Zweitspracherwerb besonders intensiv befruchtet haben und für die vorliegenden Daten relevant sind, werden im Folgenden vorgestellt. Der Schwerpunkt liegt auf der Zweitsprache Deutsch. Die Arbeiten zu Determination und Genus werden in den entsprechenden Kapiteln dargestellt.

1.4.1 Erzählfähigkeit

Rehbein (1981) lässt türkische und deutsche Kinder den Ausschnitt einer Fernsehsendung nacherzählen. Bei den türkischen Kindern beobachtet er Verstehens- und Äußerungsschwierigkeiten und analysiert ihre Kompensationsstrategien. Die Kinder stützen ihre Erzählung auf das Vorstellungsbild des Gesehenen und ihr Alltagswissen; sie rekonstruieren beschreibend den perzipierbaren Sachverhalt. Erst im Rückgriff auf ihre Wissenssysteme gelingt es den Kindern, das Gesehene im Nachhinein in einen Zusammenhang einzuordnen.[15]

Redder (1985) kommt in der Betrachtung einer Erzählaufgabe für türkische Kinder anhand einer scheinbar einfachen Bilderfolge zu dem Ergebnis, dass die Kinder, um die Aufgabe zu bearbeiten, ihr erstsprachliches Handlungswissen einbeziehen. Kulturspezifische Wissensbestände können daher zu unerwarteten Folgerungen führen. Das Sprachverständnis kann also nur in Auseinandersetzung mit kindlichem Alltags- und Weltwissen analysiert werden, nicht als modulare Komponente. Je intensiver ein Rückgriff auf Wissen möglich ist, desto eher gelingt das Verstehen trotz lexikalischer oder syntaktischer Schwierigkeiten.

In der Art einer Fallstudie diskutiert Hoffmann (1989) die Erzählung eines neunjährigen Mädchens mit türkischer Erstsprache. Das Kind hat seit Beginn des siebten Lebensjahres Kontakt mit der deutschen Sprache. Hoffmann (1989) stellt elementare Erzählfähigkeiten fest. Das Mädchen vermag eine einfache Szene linear so darzustellen, dass die wichtigsten Ereignisse verstanden und vom Hörer bewertet werden können

---

15 „Die türkischen Kinder greifen auf Wissenssysteme zurück, mit denen sie zwar nicht unmittelbar, aber nachträglich das Gesehene in einen Zusammenhang einordnen können." (Rehbein 1981: 252)

(Hoffmann 1989: 76, 86f.). Sofern weniger komplexe, lineare Abläufe intendiert sind, die dem Wissen über Standardabläufe entsprechen, sind elementare Erzählfähigkeiten vorhanden. Die kontinuierliche Referenz auf Aktanten und Gegenstände stellt noch ein zentrales Problem für das Mädchen dar. Deiktische und anaphorische Prozeduren beherrscht das Kind noch nicht in dem Maße, dass Hörer-Orientierung gelingen würde. Es kommt zu referentieller Mehrdeutigkeit und ungenügenden raum-zeitlichen Relationierungen. Von Hoffmann angemerkte Schwierigkeiten bei der Realisierung anaphorischer Prozeduren deuten auf Genusunsicherheiten hin.

Bei einer Analyse zweitsprachlichen Erzählens in der Grundschule (Schramm 2007) wird sichtbar, wie sich Schwierigkeiten der Kinder auf andere Bereiche auswirken, zum Beispiel, wenn lexikalische Probleme den syntaktischen Plan stören. In ihren Analysen wird aber auch deutlich, wie die jungen Erzähler sich untereinander unterstützen, indem sie wechselseitig Kokonstruktionsrollen annehmen und Angebote der Kokonstruktion für die eigene Erzählung aufgreifen. Ein unterstützendes Hörerverhalten ermöglicht es den Kindern, komplexe Erzählungen zu produzieren und die Gesamterzählung nicht an in sich begrenzten Schwierigkeiten scheitern zu lassen.

Erzählungen zu Bilderbüchern durch kurz vor der Aufnahme nach Deutschland migrierte russlanddeutsche Kinder im Alter von sechs bis zehn Jahren untersuchen Meng/Borovkova (1999). Sie beobachten, dass die Kinder in der Lage sind, trotz semantischer und syntaktischer Lücken eine Geschichte nach Abbildungen zu erzählen. Diese Beobachtungen haben für die Anwendung in Erhebungen, für Tests und im didaktischen Bereich Konsequenzen: Je weiter entfernt ein Impuls von der Erfahrungswelt des Kindes ist, desto schwerer wird er verstanden; je eingeschränkter die Möglichkeiten der unterstützenden Hörersignale sind, desto schwieriger ist die Erzählaufgabe.

1.4.2 Morphologie und Syntax

Um Erwerbsprozesse vergleichen zu können, setzen Thoma/Tracy (2006) die Dauer des Sprachkontakts mit den Erwerbszeiträumen von L1-Kindern in Beziehung; den Anfangspunkt des Erwerbs der Geburt im Erstspracherwerb setzen sie mit dem Beginn des Sprachkontakts der zweiten Sprache im sukzessiven Erwerb gleich und vergleichen die Erwerbsphasen. Der Beginn des Sprachkontakts fällt in dieser Perspektive mit dem Eintritt in die Kindertagesstätte, und den damit verbundenen sprachlichen Folgen, als Zeitpunkt für den Erwerbsbeginn zusammen (siehe auch Schulz/Tracy/ Wenzel 2008). Der kindliche Zweitspracherwerb des Deutschen ähnelt, so betrachtet, in Bezug auf zentrale morpho-syntaktische Eigenschaften dem ungestörten L1-Erwerb: rasche Festlegung der Objekt-Verb-Konstruktion, Entdeckung der linken Satzklammer und der Verbzweitstellung V2 mit der damit verbundenen Finitheitsmarkierung sowie Bearbeitung der Asymmetrie der Verbstellung in Haupt- und

Nebensatz (Thoma/Tracy 2006, unter Bezugnahme auf Tracy/Gawlitzek-Maiwald 2000).

„Unsere Untersuchung zeigt, dass sich Kinder, die im Alter von drei, vier Jahren zum ersten Mal in intensiven Kontakt mit dem Deutschen treten, die wichtigsten morpho-syntaktischen Eigenschaften der Sätze ... bereits innerhalb eines halben Jahres erschließen können. Damit können sie sehr gut mit L1-Kindern mithalten, die in der Regel von der Produktion erster Wortkombinationen bis zur Verfügbarkeit der Satzklammer des Hauptsatzes mindestens ein halbes Jahr benötigen."

Thoma/Tracy 2006: 74

Thoma/Tracy (2006) finden keine Evidenz für einen hemmenden Einfluss typologischer Eigenschaften artikelloser Erstsprachen, wie Türkisch, Arabisch und Russisch, auf die deutsche Artikelverwendung.

Kroffke/Rothweiler (2006) sichern ab, dass die Kinder vor dem Eintritt in die Kindertagesstätte und somit dem Beginn des Sprachkontakts mit Deutsch innerhalb der Familie ausschließlich die Familiensprache Türkisch gesprochen haben: Sie wählen Erstgeborene, die also nicht von älteren Geschwistern auf Deutsch angesprochen werden, als Studienteilnehmer aus. Sie akzeptieren ferner nur Familien, die im häuslichen Bereich konsequent Türkisch sprechen. Ihre Analysen bestätigen die weitgehende Übereinstimmung in den Erwerbsverläufen von L1-Kindern mit denen von Kindern, die mit drei Jahren in der Kindertagesstätte intensiven Deutschkontakt hatten, in Bezug auf die Reihenfolge und der Aneignung der Verbstellung und der Negation und die für die Aneignung benötigte Zeit.

Grießhaber (2005, 2006, 2007a) betrachtet Texte mehrsprachiger Kinder aus den ersten vier Grundschuljahren und mündliche Äußerungen von Vorschulkindern. Über den Beginn des Kontakts mit der deutschen Sprache macht er keine Angaben. Er stellt eine fünfstufige Aneignungsfolge des Deutschen als Zweitsprache fest,[16] für die der Aneignung der Verbstellung eine besondere Indikatorfunktion eingeräumt wird.

Genusunsicherheit wird bis zum vierten Niveau von insgesamt fünf festgestellt (Grießhaber 2005). Determination ist nicht erwähnt; es sind jedoch kindliche Äußerungen angegeben, in denen die Kinder definite und indefinite Artikel nennen. Das Kind, das er auf der untersten syntaktischen Stufe einordnet, verwendet, was so wenig gar nicht ist, die Artikel der, die, de, den und ein (ebd.: 24). Leider ist dem Text nicht zu entnehmen, ob die Unterscheidung von definiten und indefiniten Artikeln gelingt. In den aufgeführten Beispielen scheint die Genusmarkierung noch sehr problematisch zu sein, definite und indefinite Artikel werden aber differenziert.

---

16   Siehe Anhang, S. 328.

38

Ähnlich sieht der Umgang mit Artikeln und Genus bei einem Mädchen aus, das Grießhaber (2005) auf der zweiten syntaktischen Stufe einordnet. Erst auf der dritten Stufe erweitert sich der Formenreichtum, Genusmarkierungen scheinen zunehmend zielsprachlich. Zur dritten Stufe werden jedoch nur Äußerungen mit definiten Artikeln angeführt, so dass ein Umgang mit indefiniten Artikeln nicht beurteilt werden kann. In Bezug auf Spracheneinfluss vermerkt Grießhaber (2006) Wirkungen sowohl der sich anzueignenden Zielsprache als auch der Erstsprache und vermutet eine wechselseitige Beeinflussung.

> „Aus funktional-pragmatischen Analysen der Lernersprache schält sich mittlerweile die Erkenntnis heraus, dass die Struktur der L2 die Erwerbsrichtung und -abfolge entscheidend beeinflusst, dass aber tiefer liegende mentale Strukturierungsprinzipien der L1 auf die Prozessierung der L2 durch die Lerner einwirken."

> Grießhaber 2006: 5

Weitere wichtige Untersuchungen zum L2-Erwerb stützen sich auf das Korpus von Wegener: Wegener (1992, 1995, 1995a, 2000) hat umfangreiche Daten von Kindern mit den Erstsprachen Polnisch, Russisch und Türkisch erhoben, die mit sechs Jahren in die deutschsprachige Schule eingeschult wurden und erst dann zum ersten Mal in intensiven Sprachkontakt mit Deutsch treten. Haberzettl (2005) hat diese Daten weiter analysiert.

Wegener (1995a) und Haberzettl (2005) stimmen darin überein, dass die Grundmuster des deutschen Satzes, im Einzelnen die V2-Position finiter Verben, die Satzklammer und die Subjekt-Verb-Kongruenz, auch bei einem Sprachkontakt nach dem sechsten Lebensjahr innerhalb eines Jahres angeeignet werden. Sie finden unterschiedliche schnelle Erwerbsgeschwindigkeiten: Die türkischsprachigen Kinder zeigen größere Fortschritte als die russischen Kinder; Wegener (1995a) und Haberzettl (2005) führen das auf strukturelle Eigenschaften der Erstsprachen zurück. Jedoch unterscheiden sich die von ihnen betrachteten Kinder nicht nur in ihrer Erstsprache, sondern auch in Bezug auf ihren sozioökonomischen Status, auf ihre Handlungsmöglichkeiten in der Erstsprache in der Migration sowie in der Quantität und Qualität des deutschsprachigen Sprachkontakts mit L1-Sprechern und mit Sprechern von Lernervarietäten des Deutschen. Mit der Interdependenzhypothese, die eine Förderung des Erwerbs einer zweiten Sprache bei Ausbau der sprachlichen Fähigkeiten der ersten Sprache annimmt (Skutnabb-Kangas/Toukomaa 1976; Cummins 1979, 1980, 1991, 2000; Fthenakis et al. 1985; Rehbein 1987; Rehbein/Grießhaber 1996), können die unterschiedlichen Verläufe der Kinder im Deutschen zumindest miterklärt werden: Die russischsprachigen Kinder, die in der Studie etwas größere Schwierigkeiten hatten, verfügten über wesentlich weniger Gelegenheiten, ihre Erstsprache in der Migration handlungspraktisch einzusetzen, als die türkischsprachigen Kinder; letztere besuchten sämtlich bilinguale Klassen. Weiteren Einfluss auf den Spracherwerb übte die Tatsache aus, dass sich einige der familiären Bezugspersonen (Mutter, Großmutter) der von Haberzettl (2005) untersuchten russischsprachigen Kinder mit deutschen Lernervarietäten an die Kinder wandten; für die türkischsprachigen Kinder wird angegeben, dass sie in der Familie durchgängig in der L1 Türkisch angesprochen wurden. Die türkischsprachigen Kinder hatten damit bessere Voraussetzungen dafür, ihre erstsprachlichen Fähigkeiten weiterzuentwickeln. Bei Annahme der Interdependenzhypothese ist für sie ein positiverer Verlauf des Erwerbs einer zweiten Sprache als bei der russischsprachigen Teilgruppe zu erwarten, wie es sich in den Analysen von Haberzettl (2005) gezeigt hat. Sowohl mit der Interdependenzhypothese als auch mit der Annahme eines erwerbsbeschleunigenden Einflusses struktureller Ähnlichkeit der Sprachen können also die fortgeschritteneren deutschen Fähigkeiten der türkischsprachigen Kinder erklärt werden; ein Zusammenwirken beider Faktoren ist möglich.

Kroffke/Rothweiler (2006) vergleichen Daten aus dem Wegener-Korpus mit eigenen Daten von Kindern, deren deutscher Sprachkontakt ab einem Alter von drei Jahren erfolgt. Die Autorinnen sehen den Erwerb der Satznegation und der Positionierung der Verben in V2- und V-final-Stellung bei Kindern mit deutschem Sprachkontakt nach dem sechsten Geburtstag als auffallend an und sind weniger optimistisch als Wegener (1995a) und Haberzettl (2005). Insbesondere beobachten sie Sätze mit dem Verb in dritter Position (V3), finiten Verben in Endposition und infiniten Verben in Verbzweitstellung. Nach dem Erwerb der Subjekt-Verb-Kongruenz werden diese Phänomene im ungestörten Erstspracherwerb nicht erwartet (Clahsen 1988), weisen aber Parallelen zum Zweitspracherwerb Erwachsener auf.[17]

Den Einfluss des Zeitpunkts, ab dem regelmäßiger Sprachkontakt vorliegt, zu erfassen, ist nach wie vor eine Herausforderung.[18] Andere Faktoren, die Aneignung beeinflussen, dürfen jedoch nicht unberücksichtigt bleiben, z.B. die Qualität des Inputs. Monokausale Erklärungen greifen bei der Vielschichtigkeit mehrsprachiger Aneignung zu kurz.

---

17 „Die Kinder mit türkischer Erstsprache, die im Alter von drei Jahren mit dem Erwerb der Zweitsprache Deutsch beginnen, gleichen in dem hier untersuchten grammatischen Bereich monolingual deutschen Kindern. Die Ergebnisse der älteren Kinder weisen deutliche Parallelen zum Zweitspracherwerb Erwachsener auf, ohne allerdings damit identisch zu sein." (Kroffke/Rothweiler 2006: 152)

18 Siehe beispielsweise das 2009 begonnene Projekt der Universitäten Amsterdam, Edinburgh, Utrecht, Thessaloniki und Instituut Meertens http://ecb.childbilingualism.org.

1.5 Zusammenfassung

Um zu beschreiben, wie Menschen zu sprachlicher Handlungsfähigkeit gelangen, werden die Begriffe *Aneignung, Emergenz, Entwicklung, Erwerb* und *Lernen* verwendet. *Aneignung* wird bevorzugt im funktional-pragmatischen Paradigma gebraucht, so dass die Verwendung dieses Begriffs auf eine spezifische Konzeption von Sprache hinweist. Alle anderen Termini können, müssen aber nicht für ein Paradigma stehen und tauchen paradigmenübergreifend auf. Im Folgenden wird vor allem *Aneignung* verwendet; bei der Diskussion von Werken Dritter wird die dort verwendete Terminologie benutzt.

Aneignung wird funktional-pragmatisch als eigenaktive Auseinandersetzung des Kindes mit seiner gesellschaftlichen Welt verstanden. Im Zusammenspiel genetischer, kognitiver und interaktionaler Faktoren erschließt sich das Kind sprachliche Handlungsmöglichkeiten und erweitert sie. Phonische, semantische, morpho-syntaktische, diskursive, zwei pragmatische und zwei literale Basisqualifikationen sind als Fächer von Qualifikationen aufeinander bezogen. Kompetenzzuwächse in einer Basisqualifikation befördern Zuwächse in einer anderen; Stagnationen oder Fehlentwicklungen in einer Basisqualifikation können hemmenden Einfluss auf andere ausüben (Ehlich 2005c).

Die funktional-pragmatische Konzeption von Sprache fußt auf der Feldertheorie (Bühler 1934; Ehlich 1986). Die Auswertung der vorliegenden Daten betrifft vor allem die Prozeduren des Symbolfelds (Substantive), des Zeigfelds (Deixis und Anadeixis) und des Operationsfelds (definite und indefinite Artikel).

Bei der Beschreibung der Aneignung mehrerer Sprachen werden *Erst-* und *Zweitspracherwerb, simultane* oder *sukzessive Zweisprachigkeit* konzeptionell differenziert. *Simultane Zweisprachigkeit* wird einhellig als die gleichzeitige Aneignung mehrerer Sprachen angesehen, bei der regelmäßiger Kontakt mit beiden Sprachen seit der Geburt oder einem Zeitpunkt kurz danach bestehen muss. *Sukzessive Zweisprachigkeit* liegt vor, wenn das Kind einer zusätzlichen Sprache ab einem Alter von einem Jahr oder später begegnet.

Zweitsprache wird für zwei leicht zu verwechselnde Verständnisse des Lebens mit einer weiteren Sprache gebraucht: Zweitsprache kann in Abgrenzung von der Familiensprache und der institutionell erworbenen Fremdsprache als die Sprache verstanden werden, die in alltäglichen Handlungen angeeignet und eingesetzt wird. Diesem Verständnis wird hier gefolgt.

In einer anderen Verwendung wird Zweitsprache für vom Erstspracherwerb zu unterscheidende sukzessive mehrsprachige Erwerbsverläufe, mit anderen Abfolgen, größerer Variabilität und anderen Abweichungen als bei erstsprachlicher Aneignung gebraucht. Dieses Verständnis von Zweitsprache stützt sich auf die Annahme einer Schwellenhypothese bzw. der Annahme optimaler Phasen. Es liegen Hinweise darauf vor, dass ein Erwerb, dessen erster intensiver Sprachkontakt zur zweiten Sprache zu Beginn des vierten Lebensjahrs erfolgt, in der Aneignung der Grundmuster des deutschen Satzes dem problemlosen, zügigen Erstspracherwerb ähnelt (Meisel 2007). Diese Beobachtung kann generell nicht bestätigt werden, wenn der erste intensive Sprachkontakt erst mit ca. sechs Jahren erfolgt (Kroffke/Rothweiler 2006). Dann wird meist mehr Zeit benötigt, bis die Verbstellung zielsprachlich ist, die in diesem Fall bemerkten Abweichungen von der Zielsprache sind im Erstspracherwerb selten.

Untersuchungen zur Aneignung diskursiver Fähigkeiten in der Zweitsprache kommen zu dem Ergebnis, dass Kinder das Welt- und Kulturwissen intensiv in den Rezeptionsprozess einbeziehen, um zu füllen, was lexikalisch oder syntaktisch nicht verstanden wird; intensiv werden Hörersignale und Reparaturangebote genutzt. Der Rückgriff auf das eigene Wissen, wie er für Determination eine große Rolle spielt, ist im Umgang mit Erzählungen bereits früh zu beobachten.

2. Daten

2.1 Kinder und Familien

2.1.1 Die Kinder

19 mehrsprachige Kinder unterschiedlicher Erstsprachen werden über einen Zeitraum von zehn Monaten beobachtet. Nur von 17 Kindern werden die Daten ausgewertet; die Erzählungen von zwei Kindern werden nicht berücksichtigt, weil bei ihnen Hinweise auf sprachentwicklungshemmende Einflüsse vorliegen.[19] Bei keinem der hier betrachteten Kinder liegt bis dato ein Hinweis darauf vor, dass die Sprachaneignung durch allgemeine Entwicklungsverzögerungen, Wahrnehmungsstörungen oder andere entwicklungshemmende Faktoren beeinflusst würde.

Alle Kinder sind in Deutschland geboren, mit Ausnahme eines Jungen, Boris; er migrierte mit seiner Familie nach Deutschland, als er ein Jahr alt war.

Die Aneignung der deutschen Sprache in Bezug auf ihre Funktion in sprachlichen Handlungen als auch auf die Beherrschung formal-sprachlicher Strukturen hat für die Kinder eine besondere Wichtigkeit: Die deutsche Sprache stellt für sie sowohl die Zweitsprache der alltäglichen Handlungen, oft sogar die Familiensprache, als auch das Bildungsmedium dar, das als Voraussetzung dafür, Bildungschancen nutzen zu können, beherrscht werden muss.

2.1.2 Wer spricht in welcher Sprache mit wem?

Um mit Eltern und Kindern in ein Gespräch über die familiäre Sprachenverwendung einzutreten, wurde eine grafische Aufbereitung der Frage Wer spricht welche Sprache mit wem? gewählt, die als Gesprächsgrundlage diente.[20] Damit können die Sprachen, in der sich das Kind an eine Bezugsperson wendet und in der diese Person antwortet, einzeln erfragt werden. Auf diese Weise werden verlässlichere Angaben zur Spra-

---

19　Ein Kind befand sich aufgrund einer pädiatrischen Indikation in logopädischer Therapie. Bei einem anderen Kind war die Mutter fast gehörlos; in der Schule hatte sie die Deutsche Gebärdensprache gelernt, die sie mit dem Kind aber inkonsistent verwendet. Sie spricht das Kind in deutscher und arabischer Lautsprache an. Ihre Aussprache der deutschen Lautsprache ist für die Lehrer wie für mich in der überwiegenden Anzahl der Äußerungen nicht verständlich. Damit liegt für dieses Kind eine problematische Inputsituation vor.

20　Fishman (1965) hat diese Frage formuliert und dabei die Sprachverwendung von Gruppen betrachtet, siehe auch Wei (1997). Hier wird dagegen nach individueller Sprachverwendung gefragt.

chenverwendung erreicht als das in Kurzbefragungen gelingt, wenn pauschal die Frage gestellt wird: „Welche Sprachen sprechen Sie zu Hause?"[21]

Wer spricht welche Sprache mit wem?

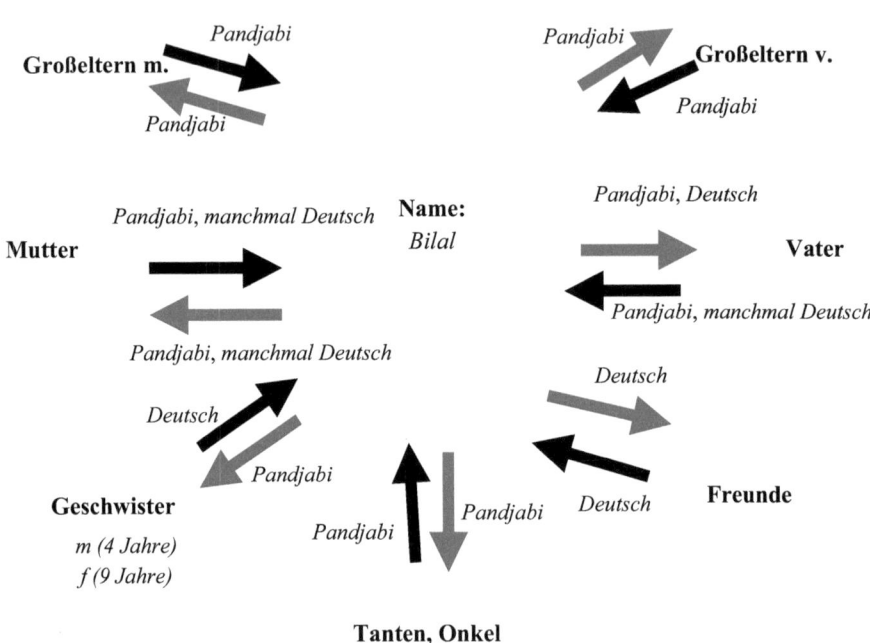

Abbildung 1: Befragungsvorlage Boris: Wer spricht welche Sprache mit wem?

2.1.3 Familiensprachen

Alle Eltern sprechen die deutsche Sprache, aber sie verfügen in unterschiedlichen Graden über Handlungsmöglichkeiten im Deutschen. Einige Elternteile kennen wenige Wörter und sprechen eine Lernervarietät auf niedrigem Niveau; das gilt für die Mütter bzw. Stiefmütter von Anna, Ülkü, Mariana, Ayse, Sina, Kira, Elena, Michael, Mehmet, Boris, Antonio, die Eltern von Ali und Isabella. Die Mütter von Anastasia und

---

21   In den Akten der Einrichtungen vermerkte Sprachverwendungen stimmten in vier von 17 Fällen nicht mit den Angaben der Eltern im ausführlichen Gespräch überein, ebenso AKI (2005); zur Kommunikation über Fragen der Aneignung mit Eltern siehe Babur et al. (2008), Montanari (2006, 2007).

Ilaria und der Vater von Michael sprechen eine Lernervarietät auf einem mittleren Niveau. Die Eltern von Tomas sprechen flüssig Deutsch, wie es an einem qualifizierten Arbeitsplatz gebraucht wird. Kein Elternteil spricht Deutsch als Erstsprache oder verfügt über erstsprachähnliche Kenntnisse.

Die Kinder und ihre Eltern wurden separat befragt, welche Sprachen sie in der Familie sprechen. Ihre Angaben stimmen weitgehend überein. Die 17 Kinder sprechen 15 unterschiedliche Sprachen.[22]

Tabelle 2: Kinder: Sprachen, Alter, Geschlecht

Sprache	Sprache	Sprache	Alias	Geschl.	Alter
Albanisch	Deutsch		Mariana	f	6,3–7,0[23]
Albanisch	Deutsch		Elena	f	6,0–6,9
Englisch	Deutsch		Isabella	f	5,4–6,1
Kroatisch	Deutsch		Ilaria	f	5,7–6,4
Kurdisch Kurmanjî	Deutsch		Ülkü	f	5,5–6,2
Kurdisch Sorani	Deutsch		Anna	f	5,0–5,9
Kurdisch Sorani	Deutsch		Kira	f	5,11–6,8
Pandjabi	Urdu	Deutsch	Boris	m	5,7–6,4
Polnisch	Deutsch		Tomas	m	5,8–6,5
Romanes Lovara	Deutsch		Michael	m	6,3–7,0
Serbisch	Deutsch		Anastasia	f	5,4–6,1
Sizilianisch	Deutsch	Italienisch	Antonio	m	5,3–6,0
Türkisch	Deutsch		Mehmet	m	5,4–6,1
Türkisch	Deutsch		Ayse	f	5,11–6,8
Türkisch	Deutsch		Sina	f	5,4–6,1
Türkisch	Deutsch	Paschtu	Jo	m	6,3–7,0
Türkisch	Deutsch		Ali	m	5,4–6,1

Es ist eine erhebliche Vielfalt versammelt, wie sie der Realität in vielen Kindertagesstätten und Grundschulen entspricht (Gogolin/Reich 2001; BMI 2001; Chlosta et al. 2004; Chlosta et al. 2005; Montanari 2002, 2006, 2007) und ähnlich in anderen Gesellschaften gefunden werden kann (Clyne/Mocnay 1999; Clyne/Kipp 2006).

Drei Kinder wachsen mit drei Sprachen auf: Antonio, Boris und Jo. Ihre Daten werden innerhalb der Daten der Gesamtgruppe analysiert.

---

22   Serbisch und Kroatisch werden ebenso wie die beiden kurdischen Varietäten differenziert.
23   Die Altersangabe 6,3 meint: 6 Jahre drei vollendete Monate.

2.1.4 Inputqualität

Es wurde erfragt, ob die Sprachen, die die familiären Bezugspersonen mit dem Kind verwenden, erstsprachlich oder auf einfachem Niveau lernersprachlich beherrscht werden. Der Grund dafür liegt in der Annahme, dass sich Inputqualität – lernerprachlich auf niedrigem Niveau versus erstsprachlich – auf die Aneignung auswirkt.

Erstsprache in der Familie

Zwei Kinder, Boris und Mariana, werden zu Hause ausschließlich bzw. fast ausschließlich in den Erstsprachen der Eltern angesprochen (Pandjabi/Urdu und Kosovo Albanisch). Ihr Erwerbstyp ist der der frühen sukzessiven Zweisprachigkeit (Rehbein/Grießhaber 1996).

Erstsprachlicher versus zweitsprachlicher Input

Über die Hälfte der Kinder wird von einem Elternteil ausschließlich in dessen Erstsprache, vom anderen Elternteil häufig oder vorwiegend in einer Lernervarietät des Deutschen angesprochen.[24] Diese Kinder wachsen personengebunden mit erstsprachlichem sowie mit gemischtem erst- und lernersprachlichem Input auf.

(T5)	EM	Welche Sprache sprichst du mit der Mama?
	Anna	Kurdisch.
	EM	Ja? Wie sprichst du mit m Papa?
	Anna	Hm⁻, Deutsch und/Deutsch und Kurdisch.
	EM	Hmˇ, ej.
	Anna	Wenn wir im/im Schwimmbad sind, dann sprechen wir Kurdisch.
	EM	Ja?
	Anna	Die andren sind alle deutsch, wir/wir wollen, dass die nich verstehn.

Annawehtun (5,9; X)

Acht der 17 Kinder werden von einem Elternteil in der Erstsprache, vom anderen vorwiegend auf Deutsch angesprochen: Anna, Kira, Ayse, Ülkü, Sina, Elena, Anastasia und Mehmet.

Vier Kinder werden von ihren Erziehungspersonen sowohl häufig in deren Erstsprache als auch in einer deutschen Lernervarietät angesprochen, erhalten also von keinem El-

---

24 Das ist oft dann der Fall, wenn ein Elternteil nur über geringe oder keine Kenntnisse der deutschen Sprache verfügt und sich der andere Elternteil in deutschsprachigen Umgebungen bewegt, z.B. am Arbeitsplatz, sofern dieser Kommunikation ermöglicht bzw. erfordert.

ternteil bzw. Erziehenden einen vorwiegenden L1-Input: Antonio, Tomas, Ilaria, Michael. Von ihnen formulierte lediglich Tomas eine Sprachtrennungsregel:

(T6)   Wenn wir arbeiten, sprechen wir Deutsch, wenn wir frei
            haben, sprechen wir Polnisch.

Tomas (6,0; V)[25]

Damit erhält Tomas kontinuierlich erstsprachlichen Input in Polnisch und L2-Input in Deutsch nach einer situationsgebundenen Sprachverteilung.[26] Antonio, Michael und Ilaria erhalten kontinuierlich erstsprachlichen und lernersprachlichen Input, der aber nicht nach Personen oder wie bei Tomas nach Situationen gegliedert ist.

Input Zweitsprache

An drei Kinder wenden sich ihre Bezugspersonen vorwiegend in einer Lernervarietät des Deutschen: Ali, Isabella und Jo. Jos Eltern sprechen Deutsch als *lingua franca*; die Mutter stammt aus der Türkei, der Vater aus Afghanistan. Bei Isabella und Ali sind keine Gründe bekannt, warum die Eltern die deutsche Sprache im Gespräch mit ihren Kindern bevorzugen.

(T7)   EM   Welche Sprache sprichst du denn am besten?
        Ali   Deutsch.
        EM   Ja? Wie sprichstn du mit der Mama?
        Ali   Auch Deutsch.
        EM   Und manchmal auch Türkisch oder immer Deutsch?
        Ali   Immer Deutsch.
        EM   Und mit dem Papa?
        Ali   Auch immer Deutsch!

Alisprache (6,1; X)

Diesen Kindern stand somit in den ersten Lebensjahren kein oder wenig Input in erstsprachlicher Qualität zur Verfügung.

Ein Kontinuum der Sprachenverwendung

Die Sprachen, in denen die Kinder von ihren Bezugspersonen angesprochen werden, können als Kontinuum von vorwiegend erst- bis zweitsprachlicher Qualität dargestellt werden. Mit ihren Geschwistern spricht die überwiegende Mehrheit der Kinder

---

25   Seine Eltern haben dieses Prinzip bestätigt – ein Psychologe habe ihnen das so empfohlen.
26   Diese Verteilungsregel ist aufgrund der großen Zeiträume, in denen eine Sprache nicht verwendet wird, nicht zweckmäßig.

Deutsch. Nur drei Kinder, Boris, Ayse und Kira, sprechen mit ihren noch sehr jungen Geschwistern Pandjabi bzw. Türkisch.

Tabelle 3: Familiäre Sprachenverwendung

vorwiegend Erstsprache	Input Erstsprache und Zweitsprache	vorwiegend Zweitsprache
Boris, Mariana	Ülkü, Kira, Anna, Sina, Mehmet, Elena, Tomas, Anastasia, Ilaria, Michael, Antonio, Ayse	Isabella, Jo, Ali

Der Kontakt mit der deutschen Sprache im Wohngebiet

Die Kinder leben in einem multiethnischen und multilingualen Wohngebiet, in dem Deutsch die Verkehrssprache des Alltags ist: Die Sprache, die die Kinder z.b. auf dem Spielplatz hören, ist in vielen Fällen eine deutsche Lernervarietät.

Kontakt mit Deutsch L1

Seit dem Eintritt in die Kindertagesstätte im Alter von drei Jahren haben die Kinder regelmäßigen wochentäglichen Kontakt mit erstsprachlichen Sprechern des Deutschen, den Erzieherinnen.

Tabelle 4: Sprachkontaktbeginn mit der deutschen Sprache

Sprachkontakt mit der deutschen Sprache

Qualität	*Zeitpunkt*	*Kinder*
gelegentlicher Kontakt mit Deutsch L1 und L2	von Geburt an	sämtliche Kinder
täglicher Kontakt mit Deutsch L2	von Geburt an	Antonio, Ali, Anna, Tomas, Ilaria, Elena, Ülkü, Isabella, Mehmet, Kira, Jo, Michael, Sina, Anastasia
täglicher Kontakt mit Deutsch L1	ab 3 Jahre	sämtliche Kinder

48

Nur wenige Kinder von Eltern mit deutscher Erstsprache besuchen die beobachteten Einrichtungen.[27] Von Geburt an, bzw. im Fall von Boris mit Beginn des zweiten Lebensjahrs, hatten alle Kinder bei dem Besuch von Institutionen gelegentlichen Kontakt mit Deutsch als Erstsprache, z.b. in den Einrichtungen der Gesundheitsvorsorge und beim Einkaufen.

Literalität in der Familie

Die Kinder wurden zu ihrem Umgang mit Büchern in der Familie befragt, da sich große Unterschiede im Umgang mit Texten auf die Aneignung auswirken können (Apeltauer 2003; Langer 2004). Literale Erziehung spielt in den Familien nach den Aussagen der meisten Kinder eine geringe Rolle.

(T8)	EM	Sag mal, wie viele Bücher hast du ungefähr?
	Mariana	Ich hab noch keine.
	EM	Nee?
	Mariana	Hmhm`, wenn ich/hm⁻/meine Mutter kauft mir bald.
		Und mein Papa auch.
	EM	Schön.
	Mariana	Mein Papa kauft mir äh drei • und meine Mutter zwei.

Marianabücher (7,0; X)

Ähnlich haben sich auch die anderen Kinder ausgedrückt. Von diesen und gleichartigen Angaben heben sich die Familien von Tomas, Mehmet und Boris ab: Die Jungen sprechen gerne über Bücher und berichten von eigenen Leseerfahrungen (T289).
Wenn sie gefragt werden, ob und was die Eltern lesen, berichten die Kinder von gezieltem, an Alltagsrelevanz orientiertem Leseverhalten.

	EM	Ähm, lesen deine Eltern auch?
	Mehmet	Ja.
	EM	Was lesen denn deine Eltern?
(T9)	Mehmet	Äh • • Mein Vater •/wenn ich in Schule gehe/weil ich in Schule, da ham die ein •Blatt gebringe, da/dann wenn ich kommen darf, sagen die: „Ko/Komm Mehmet", sagen die, da ham die ein Brief geschicken, dann w/dann war ich in Schule gegangen, dann lest mei Papa die Schul- •Tablette.

Mehmetlesen (6,1; X)

---

27   Eine der Kindertagesstätten wurde im Beobachtungszeitraum ausschließlich von Familien mit einer anderen Erstsprache als Deutsch besucht.

	EM	Lesen deine Eltern Zeitung?
(T10)	Kira	Hm̄. Die gucken nur Zeitung so an. Die wollen Sachen kaufen immer. Weil.
	EM	Was gucken sie denn für ne Zeitung an?
	Kira	So Sachen, ich weiß net was, ich gucke mal nit, ich geh nur so immer rum, hm, einfach so rum, und dann guck ich nit das Zeitung. Ich weiß nur, dass die Zeitung die immer guckt. Ich guck immer nur Fernseher, und danach gehn wir in Park ganz schnell.

Kiralesen (6,8; X)

<u>Alter der Kinder</u>

Bei Beobachtungsbeginn sind die Jungen und Mädchen zwischen 5,0 und 6,3 Jahren alt. Damit sind sie in einem Alter, in dem der Erwerb wesentlicher syntaktischer Strukturen in der Erstsprache als abgeschlossen gilt (u.a. Hoffmann 2003b; Clahsen 1988; Tracy/Gawlitzek-Maiwald 2000). Es werden die Daten von zehn Mädchen und sieben Jungen betrachtet.

<u>Gemeinsamkeiten und Unterschiede</u>

Alle beobachteten Kinder wachsen mit mehreren Sprachen auf; kein Elternteil oder Erziehender spricht Deutsch als Erstsprache. Die Jungen und Mädchen leben seit Geburt oder – im Fall von Boris von der frühesten Kindheit an – in Deutschland und besuchen regelmäßig seit mindestens zwei Jahren eine Kindertagesstätte. Sie sind „Vorschulkinder", zu Beobachtungsbeginn zwischen fünf und sechs Jahren alt, und werden im nächsten Herbst die Regelschule besuchen. Der sozioökonomische Status von allen Familien ist niedrig, mit Ausnahme der Familie von Tomas, bei der der sozioökonomische Status im mittleren Bereich, ausgehend von der Ausbildung und der Berufstätigkeit der Eltern im Dienstleistungssektor, angesetzt wird. Das familiäre Leseverhalten ist wenig ausgeprägt, wobei sich die Familien von Boris und Tomas vom Gesamtbild unterscheiden.

Alle Kinder erhalten ein besonderes didaktisches Angebot, da ihre Aneignung des Deutschen den für sie zuständigen pädagogischen Kräften nicht ausreichend erscheint. Hinweise auf pathologische Entwicklungen liegen nicht vor.

2.2 Die Erhebungssituation

2.2.1 Institutioneller Rahmen

Die Datenerhebung erfolgte im Rahmen sprachdidaktischer Angebote, deren Ziel darin besteht, die Sprachaneignung zu unterstützen, sog. *Sprachfördermaßnahmen* in Kindertagesstätten bzw. einem *Vorlaufkurs* in einer Grundschule (Apeltauer 2004; Bartnitzky/Speck-Hamdan 2005; Speck-Hamdan 2005; Stanat/Müller 2005; Jampert et al. 2007). Die Datenerhebung erfolgte in öffentlichen Institutionen mit den sie kennzeichnenden kommunikativen Voraussetzungen (Ehlich/Rehbein 1977, 1979, 1979a, 1986, 1994; Redder 1983, 1984). Die didaktischen Aktivitäten, deren Bezeichnung sich von Bundesland zu Bundesland unterscheidet, haben das Ziel, Sprachaneignung zu unterstützen. Sie sind auf der Grundlage föderalistischer Bildungsplanung vielfältig strukturiert; in einigen Bundesländern werden sie in Kindertagesstätten, in anderen Bundesländern morgens vor dem täglichen Kindergartenbesuch in der örtlichen Grundschule angeboten, in die die Kinder später eingeschult werden.[28]

In diesen pädagogischen Aktivitäten wird mit den Kindern erzählt, gesungen, gereimt; es wird am Wortschatz gearbeitet, Kinderbücher werden gelesen oder didaktische Materialien zur Sprachförderung werden bearbeitet. Vorgaben, welche es als Bildungspläne bzw. Bildungs- und Erziehungsempfehlungen in einigen Bundesländern wie Hessen oder Rheinland-Pfalz gibt, sind grundsätzlich sehr offen und wenig spezifiziert (MBFJ 2004; HKM 2008).

Eine Statistik darüber, wie viele Kinder tatsächlich derzeit in bundesdeutschen vorschulischen Sprachfördermaßnahmen gefördert werden, ist nicht verfügbar. Da die Art und Konzeption der Fördermaßnahmen in die Kompetenz der Bundesländer fällt, gibt es keine einheitliche Basis für eine Statistik. Die Größenordnung liegt allein in den Bundesländern Baden-Württemberg, Bayern, Hessen, Nordrhein-Westfalen und Rheinland-Pfalz bei insgesamt über 135 000 geförderten Kindern in vorschulischen Sprachfördermaßnahmen pro Jahr (siehe Anhang).[29]

Für die Beobachtung wurden zwei Kindertagesstätten, die etwa 350 Kilometer voneinander entfernt in einer Klein- und einer Großstadt liegen, sowie eine Grundschule, die sich etwa in der Mitte zwischen beiden Kindertagesstätten in einer Großstadt befindet, gewählt. Die Schule liegt in einem anderen Bundesland als die Kindertageseinrichtun-

---

28 Die *Sprachfördermaßnahmen* finden von Oktober bis Juni zweimal wöchentlich, je 90 Minuten lang statt; der *Vorlaufkurs* wird in dem gleichen Zeitraum wochentäglich für jeweils 90 Minuten durchgeführt.

29 Gogolin/Reich (2001) schätzen, dass „etwa zehn Millionen Einwohner" Deutschlands (von insgesamt ca. 82 Millionen statistisch gemeldeten Einwohnern, Statistisches Bundesamt, online 2008) zwei- oder mehrsprachig in dem Sinne sind, dass sie Deutsch und eine oder mehrere weitere Sprachen in ihrem Alltag benutzen (Gogolin/Reich 2001, siehe auch Clyne 1991, 1992a, Mahlstedt 1996, Afshar 1998, Berend 1998).

gen. Alle drei pädagogischen Einrichtungen liegen in Gebieten mit hoher Arbeitslosigkeit und werden von Kindern aus Familien mit niedrigem bis sehr niedrigem sozioökonomischem Status, ausgehend von den ausgeübten Tätigkeiten der Eltern, besucht. In den beteiligten Kindertagesstätten wird die Auswahl, welche Kinder die sprachanregenden didaktischen Angebote besuchen sollten, von den Erzieherinnen getroffen.[30] Für die Einschätzung stützen sie sich auf ihre pädagogische Erfahrung, die Beobachtung der Kinder im Kindertagesstättenalltag und ihr eigenes erstsprachliches Wissen des Deutschen.

In dem anderen Bundesland findet das didaktische Angebot in der Grundschule statt; dafür werden die Kinder von ihren zukünftigen Lehrerinnen eingeschätzt, die ihre späteren Schüler zu einem etwa zehnminütigen Gespräch ein Jahr vor dem Einschulungstermin zum ersten Mal treffen.

Tests oder systematische Erhebungsverfahren wurden im Beobachtungszeitraum in der mitarbeitenden Schule und den Kindertagesstätten nicht angewandt.[31] Die didaktischen Aktivitäten wurden in den beobachteten Kindertagesstätten von einer Erzieherin bzw. einer Studentin der Sozialpädagogik durchgeführt. In der Schule wurden die Kinder von einer erfahrenen Grundschullehrerin unterrichtet. Die Kindergruppen bestanden aus acht bis zwölf Kindern. Das Gruppengeschehen wurde mit Videoaufnahmen dokumentiert. Als teilnehmende Beobachterin war die Verfasserin am Rande in das Geschehen einbezogen. Auf- und Abbau der Videoausrüstung erfolgte gemeinsam mit den Kindern, wodurch die Kinder die Aufnahmesituation als Teil der Gesamtsituation erlebten. Neben den Aufnahmen in der Sprachfördergruppe wurden Erzählungen in Elizitationssituationen aufgenommen.

2.2.2 Situation

Die Erzählungen wurden in einem Vorgehen gewonnen, das sich an Ehlich/Rehbeins (1986) evokatives Feldexperiment (EFE) anlehnt (ebd.: 35). Dafür werden natürliche Handlungssituationen aufgesucht, in denen der Analytiker und gegebenenfalls auch weitere Mitanalytiker als Aktanten in Erscheinung treten.

---

30   Es handelt sich hier ausschließlich um weibliche Erzieherinnen und Lehrerinnen.

31   Trotz dieses unsystematisch anmutenden Verfahrens, Kinder für eine Sprachfördermaßnahme auszuwählen, scheint dieses Vorgehen die Bedürfnisse der Kinder nicht völlig zu verkennen. Montanari (2007) kommt zu dem Schluss, dass die auf Erfahrung und Beobachtung basierenden Einschätzungen der Erzieherinnen auf Förderbedürftigkeit als zutreffend beurteilt werden können und größere Verlässlichkeit als ein zum Vergleich herangezogenes, computerbasiertes Verfahren (citogroup 2005) erreichen. Die Auswahlverfahren wurden zum Teil in der Zwischenzeit verändert. Verfahren, die Kinder für Sprachfördermaßnahmen herausfiltern sollen, sind z.B. SISMIK (Ulich/Mayr 2003), HAVAS (Reich/Roth 2004, 2007), DELFIN (Fried/Briedigkeit 2007) sowie LISEDAZ (Schulz et al. 2008); in einer kommentierten Übersicht sind viele der gängigen Verfahren in Ehlich et al. (2005) zusammengestellt und in Gogolin/Neumann/Roth (2005) beschrieben.

Die für die Erhebung gewählte Situation der Sprachförderung findet regelmäßig in der Kindertagesstätte bzw. Schule statt. Durch das allen Beteiligten kommunizierte Ziel, Sprache erheben zu wollen, die Anwesenheit der Wissenschaftlerin und die gemeinsame Inbetriebnahme von Kamera und Mikrofon werden besondere Kommunikationsbedingungen geschaffen. Das wird daran spürbar, dass die Kinder seltener unterbrochen werden und Redebeiträge eher zugelassen werden, als es ohne Gäste erfolgt wäre, wie in der folgenden Situation:

(Die Kindergruppe sitzt um einen Tisch herum.)

	Ilaria	Äh/
	Lehrerin	Ja?
	Ilaria	Mir ist auch passiert/
(T11)	Lehrerin	Aber du hast doch jetzt schon von deinen Zähnen so ganz viel erzählt.
	Ilaria	Wo ich klein war, ja, ha/war diese Sitz, weißt du, wo ma Essen reintun kann.
	Lehrerin	(blickt ca. eine Sek. direkt in die Kamera)
	Lehrerin	Hmˋ. So n Kindersitz, ne? Oder meinst du jetz nen Kinderteller?
	Ilaria	Ja. Da war des Sitze, und dann hat meine Mama Geschirr gereiht, und da war mein Fahrrad, und da war ich mein Fuß, da war/mein Fuß war ganz unten in Räder, drin.
	Lehrerin	Das kann gefährlich werden, ne?
	Ilaria	Und dann so des hat dann weitergedreht, und dann fa/
	Lehrerin	Hmˋ.
(T12)	Ilaria	Und dann haben wir im Krankenhaus angerufen.
	Lehrerin	Aha. Und? War was Schlimmes?
(T13)	Ilaria	Ja. Sie hat mir Spritze gegeben. So große. So groß. (Sie zeigt ca. 30 cm.)
	Sina	Ilaria lüg nich! …
	Lehrerin	Ilaria, so große Spritzen gibts nich. …
(T14)	Lehrerin	So, und jetz is gut, du hast jetzt ZWEI Sachen erzählt, die andern Kinder haben nur EINE Sache erzählt,
(T15)		und jetzt seid ihr ja alle wieder ziemlich gesund. Heute hat KEINER ne Wunde, die blutet, und KEINER ist hingefallen, und KEINER muss ne Spritze kriegen,
(T16)		und da wolln wir jetzt auch was andres machen.

Ilariawehtun3 (6,3; IX)

Die Lehrkraft sendet vom ersten Erzählversuch des Kindes an Signale, dass sie kein Interesse an einer weiteren Erzählung hat (T11). Bevor sich die Lehrerin dann doch auf das Erzählangebot einlässt, blickt sie lange direkt in die Kamera; anschließend greift sie den Erzählimpuls des Kindes auf. Im Anschluss an die Erzählung stellt die Lehrerin dar, warum das Kind sein Rederecht schon überstrapaziert hat (T14) und warum sie keinen Anlass für eine Fortsetzung dieser Erzählaktivität sieht (T15). Explizit bricht sie die gesamte Erzählphase ab (T16). Die disziplinierende Äußerung der Lehrkraft (Füssenich 1981) und ihr starkes Reglement der Gesprächssituation sind wenig ermutigend für das Mädchen, das gerade von sich aus eine komplexe sprachliche Handlung vornehmen will. Das Verhalten der Pädagogin steht an dieser Stelle dem Gesamtziel des didaktischen Angebots, der Förderung von Aneignung, entgegen. Die schulische Handlungskonstellation (Ehlich 1981; Ehlich/Rehbein 1979, 1986) lässt hier zu wenig Freiheit, um das zu leisten, was sie vorgibt: einen bevorzugten Kommunikationsraum für Spracherwerb zur Verfügung zu stellen.

Dass die Lehrerin letztlich doch dem Mädchen Erzählzeit zur Verfügung stellt, ist eine Auswirkung der EFE-Situation: Angesichts des vorher von mir verbalisierten Erhebungsziels, Erzählungen aufzunehmen, wird der Redebeitrag doch noch akzeptiert. Beobachtungseffekte können sich durchaus so auswirken, dass sie Kommunikation ermöglichen, die ohne eine Beobachtereinwirkung nicht hätte realisiert werden können (Wagner/Steinsträter 1989).

Noch stärker als durch die Anwesenheit eines Beobachters bei einer alltäglichen Aktivität wird die Kommunikation durch das Erhebungsinteresse dann beeinflusst, wenn die Kinder zu einem Gespräch in einen besonderen Raum eingeladen werden und dort Gespräche von einer Versuchsleitung initiiert werden, die einem, den Kindern in der Regel unbekannten, Analyseziel dienen sollen. Ein derartiges Vorgehen ist oft sinnvoll, muss aber bei der Analyse mitbedacht werden.

Diese Situationen zeichnen sich neben den äußeren Bedingungen, des ungewohnten Raumes und der dyadischen Gesprächssituation, durch eine außergewöhnlich lange Erzählzeit, eine besondere Geduld der erwachsenen Gesprächspartner (Wagner/Steinsträter 1989) und ein spezifisches Handlungsmuster aus: Es wird nicht einfach erzählt, sondern es wird *auf Anforderung erzählt* (Rehbein 2007).

2.2.3 Erzählen zwischen den Handlungsmustern

Elizitierte und freie Erzählungen unterscheiden sich in unter mehreren Gesichtspunkten: im Handlungsmuster, im Zweck der Handlung und in ihren Ergebnissen. Insbesondere institutionell angeforderte, z.B. als schulischer Aufsatz, und freie kindliche Erzählungen sind nicht gleichzusetzen und zeichnen sich durch spezifische Erzählstrukturen aus (Wagner/Steinsträter 1989). Bei institutionell angeforderten Erzählungen lassen sich Elemente des Aufgabe-stellen/Aufgabe-lösen-Handlungsmusters beobachten (Ehlich/Rehbein 1979, 1979a, 1986; Redder 1985; Wagner/Steinsträter 1989): Es wird erzählt, um eine von einem Interviewer gestellte Aufgabe mit einer Lösung abzuschließen. Redder (1985) analysiert auf der Grundlage dieses Handlungsmusters Erzählungen nach Abbildungen. Die Verwendung von Illustrationen, z.b. Bilderfolgen, als Gesprächsanreiz wirkt sich erheblich auf die sprachlichen Mittel aus, mit denen Kinder erzählen, so dass

„Beschreibungen für Anwesende gemacht wurden, d.h. für Hörer, die die Bilderfolge ebenfalls wahrnehmen konnten. Unter solchen Bedingungen ist es jedoch funktional angemessen, auf Elemente der Darstellung deiktisch zu verweisen, nämlich im Rahmen des gemeinsamen Wahrnehmungsraums. Solche Ausdrucksformen sind also keineswegs Zeichen für beschränkte sprachliche Handlungsfähigkeit, sondern umgekehrt von zweckmäßiger Verwendung sprachlicher Ausdrucksmittel. ... Bildbeschreibungen enthalten jedoch nur sehr spezifische, eingeschränkte Verbalisierungserfordernisse."

Redder 1985: 224

Noch spezifischer werden Erzählungen in Erhebungssituationen im Handlungsmuster *Erzählen auf Anforderung* gefasst.[32] In dieses Handlungsmuster ist das Muster *Erzählen* als Zitat integriert.[33] Der Zweck der Handlung begründet sich nicht in dem Interesse des Sprechers, etwas zu erzählen, und dem des Zuhörers, diese Erzählung aufzunehmen; sondern eine spezifische Fragestellung bestimmt einen Gesprächsimpuls, von dem der Sprecher weiß, dass er ihn im Rahmen institutioneller Gegebenheiten zu bearbeiten hat.[34] Gleichwohl kann sich innerhalb der Handlung die Interaktion zu einer Erzählung verschieben, so dass das zitierte Handlungsmuster *Erzählen* im Vordergrund steht.[35]

In diesem Korpus sind sowohl Erzählungen auf Anforderung als auch freie Erzählungen enthalten. Freie Erzählungen enden typischerweise nicht mit der von Rehbein (2007) identifizierten *Dank- und Lobposition*, die bei angeforderten Erzählungen zu-

---

32   Das Schema des Musters ist im Anhang zu finden, siehe S. 327.

33   „Zwischen beiden Mustern (Erzählen und Erzählen auf Anforderung, EM) besteht jedoch ein nicht gleichwertiges Verhältnis, denn das Erzählen wird in eine Konstellation ‚hereingeholt', die zu seinen Zwecken, einen fiktiven Erzählraum mit Unterhaltungsqualität zu schaffen, teilweise in einem Spannungsverhältnis steht." (Rehbein 2007: 403)

34   „Narrative Wiedergaben verbalisieren im Erzählen und Berichten gleichermaßen Erfahrungen einem Gesprächspartner gegenüber, die er direkt benennt, was er vom Kind hören will ... Die narrativen Wiedergaben werden dabei nicht durch das Interesse des Zuhörers motiviert, sondern aus Untersuchungsinteresse angefordert." (Rehbein 2007: 400)

35   „Durch den Charakter des zitierenden Handelns ist es ebenfalls zu erklären, dass sich die Rolle des *Hörers-als-Gesprächspartners* in die des interessierten *Zuhörers-einer-Erzählung* verschieben kann, der eine interessierte Bewertung (Position 23) äußert, etwa eine Exothese der Anteilnahme o.ä., und so in den fiktiven Handlungsraum eines echten Erzählens wechselt." (Rehbein 2007: 405)

verlässig, auch von wechselnden Gesprächspartnern, geäußert wird, und die ein deutliches Erkennungszeichen ist.

2.2.4 Erhebungsprobleme in der Familiensprache

Eine Erhebung zur Aneignung in den Familiensprachen ist mit erheblichem Aufwand versucht worden. Für die Familiensprachen der Kinder stehen, wie es nicht untypisch ist, keine verlässlichen genormten Tests zur Verfügung, und schon gar keine, die Mehrsprachigkeit unter den Bedingungen der Migration einbeziehen würden. Es wurden daher kurze familiensprachliche Erzählungen anhand von Abbildungen mit den Eltern als Gesprächspartner der Kinder erhoben.

Die Auswertung stellte sich jedoch im Rahmen dieser Arbeit als nicht machbar heraus. Die Schwierigkeiten sind vielfältig: Die Daten aus der Datenerhebung in der Familiensprache sind zu wenige und zu kurz, um fundierte Aussagen über Spracherwerbsprozesse eines Kindes zu treffen. Die Analyse der vorhandenen Sprachdaten ist schwierig: Es reicht nicht aus, mit einem Linguisten mit dem Schwerpunkt der Erforschung dieser Sprachen zusammenarbeiten zu können – obwohl das einen großen Vorteil darstellt. Die Mitanalysierenden müssen Experten für die Aneignung dieser Sprachen unter den Bedingungen der Migration und Mehrsprachigkeit sein, was in diesem Rahmen nicht erreicht werden kann.

Zusätzlich erschwerend wirkt sich aus, dass die Literaturlage zur Aneignung vieler Sprachen, trotz der grundlegenden Arbeiten von Slobin (1985), begrenzt ist, vor allem, wenn Literatur in den großen Wissenschaftssprachen gesucht wird. Wichtige Informationen können die Aussagen von Eltern, Geschwistern und Erzieherinnen liefern; sie sind jedoch kaum interpersonell vergleichbar und variieren innerhalb von Wochen z.T. erheblich. Gespräche mit Familienangehörigen sind von der Kooperationsbereitschaft der Eltern mit denen, die sie befragen, und davon, welche Zwecke die Eltern bei der Befragung annehmen, beeinflusst und daher nicht in allen Fällen reliabel. Trotz allem können Elterninformationen unverzichtbare Bestandteile logopädischer Anamnese sein (Babur/Chilla/Meyer 2008).

Innerhalb dieser Arbeit konnte die Intention, den Aneignungsprozess der Kinder in den Herkunftssprachen der Familien einzubeziehen, nicht in einer individuellen Perspektive eingelöst werden. Die Familiensprachen werden daher unter typologischen Gesichtspunkten berücksichtigt.

2.3 Zusammenfassung

Auf der Grundlage von 107 Erzählungen durch 17 Kinder im Alter von 5,0 bis 6,3 Jahren (bei Beobachtungsbeginn) wird die Aneignung von Genus und Determination im Deutschen untersucht. Die Kinder nahmen an didaktischen Aktivitäten zur Förderung der Aneignung des Deutschen teil. Im Rahmen dieser Aktivitäten erfolgte die Beobachtung. Außerdem wurden die Kinder einzeln zu Gesprächen gebeten.

Die Kinder wachsen mit 15 unterschiedlichen Familiensprachen auf: Albanisch, Deutsch, Englisch, Italienisch, Kroatisch, Nord- und Südkurdisch, Pandjabi, Paschtu, Polnisch, Romani, Serbisch, Sizilianisch, Türkisch und Urdu. Kein Elternteil spricht Deutsch als Erstsprache. In der Mehrheit der Familien wird die deutsche Sprache auch zu Hause verwendet.

3. Determination und Wissen

3.1 Determination

Seit der Antike wird die Frage, wie Bestimmtheit oder Unbestimmtheit von Entitäten begriffen werden können und mit welchen sprachlichen Mitteln sie ausgedrückt werden, in der Philosophie und der Sprachwissenschaft behandelt (Eisler 1904; Kolde 1996).[36]

Die Abgrenzung der Determination von Definitheit stellt eine erhebliche Schwierigkeit dar. In scharf umrissenen Auffassungen von Definitheit (z.b. Russell 1905 einerseits, Ehlich 2003 andererseits) ist die Grenze deutlich sichtbar; andere Arbeiten behandeln unter der Begrifflichkeit der *Definitheit* Gesichtspunkte, die von anderen Autoren unter *Determination* aufgegriffen werden bzw. ihre Arbeiten anregen und vorbereiten, z.b. Christophersen (1939) und Hawkins (1978) in Bezug auf Hoffmann (2003b, 2007). Sogar Verwobenheit wird konstatiert:

> „Die Verwobenheit der morphologisch-syntaktischen Determination mit der Definitheitsmarkierung verursacht ebenso wie die Vielfalt der zur Definitheitsmarkierung verwandten Mittel erhebliche Probleme.“

Vater 1991: 15

3.2 Abriss einer Ideengeschichte

3.2.1 Antike

Eine frühe Unterscheidung der Bestimmtheit von Sprache in *allgemeine, partikuläre* und *unbestimmte Rede* unternimmt Aristoteles in der Analytik (4. Jh. v. Chr.).

> „(Eine Rede, EM) ist entweder allgemein oder partikulär oder unbestimmt. Allgemein nenne ich sie, wenn etwas jedem oder keinem zukommt, partikulär, wenn es irgendeinem nicht oder nicht jedem zukommt, unbestimmt, wenn die Rede etwas zukommen oder nicht zukommen lässt ohne den Zusatz allgemein oder partikulär (so dass sie es unbestimmt lässt, in welcher der beiden Weisen es zu nehmen ist).“

Aristoteles, 1. Analytik, an. Pr. I 1, 24 a, 15–20

---

36 Zur Beschäftigung mit Sprache in der Antike siehe H. Paul (1886); Arens (1969); Robins (1973); Ax (1978, 2000); Ehlich (2000): „Der Begriff ‚Antike‘ fasst dabei nicht nur eine Periode von mehr als tausend Jahren großzügig unter einem Oberbegriff zusammen. Er ist darüber hinaus gut geeignet, über erhebliche interkulturelle Probleme hinwegzutäuschen, die diese Antike kennzeichnen.“ (Ehlich 2007: 57)

Heyer (1987) weist darauf hin, dass Aristoteles auch unbestimmte Aussagen in seine Überlegungen einbezieht, die Auseinandersetzung damit jedoch nicht vertieft.[37] In den Kategorien und in der Topik differenziert Aristoteles begriffslogisch vier Einteilungen des Seienden nach Bestimmtheit: *Einzelheit, Allgemeinheit, Substanz* und *Akzidenz.*[38] Die allgemeine Substanz steht für das Wesen einer Sache; das akzidentiell Einzelne ist die spezifische Differenz zwischen verschiedenen Sachen. Das allgemeine Einzelne meint die Gattung, das substanzielle Einzelne das zufällig Individuelle (cf. L. Paul 1987: 205). Es wird also bereits sehr früh eine Auffächerung von Identitäten nach Allgemeinheit und Einzelheit thematisiert.

Varro (116–27 v. Chr.), den Ehlich den ersten literarisch fassbaren eigenständigen lateinischen Grammatiker nennt (Ehlich 1979: 165; siehe auch Ax 1996), befasst sich mit Bestimmtheit und Unbestimmtheit in Bezug auf Wortarten. Für die Reihenfolge *provocabula, vocabula, nomina* und *pronomina* formuliert er eine Rangfolge der zunehmenden Bestimmtheit und verwendet, ebenso wie Aristoteles, eine vierstufige Einteilung.

„Die erste Gattung ist unbestimmt, die zweite so gut wie unbestimmt, die dritte so gut wie bestimmt, die vierte bestimmt."

Varro §§ 44, 45[39]

In der alexandrinischen Tradition beschäftigt sich Appolonios Dyscolos (2. Jh. n. Chr.) mit der An- und Abwesenheit des definiten Artikels im Griechischen.[40] Er führt die An- und Abwesenheit darauf zurück, ob der Gegenstand im Diskurs bereits erwähnt wurde oder auf andere Weise bereits bekannt ist (Householder 1981; C. Lyons 1999). Er behandelt also, was später *anaphorischer Gebrauch* (Hawkins 1978; Heim 1988) bzw. *aufgreifender Gebrauch* genannt wird.

3.2.2 Bacon und Thomas von Erfurt

Determination wird von Bacon und Thomas in wesentlichen Teilen als Bestimmtheit der Bedeutung von Pronomen und Nomen gesehen. Die zentralen Konzepte sind *Substanz* und *Qualität*, die Bacon in seiner Grammatik des Griechischen mit Bezugnahme auf Priscian formuliert:

---

37 „Die sprachlogischen Unterscheidungen der Topik haben die wahrscheinlichen Aussagen zum Gegenstand. In der späteren 1. Analytik bezeichnet Aristoteles diese in ihrer Quantität nicht eindeutig bestimmten Aussagen als unbestimmte Aussagen." (Heyer 1987: 50)

38 Die Einteilungen in den beiden Werken entsprechen sich jedoch nicht vollständig. (cf. L. Paul 1987)

39 „ ... primum genus est infinitum, secundum ut finitum, tertium ‚ut' finitum, quartium finitum." (Übersetzung: Ehlich 1979: 166)

40 Zur Entwicklung der Wortart Artikel siehe unten.

„Pronouns signify the substance of nouns, though they differ in their mode
if signification: nouns are said to signify substance with quality, and pronouns
without quality.“

Bacon, Oxford Greek Grammar III, V, 1: 158[41]

Thomas von Erfurt beschäftigt sich in den *Novi modi significandi* (14. Jh.) mit determinierter und indeterminierter Bedeutung von Nomen und Pronomen. Er versteht Nomen als Wortarten mit bestimmter Bedeutung, Pronomen als Wortarten mit unbestimmter Bedeutung.

„§ 15: Die wesentliche allgemeinste Bezeichnungsweise des *Nomens* ist die Bezeichnungsweise durch die Weise des Seienden und des auf bestimmte Weise
Erfaßten.
§ 16: Ein *Nomen* ist also ein Redeteil, welcher durch die Weise des Seienden
und des auf bestimmte Weise Erfaßten bezeichnet. ...
§ 36: Die wesentliche allgemeinste Bezeichnungsweise des *Pronomens* ist die
Bezeichnungsweise durch die Weise des Seienden und des auf unbestimmte
Weise Erfaßten.
§ 37: Ein *Pronomen* ist also ein Redeteil, welcher durch die Weise des Seienden
und des auf unbestimmte Weise Erfaßten bezeichnet.“

Thomas von Erfurt[42]

Es ist ist nicht ganz klar, wie dieses Verständnis von Bestimmtheit und Unbestimmtheit mit den heutigen Begrifflichkeiten in Bezug gesetzt werden kann und wo es sich
in der modernen Literatur zu Determination wiederfinden lässt.

3.2.3 Europäische Philosophie

Einer der wichtigsten Sätze über Determination stammt von Spinoza:

„Omnis determinatio est negatio.“

Spinoza 1674: Epist. 59[43]

---

41   „Quoniam (pronominam) substanciam significant normindum, licet differant in modo significandi, secundum quod dicuntur nomina significare substanciam cum qualitate et pronomina
sine qualitate.“ (Es liegt bisher keine deutsche Übersetzung vor, EM.)

42   „Modus significandi essentialis generalissimus nominis est modus significandi per modum entis
et determinatae apprehensionis. Nomen ergo est pars orationis significans per modum entis vel
determinatae apprehensionis. Modus significandi essentialis generalissimus pronominis est modus significandi per modum entis et indeterminatae apprehensionis. Pronomen ergo est pars orationis significans per modum entis et indeterminatae apprehensionis.“ (Übersetzung Lehmann
2002: 17f.)

43   ‚Jede Determination ist Negation.‘

Spinoza begreift Determination in einer metaphysischen Dimension zwischen dem Bestimmten und der Unendlichkeit. Eine Bestimmung ist eine Negation von Unendlichkeit, da die Bestimmtheit der Unendlichkeit Grenzen setzt. Spinozas Satz ist in der Philosophie außerordentlich einflussreich (u.a. Eisler 1904; Schröder 1987; div. Beiträge in Hampe/Schnepf 2006). Die metaphysische Auffassung Spinozas beeinflusst Schelling und ganz besonders Hegel.

„Die allgemeine Wirklichkeit ist nur dann wahrhaft allgemein, wenn sie das Nichtbesondere ist, wenn sie die Endlichkeit des Endlichen in sich hat."

Hegel 1970: 20/165

An dieser exemplarischen Zusammenstellung von philosophischen Auffassungen zur Determination wird die enorme Spannweite von Ideen deutlich, die zum Nachdenken über Bestimmtheit und Unbestimmtheit gehört, auch wenn sie im vorliegenden Rahmen nicht weiter verfolgt werden kann.

3.2.4 Logische Determination

Frege (1892) behandelt Bestimmtheit und Unbestimmtheit aus seiner logischen Ausrichtung der Philosophie heraus mit Fragestellungen, die an Wahrheitswerten von Aussagen und Funktionen interessiert sind. Dafür betrachtet er die sprachlichen Bedingungen, unter denen Wahrheitswerte bestimmt werden können und die Eigenschaften der Bezeichnungen für die Gegenstände, über die etwas ausgesagt wird. Er führt dazu die grundsätzliche und absolut verstandene Unterscheidung zwischen *Begriff* und *Gegenstand* ein: Begriffe sind die Bedeutung eines grammatischen Prädikats; Gegenstände oder Eigennamen können nicht als grammatische Prädikate gebraucht werden. Ein Gegenstand kann unter einen Begriff fallen:

(1)   „Der Morgenstern   ist   ein Planet."

Frege 1892: 68

Gegenstand   IST   Begriff

Ein deutliches Zeichen für einen Satz, bei dem ein Gegenstand unter einen Begriff fällt, ist der Umstand, dass die Aussage nicht umkehrbar ist. Wichtiger Bedeutungsträger und inhaltlich wesentlicher Bestandteil des Prädikats ist das Wort ist; es ist mehr als die bloße Kopula. Zu bestimmten und unbestimmten Artikeln bemerkt Frege (1892), dass sie auf unterschiedliche Qualitäten des Nomens hinweisen: Der bestimmte Artikel weist auf einen Gegenstand hin, während der unbestimmte ein Begriffswort begleitet (cf. Frege 1892: 69), wobei er sich auf bestimmte Artikel im Singular begrenzt.

Auch im Singular finden sich jedoch bestimmte Artikel in generischen Aussagen, die auf Begriffe und eben nicht auf Gegenstände hinweisen (Frege 1892; Heyer 1987), so dass das Kriterium der Anzeige eines Gegenstands durch die Bestimmtheit des Artikels verletzt scheint:

(2)　　　　„Das Pferd ist ein vierbeiniges Tier.“

Frege 1892: 70

Frege (1892) argumentiert für diesen Fall, dass „diese Verwendung bestimmter Artikel so leicht zu erkennen (ist, EM), dass unsere Regel durch ihr Vorkommen an Wert kaum einbüßt“ (Frege 1892: 70). Seiner Ansicht nach steht in Aussagen wie (2) der Singular an Stelle eines Plurals, so dass sie auch heißen könnte:

(3)　　　　„Alle Pferde sind vierbeinige Tiere.“

Frege 1892: 70

Heyer (1987) kritisiert diese Argumentation dahingehend, dass Frege die Verwendung des bestimmten Artikels in generischen Aussagen nicht optimal beschrieben habe. In der Tat beschäftigt sich Frege (1892) nur beiläufig mit generischen Aussagen im Singular und greift sie auch an anderer Stelle nicht auf.

3.2.5 Definitheit, Denotation und Referenz

Aus der logischen Philosophie heraus entwickelt sich eine Denkströmung, die sich mit Bestimmtheit unter dem Gesichtspunkt der Beziehung zwischen einem Wort und seiner Entsprechung in der Welt befasst. Die Funktion eines Wortes, für eine Entität der Wirklichkeit zu stehen, heißt bei Russell Denotation; sie wird im weiteren Verlauf vorwiegend in der Begrifflichkeit der Referenz weitergedacht. Denotation und Referenz hängen zusammen, sind aber nicht identisch: Referenz steht für eine äußerungsgebundene Relation, die für Ausdrücke in einem Kontext gilt; Denotation bezeichnet dagegen eine Relation, die unabhängig von Äußerungen auf Lexeme anwendbar ist (cf. J. Lyons 1977: 220).

Definite Kennzeichnungen: Russell

Nur einige Jahre nach Frege (1892) erscheint Russells Aufsatz *On Denoting* (Russell 1905). Obwohl darin die Ausdrücke *definite description* bzw. *indefinite description*[44] nicht erwähnt sind, wird dieser Text als Ausgangspunkt für Russells *Theory of Description* angesehen (Bertolet 1999; Abott 2003, 2006). Russell (1905) analysiert die Logik von Aussagen mit definitem Artikel, wie

---

44　Deutsch: definite Kennzeichnung (Russell 1971), auch definite Beschreibung (Ehlich 2003).

(4)   „The King of France is wise."

Russel 1905: 1

Die logische Analyse teilt diese Aussage in drei Einzelaussagen auf: zwei Aussagen, die sich auf den definiten Ausdruck the King of France beziehen, und eine Aussage, die sich auf das Prädikat is wise bezieht.

(5)   „There is a King of France.
(6)   There is not more than one King of France.
(7)   This individual is wise."

Russell 1905: 2

Wird nun der Wahrheitswert von (4) gesucht, so ist dieser nur dann wahr, wenn (5), (6) und (7) ebenfalls wahr sind. The King of France ist eine definite Kennzeichnung, die logisch (5) und (6) umfasst. Definite Kennzeichnungen werden mit Hilfe von Einzigartigkeitsquantoren analysiert: Es gibt ein und nur ein x, für das gilt: usf. Indefinite Kennzeichnungen werden mittels Existenzquantoren betrachtet: Es gibt ein x, für das gilt: usf. (cf. Honderich 1995; Hoffmann 2007).
Für die Wahrheit des Satzes (4) ergeben sich zwei Voraussetzungen (cf. Krifka 1989: 74):

i.   Es gibt eine Entität, auf die das Prädikat King of France zutrifft (Existenzannahme).
ii.   Es gibt nicht mehr als eine Entität, auf die das Prädikat King of France zutrifft (Eindeutigkeitsannahme).

Die Eindeutigkeitsannahme beinhaltet eindeutige Identifizierbarkeit, *Uniqueness*. Auf diese einzige Identität bezieht sich die definite Deskription eindeutig. Innerhalb der definiten Kennzeichnung indiziert der strikte Gebrauch des definiten Artikels die eindeutige Identifizierbarkeit. Strawson (1950) kritisiert diese Auffassung und argumentiert dagegen, dass die gesamte Aussage (4) keinen Wahrheitswert hat, weil der Existenzquantor ins Leere weist, da (5) falsch ist.
Russell (1905) erwähnt selbst einen Fall, bei dem trotz definiten Artikels eindeutige Identifizierbarkeit nicht erreicht wird, weil der Sprachgebrauch von der logischen Analyse abweicht; das ist der Fall bei dem alltäglichen Gebrauch von Familienbezeichnungen mit definitem Artikel, z.B.

(8)   „*the* son of So-and-so"

Russel 1905: 2

Dieser Gebrauch des definiten Artikels erfüllt, zumindest wenn die betreffende Person Brüder hat, die Einzigartigkeitsanzeige nicht. Russell bemerkt dazu, „it would be more correct to say, A son of So-and-so" (Russel 1905: 2). Gerade dieser Satz (8) zeigt, dass definite Kennzeichnungen innerhalb sprachlicher Handlungen schnell an Grenzen stoßen (Strawson 1950; Searle 1969). In sprachlichen Handlungen ist Definitheit im logischen Sinne einer eindeutigen Identifizierbarkeit von einer kontextlos geäußerten Kennzeichnung nicht intendiert. Äußerungen in sprachlichen Handlungen sind kontexthaft und zweckorientiert, und Kontext und Handlungszwecke werden in das Verständnis der Äußerung einbezogen.

In einer definiten Kennzeichnung erfüllt der Artikel drei Aufgaben: eine Entität zu identifizieren, für die Interaktion herauszuheben, also im Wissen von Sprecher und Hörer aufzurufen, und auf sie zu referieren:

> „Definitheit wird über die Beziehung des sprachlichen Ausdrucks zur Wirklichkeit erfasst. Definitheit wird in definiten Beschreibungen ausgedrückt. Eine definite Beschreibung ist ein Ausdruck, der sich auf ein und nur ein Element in der Wirklichkeit bezieht. ... Die spezifische Leistung des Artikels wird gerade darin gesehen, aus der Menge von Elementen einer Klasse eines und nur eines zu identifizieren, herauszuheben und dieses durch die Referenz eindeutig zu machen."

> Ehlich 2003: 209

Ehlich (2003) kritisiert an Russells Darstellung, dass sie zu eingeschränkt darauf zielt, Ausdrücke und Wirklichkeit in eine eindeutige Beziehung zu setzen. Die Kommunikation von Sprecher und Hörer wird nicht einbezogen.[45]

Das liegt allerdings in der logischen Ausrichtung begründet, in der intendiert ist, zugunsten situationsunabhängig geltender Aussagen von Kontext und sprachlichen Handlungen zu abstrahieren.

Definitheit in der sprachlichen Handlung: Searle

Searle (1969) bezieht Definitheit auf Referenz innerhalb der sprachlichen Handlung. In das Zentrum seiner Überlegungen stellt er die Identifikation für einen Hörer: Damit sprachliche Handlungen gelingen können, muss eine erfolgreiche Bezugnahme auf den Redegegenstand erfolgen. Von dieser Voraussetzung ausgehend, formuliert Searle (1969) notwendige Bedingungen für definite Referenz in sprachlichen Handlungen. Dabei unterscheidet er zwischen vollständiger und erfolgreicher Referenz. Die vollständige Referenz identifiziert eindeutig, nicht im logischen Sinne, sondern für den

---

45   „Eine Einbeziehung der Kommunikation von Sprecher und Hörer, die sich dieser – wie der anderen – sprachlichen Verfahren bedienen, findet in diesen ontologisierenden Analysen nicht statt." (Ehlich 2003: 210)

Hörer. Die erfolgreiche Referenz identifiziert nicht eindeutig, könnte aber auf Nachfrage präzisiert werden.[46]

Hawkins (1978) kritisiert, dass Searles Definition die notwendigen, jedoch nicht die notwendigen und hinreichenden Bedingungen für definite Referenz formuliere; außerdem erlaube sie nicht, definite von indefiniter Referenz zu unterscheiden.

Ein Verdienst der Unterscheidung der beiden Referenzarten ist es, darauf hinzuweisen, dass in der sprachlichen Handlung nicht jede Referenz vollständig sein muss, sondern auch als für den Verlauf der spezifischen Handlung ausreichend angesehen werden kann, so dass weitere Spezifikation nicht oder zunächst nicht erfolgt. Die Abgrenzung von indefiniter Referenz, so lange man nicht den Artikel als einziges Kriterium akzeptiert, bleibt problematisch.

Referenz, Sinn und Denotation: J. Lyons

In J. Lyons' Darstellung findet sich eine enge Durchdringung von referentiellen Ansätzen, die im logischen Sinne Definitheit ausdrücken, und dem Konzept der sprachlichen Handlung, innerhalb derer handelnde Hörer das tatsächliche Relat aus einer Gruppe möglicher Entitäten heraus auswählen (cf. J. Lyons 1977: 193). Er behandelt definite Deskriptionen und die damit verbundenen zentralen Begriffe *Identifizierbarkeit*, *Existenz* und *Einzigartigkeit* umfangreich, würdigt sie und bezieht sie anschließend in einem anderem Sinn auf sprachliche Handlungen, als sie in der logischen Tradition konzipiert wurden. Identifizierbarkeit ist für ihn nicht in absoluter oder eindeutiger Weise notwendig; erfolgreiche Referenz ist auch dann möglich, wenn der Sprecher, z.B. in irrtümlicher oder ironischer Verwendung, eine unzutreffende Deskription vornimmt. Grundlegend ist die Annahme des Sprechers, der Hörer könne das Relat auf der Basis der zugeschriebenen Eigenschaften identifizieren (cf. J. Lyons 1977: 194f.). Das seit Russell (1905) zentrale logische Existenzkriterium löst Lyons auf, indem er fiktionale und abstrakte Relate zulässt; für den Fall, dass die Existenz des Relats in Zweifel gezogen wird, schlägt er vor, dass der Sprecher sich vorübergehend und vorläufig auf eine Existenz festlegt und den Sprecher auffordert, das Gleiche zu tun. Die Bedingung der Einzigartigkeit relativiert Lyons und hebt sie damit auf:

---

46   „A fully consumated reference is one in which an object is identified unambiguously for the hearer, that is, where the identification is communicated to the hearer. But a (definite) reference may be successful – in the sense that we could not accuse the speaker to having failed to refer – even if it does not identify the object unambiguously for the hearer, provided only that the speaker could do so on demand." (Searle 1969: 82)

„Was die Einzigartigkeitsbedingung betrifft, von der häufig gesagt wird, daß sie für erfolgreiche Referenz durch einen singulär definierenden Ausdruck notwendig ist: so ist es natürlich nicht der Fall, daß diese in irgendeiner absoluten Weise gelten muß."

J. Lyons 1980: 196[47]

J. Lyons (1980) sieht Einzigartigkeit dann gegeben, wenn die angebotene Deskription nach Meinung des Sprechers für den Hörer in einem gegebenen Kontext ausreichend spezifisch ist, um die eindeutige Identifizierbarkeit durch den Hörer zu gewährleisten. Es ist in der Untersuchung von Determination und Definitheit durchaus verwirrend zu beobachten, wie sehr sich philosophische und linguistische Ansätze durchdringen, anregen und unterscheiden. J. Lyons führt das auf die jeweiligen primären Erkenntnisinteressen zurück, auf die grundlegend andere Absicht der Verwendung von Ausdrücken in Situationen des sprachlichen Handelns und in der Philosophie.

„In vielen Situationen kann es unklar und wenig konsequenzenreich sein, ob ein Sprecher durch die Worte, die er äußert, implizit von der Wahrheit bestimmter Existenzpropositionen überzeugt ist; es ist selten der Fall, daß ein Sprecher einen referierenden Ausdruck mit der Absicht verwendet, sich auf eine bestimmte Ontologie festzulegen."

J. Lyons 1980: 197[48]

Diskursrepräsentationsebenen: Heim

Mit Bezügen zu Russell (1905) sowie der *Familiarity-Theory* (Christophersen 1939, siehe unten und Karttunen (1969, 1976) untersucht Heim (1988, 1991) aus diskurssemantischer Sicht definite und indefinite Sätze auf Referenz. Ihre Überlegungen werden an dieser Stelle behandelt, weil sie den hier gezeichneten Ideenlauf fortsetzt. Heim (1988, 1991) betrachtet vor allem den anaphorischen Gebrauch von Artikeln, d.h. den Fall, dass sich eine definite Nominalphrase auf Vorerwähntes bezieht.[49] Definitheit sieht sie nicht als absolut an, wie das in logisch orientierten Ansätzen der Fall ist, sondern sie versteht Definitheit in Relation zu einem Kontext. Ihre Sicht auf Indefinitheit und Definitheit erläutert Heim (1988) anhand eines Modells, des *File Change Model*, das sie am Bild eines Karteikastens, an anderer Stelle

---

47   „As for the condition of uniqueness, which is commonly said to be necessary for successful reference by means of a singular definite referring expression: it is clearly not the case that this must hold in any absolute way." (J. Lyons 1977: 184)

48   „In many situations, it may be unclear, and of little consequence, whether a speaker is implicitly committed, by the words he utters, to a belief in the truth of particular existential propositions; and it is rarely the case that a speaker uses a referring expression for the purpose of ontological statement." (J. Lyons 1977: 184)

49   Die Terminologie *anaphorischer Gebrauch* entnimmt sie Hawkins (1978), siehe dort die Anmerkung zur Begrifflichkeit, S. 75.

am Bild einer einfachen Datenbank, in einer anschaulichen Weise illustriert: Wenn ein Sprecher etwas erzählt, so weiß der Hörer zunächst nichts davon, was er hören wird; seine Karteikarte bzw. seine Datei ist leer.[50] Für jeden Aktanten eines Satzes nimmt der Hörer eine Karte und beschriftet sie mit der Aktion, bzw. er öffnet eine Datei und speichert einen Dateneintrag. Für jede indefinite Nominalphrase wird eine neue Karteikarte genommen bzw. eine neue Datei angelegt; für jede definite Nominalphrase wird eine bestehende Karte bzw. Datei aktualisiert (cf. Heim 1988: 274f.). Die Maximen für den Hörer lauten:

> „For every indefinite, start a new card; for every definite, update a suitable old card. ... This rule, metaphoric and imprecise though it is, contains in a nutshell the theory of definiteness that I am going to adopt."

> Heim 1988: 276

Das *File Change Model* bietet ein klares und eingängiges Bild für die Wirkung definiter und indefiniter Deskriptionen; es simplifiziert jedoch komplexe kognitive und vernetzte Prozesse auf die Architektur einer einfachen Datenbank.

Heim (1991) versteht Definitheit aus der Sicht des Diskurses: In der Diskursrepräsentationsebene, und nicht bezogen auf die Welt, entwickeln definite und indefinite Kennzeichnungen Bedeutung. So können definite Kennzeichnungen eine Bedeutung haben, obwohl sie kein Relat in der Realität haben, sich aber z.B. auf die Diskursebene eines Märchens oder eines linguistischen Beispiels beziehen (Lippert 2005). An diesem Definitheitsbegriff kritisiert Ehlich (2003), dass die ursprüngliche Russellsche ontologische Verfahrensweise diffus abgeschwächt (ebd.: 209), aber nicht überwunden wird:

> „Als Relate gelten nicht mehr Elemente der Wirklichkeit, sondern deren Repräsentanten im Geist oder in der ‚Diskurswelt'. Das Grundverfahren bleibt auch in diesen Abschwächungen erhalten: Es wird durch einen Determinator, genauer: durch seine Zuweisung zu einem Wort auf ein Element der realen/vorgestellten/eingebildeten usw. Welt referiert."

> Ehlich 2003: 209

Damit wird die Beziehung zwischen Satzteilen und Weltzuständen untersucht, während von der Handlungsqualität der Äußerung zwischen Sprecher und Hörer abgesehen wird.

---

50 Heim (1988) merkt an, dass es sich hierbei um eine Idealisierung handelt.

Definitheit in der Welt: C. Lyons

C. Lyons (1999) stellt den Definitheitsbegriff in den Mittelpunkt seiner Arbeit und untersucht Definitheit an einer Vielzahl typologisch unterschiedlicher Sprachen.[51] Dafür greift er sowohl Ideen von Christophersen (1939) als auch von Hawkins (1978), siehe unten, auf. Der Artikel ist für C. Lyons (1999) die grundlegende, aber nicht die einzige Möglichkeit, Definitheit bzw. Indefinitheit anzuzeigen.

Die typologischen Betrachtungen führen C. Lyons (1999) dazu, Definitheit als funktionale syntaktische Kategorie zu begreifen. Er argumentiert, dass *Definitheit* und *Person* die gleiche Kategorie innerhalb des Agreement-Komplexes bilden, da Personenkennzeichnungen in seiner Sicht stets definit sind.[52]

Semantische und pragmatische Definitheit: Löbner

Mit Bezug auf Russell (1905), Christopher (1939) und Hawkins (1978) schlägt Löbner (1985) vor, nicht *Eindeutigkeit*, wegen ihres absoluten Charakters, als entscheidend für Definitheit anzusehen, sondern *Non-Ambiguität* (cf. ebd.: 291).

Mit dem Ziel einer systematischen Darstellung (cf. ebd.: 298) grenzt er einen semantischen von einem pragmatischen Definitheitsbegriff ab. Bei semantischer Definitheit ist das Relat unabhängig von Kontext und Situation nicht-ambig. Bei pragmatischen Definitheitsausdrücken ist nicht-ambige Referenz nur unter Einbeziehung von Kontext und Situation möglich.[53]

Beispiele für semantische Definite sind Eigennamen, Unikate und die klassischen definiten Kennzeichnungen; Beispiele für pragmatische Definite liegen in Äußerungen wie

---

51 „Noun phrases with the and a and their semantic equivalents (or near-equivalents) in other languages can be thought of as the basic instantiations of definite and indefinite noun phrases, in that the definiteness or indefiniteness stems from the presence of the article, which has its essential semantic function to express this category. I will refer to such noun phrases as simple definites and simple indefinites." (C. Lyons 1999: 2)

52 „Definiteness and person should be conflated. There are two observations favouring this analysis: first, the fact that person is incompatible with indefiniteness, and second, a certain complementarity between person and definiteness." (C. Lyons 1999: 313)
    „I have gone to claim that definiteness and person are one and the same category. Thus the familiar discourse participant distinctions traditionally associated with person, as first and second person, are finer distinctions within the larger category of person definiteness." (C. Lyons 1999: 320)

53 Löbner (1985) verwendet *Referent* für das Bezeichnete, das hier *Relat* genannt wird, das gilt ebenso z.B. für Hawkins (1978), Hansen (1995), Mendoza (2004).
    „In those cases which I want to call ‚semantic definites‘ the referent of the definite is established independently of the immediate situation or context of utterance. ... ‚Pragmatically definite‘ NP's, on the other hand, are essentially dependent on special situations and contexts for the non-ambiguity (and existence) of a referent. ... Semantic definites refer unambiguously due to general constraints; pragmatic definites depend on the particular situation for unambiguous reference." (Löbner 1985: 298f.)

(9)   „Who was the person that called you up that morning?"

vor, bei denen erst im Verlauf der Äußerung und unter Einbeziehung der Situation deutlich wird, worauf Bezug genommen wird. Die Arbeiten von Heim (1988) nennt er als Beispiel für die Reflexion pragmatischer Referenz.[54]

Definitheit, soweit sie von einem definiten Artikel angezeigt wird, leistet in dieser Sicht keinen Beitrag zu Referenz, sondern sie stellt eine Verbindung dar, einen *link*, der von dem Nomen ausgeht, das der Artikel begleitet. Der definite Artikel wird benutzt, wenn der *link* auf ein nicht-ambiges Nomen weist.

Die Bedeutung des definiten Artikels sieht Löbner (1985) darin, einen Hinweis darauf zu geben, dass das ihm folgende Nomen als *funktionales Konzept FC* verstanden werden soll.[55] Unter einem funktionalen Konzept versteht er eine generelle Prozedur in der Tradition einer Fregeschen Funktion (Frege 1891), mit der Objekte mit gegebenen Situationen verbunden (FC1, z.B. Eigennamen) oder Objekte mit anderen Objekten in einer gegebenen Situation verbunden werden (FC2, z.B. im Sinne einer referentiellen Kette the mother of one of my students oder mit explizitem Argument als the President of the U.S.).

Löbner (1985) unternimmt eine Gratwanderung zwischen sehr unterschiedlichen Verständnissen von Sprache, die sich von Freges logischen Untersuchungen über Russells absolute Gültigkeit suchende Überlegungen bis zu J. Lyons an der sprachlichen Handlung orientierten Auffassung erstrecken. Es bleibt offen, inwieweit es gelingen kann, diese breite Spanne von Auffassungen in ein systematisches Gerüst zu bringen.

3.2.6 Zwischen Philosophie und Psychologie zu Beginn des 19. Jahrhunderts

Die folgenden Überlegungen sind weitgehend unabhängig voneinander entstanden und behandeln unterschiedliche Teilfragen der Determination. Sie stehen eher nebeneinander als in einem inhaltlichen Zusammenhang; gemeinsam ist ihnen, dass sie für spätere Arbeiten wichtige Voraussetzungen liefern.

Determination und Kasus: Wundt

Der sich intensiv mit Sprache beschäftigende Psychologe Wundt (1912) bezieht den Determinationsbegriff auf Kasus und versucht, die an der Analyse der griechischen und lateinischen Sprache gewonnenen Kasusvorstellungen für die Betrachtung sämtlicher Sprachen aufzubrechen. Er trennt eine innere von einer äußeren Determination: Nominativ, Akkusativ, Genitiv und Dativ sind demnach Kasus der inneren Determina-

---

54 Löbner (1985) zitiert Heim (1982), wobei es sich um die an der Universität Konstanz eingereichte Dissertation handelt, die 1988 in einem Verlag erschien.

55 „My central claim is: In all its uses, the definite article has the meaning of indicating that the noun is to be taken as a functional concept." (Löbner 1985: 314)

tion, alle anderen sind Kasus der äußeren Determination. Sie bedürfen notwendig eines Zusatzes, um erkannt zu werden.

Als Beispiele für Kasus der äußeren Determination nennt er den Prosekutiv und den Komitativ der uralischen Sprachen (Wundt 1912: 84ff.).

Idee und Vektor: Guillaume

Guillaume (1919) stellt eine Vision, eine Idee, in ein Gegensatzverhältnis zu einer Individualität, einer begrenzbaren Form. Erstere wird mit dem definiten Artikel angezeigt, letztere mit dem indefiniten (für eine Kritik siehe Christophersen 1939: 68ff. § 29). Dabei bezieht sich Guillaume (1919) ausschließlich auf den definiten Artikel in generischer Verwendung und lässt den definiten Artikel, der Vorerwähntes oder Bekanntes anzeigt, unberücksichtigt.

> „L'article *le*, par exemple, sera la forme étendue d'une idée; l'article *un*, la forme ponctuelle."
>
> Guillaume 1919: 42

In einem späten Aufsatz (Guillaume 1944) sind die Wirkungen des indefiniten und des definiten Artikels als Bewegungen der Generalisierung und der Partikularisierung, als Vektoren mit entgegengesetzter Richtung, aufgefasst:

> „Die Bewegung des Zugehens-auf-das-Allgemeine (généralisation) ist diejenige, die sich vom Einzelfall in Richtung des Universellen ausbreitet; die Bewegung des Zugehens-auf-den-Einzelfall (particularisation) ist diejenige, die sich vom Universellen in Richtung des Einzelfalles ausbreitet."
>
> Guillaume 1944: 63

C. Lyons (1999) würdigt Guillaumes kontinuierliche Beschäftigung mit Definitheit, kritisiert aber seine Literatur als „highly metaphorical and obscure" (ebd.: 260). Der interessante Gedanke eines determinatorischen Vektors ist bisher, soweit bekannt, nicht aufgegriffen worden.

Bekanntheit versus Unbekanntheit: Hjelmslev

In seiner frühen Arbeit über Grammatik (Hjelmslev 1928) beschreibt Hjelmslev den definiten Artikel als ein Konkretisierungsmorphem, das darauf hinweist, dass der gemeinte Gegenstand dem Hörer bekannt ist; der indefinite Artikel weist darauf hin, dass der Gegenstand als dem Hörer unbekannt angenommen wird.

Diese Ansicht diskutiert Christophersen (1939) kritisch. Das Bekanntheitskriterium für den Gebrauch des definiten Artikels akzeptiert er; jedoch hält er Hjelmslevs antipodische Sicht auf definite und indefinite Artikel für nicht komplex genug. Artikellose

Nominalphrasen zeigten, dass es mehr Zustände als nur den der Definitheit und seine Negation geben müsse.[56]

3.2.7 Determination am Artikel

Der Anschauung näher rücken: Grimm

Grimm (1837) sieht als die Hauptaufgabe des Artikels an, Bestimmtheit und Unbestimmtheit anzuzeigen, indem er die Position des Relats in der Anschauung der Gesprächspartner beeinflusst.

> „In der griech. und goth. sprache empfangen nun die nomina durch den begleitenden artikel ihre *bestimmtheit*, d.h. sie rücken der anschauung des redenden oder hörenden näher, während die davon unbegleiteten ferner stehn bleibn, und allgemeinere geltung haben.“
>
> Grimm 1837: 382

Es ist nicht wirklich klar, was Grimm mit Anschauung meint; doch es gibt keine Hinweise darauf, dass er eine sinnlich wahrnehmbare Anschauung meinen würde. Leider führt er seine Überlegungen an dieser Stelle nicht fort. Grimm (1837) geht, anders als Hjelmslev (1928), nicht von einer Opposition von Bestimmtheit und Unbestimmtheit, sondern von einer Vielzahl von Abstufungen der Determiniertheit aus, die am Artikel ausgedrückt wird.

> „(Der Artikel, EM) ist ein demonstratives pronomen, das die vorstellungen von bestimmtheit und unbestimmtheit lebhafter oder abgezogener, fühlbarer oder leiser in mannigfacher abstufung auszudrücken hat.“
>
> Grimm 1837: 436

Kontextliches Zeigen und Modifikation von Feldwerten: Bühler

Bühler (1934) befasst sich mit der Wirkung des bestimmten Artikels an sich und auf andere Wörter. Das betrifft Wörter, die erst in Kombination mit dem Artikel zu Substantiven werden, z.B. substantivierte Adjektive: Der Artikel kann Symbol- und Feldwerte modifizieren (cf. Bühler 1934: 304).[57] Die substantivierende, feldwertmodifizierende Funktion des Artikels nennt Bühler dessen wichtigste Funktion.

---

56 „In accordance to the theory (of Guillaume, Hjelmslev, EM), we should at first view expect to find every substantive actually used in ‚speech‘ provided with an article, whether the one or the other; as a matter of fact, this is not the case in English; the zero-form is both used with continuate-words and plurals and with proper names.“ (Christophersen 1939: 58)

57 „Daß er (der Artikel, EM), wie sein deutscher Name sagt, als eine Geschlechtsmarke der Dingwörter auf die Bühne tritt, ist bei weitem nicht alles. Er markiert ... auch den Numerus und Casus und mischt sich sogar in die zentrale Funktion der Wörter, die er begleitet, ein; er modifi-

Bei der weiteren Diskussion der Wirkung des bestimmten Artikels bezieht sich Bühler auf Behaghel (1923), der den Gebrauch des bestimmten und des unbestimmten Artikels im Verhältnis zu einer Gesamtmenge untersucht:

> „der *bestimmte* Artikel dient der Unterscheidung einer Größe von anderen gleichartigen. Der *unbestimmte* Artikel greift eine Größe aus einer Mehrheit von gleichartigen heraus."

Behaghel 1923: 38, § 26

Bühler (1934: 305) nennt den oben zitierten Satz „die einzige Fährte aus dem Gestrüpp des scheinbar eigensinnigen Setzens und wieder Nichtsetzens des bestimmten Artikels im Deutschen". Er sieht im bestimmten Artikel drei Weisen des Bestimmtseins, die zusammenfallen: die raum-zeitlich deiktische, die begriffliche und die substantivierende Bestimmtheit.

> „Es ist erstens die Bestimmtheit, die ein Etwas durch raum-zeitliche Einordnung und zweitens die Bestimmtheit, die etwas in der *begrifflichen* Ordnung der Dinge erfährt, erfahren kann. Das (mit dem Finger aufgezeigte) Pferd vor meinen Augen ist kraft der Deixis und die zoologische Spezies ‚das Pferd' ist begrifflich, d.h. letzten Endes kraft einer Definition unverwechselbar mit anderen bestimmt."

Bühler 1934: 305f.

Die dritte Weise des Bestimmtseins des definiten Artikels ist die Substantivierung. Dieser Vorgang ist ein kontextliches Zeigen (ebd.: 313), „als ob er (der bestimmte Artikel, EM) dastünde und sagte: behandle das Wort oder das Kontextstück, dem ich vorauseile oder angehängt bin so und so" (Bühler 1934: 313). Diese zeigende Funktion geht über die bloße Begleitung eines Substantivs hinaus.[58]

3.2.8 *Déterminant, déterminé* und *defini*

Trubetzkoy (1939a) versteht Determination als Bestimmung eines sprachlichen Ausdrucks durch einen anderen. In einer synchronischen Sicht auf Sprachen in der Welt unterscheidet Trubetzkoy (1939a) *déterminé* versus *déterminant* innerhalb eines *syntagme déterminatif* (Trubetzkoy 1939: 211). Sprachliche Mittel der Determination sind für Trubetzkoy (1939a) das Adjektiv, das Demonstrativpronomen, phonologische Variationen bei zwei nebeneinanderstehenden Ausdrücken am Initialkonsonanten (z.B. in

---

ziert ihren Symbolwert und ihre Feldwerte. Sematologisch gesehen, ist das letztere recht merkwürdig und die wichtigste Funktion des Artikels." (Bühler 1934: 303f.)

58   Diese Sicht auf substantivierte Adjektive ist nicht unbestritten: Olsen (1987) analysiert substantivierte Adjektive als Adjektive, zustimmend Wunderlich (1987).

der Sprache Gilyak) und tonale Distinktion von *déterminant* und *déterminé* (z.B. in der Niger-Sprache Ivo).

Trubetzkoy (1939, 1939a) sieht eine Opposition Definitheit – Indefinitheit, die mit einem determinatorischen Syntagma erreicht werden, aber auch durch andere sprachliche Mittel hergestellt werden kann, z.b. durch Affixe; leider nennt er für letzteres kein Beispiel.[59]

Sprachliche determinatorische Mittel wie Possessiva und Demonstrative des Französischen können in Trubetzkoys Sicht die Opposition definit – indefinit unterdrücken, weil sie eine neutralisierende Wirkung auf diese Opposition ausüben.

Leider ist der betreffende Aufsatz recht kurz, so dass das genaue Verhältnis von Determination und Definitheit skizziert bleibt und nicht völlig klar wird.

3.2.9 Bekanntheit

Familiarity: Christophersen

Aus der Auseinandersetzung mit Russell (1905), Guillaume (1919), Hjelmslev (1928) und Bühler (1934) entwickelt Christophersen (1939) die *Familiarity Theory*. Er betrachtet die semantischen Bedingungen definiter und indefiniter Nominalphrasen unter Einbezug des Wissens von Sprecher und Hörer. Auf Bühler (1934) geht er vor allem hinsichtlich der Substantivierung ein.

Seinen Definitheitsbegriff entwickelt Christophersen (1939) ausgehend von der Interaktion von Sprecher und Hörer und bringt damit die Theoriebildung um Definitheit wesentlich weiter.

Die grundlegende Funktion definiter Artikel liegt in der Auffassung der Familiarity Theory darin, anzuzeigen, dass der gemeinte Gegenstand dem Hörer zum gegenwärtigen Zeitpunkt der Interaktion vertraut bzw. bekannt, *familiar*, ist. Indefinite Artikel zeigen dagegen Unbekanntheit, Neuheit an. Auf der Grundlage dieses Verständnisses von Definitheit führt Christophersen unterschiedliche semantische Vorkommen definiter und indefiniter Artikel auf die Opposition *familiarity – novelty* bzw. *Bekanntheit – Neuheit* zurück. *Familiarity, Bekanntheit* ist ein In-Verbindung-Setzen einer potentiellen Bedeutung eines Wortes mit vorhandenem Wissen, so dass auf ein definites Einzelnes geschlossen werden kann. Dies wird mit dem bestimmten Artikel angezeigt.[60]

---

59 „La notion du ‚défini' peut être exprimée par trois procédés: A) par un syntagme (déterminatif) composé du substantif en question et de l' ‚article défini', conçu comme mot; B) par une forme spéciale du substantif en question (c'est-à-dire par une combinaison du thème de ce substantif avec un affixe spécial); C) par une forme spéciale d'un autre mot (substantif, adjectif, verbe) se rapportant au substantif en question, c'est-à-dire formant avec lui un syntagme (déterminatif ou prédicatif)." (Trubetzkoy 1939: 212)

60 „The article the brings it about that to the potential meaning (the idea) of the word is attached a certain association with previously acquired knowledge, by which it can be inferred that only

Diese Bekanntheit kann direkt, d.h. auf Erfahrung, begründet sein, sie kann jedoch auch indirekt entstanden sein und auf dem Weltwissen oder auf Schlussfolgerungen basieren. Bekanntheit wirkt auf der Grundlage des Wissens des Sprechers und der Annahmen des Sprechers über das Wissen des Hörers. Das Wissen beider muss der Sprecher kontinuierlich zueinander in Bezug setzen; nur dann gelingt Verstehen. Der definite Artikel steht für die sprecherseitige Annahme, dass Sprecher und Hörer gleichermaßen wissen, auf welchen Gegenstand Bezug genommen wird. Bei angemessenem Gebrauch eines definiten Artikels entsteht im Geiste von Sprecher und Hörer ein Bild des gleichen einzelnen Gegenstandes (cf. ebd.: 28). Der Sprecher muss seine Rede auf den mentalen Zustand des Hörers ausrichten.[61]

Der bestimmte Artikel bezieht sich auf bereits bekanntes Wissen und fügt der generellen Bedeutung spezielle neue Information zu. Der unbestimmte Artikel erfordert kein vorheriges Wissen: Es besteht keine Beziehung zu vorheriger Erfahrung, die über die Idee von diesem Wort hinausgeht. Als dritte Form der Definitheitsanzeige behandelt Christophersen die Verwendung eines Substantivs ohne Artikel.[62] Den Gebrauch artikelloser Substantive sieht er auf nicht bekannte, kontinuierliche (nicht begrenzbare) Entitäten eingeschränkt.

Es zeigen sich vielfältige Anknüpfungspunkte zu der von Ehlich (2003) und Hoffmann (2007) formulierten Sicht auf Determination als In-Bezug-Setzen, als Abgleich von Wissensbeständen von Sprecher und Hörer; Christophersen (1939) formuliert diese Aktivität allerdings einzig als Aktivität des Sprechers, während funktional-pragmatisch Sprecher und Hörer als gemeinsam an der Bearbeitung der Wissensbestände Zusammenwirkende verstanden werden.

Stadien der Bekanntheit: Jespersen

Die verschiedenen Formen der Determinationsanzeigen sind in Jespersen (1943[63]) weiterentwickelt, wobei sich der Autor auf Christophersen (1939) und die Familiarity Theory mit der Bekanntheit/Neuheit-Opposition stützt. Es werden drei Stadien formuliert, die von völliger Unbekanntheit eines Gegenstandes und Indefinitheit über fast vollständige Bekanntheit, wie sie bei einem gewöhnlichen Nomen mit definitem Arti-

---

one definite individual is meant. This is what is understood by familiarity." (Christophersen 1939: 72)

61 „Now the speaker must always be supposed to know which individual he is thinking of; the inte-resting thing is that the the-form supposes that the hearer knows it too. For the proper use of the form it is necessary that it should call up in the hearer's mind the image of the exact individual that the speaker is thinking of. ... A condition of the use of the is that there is a basis of understanding between speaker and hearer. This basis comprises the subjects and things known by both parties, and the speaker as the active party must consequently adapt his language to the hearer's state of mind." (Christophersen 1939: 28)

62 Zum Nullartikel siehe unten.

63 In einem posthum nach seinen Aufzeichnungen verfassten Teil der Schriften (C. Lyons 1999).

kel vorliegt, bis zur kompletten Bekanntheit bei Eigennamen reichen. Im letzten Fall ist der Artikel redundant.

C. Lyons (1999: 254) weist darauf hin, dass sich Jespersen (1943) dabei auf Bekanntheit bezüglich des Wissens des *Sprechers* bezieht, während Christophersen (1939) auf die Einschätzung von Bekanntheit im Wissen des *Hörers* abzielt.

Bekanntheit im Zusammenhang: Brinkmann

Auf *Bekanntheit* im Verständnis der Familiarity-Theorie bezieht sich auch Brinkmann (1962) und sieht sie als das zentrale Kriterium für die Verwendung des Artikels an. Brinkmann (1962) weist darauf hin, dass sich *Bekanntheit* nicht nur auf einen Gegenstand bezieht, sondern auch auf alles, was zu diesem Gegenstand dazugehört oder mit ihm in Zusammenhang steht.

„Mit Hilfe des Geleitwortes kann unterschieden werden, ob der substantivische Begriff bei seiner Nennung bekannt ist oder nicht. ... Als bekannt gilt dabei nicht allein das ausdrücklich Genannte, sondern alles, was mit ihm zugleich gesetzt ist, was im Zusammenhang zu ihm gehört."

Brinkmann 1962: 57

Damit antizipiert er die Argumentation von Hawkins (1978), auf die im Folgenden noch eingegangen wird.

Kritische Weiterentwicklung: Krámský und Hawkins

Krámský (1972) verwendet, im Gegensatz zu Christophersen (1939), den Begriff Determination, aber er differenziert ihn nicht von Definitheit. Für Krámský (1972) sind der definite und indefinite Artikel die häufigsten, aber nicht die einzigen sprachlichen Mittel, um Determination anzuzeigen. Unter Determiniertheit versteht er, dass Nomen danach klassifiziert werden, ob der vom Nomen ausgedrückte Inhalt auf eine konkrete Weise klar und identifizierbar ist oder nicht; diesen Gegensatz versteht er als dem menschlichen Denken inhärente Opposition von Individuum und Generellem.[64] Identifizierbarkeit ist für Krámský (1972) ein zentrales Kriterium für Determination. Eine besondere Stärke von Krámský (1972) liegt in der sehr gut verständlichen Übersicht von Arbeiten zu Definitheit und Determination am Artikel.

Theoretisch weitreichendere Impulse kommen von Hawkins (1978), der an die Arbeit von Christophersen (1939) anknüpft. Dessen Definition von Definitheit auf der Basis von Vertrautheit kritisiert er, bei aller Wertschätzung für die grundlegende Einsicht,

---

64 „By the term ‚determinedness' we understand the fact that nouns are classified to whether the content expressed by the noun is clear and identifiable in a concrete way or not. ... it is necessary to realize that this category is based on the opposition of individual and genus; it is an opposition inherent to our thinking." (Krámský 1972: 39)

als zu strikt, da the zielsprachlich verwendet werden kann, ohne dass dadurch die Identifikation eines definiten Individuums erfolgt. Das zeigt er an einem Satz, den Christophersen (1939) selbst diskutiert und den Hawkins (1978) weiter analysiert:

(10) „Talking of a certain book, it is perfectly correct to say: ‚The author is unknown.'"

Christophersen 1939: 73

Bei Sätzen wie (10) existiert eine assoziative Beziehung zwischen Buch und Autor, die die Verwendung des definiten Artikels ermöglicht (Hawkins 1978, im Einklang mit Christophersen 1939); es besteht ein gemeinsames Wissen um den Zusammenhang zweier Entitäten. Dabei wird jedoch auf keine identifizierbare Entität referiert, die einem Hörer bekannt sein könnte (Hawkins 1978).
Hawkins (1978) differenziert auf der Basis von Christophersen (1939) und Searle (1969) vier grundlegende Verwendungsweisen definiter Artikel:

- *„anaphorischer Gebrauch*, bei dem ein bis dahin unbekannter Gegenstand indefinit eingeführt und definit weiter geführt wird; der Gegenstand wird als einzigartig in der Kommunikationssituation identifiziert, z.b. über ein Prädikat;
- *situationsunmittelbarer Gebrauch*, bei dem der Gegenstand eindeutig durch die Situation bestimmt ist;
- *Gebrauch in ausgedehnten Situationen, in denen auf ein gemeinsames Wissen von Sprecher und Hörer Bezug genommen wird*, das nicht in der unmittelbaren, aber in einer ausgedehnten Situation geteilt wird, z.B. *die Kirche* bei Bewohnern des gleichen Dorfes;
- *assoziativer anaphorischer Gebrauch*, bei dem bei Nennung eines Gegenstandes assoziativ weitere Gegenstände im Sprecher- und Hörerwissen präsent sind, z.B. *ein Buch: der Autor, die Seiten.*"

Hawkins 1978: 101ff.

Bei der Begrifflichkeit des anaphorischen Gebrauchs handelt es sich nicht um eine Anapher im eigentlichen Sinn (Ehlich 1978, 2007). Um größtmögliche Klarheit zu erreichen, wird im weiteren Verlauf das Aufgreifen mit dem Definitartikel eines indefinit eingeführten Relats der *aufgreifende Gebrauch* des definiten Artikels genannt.
Die ausgedehnte Situation geteilten Wissens ist in Hawkins' Formulierung nicht ganz klar bestimmt. Sie ist schwer greifbar, weil innerhalb dieser Kategorie ein Gegenstand behandelt wird, als wäre er einzigartig, obwohl alle Sprecher wissen, dass er das nicht ist. Diese widersprüchliche Konstruktion funktioniert in spezifischen Zusammenhängen, z.B. in sozialen Konstellationen, die sich als relativ klar abgrenzbar verstehen. Soziale Überlegungen bezieht Hawkins (1978) jedoch nicht mit ein.

Hawkins (1978) führt die logischen Wurzeln von Definitheit aus Russell (1905) weiter und erweitert sie um in der Zwischenzeit entstandene Überlegungen zu Bekanntheit. Den Unterschied zwischen Definitheit und Indefinitheit fasst Hawkins, unter Bezugnahme auf Deutschbein (1917), als logischen Unterschied, als Referenz auf nicht-alle oder alle Gegenstände einer Gesamtheit, als Differenz von Exklusion und Inklusion.[65]

3.2.10 Funktionale Pragmatik

<u>Determination als Wissensabgleich</u>

Für das Gelingen von Sprechhandlungen ist es eine zentrale Voraussetzung, dass Sprecher (S) und Hörer (H) sich kontinuierlich in der Interaktion dessen versichern, was gemeinsam als bestimmt, nicht bestimmt oder unbestimmt angesehen wird (Ehlich 2003; Hoffmann 2007: 313ff.). Determination kommt immer nur einer Phrase zu, niemals einem ihrer Elemente. Eigennamen, die in sich bereits determiniert sind, sind, wenn sie auf ihre Determinationsqualität betrachtet werden, Nominalphrasen (cf. Ehlich 2003: 207). Die zentrale Aufgabe, die mittels Determination bearbeitet wird, ist die Bearbeitung von Wissen. Das Wissen von Sprecher und Hörer wird funktionalpragmatisch als Π-Bereich analysiert (Ehlich/Rehbein 1986; Rehbein/Meng 2007). Dieser umfasst mentale Strukturen, den Aufbau des Wissens und seine Organisation. Er entsteht in der Auseinandersetzung mit Erfahrungen in der Wirklichkeit, dem P-Bereich, und den versprachlichten propositionalen Gehalten innerhalb von Handlungen, p. Determination operiert im Π-Bereich des Adressaten (des Hörers oder des Lesers) und löst dort eine dynamische Wissensverarbeitung aus. Sie leistet eine Trennung des Adressatenwissens in Gewusstes/Notum und nicht Gewusstes/Novum (cf. Hoffmann 2003b: 56). Damit eine Verständigung zwischen Sprecher und Hörer möglich ist, müssen beide sowohl über gemeinsames Wissen, als geteilte Basis der Verständigung, als auch über Wissensunterschiede verfügen. Die Gemeinsamkeiten und Unterschiede im Wissen von Sprecher und Hörer werden determinativ angezeigt. Innerhalb einer gelungenen sprachlichen Handlung geschieht ein Wissenstransfer in der Weise, dass der Sprecher erkennt, was der Hörer nicht weiß; mit anderen Worten: er identifiziert das konkrete Nicht-Wissen des Hörers (ebd.: 211), um es in der sprachlichen Handlung in konkretes Wissen von H zu transformieren (cf. ebd.). Idealerweise sollte der Wissenstransfer möglichst genau das Nicht-Wissen von H betreffen, also

---

65 „Indefinite descriptions do not contrast pragmatically with definite descriptions in the sense that indefinite referents are not locatable in speaker-hearer shared sets. Instead, the contrast is of a more logical kind: exclusiveness, or reference to not-all, versus inclusiveness, or reference to all." (Hawkins 1978: 201f.)

nicht ein völlig anderes Wissen anbieten als das, dessen Bearbeitung H in der aktuellen sprachlichen Handlung interessiert.[66]

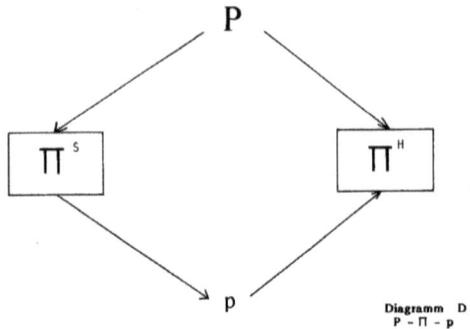

Diagramm D
P - Π - p

Ehlich/Rehbein 1986: 96

Abbildung 2: Wissen in sprachlichen Handlungen

Legende:
P: außersprachliche Sachverhalte
p: propositionale Gehalte in sprachlichen Handlungen in ihrer versprachlichten Form
Π: mentale Prozesse des Sprechers (Π_S) bzw. des Hörers (Π_H)

Diese Wissenszirkulation (Ehlich 2003) betrifft jedoch nicht alles, was H jemals nicht gewusst haben mag oder was S vielleicht weiß; sie betrifft einen kleinen Bezirk des aktuellen, für diese sprachliche Handlung benötigten oder interessanten Wissens, die *Wissenstransferzone* (Ehlich 2003) bzw. *Wissensrahmen* (Hoffmann (2003a).
In einigen sprachlichen Handlungen, z.B. der sprachlichen Handlung Frage – Antwort, macht die oder der Fragende meist einigermaßen präzise Angaben darüber, welches Nichtwissen sie oder er in Wissen umwandeln möchte und in welcher Wissenstransferzone die oder der Fragende die sprachliche Handlung einordnet. In anderen Handlungen müssen weitreichende Antizipationen sowie Vor- und Nachkonstruktionen des Sprechers die Aufgabe übernehmen, möglichst genau einzukreisen, welches Wissen für das Gelingen der sprachlichen Handlung notwendig ist.

---

66   Beispiele für eine nicht gelungene Identifikation von transferinteressantem Wissen sind Handlungen, in denen S von einer Person/einem Gegenstand/einem Ereignis spricht und davon ausgeht, H wisse, um welche Person etc. es sich handele, während das aber nicht der Fall ist.

„Es ist deshalb für das Gelingen der Kommunikation von erheblicher, wenn
nicht entscheidender Bedeutung, daß innerhalb ihrer ein interaktional verlässli-
cher permanenter Abgleich der beteiligten Wissenselemente und ihrer Bereiche
stattfindet. Dieser Wissensabgleich fordert den Interaktanten bedeutende Kom-
munikationsleistungen ab."

Ehlich 2003: 213

Bei Unstimmigkeiten erfolgt die interaktive Bearbeitung, etwa durch Nachfragen (Ehlich 1994: 130, 2003: 212).

„Indem der Sprecher S eine Nominalphrase determiniert, gibt er begleitend zur
Verbalisierung H zu verstehen, daß er dieses so qualifizierte und determiniert
verbalisierte Wissen als ein Wissen behandelt und behandelt sehen will, das er
mit H teilt. Die Determination fordert H also interaktional zugleich zum unver-
züglichen Dementi dieser Gemeinsamkeit auf, sollte diese Annahme falsch
sein."

Ehlich 2003: 217

Das gemeinsame Wissen ist nur in wenigen Fällen der Äußerung tatsächlich unmittelbar vorausliegend geschaffen worden; oft ist es in der gemeinsamen Wissensgeschich-
te, geteilten Erfahrungen oder Erinnerungen der Gesprächspartner verortet (cf. Ehlich
2003: 217).
Der Sprecher setzt den bestimmten Artikel ein, um damit zu kennzeichnen, dass er das
so bezeichnete Wissen als von Sprecher und Hörer geteilt ansieht. Die Verwendung
des Determinators fordert den Hörer zu einem Abgleich des verbalisierten Wissens mit
seinem tatsächlichen Wissen auf: Weiß der Hörer das, was gerade als gewusst angezeigt wird, kann er oder sie auf dieses Wissen aktuell zugreifen?
Die als gemeinsam angesehene Wissenstransferzone bzw. der Wissensrahmen wird
von Sprecher und Hörer durch Determination hergestellt. Im Wissensrahmen wird ein
Gegenstand im Vorstellungsraum konstituiert, im Wissen identifiziert und definit gemacht (cf. Hoffmann 2007: 313f.). Symbolisch-konzeptuell wird durch die Nennung
eines definiten Artikels in Verbindung mit einem Symbolfeldausdruck ein Gegenstand
entworfen. Das Symbolfeldelement, das Nomen, liefert zusammen mit dem Sprach
wissen die Basis dafür, dass Sprecher und Hörer in den geteilten Wissensrahmen eintreten.
Dieser Wissensrahmen, der u.a. mit dem definiten Artikel angezeigt wird, liegt über
vier unterschiedlichen Arten des Wissens: Die Verarbeitung der operativen Prozedur
des definiten Artikels, die auf der Basis des *Sprachwissens* erfolgt, greift auf die Per-
zepte des *Beobachtungswissens*, des als geteilt angenommenen *Weltwissens* der
Kommunikationspartner und des im Diskurs oder Text aufgebauten *Laufwissens* zurück. Mittels Determination wird im Verlauf der sprachlichen Handlung ausgedrückt,

welche Entitäten als gemeinsam im Wissen von Sprecher und Hörer verfügbar angenommen werden.

„Beobachtungswissen   Laufwissen ← Diskurs/Text

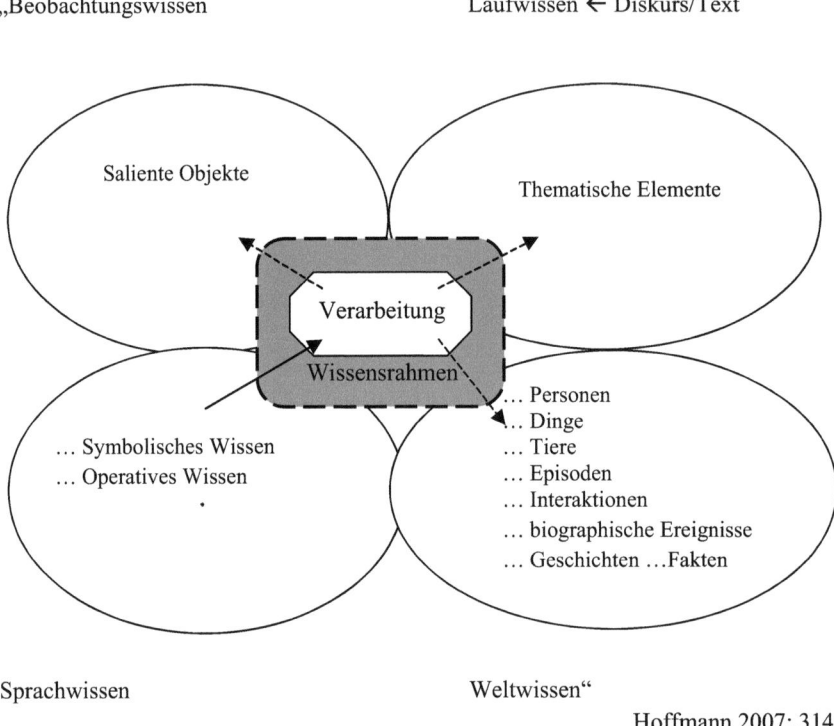

Sprachwissen   Weltwissen"

Hoffmann 2007: 314

Abbildung 3: Wissensrahmen des Adressaten im Definitheitsfall

Der definite Artikel zeigt als einzige Form im Deutschen definite Determination unmittelbar an. Er bewirkt zusammen mit einem Symbolfeldausdruck eine Kennzeichnung eines Gegenstands als einen aus einer Menge herauszugreifenden Gegenstand, um den Gegenstand unter aktiver Bezugnahme auf das eigene Wissen zu identifizieren.[67]

---

67   „Der definite Artikel (der), oft auch ,bestimmter Artikel' genannt, dient der Determination in
     Verbindung mit einer nominalen Charakterisierung, indem ein Element – oder im Plural ein
     Kollektiv von Elementen – aus einem situativ oder textuell vorgegebenen Bereich herausgegriffen wird, so daß für den jeweiligen Verwendungszusammenhang (besonders als Argument eines
     Prädikats) ein – und nur vielfach nur ein – Gegenstand oder Kollektiv von Gegenständen verfügbar ist." (Zifonun/Hoffmann/Strecker 1997: 34)

„Der definite Artikel wird so verstanden, daß dem Adressaten alles zur Verfügung steht, um selbst den gemeinten Gegenstand konzeptuell entwickeln und
im Wissen identifizieren zu können, indem er einen geeigneten Wissensrahmen
aufbaut. Dazu muß er dynamisch auf sein Sprach-, Beobachtungs-, Lauf- und
Weltwissen zugreifen. Es geht nicht abstrakt um Einzigkeit."

Hoffmann 2007: 315

Eine der wichtigsten Verwendungen definiter Artikel im Deutschen ist es, eine vorher
im Diskurs oder Text genannte, indefinit eingeführte Entität aufzugreifen; dieser Gebrauch des Definitartikels soll daher *aufgreifender Gebrauch* genannt werden.[68] Die
wiederholte definite Kennzeichnung eines Aktanten ist ein wichtiges Mittel zum Einführen von Aktanten und zum Herstellen von Kohärenz und Kohäsion in Erzählungen
(Bamberg 1994, ähnlich im Französischen bzw. Englischen: Karmiloff-Smith 1985,
1986; Hickman 2004) und schriftlichen Texten (Ehlich 1994).

Mit einem unbestimmten Artikel dagegen wird im Wissen des Hörers eine Leerstelle
eröffnet, die im weiteren Verlauf der Äußerungen gefüllt werden kann, aber nicht
muss (cf. Hoffmann 2007: 80f.). Der Wissensrahmen im Indefinitheitsfall entspricht in
der schematischen Darstellung **Fehler! Verweisquelle konnte nicht gefunden werden.**, wobei die gestrichelten Pfeile, welche vom Wissensrahmen auf das Beobach-
tungs-, Welt- und Laufwissen wirken, im Indefinitheitsfall nicht vorhanden sind. In
den sprachlichen Handlungen geäußerte Prädikate und Attribute unterstützen dabei
den Aufbau von Wissen, innerhalb dessen ein indefinit markiertes Nomen konstituiert
wird.

„Der indefinierte Artikel markiert im Kern den hörerseitigen Aufbau eines Wis-
senselements im Rückgriff auf sprachliches, durch Prädikate aktualisiertes Wissen."

Hoffmann 2003b: 58

Als Voraussetzung für Identifizierbarkeit und Erkenntnis im Wissen nennt Hoffmann
(2003b) sieben Wissensbestände als Basis für die Präsupposition von Identifizierbarkeit und Erkenntnis, die Teile des Beobachtungs-, Welt-, Lauf- und Sprachwissens
sind, mit dem die Gesprächspartner die sprachliche Handlung durchführen:

• „memorierbares, deklaratives Fakten- und Episodenwissen, in dem der Gegenstand
  G situiert ist (*Ein Anruf aus der Hauptstadt Bayerns! Ich hab mir den neuen Grass*

---

68   In der Literatur auch als *anaphorischer Gebrauch* bezeichnet (u.a. Hawkins 1978, Heim
     1988ff.), ohne dass jedoch eine anaphorische Qualität im engen Sinne vorläge (Ehlich 1987,
     2007).

gekauft!; umgangssprachliche Verwendung von Eigennamen mit definitem Artikel, Fluss-, Berg- und Waldnamen),
- Sprachwissen über feste Bezeichnungen für Unikate der Realität (*Die Sonne scheint.*),
- Sprachwissen über Arten von Gegenständen, das sich erfahrungsabhängig mit Beständen des Weltwissens verbunden hat (*Der Löwe lebt in Afrika.*),
- Sprachwissen als begriffliches Wissen über abstrakte Objekte, die im Deutschen gegenständlich konzipiert und damit determinierbar sind (*Die Liebe ist ein seltsames Spiel.*),
- Sprachwissen, das an institutionelle Zusammenhänge und Funktionen gekoppelt ist (*Die Verwaltung liefert die Vorlagen.*),
- Diskurs-/Textwissen (*Es meldete sich eine Studentin. Die Studentin ...*),
- Perzipierbarkeit in der Sprechsituation als nahe liegend, salient (*Einer der Welpen jault. Was hat der Hund?*).“

Hoffmann 2003b: 57f.

Die erhobenen Daten werden auf den Umgang der Kinder mit Determination unter Bezug auf die Wissensbestände *Episodenwissen, Eigennamen, Unikate, Weltwissen, Abstrakta, Institutionen, Diskurs/Textwissen* und *Perzipierbarkeit* analysiert. Ein Gespräch über abstrakte, gegenständlich konzipierte Objekte ist in den Daten des Korpus nicht vorhanden.

Determination in der Nominalphrase

In der Nominalphrase sind operative Prozeduren und syntaktische Mittel formal und funktional vernetzt. Eines der wichtigsten sprachlichen Mittel für die Realisierung von Determination ist der Determinator. Indem ein Sprecher einen Determinator verwendet, z.B. einen Artikel, kennzeichnet er den verbalisierten Wissensteil als etwas, das er als gemeinsames Wissen in der Interaktion ansieht, so dass es als gemeinsames Wissen in Anspruch genommen werden (cf. Ehlich 2003: 217, siehe unten).

„Die Nutzung des Determinators erfüllt also eine für die Kommunikation und ihr Gelingen außerordentlich wichtige Funktion. ... Die operative Prozedur der Determination attribuiert einzelnen Wissenselementen kommunikativ die Qualität der Gemeinsamkeit in den Wissenssystemen von S und H.“

Ehlich 2003: 21

In Sprachen, in denen es einen Indeterminator gibt, kann damit neues Wissen in das Wissensuniversum eingeführt werden. Determinatoren lösen im sprachlichen Handeln einen Symbolfeldausdruck aus der Klasse der Substantive heraus und machen aus ihm eine Bezeichnung für ein bestimmtes Einzel-Objekt oder ein bestimmtes, zwar im Einzelnen unbestimmtes, aber in seiner Zugehörigkeit zu einer Klasse bestimmtes Objekt

(Ehlich 1994). Dadurch ergibt sich eine ähnliche Qualität, wie sie Eigennamen haben (Ehlich 1994: 131).

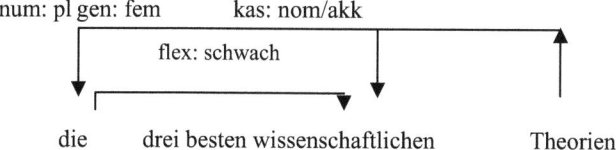

| die | drei besten wissenschaftlichen | Theorien |

Sprachliches Wissen
Intermediäres Wissen:
Gegenstand x im Operationsbereich ist im gemeinsamen Wissen aktuell oder kontinuierlich zugänglich.

Gemeinte Gegenstände x: Es handelt sich um genau drei voneinander unterscheidbare Gegenstände, charakterisiert als Theorien, die im Handlungsfeld oder mit Methoden der Wissenschaften entwickelt sind, soweit sie auf einer Bewertungsskala einen Wert im obersten positiven Bereich erhalten (A).

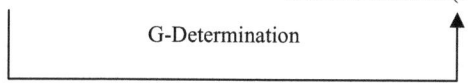

G-Determination

Die mit der Charakteristik A zu erfassenden Gegenstände werden als im gemeinsamen Wissen zugänglich beansprucht.

Hoffmann 2003b: 60f.

Abbildung 4: Wirkung von Determination auf die Nominalgruppe

Der Determinator kann jedoch nicht allein Definitheit anzeigen: Nur im integrierten Zusammenwirken von operativen mit symbolischen Prozeduren gelingt es, die Wissensbestände von Sprecher und Hörer zueinander in Beziehung zu setzen (Ehlich 1999). Determination ist eine integrative Prozedur, da sie nur gemeinsam mit einem Kopf, eben dem Nomen, stehen kann. Sie ist unter den integrativen Prozeduren eine restriktive, weil sie das mögliche Gemeinte einschränkt. Artikel und Nomen sind als determinierende operative Prozedur (Artikel) und symbolische nennende Prozedur (Nomen) Bestandteile einer minimalen Einheit des Deutschen (Redder 1999). Als minimale Einheit determinierender und symbolischer Prozedur kündigt der Artikel an, dass noch ein Nomen folgen wird; Artikel unterstützen so das Erkennen eines Nomens bei der Aneignung von Artikelsprachen (De Villiers 1974; Höhle et al. 2004).

Hoffmann (2003b) unterscheidet Gegenstandsdetermination von propositionaler Determination, die mit Abtönungspartikeln bestimmt, wie eine Proposition im Hörerwissen zu verarbeiten ist.[69] Die Gegenstandsdetermination leisten z.b. der definite Artikel in den Artikelsprachen sowie Demonstrativa bzw. Deixeis. Hier wird ausschließlich die Gegenstandsdetermination untersucht.

3.2.11 Die DP: Vater, Olsen

Olsen (1991) und Vater (1963, 1982, 1984, 1985, 1986, 1991) verstehen Determination syntaktisch, als Beziehung zwischen Determinans, wie Vater den Determinator nennt, und dem Rest der Nominalphrase. Definitheit verstehen sie als Teilgebiet der Determination.

„Determination beinhaltet in erster Linie die AGR-Markierung (Person-, Genus-, Kasus- und Numerusmarkierung in einer ‚NP') … Daneben umfasst Determination in einer Reihe von Sprachen die Markierung von Definitheit."

Vater 1991: 15[70]

Im universalgrammatischen Paradigma wird der Artikel als obligatorische Konstituente der Phrasenstruktur analysiert. Damit ergibt sich eine andere Perspektive auf die Phrase: der Determinator bzw. das Determinans DET, das den Sitz für die grammatischen Merkmale des Agreement-Komplexes Person, Numerus und Kasus liefert, steuert die nominale Flexion; folglich kann es als Kopf einer Determinansphrase DP betrachtet werden, bei der das Nomen nurmehr das Komplement zum Kopf DET darstellt (Olsen 1991; Vater 1991).[71] Die Bedeutung des Artikels liegt in dieser Auffassung in seinem Beitrag zur Phrasenstruktur und seiner Funktion als Sitz für eine Gruppe von Merkmalen. Bezogen auf Erwerb folgt daraus: Wird der Artikel zielsprachlich gesetzt, so zeigt das einen erfolgreichen Erwerb eines wichtigen Teils der Satzstruktur, der DP, an.

3.2.12 Beziehung

Determination kann in semantischer Sicht als Beziehung zwischen Ausdrücken verstanden werden, so dass die Bedeutung eines Ausdrucks diejenige eines anderen Ausdrucks näher bestimmt (Bußmann 2002: 158). In dieser Sicht stellt Determination ein

---

69   Zum Beispiel ja in dem Deklarativsatz Wir sind uns ja einig. (Cf. Hoffmann 2003b: 64)

70   Vater (1991) setzt *NP* in Anführungszeichen, weil er in dem gleichen Aufsatz für die Vorteile einer Sicht als Determinansphrase argumentiert.

71   „DET als funktionaler Kopf der DP ist der Sitz der grammatischen Merkmale, die die nominale Flexion innerhalb der deutschen DP steuern. Diese Merkmale sind Person, Numerus, Genus und Kasus." (Olsen 1991: 36)

Verhältnis zwischen Bezugswort bzw. Kopf oder Nukleus und einem Attribut dar, eine Beziehung zwischen Operator und Operand.

In dem folgenden Beispiel bestimmt der Operator dickes den Operanden Buch näher:

(11)

„dickes   Buch

Operator   Operand"

Bußmann 2002: 132

Diese determinative Bestimmung oder auch Spezifikation kann als Prä- bzw. Postspezifizierung erfolgen.

Bloomfield (1933) verwendet Determination für attributive Konstruktionen unter dem Begriffspaar *head* bzw. synonym *center* versus *attribute*[72] und fasst auch prädikative Aussagen unter Determination.

Bartsch/Vennemann (1982) behandeln in prädikatenlogischer Perspektive unter Determination neben der adjektivischen Bestimmung die Relation zwischen Subjekt und Prädikationsverb.

Determination im Text

Weinrich (1969, 2003) betrachtet Determination aus der Perspektive seiner Textlinguistik. Er bezieht Determination auf Vor- und Nachinformation über Nomen im Text. Der bestimmte Artikel bezieht sich auf vorher bereits erfolgte Information und weist daher innerhalb des Textes zurück. Weinrich (2003) bezeichnet ihn daher als *anaphorischen Artikel*. Sein Gegenstück ist der *kataphorische Artikel* (in traditioneller Terminologie der unbestimmte), der nachfolgende Information erwarten lässt.

Darüber hinaus betrachtet Weinrich Determination an Sätzen, die durch Konjunktionen in ein Basis-Adjunkt-Verhältnis gebunden sind, wie

(12) „Ich weiß,   dass ich nichts weiß

Basis   Adjunkt

determinandum determinans

Das determinationsbedürftige Element (= determinandum) geht vorauf, das determinationskräftige Element (= determinans) folgt nach und bewirkt die Determination."

Weinrich 2003: 721

---

72   Bloomfield (1933: 195) behandelt subordinative endozentrische Phrasen wie poor John, very fresh milk, die einen Kopf (John, milk) und ein Attribut (poor, oder eine attributive Rangfolge fresh – very) haben.

Determination sieht Weinrich (2003) umfassend als Bestimmung von Bedeutung, die durch Artikel, Attribute des Nomens in der Nominalklammer als Attribution oder durch Sätze erfolgt, und die durch das Determinans bewirkt wird.

3.2.13 Semantische Determination: Coseriu

Coseriu entwickelt seine Vorstellung von *determinación* aus einem Spannungsverhältnis von Sprechen und Sprache:

> „Dem Bereich der ‚Determinierung' entsprechen all jene Operationen, die in der Sprache als Tätigkeit erfolgen, um *etwas über etwas* mit den Zeichen der Sprache zu sagen, d.h. um ein ‚virtuelles' Zeichen (als Zeichen von ‚Sprache') zu ‚aktualisieren' und auf die konkrete Wirklichkeit zu lenken, bzw. um den Bezug eines (virtuellen oder aktuellen) Zeichens zu begrenzen, zu präzisieren und zu orientieren."
>
> Coseriu 1975: 261[73]

Identität ist bei Coseriu eine Eigenschaft einer Namensbedeutung, die erst durch das Sprechen zum Seienden herübergeführt wird. Mit der Determination werden neues Wissen, aktuelle Erkenntnis und vorheriges Wissen integriert (cf. ebd.: 264, Kabatek 2009).

3.2.14 Determination und der Bezug auf Gattungen

Carlson (1977) hat in einer zentralen Arbeit zur Determination generische artikellose Phrasen des Englischen untersucht und kommt zu dem Schluss, dass Ausdrücke mit artikellosen Nomen stets nicht-quantifizierbare Konstrukte mit Eigennamenqualität bezeichnen, also als indefinite Ausdrücke zu interpretieren sind und sich auf Arten, Gattungen beziehen (*kind-reference-analysis*). In dieser Tradition stehen Chierchia (1995, 1996, 1998) und Dayal (2002), die davon ausgehen, dass artikellose Nominalphrasen ebenso wie definite Nominalphrasen in generischer Verwendung Bezug auf Gattungen nehmen, dass es sich jedoch um jeweils spezifische Sorten von Gattungen handelt. Chierchia (1998) entwickelt eine sprachenübergreifende Überlegungen, die in dem *Nominal Mapping Parameter* ihre Formalisierung finden. Danach können Sprachen danach differenziert werden, ob Substantive prädikative oder argumentative Posi-

---

73 Coseriu (1956, dt. 1975) unterscheidet bei der nominalen Determination vier Operationen zur Aktualisierung eines sprachlichen Zeichens: *Aktualisierung, Diskrimination, Delimitierung* und *Identifizierung. Die Aktualisierung* ist die Operation, in der die Namensbedeutung von der „Wesenheit" (Identität) zur „Existenz" (Ipsität) übergeführt wird (Coseriu 1975: 263); die *Diskrimination* ist die Gesamtheit der Operationen, durch die die Denotation auf eine mögliche oder wirkliche Gruppe einzelner Seiender gerichtet wird. Als *Delimitation* bezeichnet Coseriu (1956) die Möglichkeiten zur Eingrenzung der Bezeichnungsmöglichkeiten eines Zeichens. *Identifizierung* thematisiert die Spezifizierung vieldeutiger Formen.

tionen einnehmen können, und ob sie dementsprechend ein Determinativ erfordern oder nicht.

Eine andere Position beziehen Wilkinson (1991) und Gerstner-Link/Krifka (1993), die artikellose Nomen als grundsätzlich ambig ansehen (*ambiguity analysis*); entweder beziehen sich diese Ausdrücke auf eine Gattung, wie es definite singuläre Nominalphrasen tun, oder sie sind das plurale Gegenstück indefiniter Nominalphrasen (cf. Krifka 2004: 112).

Beide Positionen führen Krifka (2004), unter enger Einbeziehung von Chierchias logischen Analysen (Chierchia 1998), zu dem Schluss, dass artikellose Nominalphrasen grundsätzlich als Eigenschaften anzusehen sind. Die Ambiguität schränkt er dahingehend ein, dass er einräumt, dass artikellose Nominalphrasen, je nach Kontext, unterschiedlich interpretiert werden und sich auf eine Gattung beziehen oder Indefinitheit ausdrücken können.[74]

Die besondere Qualität des singulären definiten Artikels zur Bezeichnung der gesamten Gattung ist Gegenstand intensiver Reflexionen (Heim 1988; Heyer 1987; Hoffmann 2003b; Krifka 2004). Ist Generizität beabsichtigt, dann denotiert die definite Nominalphrase nicht ein einzelnes Objekt, sondern die ganze Gattung. Das führt dazu, dass bei einer Betrachtung eines einzelnen Satzes nicht entschieden werden kann, ob der definite Artikel und das Nomen einen Gegenstand oder die ganze Art bezeichnen.

(13)   „a. The potato rolled out of the bag.   b. A potato rolled out of the bag.

Definite singular NP's are assumed to be systematically ambiguous, that is, polysemous: They can either refer to the kind, or to some unique or salient specimen belonging to the kind. ... Indefinite singular NP's are assumed to be not ambiguous."

Krifka 2004: 112

Die singuläre definite Verwendung kann so als mehrdeutig angesehen werden (Heim 1982; Krifka 2004). Das scheint jedoch ausschließlich bei einer Betrachtung einer Auswahl von Sätzen, die eine Gattung bezeichnen könnten und die isoliert stehen, zuzutreffen. Im Diskurs oder Text liefern die Situation und der Kontext wichtige Hinweise, welche die Mehrdeutigkeiten einschränken.

Hoffmann (2003b) behandelt Gattungsbezeichnungen im Rahmen der Nomination als Bezeichnung für eine Makrostruktur:

---

74   „Bare NP's are basically properties, hence they are neither kind-referring nor indefinites. They can be shifted to one or the other interpretation in appropriate linguistic contexts. They cannot be called ambiguous either, as their basic meaning is always a property. ... Bare NP's have kind-referring interpretations, they have indefinite interpretations, hence they have both kind-referring and indefinite." (Krifka 2004: 130)

„Die sprachliche Prozedur der Nomination ist symbolisch-identifizierend; die Welt der Gegenstände wird elementar und individualisierend erfasst. Gattungsnamen sind – als Prädikate – symbolisch-charakterisierend. Sie erfassen die Wirklichkeit in der Form von Kollektiven des Gleichen, als Makrostruktur."

Hoffmann 2003: 12

3.2.15 Ausblick

Unter Determination werden sehr unterschiedliche Konzepte behandelt: die Bestimmtheit einer Rede und ihrer Teile, die einzelner Wortarten wie Nomen versus Pronomen, ein metaphysisches Verständnis von Bestimmtheit oder eine Sicht auf Determination am Artikel, die das Wissen von Sprecher und Hörer in Beziehung setzt. Löbner (2003) versucht, diese Vielfalt in semantische und pragmatische Determination zu trennen. Es ist jedoch nicht völlig klar, ob diese Zweiteilung der Vielfalt der Konzepte gerecht wird oder ob nicht doch Erkenntnisinteressen unterschiedlicher Wissenschaften nebeneinander ausgehalten werden müssen.

Im Weiteren wird hier der funktional-pragmatische Determinationsbegriff (Ehlich 2003; Hoffmann 2003b, 2007) verwendet und auf die Frage fokussiert, wie Kinder mit Determinationsmarkierungen am Artikel umgehen. Um darauf Antworten zu finden, ist am funktional-pragmatischen Ansatz vor allem die intensive Reflexion determinativ markierten Wissens interessant; so wird es möglich, die Aneignung sprachlichen Wissens über Determination in einen Bezug zu kindlichem Wissen über die Welt zu setzen.

3.3 Determination und der Artikel im Deutschen

Determination ist nicht an den Determinator gebunden, sondern wird durch vielfältige sprachliche Mittel realisiert; Determinatoren, und insbesondere Artikel, stellen aber in vielen Sprachen, so auch im Deutschen, dessen Aneignung hier untersucht wird, zentrale Mittel für Determination dar.[75] Welcher Determinationsstatus Anaphern eigen ist,

---

75 Die Geschichte der Wortart *Artikel* geht auf eine erste Beschreibung von Teilen der Rede bei Platon zurück (L. Paul 1978: 199). Aristoteles fasst mit dem Begriff σύνδεσμος die späteren Konjunktionen, Pronomen und Artikel. Bereits in der frühen Stoa ist der Artikel als eine der ursprünglichen vier μέρη τοῦ λόγου, später fünf Wortarten bekannt (Diogenes Laertius, Arens 1969: 17), die im Lateinischen zu *partes orationis*, im Deutschen zu *Teilen der Rede* werden (Krámský 1972, Ehlich 1979, Schaedler/Knobloch 1992).
Den Stoikern gebührt u.a. das Verdienst, die σύνδεσμοι in einen flektierbaren und einen unflektierbaren Teil aufgegliedert zu haben, als ἄρθρον (Gelenk) und σύνδεσμος im engen Sinn (cf. Robins 1967: 32). Das ἄρθρον wird als Redeteil mit Kasusendungen, Genus und Numerus wie ὁ, ἡ, τό, οἱ, αἱ, τά verstanden (Krámský 1972) und umfasst die heutigen Artikel, Personalpronomen und Possessivpronomen (Arens 1969).
Dionysius Thrax (170–90 v. Chr.) nennt das ἄρθρον als eine von acht Arten der Rede. Er differenziert den ursprünglichen ἄρθρον-Begriff in ἀντωνυμία und ἄρθρον und begründet so die Unterscheidung zwischen den späteren *Pronomen* und *Determinativen*.

wird kontrovers beurteilt (Cole 1974; Siewierska 1999); Anaphern werden hier nicht untersucht.

Welche Wörter genau unter die Wortart Artikel gefasst werden, wird unterschiedlich gehandhabt, wobei die Konzeption der Wortarten selbst intensive Diskussion und Kritik erfährt (H. Paul 1886; Schaeder/Knobloch 1992; Redder 2005, 2007; Hoffmann 2007; Ehlich 2007e, insbesondere zur Homogenität der Klassifikationskriterien und der grundsätzlichen Eignung des Wortartbegriffs). Während empirische Studien (Kupisch 2006a; Müller 2000; Wegener 1995a) sich auf die Betrachtung der Formen von der, die, das/eine, ein begrenzen, gehören in anderen Klassifizierungen auch die Ausdrücke kein, mein, dein, sein zu den Artikeln (Eisenberg 2006). Für Vater (1991) sowie Olsen (1991) gehören dagegen Possessiva nicht zu den Determinantien.

In deutschen Texten sind Artikel die häufigsten Wörter: Im Korpus von Meier (1967: 112) ist die das häufigste Textwort, das in seinem Korpus aus Dramen allein 3,2 % der Einzelvorkommen ausmacht, gefolgt von der mit 3,1 %; die nächsten Plätze in der Rangfolge nehmen und, in, zu, den und das ein. Unter den sieben häufigsten Wörtern finden sich also vier Artikel oder homonyme Formen, z.B. Relativpronomen, Deixeis oder Anadeixeis.

In deutschsprachigen Äußerungen, die Erwachsene an Kinder richten, werden definite Artikel deutlich häufiger als indefinite Artikel verwendet. Kupisch (2006a) hat 2187 nominale Ausdrücke in deutschsprachigen Äußerungen von Erwachsenen im Gespräch mit Kindern auf die Häufigkeit von Artikeln untersucht. Sie kommt zu dem Ergebnis, dass in 51 % der Äußerungen definite Artikel und in 31 % der Äußerungen indefinite Artikel gebraucht wurden. In 6 % der Äußerungen wurden die definiten Artikel mit Präpositionen verschmolzen.

Apollonios Dyskolos (2. Jh. n. Chr.) übernimmt die Einteilung von Dionysius. Remnius Palaemon (1. Jh. n. Chr.) stützt sich auf die Arbeit von Dionysius, geht jedoch nicht mehr auf Artikel ein und nimmt die Interjektionen auf. In der alexandrinischen Schule werden insgesamt acht Wortarten gezählt (Robins 1967).
Bei der Definition der Redeteile durch Priscian (6. Jh. n. Chr.) sind keine Artikel zu finden (cf. Krámský 1972: 14). Varro dagegen nennt *articuli* und fasst unter diesen Begriff *provocabula*, ‚Für-Gattungsnamen', und *pronomina*, ‚Für-Eigennamen', zusammen (Varro viii § 44f., Übersetzung Ehlich 1979: 167). *Provocabula* und *pronomina* bilden mit *vocabula* ‚Gattungsnamen' und *nomina* ‚Eigennamen' die nunmehr auf vier reduzierten *partes appellandi* oder ‚Teile des Nennens', der *partes orationis*.

3.3.1 Definite Artikel

Ein Definitheit anzeigender Artikel ist seit dem Gotischen belegt (Behaghel 1923), während im Urgermanischen Bestimmheits- und Unbestimmtheitsformen des Adjektivs unterschieden werden (Hoffmann 2007). Die Entstehung des definiten Artikel wird auf die Deixis zurückgeführt (Bühler 1934), in anderer Terminologie auf das Demonstrativpronomen (Grimm 1837).

Tabelle 5: Definite Artikel im Deutschen

Kasus	Numerus	Singular			Plural
	Genus	maskulin	feminin	neutrum	
Nominativ		der	die	das	die
Genitiv		des	der	des	der
Dativ		dem	der	dem	den
Akkusativ		den	die	das	die

Im Neuhochdeutschen gibt es definite und indefinite Artikel. An ihnen werden drei Genera (maskulin, feminin und neutrum), Numerus (Singular versus Plural), einer der vier Kasus sowie Definitheit und Indefinitheit markiert. Dabei sind einige nach Kasus, Numerus oder Genus differente Formen gleichlautend. Das betrifft z.b. die feminin und plural markierten Artikel im Nominativ und Akkusativ. Bei Wegener (1995) und Müller (2000) hat das zu der Auffassung geführt, feminine und plurale Artikel seien homonym, was sich auf den Erwerb dahingehend auswirke, dass Übergeneralisierungen zu erwarten sind. Artikel stehen jedoch selten isoliert in einer sprachlichen Handlung, sondern in der Regel innerhalb einer Nominal- oder einer Verbalphrase. Mit dem pluralanzeigenden Morphem am Substantiv sowie der Numerusflexion des Verbes werden Numerusmehrdeutigkeiten, die am isolierten Artikel zu bestehen scheinen, im Rahmen der Nominal- oder spätestens Verbalphrase desambiguiert. Die Verbflexion wird zügig und unkompliziert innerhalb des ersten Kontaktjahres erworben (Kroffke/Rothweiler 2006; Thoma/Tracy 2006). Eine Verwechselungsgefahr zwischen femininer und pluraler Markierung ist unter Einbeziehung der Numerusflexion an Nomen und Verb in der Regel schon im frühen Erwerb nicht gegeben.

Definite Artikel werden, vor allem in mündlicher Rede, häufig mit Präpositionen verschmolzen (u.a. Eisenberg 2006; Kupisch 2006a), wie im für in dem, aufm für auf dem, mitta für mit der, anne für an die oder an der und viele mehr, wobei sich Bedeutungsunterschiede zwischen verschmolzener und separater Form ergeben können.

3.3.2 Indefinite Artikel

Der unbestimmte Artikel ist jünger als der bestimmte; er entwickelt sich im Althochdeutschen aus der Kardinalzahl eins (Grimm 1837, Behaghel 1923, Leiss 2000). Schon für das Mittelhochdeutsche findet Grimm (1837) die Einführung von Aktanten mit unbestimmtem und die Fortführung mit bestimmtem Artikel:

> „...der unbestimmte artikel findet statt, wenn etwas bestimmbares vorerst unbe-
> stimmt genannt wird, der bestimmte kann folgen: *ein künec* von Amelunge Nib.
> 1918, 3 ... *einen valken* 13,2; *der valke* 14,3.“

Grimm 1837: 410

Für das Mhd. vermerkt Grimm das Unterbleiben des unbestimmten Artikels für Massen (Grimm 1837: 419) und die Verwendung von Eigennamen mit Artikeln, wenn Vertrautheit ausgedrückt werden soll.

Behaghel (1923) beschreibt die Funktion des unbestimmten Artikels aus der Perspektive des Textes bzw. des Diskurses und weist auf die Neuheit des indefinit eingeführten Gegenstands hin.

> „*Der Mann* hieß ursprünglich soviel wie *jener Mann*, nämlich der, von dem
> vorhin die Rede war oder nachher die Rede sein wird; erst nach und nach hat
> sich daraus der Brauch entwickelt, überhaupt etwas Bekanntes zu bezeichnen.
> Der unbestimmte Artikel ... sagt, dass der betreffende Gegenstand mit dem Vo-
> rausgegangenen in keinerlei Verbindung steht.“

Behaghel 1923: 237

Eine wichtige Anwendung des indefiniten Artikels ist die Einführung neuer Relate in einen Diskurs oder einen Text. Die indefinite Einführung ist im Deutschen eine häufige, aber nicht die einzig mögliche Form. Aktanten werden durchaus zum ersten Mal definit oder durch ihre Eigennamen determiniert genannt, wie in den ersten Sätzen eines der bekanntesten Werke von Thomas Mann, der *Buddenbrooks*:

> „‚Was ist das. – Was – ist das ...‘
> ‚Je, den Düwel ook, c’est la question, ma très chère demoiselle!‘
> Die Konsulin Buddenbrook, neben ihrer Schwiegermutter auf dem geradlini-
> gen, weiß lackierten Sofa, dessen Polster hellgelb überzogen waren, warf einen
> Blick auf ihren Gatten, der in einem Armsessel bei ihr saß, und kam ihrer klei-
> nen Tochter zu Hilfe, die der Großvater am Fenster auf den Knien hielt.“

Mann 1901/2002: 7

Zu Beginn des Romans wird nur ein Element eindeutig indefinit eingeführt: ein Armsessel. Alle anderen Aktanten und Gegenstände werden mit unterschiedlichen Mitteln determiniert zum ersten Mal genannt.

Die definite Einführung von Protagonisten findet sich auch in der Kinderliteratur häufig, wie in diesem Beginn eines Bilderbuches für Vier- bis Fünfjährige:

„Das kleine Schaf Rita lebt mit seinen Eltern und vielen anderen Schafen auf einem Deich gleich am Meer."

Klein/Krause 2009

Eine Annahme, nach der im Deutschen Aktanten grundsätzlich indefinit eingeführt würden, kann zumindest auf der Grundlage von Texten nicht bestätigt werden. Bei der Analyse von Erzählanfängen von Kindern mit definiter Aktanteneinführung muss daher gefragt werden, ob bei definiter Aktanteneinführung ein Determinationsfehler angenommen werden muss, oder ob die Kinder nicht vielmehr ein zulässiges und gebräuchliches Stilmittel benutzen.

Die indefiniten Artikel werden im Mündlichen, zum Teil auch im modernen Schriftsprachlichen, oft in phonisch reduzierter Form geäußert. Dann ist es nicht möglich, den Nominativ maskulin ein vom Akkusativ maskulin ein' lautlich zu differenzieren.

Tabelle 6: Indefinite Artikel und Kurzformen des Mündlichen

Numerus/Kasus	maskulin	feminin	neutrum
Sing. Nom.	ein ('n)	eine ('ne)	ein ('n)
Sing. Genitiv	eines	einer	eines
Sing. Dativ	einem ('nem)	einer ('ner)	einem ('nem)
Sing. Akkusativ	einen ('nen/'n/ein')	eine ('ne)	ein ('n)

Diese reduzierten Formen können mit Präpositionen verschmolzen werden (aufen – auf einen; zuner – zu einer), was in mündlicher Rede in informellen Situationen zulässig und üblich ist.

3.3.3 Nullartikel

Weinrich (1969) fasst den Nullartikel als morphologische Besonderheit des unbestimmten Artikels auf, als Nullsignal, das in Kombination mit dem Pluralmorphem des Nomens wirkt. Er argumentiert für die Existenz eines singulären und eines pluralen Nullartikels. Von ihnen nimmt Weinrich an, es handele sich um Neutralisierungsformen, von denen noch nicht bestimmbar sei, welche Opposition sie neutralisieren (ebd.: 63f.). Von Äußerungen mit Nullartikel unterscheidet er Äußerungen, in denen kein Artikel verwendet wird, z.B. in der Anrede und im Gebrauch von Personennamen ohne Artikel (Weinrich 2003).

Engel (1988) und Hentschel/Weydt (2003) gehen dagegen von drei Arten von Artikeln aus: definite (die Frau) und indefinite Artikel (eine Frau) sowie einem Nullartikel (Frau, Frauen, Hentschel/Weydt 2003: 226). Mit dem Nullartikel bezeichnen Hentschel/Weydt (2003: 228) das Fehlen des Artikels in Sprachen, die über einen Artikel verfügen; die Abwesenheit eines Artikels hat dann eine semantische Funktion.

Schließt man sich dieser Ansicht an, so sind in Artikelsprachen sämtliche Nomen von einem Artikel begleitet – dem definiten, dem indefiniten oder dem Nullartikel. Der Vorschlag des Nullartikels ist nicht ohne kritische Gegenstimmen geblieben, da seine Existenz nicht nachgewiesen werden kann.[76] Wunderlich (1987) macht auf ein grundsätzliches logisches Problem bei der Annahme leerer Kategorien aufmerksam:

„Abgesehen davon, daß leere Kategorien in der Syntax generell ontologisch fragwürdig sind, kommt hier hinzu, daß das Lexikon eine ganze Familie leerer Pros zur Verfügung stellen muß, die hinsichtlich Genus, Numerus, Person und Kasus unterschiedlich spezifiziert sind ... Wie kann ein phonologisch leeres Element Träger solcher Informationen sein?"

Wunderlich 1987: 37

In der hier vorgenommenen Auswertung werden artikellose Nominalphrasen in ihrem Äußerungskontext auf ihre Determinationsmarkierung untersucht. Dabei wird die Auffassung zu Grunde gelegt, dass Artikel im Deutschen phonisch realisiert werden und es also keinen Nullartikel gibt. Die Nicht-Setzung eines Artikels wird aber als Teil einer sprachlichen Handlung mit spezifischer Bedeutung begriffen.

3.3.4 Definite und indefinite Artikel in Lernergrammatiken

Die Frage, wann definite und indefinite Artikel zu setzen sind, wird Lernern des Deutschen als Fremdsprache nur selten erklärt. Hentschel/Weydt (2003) ist die einzige Lernergrammatik, die die Frage nach Bestimmtheit in übergreifenden semantischen Konzepten behandelt und über einzelne Beispiele hinausgeht (Lippert 2005). Sie beschränken sich dabei auf Identifizierbarkeit als einziges Kriterium für ein leicht zugängliches Erklärungsschema (Hentschel/Weydt 2003: 229); identifizierbar nennen sie Gegenstände, die im gemeinsamen Redeuniversum, bestimmt von Weltwissen und Diskurswissen, unverwechselbar gegeben sind (ebd.: 229). Generische Redegegenstände, Abstrakta und Stoffnomen schließen sie in diese Auffassung ein. Nicht identifizierbar sind in ihrer Darstellung Objekte, bei denen der Hörer nicht weiß, welches aus einer Auswahl von Objekten gemeint ist (ebd.: 230). Während der definite Artikel spezifisch Identifizierbares anzeige, sehen die Autoren den Nullartikel als Anzeiger von nicht-spezifischer Identifizierbarkeit.

Die gute Verständlichkeit dieser Darstellung wird mit einer Vereinfachung des Sachverhalts bezahlt. Wichtige Fälle werden nicht erfasst, wie Artikellosigkeit, der für Lerner schwierige Fall generischer Verwendung des definiten singulären Artikels (Lippert

---

76   Die unterhaltsamste Kritik kommt wohl von Löbner:
„Es geht mir um jenes unscheinbare Etwas, das, den Engeln ähnlich, die keinen Körper, aber einen Geist besitzen, mit Bedeutung gesegnet ist, ohne indes über eine Lautgestalt zu verfügen: um den Nullartikel. Besonders der Deutsch lernende Ausländer ist in der Regel von diesem Wörtlein entzückt, braucht er sich doch wenigstens in diesem einen Falle weder um die Aussprache, noch um Flexion und korrekte Wortstellung Gedanken zu machen." (Löbner 1986: 64)

2005) und die definite Artikelverwendung bei Unikaten. Trotzdem ist die vereinfachte Regel eine Leitlinie, die Lernern erste Anhaltspunkte geben kann.

3.3.5 Determination und Bedeutung

<u>Substanz oder zählbare Entitäten</u>

Zur Kennzeichnung des Determinationsstatus eines Gegenstands gibt es im Deutschen neben definitem und indefinitem Artikel die Möglichkeit, keinen Artikel zu nennen. Diese Option bieten auch andere Artikelsprachen, z.B. Englisch, Spanisch und Italienisch. Ob ein Substantiv im unspezifischen Plural (14), mit wissensbezogener unbestimmter Determination (15), (16) oder ohne Determination (17), (18) genannt werden kann, hängt unter anderem von der Bedeutung bzw. Bedeutungsklasse des Symbolfeldausdrucks ab (Redder 1999):

(14)	„S: Was suchst du? H: Streichhölzer.
(15)	S: Was suchst du? H: N Streichholz.
(16)	S: Was suchst du? H: Ein Streichholz.
(17)	S: Was suchst du? H: *Streichholz.
(18)	S: Was suchst du? H: Feuer."

Redder 1999: 236

Während Streichholz ein zählbarer, pluralisierbarer und artikelfordernder Symbolfeldausdruck ist, verhält sich Feuer wie eine Substanz und muss daher artikellos gebraucht werden.

Am Beispiel des Wortes Wolf verdeutlicht Hoffmann (2006), wie mit dem im Sprachwissen verankerten Begriff Wolf in der Verwendung mit und ohne Artikel unterschiedliche Determinations- und Bedeutungsvarianten ausgedrückt werden: Als symbolischer Ausdruck bezeichnet Wolf die Vorstellung eines Tieres, das im Wald lebt. Artikellos steht Wolf für das Wolfsartige, etwa in der Aussage: Ich mag Wolf nicht. In dieser Weise ist ein Stoff bzw. eine Substanz gemeint. In Begleitung eines bestimmten Artikels kann auf einen konkreten Wolf Bezug genommen, das heißt, ein Bezug zu einem spezifischen Individuum hergestellt werden. Darüber hinaus kann mit dem bestimmten Artikel die Gattung benannt werden. Mit Hilfe des unbestimmten Artikels kann markiert werden, was als dem Hörer unbekannt angenommen wird.

„Erst mit dem Gebrauch einer Äußerung ist klar, ob ich Stoff, Art (Gegenstand, typisches Individuum) oder ein konkretes Individuum meine. Die Grundbedeutung von Wolf wird in jede Wolf-Äußerung eingebracht, und im Aufbau der Äußerung, im Handeln, ergibt sich, was gemeint ist."

Hoffmann 2006: 24

Die Entscheidung, ob ein Artikel gesetzt wird oder nicht, ist eine Entscheidung darüber, ob die die Determinationsqualität eines Gegenstands als Stoff, Masse oder zählbarer Gegenstand gemeint ist.[77] Damit bestimmt der verwendete Artikel die Bedeutung des Substantivs näher. Bei den meisten Substantiven werden Entscheidungen über Massen- oder Zählbarkeitseigenschaften getroffen. Eine Modifikation der Bedeutung leistet der Artikel jedoch auch in Verbindung mit Eigennamen.

Eigennamen

Eigennamen zeichnen sich dadurch aus, dass sie ihren Zweck, die Identifizierung eines Gegenstands durch Rekurs auf eine spezifische Kenntnis, in einem Zug, ohne Syntax erreichen.[78] Sie sind funktional autonom und inhärent definit, so dass ein Ausdruck der Determination fehlen kann. Durch das Nennen mit einem Eigennamen, d.h. mittels der symbolischen Prozedur der Nomination, greift der Sprecher unmittelbar auf das Hörerwissen zu: Ein Eigenname ist ein symbolischer Ausdruck, der identifiziert (cf. Hoffmann 1999, 2003a).

Da Eigennamen bereits determinierende Qualität besitzen, sind determinierende Zusätze durch Artikel nicht nötig. Sie werden in der schriftlichen Hochsprache in der Regel nicht realisiert, es sei denn, es soll eine besondere semantische Qualität ausgedrückt werden.[79]

Artikel vor Eigennamen weisen auf besondere, sekundäre Gebrauchsweisen des Namens hin, von denen im apellativer (19), metaphorischer Gebrauch (20), die Bezeichnung von Zuständen oder Stadien (21) sowie Manifestationen oder metonymischer Bedeutungsverschiebungen (23) unterschieden werden können (Heusinger/Wespel 2009).

---

77 Das klassische Kriterium für die Unterscheidung von Massennomen und Individualnomen ist Zählbarkeit: die Referenzobjekte für Individualnomina können gezählt werden, die für Massennomen nicht (Jespersen 1924); dazu bemerkt Krifka (1989), dass dies z.B. für Schmuck und Vieh nicht gelte; erstere nennt er daher Massennomina, letztere Kollektivnomina. Individualnomen können auch in Massennomenkonstruktionen auftreten (Anna hat eine Stunde Beethoven gehört) und umgekehrt, was sich auf die semantische Interpretation auswirkt (Krifka 1989: 5ff.). Wunderlich (1988: 35) gliedert Nomen nach ihrer Zählbarkeit und dem daraus folgenden Singularitäts- und Pluralverhalten in Nomen, die zählbare Dinge, nicht-zählbare Substanzen, mehrteilige Mengen und die eine abstrakte Sache bezeichnen, auf.

78 Faulkner lässt in einem literarischen Text die Komplexität dieses Identifizierungsvorgangs für das nah verwandte Englische anklingen, der sich nicht nur auf die Bezeichnung einer Person, sondern darüber hinaus auf Eigenschaften beziehen kann: „… a man's name, which is supposed to be just the sound for who he is, can be somehow an augur of what he will do, if other men can only read the meaning in time." (Faulkner 1932: 33)

79 Leiss (2000) sieht in der Verwendung von Eigennamen in Verbindung mit definiten Artikeln ein Anzeichen dafür, dass in einer Sprache die Markierung von Determination an Artikeln an Funktion und Bedeutung verliert und sich diese Sprache von einer Artikelsprache zu einer Aspektsprache entwickelt.

(19) „Dich hat gerade eine (gewisse) Carmen angerufen.
(20) ein Marlon Brando der Politik
(21) Der junge Isaac Newton …
(22) Ein George Bush lügt nicht.
(23) Gestern habe ich einen (echten) Tizian ersteigert.“

Heusinger/Wespel 2009: 9ff.

Zusammen mit dem Kontext modifiziert der Artikel den Eigennamen in seiner Bedeutung erheblich, fügt Bedeutungsebenen hinzu ((19) Wer ist eigentlich Carmen?) oder verschiebt die Bedeutung vom Individuum auf die Ebene der Metapher oder des Werkes. Die Manifestation in generischen Sätzen stellt einen besonderen Fall der Referenz auf subindividueller Ebene dar.

In mündlicher Rede sind definite Artikel vor Eigennamen üblich und zeigen Vertrautheit und eine informelle Handlungssituation an:[80]

(24) Da ist ja die Lisa!

Damit machen Artikel interaktionale Gesichtspunkte der sprachlichen Handlungssituation deutlich, die auf diese Weise erkennbar werden, aber denen auch widersprochen werden kann, wenn die Vertrautheit oder Informalität der Situation in Frage gestellt werden soll.

Der bestimmte Artikel wird bei Eigennamen auch dann gesetzt, wenn er einen Kasus anzeigen soll, der an anderer Stelle nicht sichtbar wäre (die Ironie des Sokrates, Hoffmann 2003b).

3.3.6 Generische Sätze

Generizität kann im Deutschen sowohl definit als auch indefinit ausgedrückt werden:

(25) „Der Löwe hat einen Schwanz.
(26) Ein Löwenmännchen hat eine Mähne.“

Hoffmann 2003b: 59

In Satz (25) wird die Art denotiert: Definite generische Aussagen quantifizieren über Artangehörige, die die Eigenschaft P besitzen. In Satz (26) wird ein beliebiges x der Art herausgegriffen, und für dieses x gilt dann, dass es die Eigenschaft Q hat. Es handelt sich um eine indefinite generische Aussage.

---

80 „Der vertrauliche ton des umgangs lügt ihn (den Artikel, EM) hinzu.“ (Grimm 1837: 420)

Referenz auf Individuen in einer subindividuellen Ebene ist als *Manifestation* möglich, bei denen substanzielle Aspekte oder Facetten von Objekten beschrieben werden (Heusinger/Wespel 2009)(22) und (27):

(27)   „Auch eine Verona Feldbusch muss sehen, dass sie im Gespräch bleibt."

Heusinger/Wespel 2009: 4

In diesem Satz wird nicht auf das Individuum Bezug genommen, sondern auf den Aspekt der „Medienpersönlichkeit" (ebd.), der Person öffentlichen Interesses. Der Artikel wirkt hier daran mit, die Bedeutung des Eigennamens von einer spezifischen zu einer generischen Lesart zu verändern; es werden besondere und begrenzte Facetten der Bedeutung in generischer Verwendung ausgedrückt, als „alle Individuen, die Eigenschaften in ähnlicher Weise aufweisen" (ebd.: 5).
Der Artikel zeigt sich damit als ein die Bedeutung mitbestimmendes Element, mit dem Akzente, Unterstreichungen oder Verschiebungen ausgedrückt werden können.

3.3.7 Unikate

Substantive, die zumindest in der Alltagssprache als von allen eindeutig identifiziert angenommen werden, tauchen ausschließlich definit auf. Das sind z.B. die Sonne (unseres Sonnensystems), der Mond (der Erde), aber auch: die Kanzlerin, die EU, das Christkind, der Weihnachtsmann.
An diesen Unifikaten wird deutlich, wie der von Hoffmann (2003b) formulierte Wissensrahmen das Feld absteckt, innerhalb dessen Identifizierbarkeit erlangt wird: So ist die Kanzlerin nur in einem besonderen politischem Rahmen definit ohne Vorerwähnung sinnhaft, ebenso die Sonne in einem mitgedachten spezifischen astronomischen Rahmen.

3.4 Aneignung

3.4.1 Monolinguale Aneignung

Definite und indefinite Artikel im Englischen

Wie englischsprachige Kinder definite und indefinite Artikel im Englischen verwenden, ist Gegenstand der Arbeit von Maratsos (1976). Dazu betrachtet er Kinder zwischen 32 und 42 Monaten (im Folgenden: „Dreijährige") und zwischen 48 und 59 Monaten (im Folgenden: „Vierjährige"). Einen wesentlichen Anteil an der Untersuchung haben Erzählungen, in denen die Kinder unterschiedliche Aktanten identifizieren sollen, indem sie sich auf Informationen aus Anweisungen mit definiten bzw. indefiniten Nominalphrasen stützen.

Insgesamt stellt Maratsos eine unproblematische Aneignung des Gebrauchs definiter und indefiniter Artikel fest.[81] Bereits früh, d.h. mit drei Jahren, verstehen Kinder, dass definite Artikel sich auf bereits eingeführte Entitäten, indefinite sich auf neue beziehen (ebd.: 93).

Maratsos (1976, 1981) findet bei den Dreijährigen eine Tendenz zum Übergebrauch definiter Artikel. Er nimmt als Grund dafür eine Schwierigkeit der Kinder an, das Wissen des Hörers vom eigenen Wissen abzugrenzen, und bewertet diese Schwierigkeit auf der Grundlage der Entwicklungstheorien von Piaget (1954, 1955, 1980) als egozentrische Referenz.

Zusammenfassend stellt Maratsos (1976) bei den Drei- bis Vierjährigen ein ausgearbeitetes generalisiertes Wissen zur sprachlichen Bezeichnung von spezifischer versus unspezifischer Referenz fest:

„The fact that specific – non specific competence could be found throughout such a wide variety of contexts support the hypothesis that the abstract linguistic dimension employed in our descriptions actually has early psychological reality ... The results in study point ... to well-developed early referential and representational abilities."

Maratsos 1976: 94f.

Bildgeschichten

Emslie/Stevenson (1981) lassen einsprachige Zwei- bis Vierjährige und ihre Eltern kleine Bildgeschichten auf Englisch erzählen und betrachten die Verwendung definiter und indefiniter Artikel bei der Nennung der Aktanten. Sie weisen darauf hin, dass der Versuchsleiter bei Maratsos (1976) als Zuhörer agiert und die Abbildungen sehen kann; die Kinder haben damit Grund zu der Annahme, ihr Zuhörer würde die Aktanten bereits kennen. Damit sehen die Autorinnen bereits bei der ersten Nennung eines Aktanten einen Grund für eine definite Anzeige und argumentieren gegen einen Übergebrauch definiter Artikelmarkierungen.

Ihr Schluss lautet, dass sich die Kinder im Alter von drei Jahren den Gebrauch identifizierender indefiniter und definiter Ausdrücke angeeignet haben und diese ab einem Alter von ca. vier Jahren in Erzählungen zielsprachlich verwenden.

Das eigene Wissen mit dem Wissen in Verbindung zu bringen, über das die Hörerinnen und Hörer verfügen, stellt Kinder vor eine komplexe Aufgabe, nämlich die, einzuschätzen, was ihnen bekannt, dem Zuhörer aber neu ist. Die kognitiven Fähigkeiten der Kinder bilden einen Rahmen für die erfolgreiche Anzeige von Determination: Werden sie, z.B. durch die Aufgabenstellung, überfordert, so ist auch der Umgang mit definiten und indefiniten Artikeln nicht so erfolgreich wie in anderen Aufgaben.

---

81   „Our results give a relatively unproblematical evaluation of what young children know about the specificity – non-specificity dimension." (Maratsos 1976: 93)

„If the task is within their cognitive abilities, then children from the age of three indicate that they have grasped the semantic and cognitive distinctions between identifying and referring expressions and that these distinctions are acquired at the same time."

Emslie/Stevenson 1981: 326

Französisch, Englisch, Deutsch

Karmiloff-Smith (1979) hat bei monolingualen französischsprachigen Kindern ab einem Alter von drei Jahren beobachtet, dass diese – wenn sie Artikel konsistent benutzen – für die Einführung neuer Aktanten stets indefinite Artikel benutzen. Definite Artikel werden, so beobachtet sie, zur Steuerung der Aufmerksamkeit verwendet.[82]

„When the small child wishes to furnish the name of something, he uses the indefinite article in every case, and when he wishes to focus attention on an object, he uses the definite article. This indicates that the articles are not initially confused."

Karmiloff-Smith 1979: 219

Karmiloff-Smith (1979) bezweifelt jedoch, dass zwei- und dreijährige Kinder bereits die determinierende Funktion von Artikeln verstanden haben.

Unter der Fragestellung von Kohärenz und Kohäsion in kindlichen Erzählungen von Bildgeschichten betrachtet Karmiloff-Smith (1985) nominale Referenz. Sie untersucht darin monolinguale englisch- bzw. französischsprachige Kinder zwischen vier und neun Jahren. Einsprachige Kinder, die Englisch bzw. Französisch erwerben, führen nach ihren Ergebnissen Aktanten etwa ab dem Alter von sechs Jahren indefinit ein und definit fort.

Die Ein- und Fortführung von Aktanten in kindlichen Erzählungen hat auch Bamberg (1994) untersucht und Erzählungen monolingualer deutschsprachiger Kindern nach den Abbildungen der bekannten Bildgeschichte vom weggelaufenen Frosch (Mayer 1968) untersucht. Er stellt, ähnlich wie Karmiloff-Smith (1985), eine bevorzugte Einführung der Aktanten mit definiten Artikeln durch dreijährige Kinder fest. Aber auch Neunjährige nutzen den definiten Artikel für die Einführung des Jungen als Hauptprotagonisten, und zwar etwa gleich häufig wie den indefiniten Artikel; sogar Erwachsene führen den Jungen definit ein, und zwar in fast der Hälfte der Erzählungen. Die definite Einführung erfolgt seltener für den Hund (Nebenaktant), am seltensten für den Frosch (abwesender Aktant); Nebenaktanten werden also häufiger indefinit eingeführt als Protagonisten, lautet eine seiner Folgerungen.

---

82 Karmiloff-Smith (1979) betrachtet kommunikative Experimente mit 1012 französischsprachigen monolingualen Kindern zwischen 2,10 und 11,7 Jahren. (Karmiloff-Smith 1979: 62)

Kind und Zuhörer sehen bei den von Bamberg (1994) durchgeführten Erzählexperimenten die Bilder gemeinsam – auf welchen Jungen Bezug genommen wird, ist durch die Abbildung eindeutig bestimmt. Ein Zusammenhang der Definitheitsmarkierung mit der Identifizierbarkeit der Aktanten anhand der Bildvorlage, die eine separate Identifikation der Aktanten nicht notwendig macht, wird von Bamberg (1994) nicht thematisiert.

3.4.2 Multilinguale Aneignung

Thoma/Tracy (2006) untersuchen den sukzessiv bilingualen Deutscherwerb von Kindern zwischen drei und sechs Jahren mit typologisch differenten Erstsprachen (Arabisch, Russisch und Türkisch). Dabei verwenden die Kinder, sobald sie sich die Satzklammer und die damit einhergehenden funktionalen Kategorien erschlossen haben, sowohl bestimmte als auch unbestimmte Artikel. Die Kinder verhalten sich damit analog zu L1-Lernern.

Von „häufigen Auslassungen" obligatorischer Artikel nach Präpositionen bei zweisprachigen Kindern der ersten beiden Grundschuljahre berichtet T. Becker (2006).[83]

Entgegengesetzte Beobachtungen macht Kupisch (2007) bei einer spezifischen Sprachenkombination: Kinder, die im bilingualen balancierten Erstspracherwerb eine romanische und eine germanische Sprache erwerben, lassen früher weniger Artikel aus als monolinguale deutsche Kinder.

Serratrice et al. (2009) elizitieren von mono- und bilingualen Kindern zwischen sechs und zehn Jahren Grammatikalitätsurteile zu generischen und spezifischen Nominalphrasen in Italienisch und Englisch. Dabei stützen sie sich auf Chierchia (1998) und den *Nominal Mapping Parameter*, der romanische und germanische Sprachen zu verschiedenen Typen der Markierung von Generizität zuordnet. Deutlich drückt sich das darin aus, dass im Englischen artikellose Nominalphrasen in Subjektposition in spezifischen semantischen Kontexten zulässig sind, die in romanischen Sprachen nicht zielsprachlich sind.

(28)   „Advice is available online.
(29)   Dogs are friendly animals.
(30)   *The dinosaurs became extinct 65 million years ago.
(31)   I dinosauri sono vissuti milioni di anni prima dell'arrivo del'uomo."

Serratrice et al. 2009

---

83   T. Becker verwendet eine eigene Terminologie: Sie bezeichnet einsprachige deutsche Kinder als *L1-Kinder*, zweisprachige Kinder als *L2-Kinder*. (T. Becker 2006: 156)

Sie bemerken einen Spracheneinfluss, der sich signifikant so auswirkt, dass englisch-italienische Kinder eher bereit sind, im Italienischen artikellose Nominalphrasen zu akzeptieren, die im Englischen, aber nicht in der romanischen Sprache in Subjektposition grammatisch sind. Die monolingualen italienischsprachigen Kinder lehnen artikellose NPs regelmäßig ab.

3.5 Determination in den Familiensprachen der Kinder

Im Folgenden soll die Markierung von Determination in den Familiensprachen der Kinder in aller Kürze dargestellt werden, um Anhaltspunkte dafür zu finden, inwiefern sich grundsätzliche Unterschiede zwischen den Familiensprachen und dem Deutschen auf die Aneignung auswirken können.

Determination ist in den Sprachen der Welt weit verbreitet. Einzelsprachen unterscheiden sich erheblich darin, wie sie mit Determination und Definitheit umgehen (Lyons 1999, Leiss 2000, 2000a)[84].

Auch wenn Sprachen übereinstimmend als artikelhaft beurteilt werden, erfüllen Artikel in den einzelnen Sprachen jeweils spezifische Funktionen in sehr unterschiedlichen Anordnungen (Krámský 1972; Leiss 2000).[85]

Die Sprachen, die Determination anzeigen, differieren darin, welche Qualität der Determination sie markieren, welche Möglichkeiten der Opposition die Sprachen bereitstellen und welche sprachlichen Mittel für Determination zur Verfügung stehen. Determination kann durch Determinative ausgedrückt werden, außerdem durch Serialisierung, Topikalisierung, Prosodie oder andere sprachliche Mittel.

Im Deutschen wird sowohl bekannte als auch unbekannte Information determinatorisch angezeigt; erstere mit dem definiten Artikel, letztere mit dem indefiniten Artikel. In vielen anderen Sprachen wird nur Bekanntheit oder nur Unbekanntheit markiert (C. Lyons 1999, Leiss 2000).

---

84   Die Einordnung, welche Sprachen Determinative nutzen und infolgedessen als Artikelsprachen gelten können, ist nicht so eindeutig, wie sie auf der ersten Blick erscheinen mag. Die Einordnung einer Sprache als Artikelsprache kann auf der *Frequenz* oder auf der *Systematik* der Artikelverwendung basieren. Je nachdem, welches Kriterium zu Grunde gelegt wird, kann man zu unterschiedlichen Einschätzungen bezüglich der Artikelhaftigkeit einer Sprache kommen (Leiss 2000). In den eindeutigsten Fällen sind die Kriterien zur Einschätzung der Artikelhaftigkeit aufgeführt und durch Sprachbelege begründet. Das ist jedoch, insbesondere bei außereuropäischen Sprachen, nicht immer der Fall. Informationen zur Artikelhaftigkeit einer Sprache sind daher nicht immer verlässlich (Krámský 1972) und zum Teil widersprüchlich, z.B. in Hinblick auf die Einschätzung von Determinationsmorphemen als Artikel.

85   „In allen Sprachen, in denen der Artikel obligatorisch gesetzt wird, wird er auf jeweils unterschiedliche Art und Weise obligatorisch verwendet. Die einzelsprachlichen Distributionen des Artikels weisen eine erhebliche Variationsbreite auf." (Leiss 2000: 34)

3.5.1 Albanisch

Das Albanische hat sehr vielfältige Mittel, um Determination anzuzeigen. Es kennt keine Wortart Artikel, jedoch Partikeln, die sich in Bezug auf die Determinationsanzeige ähnlich verhalten (Buchholz/Fiedler 1987: 198; C. Lyons 1999: 79ff.). Daher wird in der Literatur, nicht ganz glücklich, einerseits der Existenz albanischer Artikel widersprochen, andererseits der Begriff Artikel verwendet (Buchholz/Fiedler 1987).[86] Ein Beispiel für eine morphologische Definitheitsanzeige mit einem affigierten Derivationsmorphem gibt Hoffmann (2007).

(32)   „mur-   i
        N   DEF
        ‚die Mauer‘

(33)   mur-   ∅
        N
        ‚eine Mauer‘“

Hoffmann 2007: 340

Die Anwesenheit zeigt Bestimmtheit an, die Abwesenheit Unbestimmtheit. Als determiniert werden vor allem Substantive angezeigt, die von den Sprechern als beim Hörer bekannt angenommen werden (cf. Buchholz/Fiedler 1987: 234).

Das Albanische verwendet Adjektive und weitere Modifikatoren, z.B. Zahlwörter, in Kombination mit der Partikel i bzw. të, die nach Numerus, Genus und Kasus flektiert und sensitiv für Definitheit ist (Buchholz/Fiedler 1987: 232ff.; C. Lyons 1999: 79ff.). Die Partikel wird bei vielen, jedoch nicht allen albanischen Adjektiven verwendet.

(34)   „Kam   tre   djem.
        ∅   NUM   N
        ‚Ich habe drei Jungen gesehen.‘

(35)   I   kam   parë   të   tre   djemtë.
        DEF   DEF PART   NUM   N + DEF SUFFIX
        ‚Ich habe die drei Jungen gesehen.‘“

Buchholz/Fiedler 1987: 199

---

86 Zu diesem Vorgehen äußert sich Trubetzkoy (1939) aus sprachenvergleichender Sicht kritisch, wobei die Kritik im Fall des Albanischen umso mehr trifft, als es sich um eine europäische Sprache handelt: „En étudiant les langues non-européennes les linguistes européennes ont la tendance de'interpréter toutes les marques extérieurs du défini comme articles – si elles sont préposées, et comme affixes – si elles sont postposées. Il est évident che c'est une erreur dont il faut se garder.“ (Trubetzkoy 1939: 212)

In Elena Familie wird hauptsächlich Albanisch gesprochen; ihre Mutter spricht wenige deutsche Wörter, ihre älteren Geschwister sprechen Deutsch und Albanisch mit dem Mädchen.

Marianas Mutter spricht kein Deutsch mit den Kindern; sie beherrscht nur wenige Wörter im Deutschen. Im Alltag dolmetscht Mariana für sie. Mariana erhält einen sehr konsequenten Input in Albanisch.

3.5.2 Englisch

Definitheit wird im Englischen durch die Artikel a, an, the und Pronomen wie any, each oder every ausgedrückt. Generische Aussagen können im Singular mit indefinitem, definitem Artikel oder im Plural ohne Artikel gebildet werden (Perlmutter 1970; C. Lyons 1999). Auf die Aneignung englischer Determination wurde bereits oben eingegangen.

Die Eltern von Isabella geben an, mit ihrem Kind Englisch zu sprechen.[87]

3.5.3 Italienisch, Sizilianisch

Italienisch kennt drei, dem Nomen vorangestellte Artikel im Singular und drei Artikel im Plural. Determination wird im Italienischen durch definite und indefinite Artikel angezeigt.

Generizität kann durch den definiten Artikel im Singular und im Plural ausgedrückt werden (Pittàno 1983: 173), anders als im Deutschen oder Englischen aber nicht artikellos (*Donne sono arrivate ieri sera).[88]

Artikellose Nominalphrasen sind unter spezifischen Bedingungen möglich (Ho comprato patate e pane al mercato, Serratrice et al. 2009).[89] Krámský (1972) konstatiert eine große Freiheit der Setzung oder Auslassung von Artikeln, besonders bei partitiven Konstellationen (ebd.: 125).

Tabelle 7: Determinative im Italienischen

Singular: DEF – INDEF	*Plural*
il – un	i
la – una (feminin)	le
lo – uno (l' – un') (maskulin bei Anlaut *s impurum* [s + Konsonant], [vokal])	gli

---

87 Allerdings reagiert Isabella in keiner Weise auf englischsprachige Impulse oder Fragen, so dass diese Angabe wenig gesichert ist.
88 ‚Gestern abend sind Frauen gekommen.'
89 ‚Ich habe Kartoffeln und Brot auf dem Markt gekauft.'

Sizilianisch hat, neben vielfältigen Unterschieden zum Italienischen, ein dem Italieni-schen paralleles System der Determination an den Artikeln (Galante 1969).
Die sprachliche Realität der Italiener in der Migration wird von erheblicher Variation der Varietäten der Herkunftsregion, der Beherrschung des italienischen Standards und der Kenntnis der Regional- und Hochsprache der Migrationsregion bestimmt.

„(La realtà linguistica degli emigrati italiani in Germania, EM) comprende un largo raggio di costellazioni che vanno da comunità monodialettali stabili, che superano il cambio delle generazioni, a gruppi polidialettali, fino ad arrivare a singoli parlanti isolati riguardo alle loro madrelingua."

Krefeld 2002: 157[90]

Krefeld (2004) macht auf den Gebrauch sowohl des Standarditalienischen als auch des Dialekts in der extraterritorialen Migration aufmerksam:

„Denn es geraten ja nicht einfach ‚Sprachen', sondern unterschiedliche Varietä-ten mehrerer Sprachen in Kontakt, wobei sich ebenfalls ganz spezifische Mar-kierungen ergeben, etwa dann, wenn in bestimmten Glossotopen den einheimi-schen, autochthonen Dialekten durch die Migranten mehr Prestige als durch die einheimischen Sprecher selbst beigemessen wird, weil sie in der Nachbarschaft, am Arbeitsplatz usw. dominieren und ihre Beherrschung deshalb besonders er-strebenswert ist."

Krefeld 2004: 15

Italiener in Deutschland kommunizieren intensiv in Mischvarietäten, was intensive Sprachkontakteinflüsse der italienischen Varietäten untereinander und des Deutschen sowie lokaler deutscher Varietäten bezeugt (Bierbach/Birken-Silverman 2004, 2004 a). Die Migrationssituation nimmt Einfluss auf den Dialekt, verändert ihn, z.B. durch Sprachkontakte oder durch höhere Schulbildung, breitere Alphabetisierung (Sobrero 2006) oder Isolierung der Sprecher (Salminger 2006). Salminger (2006) stellt auf Grund ihrer Analyse von qualitativen Interviews mit fünf Migranten bei allen fünf Ge-sprächspartnern spezifische Einflüsse der Migration auf die Sprache fest.[91]

---

90   ‚Die sprachliche Wirklichkeit der Süditaliener in der Migration umfasst einen weiten Bereich von Konstellationen, die stabile monodialektale Sprachgemeinschaften, welche Generationen-wechsel überdauern, polydialektale Gruppen und in Bezug auf ihre Muttersprache isolierte In-dividuen umfasst.' (Übersetzung EM)

91   „Si può osservare presso le cinque parlanti emigrate dialettofone tendenze e ristrutturazioni lin-guistiche che sono particolari dell'emigrazione e che, se le parlanti fossero rimaste in Italia, avrebbero preso un'altra strada." (Salminger 2006: 155) ‚Man kann bei den fünf migrierten Dia-lektsprechern dialektophone Tendenzen und linguistische Umstrukturierungen beobachten, die kennzeichnend für die Migration sind, und die, wären die Sprecher in Italien geblieben, einen anderen Weg genommen hätten.' (Übertragung EM)

Sizilianisch und Italienisch sind, neben Deutsch, die hauptsächlich verwendeten Familiensprachen von Antonio. Seine Italienischkenntnisse sind medial rezeptiv geprägt (TV).

3.5.4 Kroatisch, Serbisch

Serbisch und Kroatisch gehören zu den südslawischen Sprachen; sie sind, gemeinsam mit Bosnisch, einerseits strukturell ähnlich und untereinander verständlich, andererseits aus politischen Gründen, insbesondere seit den 1990er Jahren, kaum als eine Sprache fassbar (Hentschel 2003). Im Kroatischen und Serbischen kann Determination durch Adjektivflexion angezeigt werden.[92] Die suffigierte Adjektivform zeigt Determiniertheit an (Hentschel 2003), die nicht suffigierte Form Indeterminiertheit, wobei im mündlichen Gebrauch Unregelmäßigkeiten bekannt sind (Hansen 2004). Es werden jedoch nicht alle Formen unterschieden, z.b. wird im Nominativ Determination nur für die maskuline Form markiert.

(36)		M	F	N
	„Definite Adjektive	dobri	dobra	dobro
		DEF		
		‚gut'		
	Indefinite Adjektive	dobor	dobra	dobro"
		DEF		DEF/INDEF

Krámský 1972: 179

Die indefiniten Formen gehen im 20. Jahrhundert im gesamten sprachlichen Areal in der Häufigkeit ihrer Verwendung stark zurück (Kordić 1997). Zwischen kodifizierten Normen und dem tatsächlichen Gebrauch stellt Hansen (2004) in einer korpuslinguistischen Studie eine starke Diskrepanz fest: „Die Adjektivdeklination hat keine stabile Funktion im Bereich der Definitheit und Referenz" (Hansen 2004: 11).
Ilaria spricht in ihrer Familie Kroatisch, Anastasia Serbisch.

3.5.5 Kurdisch

Im Nordkurdischen, Kurmanjî, zeigen Nomensuffixe in der Regel unbestimmte Nomen an, während bestimmte Nomen unmarkiert sind.
Im Südkurdischen (Sorani) dagegen zeigen mit den Suffixen des Nordkurdischen verwandte Suffixe definite Nomen an (Haig/Matras 2002: 6). Sorani hat ferner ein Defi-

---

92   „The opposition of determinedness and indeterminedness is expressed by a complex flexion of adjectives. One of the most clean-cut representatives of this group is Serbo-Croatian." (Krámský 1972: 179)

nitheitsmorphem -ak, das in Postposition der Nominalphrase gesetzt wird und eine Reanalyse des Numerals Eins ist (Matras 2002: 96).
Kurmanjî ist die Familiensprache von Ülkü. Kira und Anna sprechen Sorani.

3.5.6 Pandjabi

Im mündlichen Pandjabi kann Definitheit durch eine Kombination von einem Lexem g und einem Genus-Numerus-Affix am Verb angezeigt werden (Bhardwaj 1995). Boris spricht in seiner Familie ausschließlich die beiden Familiensprachen, vorwiegend Pandjabi, außerdem Urdu. Mit der deutschen Sprache kommt er erst seit dem Eintritt in die Kindertagesstätte in intensiven und (werk-)täglichen Kontakt. Die Erzieherinnen sprechen Deutsch als Erstsprache. Seine Spielpartner sind sowohl Kinder, für die Deutsch die erste, als auch Kinder, für die Deutsch die zweite oder dritte Sprache ist. Sein Input besteht also zu wesentlichen Anteilen aus Äußerungen von Sprechern, die die von ihnen gebrauchte Sprache als Erstsprache erworben haben.

3.5.7 Paschtu

In Paschtu werden Nomen typischerweise frei und ohne begleitende Formen verwendet, es sei denn, es soll ein Fokus ausgedrückt werden. In diesem Fall werden die deiktischen Prozeduren intensiv genutzt und dem Nomen vorangestellt, wie daġa/daġë/ dëġeh/dëġo (dieser, diese) und haġa/haġë/haġeh/haġo (jenes, jene), die definite Determination anzeigen (Penzl 1955).
Paschtu ist die Sprache, die Jos Vater und dessen Familie sprechen und die Jo, nach Angabe der Mutter, rezeptiv in alltäglichen Kommunikationssituationen beherrscht.

3.5.8 Polnisch

„Although there is no article in Polish we seldom have doubts whether a noun in a text is definite or indefinite."

Szwedek 1973: 204

Determination kann im Polnischen mittels der Pronomen ten, tamten, ów, Serialisierung und Satzbetonung ausgedrückt werden (Szwedek 1973, 1976; Feldstein/Franks 2002; Mendoza 2004[93]). Differenzierungen können durch einen Kontrast vorhandener versus nicht vorhandener Pronomen ausgedrückt werden (cf. Pisarek 1968, deutsch nach Szwedek 1973).

---

93 Dort ist eine differenzierte Auseinandersetzung zur Nominaldetermination im Polnischen zu finden.

Darüber hinaus gibt es die Indefinitpronomina jeden, pewien, taki, niejaki, niektóre/ niektórzy, niejeden, ten i ów, ten lub ów, co(ś) nieco(ś) und die ś-, kolwiek-, badz- und byle-Reihen (Haspelmath 1997; Mendoza 2004).

Bei normaler Intonation ist ein Wort, unabhängig von seiner syntaktischen Rolle, am Satzanfang definit markiert, am Satzende indefinit. Das kann durch Betonung beeinflusst werden: Unbetonte Nomen sind definit, betonte Nomen können einen von drei Definitheitszuständen einnehmen: definit im Kontrast zu einem anderen Nomen im gleichen Satz, indefinit und einführend oder gattungsbezeichnend (Swedek 1973; Mendoza 2004: 209).

Die Pronomen zeigen in der Nominalgruppe Determiniertheit an; dabei ist ten mit Abstand das Gebräuchlichste. Ten kann Substantivierung bewirken, als Demonstrativpronomen verwendet werden oder Anaphern begleiten (Mendoza 2004).

„In semantischer Hinsicht signalisiert *ten*, daß der Referent bzw. seine individuellen Eigenschaften sowohl dem Sprecher als auch dem Hörer bekannt sind."

Mendoza 2004: 255

Für eine Übernahme der Funktion der Definitheitsmarkierung durch die Aspektkategorie slawischer Sprachen argumentieren Krifka (1989), in Bezug auf Massen, sowie Leiss (2000), die sich vor allem auf Beispiele aus dem Russischen stützt.

In Tomas' Familie wird Polnisch und Deutsch gesprochen.

3.5.9 Romani Lovara

Der unbestimmte Artikel kennzeichnet bestimmte, jedoch noch nicht genannte Personen oder Objekte (Cech/Heinschink 1999: 16). In Einleiteformeln von Erzählungen werden die im Verlauf näher bestimmten Aktanten mit dem unbestimmten Artikel eingeführt.

Die Markierung von Indeterminiertheit ist fakultativ. Der indefinite Artikel jekh/ekh/ek basiert auf dem Numeral Eins und wird auch aktuell noch als Zahlwort verwendet und flektiert. Er begleitet für gewöhnlich neu eingeführte Entitäten mit topikaler Qualität (Matras 2002), über die im weiteren Verlauf Aussagen erfolgen (Cech/Heinschink 1999). Eine weitere Funktion des indefiniten Artikels ist es, Ereignisse und Orte aus einer Gruppe hervorzuheben. Indefinite Entitäten ohne topikalische Qualität, über die im weiteren Verlauf des Diskurses keine Aussagen getroffen werden, werden typischerweise ohne Artikel geäußert (ebd.).

Der definite Artikel steht bei identifizierbaren Entitäten, die entweder im vorherigen Diskurs eingeführt wurden oder die durch die Situation, generelles Wissen oder eine bereits hergestellte Beziehung zu einem bereits eingeführten Relat bekannt sind.

Eigennamen werden in Romani mit definiten Artikeln kombiniert. Definite Artikel werden auch für die Bezeichnung eines als bekannt vorausgesetzten Nomens ge-

braucht: bei Personennamen, bei Einzelerscheinungen wie Gott, Teufel und als Kennzeichnung des Superlativs.
Es ergibt sich eine Dreistufigkeit der Definitheitsanzeige in Lovara:

unbestimmt bleibend	kein Artikel
unbestimmt, topikale Qualität	indefiniter Artikel
bestimmt	definiter Artikel

In Kombination mit haben und mit der Negation muss der Artikel wegfallen; bei Vergleichen vor sar (Deutsch: wie) wird im Singular der Artikel meist ausgelassen (cf. Cech/Heinschink 1999: 18).
Romani Lovara ist die Familiensprache von Michael.

3.5.10 Türkisch

Türkisch kennt keine Artikel bzw. keine morphologischen Determinative (Öztürk 2005). Für die Anzeige von Determination gibt es eine Vielzahl untereinander kombinierfähiger Möglichkeiten.

Die Markierung von Determination erfolgt im Standardtürkischen lexematisch sowie mittels Kasus und wird durch prosodische Merkmale und Serialisierung unterstützt.

Das Lexem bir, das sich aus dem Zahlwort Eins entwickelt hat, übernimmt im heutigen Türkisch Funktionen, die der unbestimmte Artikel im Deutschen übernimmt, und steht für Indefinitheit. Es gibt im Türkischen zwei Indefinitheitszustände, die mit dem Lexem bir ausgedrückt werden: nicht-spezifische Indefinitheit und spezifische Indefinitheit (cf. Öztürk 2005: 64ff.). In Kombination mit einem definitheitsanzeigenden Akkusativsuffix bezieht bir sich auf ein dem Sprecher, aber nicht dem Hörer bekanntes Objekt.

Das Akkusativmorphem -(y)ı übernimmt weitere definitheitsanzeigende Funktionen, insbesondere in Kombination mit Eigennamen, Personalpronomen und Nomen, die von Deiktika und Possessiva begleitet werden. Ein gesetztes Akkusativmorphem zeigt Definitheit an, ein nicht gesetztes zeigt sie nicht an; ob ihr damit der Status einer indefiniten Nominalphrase zugeordnet werden kann, ist nicht klar (Schaaik 1996: 30f.).

Das Suffix folgt der Vokalharmonie und kann daher neben -ı auch die Formen -i, -u, -ü einnehmen. Bei vokalischem Wortausgang wird ein -y vor das Suffix gesetzt.

„Der Gebrauch des Akkusativmorphems stimmt insofern mit dem eines bestimmten Artikels überein, als ein direktes Objekt, dessen Referent durch direkte oder indirekte Vorerwähnung, die Situation oder das Vorwissen vom Hörer identifiziert werden kann, obligatorisch markiert wird."

Hansen 1995: 35

Die Funktion des Akkusativmorphems deckt sich jedoch nicht mit Definitheit; es treten Objekte mit dem Akkusativmorphem -(y)ı auf, die mit dem Lexems bir als indefinit markiert sind. Ferner können Possessivsuffixe des Türkischen im Rahmen von Teil-Ganzes-Relationen Determination ausdrücken (Hansen 1995: 42).

Für pluralische Determination steht das Suffix -ler zur Verfügung. Die Anzeige von Definitheit wird durch Verschiebung des Satzakzents auf das Verb unterstützt (Hoffmann 2007). Kasus kann mit Referenzaufgaben interagieren und Determination herstellen (Öztürk 2005: 64ff.). Determinationsrelevant sind außerdem die Lexeme öteki versus başka (die anderen versus andere). Öteki bezieht sich regelmäßig auf identifizierbare Relate, başka bezieht sich auf nicht identifizierbare Relate.

Serialisierung wird unterstützend eingesetzt, indem definite Nomen häufiger in Themaposition am Satzanfang, indefinite häufiger in Rhemaposition anzutreffen sind (Hansen 1995: 41; Hoffmann 1992, 1993; Hoffmann 2007: 340).[94]

Ob diese Vielfalt in die bilinguale deutsch-türkische Aneignung übernommen wird, ist nicht sicher, da sich das Türkische in der Migration verändert (Rehbein 2001). Bezüglich deutsch-türkischer Kontaktvarietäten bei Jugendlichen berichten Kallmeyer/Keim (2004) vom Ausfall von Artikeln in Präpositionalphrasen (37) und nicht zielsprachlichem Nominalgenus auch bei frequenten Substantiven (38).

(37)   „isch geh kiosk
(38)   des tisch is kaputt"

Kallmeyer/Keim 2004: 51

Türkisch ist die Familiensprache von Ali, Mehmet, Jo, Sina und Ayse.

3.5.11 Urdu

Determination wird in Urdu mittels thematischer Rollen und syntaktischer Position angezeigt (Singh 1993). Diese Kombination führt zu eindeutiger Definitheitsanzeige:

„Bare NP's are not ambiguous in a given context; and definiteness of NP's depends on both thematic and word order information."

Singh 1993: 1

Das Lexem -ek ist ein Indefinitheitsmarker. Außerdem werden Indefinitheit und Definitheit semantisch durch die Verbbedeutung festgelegt (cf. Singh 1993: 18).

---

94   Auf den Erwerb des Türkischen in der Migration gehen Verhoeven (2004) und Rehbein (2001) ein, allerdings nicht in Hinblick auf die hier vorliegende Fragestellung der Aneignung von Determination und Genus.

Butt (1995: 18) weist auf den Gebrauch des Lexems ko hin, mit dem subtile Abstufungen von Definitheit und Spezifität ausgedrückt werden können.

Boris' Eltern gaben in einem Gespräch an, dass sie Urdu mit dem Kind verwenden. Als gemeinsam das Sprachenpanorama (siehe **Fehler! Verweisquelle konnte nicht gefunden werden.**) ausgefüllt wurde, ordneten sie diese Sprache jedoch keiner Bezugsperson zu.

Eine Erklärungsmöglichkeit ist, dass Boris mit Urdu vor allem schriftsprachlich gestützten Kontakt hat, eine andere, dass neben der hauptsächlich verwendeten Familiensprache Pandjabi Urdu eine Nebenrolle innehat.

3.5.12 Zweitsprache Deutsch

Vierzehn der untersuchten 17 Kinder werden in der Familie von ihren Eltern auch in der Zweitsprache Deutsch angesprochen: alle Kinder mit Ausnahme von Mariana und Boris, mit vorwiegendem Deutsch-L2-Input Isabella, Jo und Ali. Für sie stellt die elterliche Lernervarietät Deutsch den Input für ihre Aneignung dar.

Zur Aneignung von Determination im Deutschen durch Erwachsene ist die Literaturlage sehr begrenzt; es gibt jedoch eine unveröffentlichte Magisterarbeit zur Aneignung von Determination durch Lerner des Deutschen als Fremdsprache (Lippert 2005)[95], die eine korpusbasierte Fehleranalyse bei Lernern mit polnischer und mit dänischer Erstsprache vornimmt. Sie kommt zu dem Ergebnis, dass Determination im aufgreifenden Gebrauch schnell angeeignet wird:

„Wie erwartet haben Lerner aller Muttersprachen nur selten Probleme mit dem prototypischen Einsatz von definitem und indefinitem Artikel bei anaphorischem und kataphorischem Gebrauch."

Lippert 2005: 88

Die meisten Fehler sind bei der Vermeidung des indefiniten Artikels und im Umgang mit artikellosen Nominalphrasen, sowie bei generischen, identifizierenden und allquantifizierenden Äußerungen zu finden (cf. Lippert 2005: 86ff.). Lipperts Annahme, dass Sprecher mit einer artikellosen Erstsprache mehr Fehler mit der Determinationsmarkierung am Artikel machen würden als Sprecher mit artikelhafter Erstsprache, ist weder falsifiziert noch bestätigt worden.

In den Gesprächen mit den Eltern während der hier zu Grunde liegenden Datenerhebung fielen keine Schwierigkeiten mit Determination auf. Da unterschiedliche Ansichten von Sprecher und Hörer über den Determinationsstatus in der Regel thematisiert werden, dies aber nicht erfolgte, wird davon auszugegangen, dass die Eltern die Determination zielsprachlich realisierten.

---

95 Betreuung durch Prof. Dr. A. Lüdeling, HU Berlin.

3.6 Zusammenfassung

Die Auseinandersetzung mit Bestimmtheit und Unbestimmtheit beginnt bei Aristoteles und setzt sich in der Philosophie als Diskussion der Determination bei Spinoza und Hegel in einer metaphysischen Dimension, bei Kant in aufklärerischer Perspektive fort. In der modernen Logik sind es vor allem Frege (1892) und Russell (1905), die Determination erörtert haben. Auf Russell (1905) geht das Konzept der definiten Kennzeichnungen zurück, das die Definitheitsdebatte stark angeregt hat. Dieses Konzept erweitert Searle (1969) im Rahmen der Diskussion um *definite referring expressions* und bezieht es auf Referenz in sprachlichen Handlungen.

In der Funktionalen Pragmatik wird Determination handlungstheoretisch entwickelt. Determination wird als andauernder Abgleich des Wissens von Sprecher und Hörer verstanden, als eine über der Sprechhandlung verlaufende Prozedur der Versicherung darüber, dass Sprecher und Hörer einen Bereich ihres Wissens als gemeinsam geteilt und für die sprachliche Handlung ausreichend bestimmt ansehen. Ein wichtiges, aber nicht das einzige Mittel zum Herstellen von Determination ist der Determinator.

Semantisch kann Determination als Information von etwas über etwas verstanden werden (Coseriu 1975) bzw. als nähere Bestimmung eines Operanden durch einen Operator (Bartsch/Vennemann 1982). In den Sprachen, die die Kinder aus ihrer Familie kennen, wird Determination markiert. Das erfolgt auf vielfältige Weise und mit jeweils spezifischen sprachlichen Mitteln. Neben Determinatoren werden vor allem Serialisierung, Adjektivflexion und Affixe verwendet.

Alle Kinder kennen aus ihren Erstsprachen, dass Wissen als neu bzw. bekannt für Sprecher und Hörer angezeigt werden muss. Die Erstsprachen unterscheiden sich jedoch erheblich darin, welche sprachlichen Prozeduren für die Abstimmung des Wissens zur Verfügung stehen. Der Artikel wird nur in den Sprachen Englisch, Italienisch, Romani, Sizilianisch und Deutsch für die Determinationsanzeige verwendet. Die Determinationsanzeige im Deutschen als Zweitsprache wird als weitgehend zielsprachlich wahrgenommen.

Einige Kinder kennen die Determinationsanzeige am Artikel in mehreren Sprachen, finden also ein paralleles Vorgehen in mehreren Sprachen, weil sie mit Deutsch und einer weiteren Artikelsprache aufwachsen. Von den hier betrachteten Kindern kennen zwei die Determination am Artikel von Geburt an in mehreren Sprachen: Antonio (Italienisch, Sizilianisch, Zweitsprache Deutsch) und Michael (Romani, Zweitsprache Deutsch).

Andere Kinder, die mit der Artikelsprache Deutsch und einer weiteren artikellosen Sprache leben, kennen unterschiedliche prozedurale einzelsprachliche Mittel für die Bearbeitung von Determination. Neun Kinder kennen Determination am Artikel aus der familiär verwendeten Zweitsprache Deutsch und andere Prozeduren der Determination aus der Erstsprache der Eltern; Tomas (Polnisch), Ülkü, Kira, Anna (Kurdisch),

Sina, Mehmet, Ayse (Türkisch), Elena (Albanisch), Ilaria, Anastasia (Kroatisch, Serbisch). Weitere Kinder haben vorwiegend die Determinationsanzeige im Deutschen als Zweitsprache kennengelernt, weil mit ihnen vor allem diese Sprache gesprochen wird: Jo, Ali und Isabella. Zwei Kinder kennen aus dem Input der ersten Lebensjahre vorwiegend vom Artikel unterschiedene Mittel für die Determination und lernen Determination am Artikel hauptsächlich bei Eintritt in die Kindertagesstätte kennen: Boris (Pandjabi und Urdu) und Mariana (Albanisch).

Tabelle 8: Mittel der Determination

Sprache	Determinationsmarkierungen (vorwiegend)	Quellen
Albanisch	Suffix	Buchholz/Fiedler (1987); C. Lyons (1999); Hoffmann (2007)
Englisch	Artikel, Pronomen	Brown (1973); Maratsos (1976); Emslie-Stevenson (1981); Karmiloff-Smith (1985); C. Lyons (1999)
Italienisch	Artikel	Pittàno (1983); Serratrice et al. 2009
Kroatisch, Serbisch	Adjektivflexion	Krámský (1972); Kordić (1997); Hansen (2004)
Kurdisch Kurmanjî	Indefinitheit anzeigende Suffixe	Haig/Matras (2002)
Kurdisch Sorani	Definitheit anzeigende Suffixe, Definitheitsmorphem	Matras (2002)
Pandjabi	Affix am Verbstamm	Bhardwaj (1995)
Paschtu	Demonstrative, enklitisches Morphem zur Anzeige von Indefinitheit	Penzl (1955); Krámský (1972)
Polnisch	Demonstrativa ten, tamten, ów, Serialisierung, Prosodie	Pisarek (1968); Szwedek (1973, 1976), Haspelmath (1997); Mendoza (2004)
Romani Lovara	Artikel	Cech/Heinschink (1999); Matras (2002)
Sizilianisch	Artikel	Galante (1969)
Türkisch	Lexeme, z.B. bir, morphemisch -y, Serialisierung	Hansen (1995); Öztürk (2005); Hoffmann (2007)
Urdu	thematische Rolle, Serialisierung, semantisch, lexemisch	Singh (1993); Butt (1995)
Zweitsprache Deutsch	Artikel	Erben (1980); Helbig/Buscha (1991); Aufderstraße et al. (2003); Ehlich (2003a); Hentschel/Weydt (2003); Lemcke et al. (2004); DUDEN (2005); Eisenberg (2006); Hoffmann (2003b, 2007)

4. Determination in den Daten

4.1 Kriterien der Aneignung

Determination wird funktional-pragmatisch so verstanden, dass Wissensbestände des Sprechers und des Hörers zueinander in Bezug gesetzt werden. Die Aneignung von Determination beinhaltet die situationsangemessene Einschätzung des von Sprecher und Hörer geteilten Wissens und der Wissensunterschiede sowie die Determinationsanzeige selbst. Es stellt sich dabei die Frage, wie sich kindliches Wissen, das sich unter Umständen von dem Wissen Erwachsener unterscheidet, auf Determination auswirkt. Daher werden in der Analyse die Determinationsmarkierungen daraufhin untersucht, welche Wissensbestände sie erkennen lassen. Die Prämisse für die Erklärung unerwarteter Determinationsmarkierungen durch spezifisch kindliche Wissensbestände ist dabei, dass die Kinder den Markierungsmechanismus bereits konsequent nach Bekanntheit/Unbekanntheit differenzieren, dass also Determinationsanzeigen tatsächlich für Wissen stehen.

4.2 Kooperation

4.2.1 Spezifizierung auf Nachfrage

Dass Kinder einen Aktanten definit einführen, obwohl dieser ihrem Gesprächspartner nicht bekannt ist, kommt in mehreren Erzählungen vor. In diesen Fällen erfolgen oft umgehend Rückfragen durch die Zuhörerinnen (T18). Auf die Rückfragen antworten die Kinder umgehend mit weiteren Angaben (T19), und stellen Informationen zur Verfügung, die es ermöglichen, dass das Relat im Hörerwissen für den Fortgang der Handlung in ausreichender Weise identifiziert wird.

(T17)	Kira	Shanga hatte auch jetzt/ der ist auch runtergefallen, der war äh/geblutet, der hat auch geweint.
(T18)	EM	Wer is das, dein Bruder?
(T19)	Kira	Shanga? Nein, das is meine Freundin, der is hier, im Kindergarten.
(T20)	EM	Is die im Kindergarten gefallen?
(T21)	Kira	Ja, beim Hof.
	EM	Ach so.

Kirawehtun (6,8; X)

Die gemeinsame Determinationstätigkeit in der Kooperation von Sprecher und Hörer wird sichtbar: Sie erfolgt zunächst durch die Sprecherin mit einer ersten Determinationsanzeige (T17), dann mit einer spezifischen Nachfrage nach einer zu präzisierenden Determinationsmarkierung durch die Hörerin (T18). Darauf folgt die Angabe weiterer Informationen durch die Sprecherin (T19). Die letztgenannten Schritte können nötigenfalls wiederholt werden (T20), (T21), bis eine ausreichende Übereinstimmung im Wissen von Sprecher und Hörer erreicht ist, um die sprachliche Handlung fortzusetzen.

In einer anderen Erzählung folgt einer Äußerung mit einer fraglichen Determination (T23) zunächst eine Interjektion Ah, die eine erste grundsätzliche Annahme der kindlichen Äußerung zeigt, dann eine Rückfrage (T24). Die Erzählerin Sina spezifiziert den hinterfragten Redegegenstand Möbel, indem sie die Farben nennt (T25). Das reicht der Interviewerin aber nicht aus, um die Möbel mit ihrem Wissen in Verbindung zu bringen. Sie fragt erneut nach (T26). Sina erklärt weiter, wie die Hörerin den fraglichen Gegenstand in Bezug zu ihrem Wissen setzen kann (T27).

Hörer (H) und Sprecher (S) stimmen in dieser gemeinsamen Aktivität ihr Wissen dergestalt aufeinander ab, dass eine ausreichende Übereinstimmung für den weiteren Verlauf der sprachlichen Handlung erreicht wird. In allen Nachfragen und Antworten wird deutlich, dass die Spezifikation des Redegegenstands funktional zum Zweck der sprachlichen Handlung verstanden wird: Es wird nicht auf Identifikation hingearbeitet, sondern auf eine für den Fortgang der Handlung ausreichende Wissensüberschneidung.

Diese Abstimmung kann sich über mehrere Äußerungen erstrecken, hier (T24)–(T27). Im Anschluss daran wird, wie in den vorhergehenden Beispielen auch, das Gespräch fortgesetzt (T28)ff.

	EM	Ehm, sag mal, kannst du dich noch erinnern, als du de/de/deinen Geburtstag gefeiert hast, das is doch noch gar nich lange her. Wie warn das, erzähl mal. ...
(T22)	Sina	Hm‾einfach so. Hm‾ meine Oma hat eine Benjamin-Blümchen-Torte gekauft, und • hab ich eine hm` sechs/ähm/ eine Sechs-Kerze und dann ha/hab ich gepustet und dann ha/ham die geklatscht, aber ich hab niemanden eingeladen,
(T23)		und dann war des Möbel gekommen. Alles/Alles war neuer.
(T24)	EM	Ah. Was denn für Möbel?
(T25)	Sina	Alles rot und gelb war.
(T26)	EM	Für welches Zimmer denn?
(T27)	Sina	In Wohnzimmer.

	EM	Ja? Und ähm/
(T28)		Und dann?
	Sina	Nein, dann war z/das war noch Morgen. Und dann hab/ham wa die Kuchen gegessen und/äh/des wars dann.

Sinageburtstag (6,1; X)

In Determination als sprechhandlungsbegleitendes Wissensmanagement werden Voräußerungen und neue Informationen aus der sprachlichen Handlung einbezogen, um den Abgleich des Wissens von Sprecher und Hörer mit fortschreitender Handlung zu aktualisieren. Die Wissensabstimmung kann sich über mehrere Äußerungen erstrecken und schrittweise erfolgen. Im folgenden Beleg prüft die Hörerin die Äußerungen des Kindes auf Kohärenz und stellt auf dieser Grundlage Fragen, welche die Identifikation der Katze im Wissen des Aktanten ermöglichen.

	EM	Hast du Katzen gern?
	Mehmet	Ja.
(T29)	EM	Hast du eine Katze bei euch in der Gegend?
	Mehmet	Ja.
	EM	Wie sieht die aus?
	Mehmet	So orange.
	EM	Und was machst du mit der?
(T30)	Mehmet	Ich streichel immer mit de.
	EM	Ja?
	Mehmet	Der mag wenn ich streiche.
	EM	Was macht die dann?
	Mehmet	Dann/wenn der hungrig ist, da fresst der der Hand.
(T31)	EM	Ja?
	Mehmet	Ja.
	EM	Und du gibst der Katze dann was?
	Mehmet	Ja.
	EM	Was gibst du ihr?
	Mehmet	Äh • ein Katzeessen.
(T32)	EM	Ja?
	Mehmet	Ja.
	EM	Habt ihr das zu Haus?
	Mehmet	Ja.
	EM	Hm‾Ja? Und wem gehört die?
(T33)	Mehmet	Mir.
	EM	Du hast ne eigne Katze?
	Mehmet	Ja.

EM	Ach, wie schön. Und wo schläft die Katze?
Mehmet	Hm⁻draußen.
(T34) EM	Ja?
Mehmet	Ja.
EM	Und kommt die auch manchmal zu euch ins Haus?
Mehmet	Ja.
EM	Und dann? Wo ist sie dann, in welchem Zimmer?
Mehmet	Meine Zimmer.
EM	Ja? Kommt die manchmal in dein Bett?
(T35) Mehmet	Ja.
EM	Ja? Und was machst du mit der Katze im Bett?
Mehmet	Der will immer nich runten schlafen, schlaft er oben, dann schlaft er in den Bett.
EM	Ja?
Mehmet	Ja.
EM	Und du auch?
Mehmet	Ja.
EM	(lacht) Das ist aber gemütlich, oder?

Mehmetkatze (5,7; IV)

Der Aktant Katze scheint zunächst ausreichend spezifiziert; er wird (T29) als irgendeine Katze aufgefasst und so von dem Kind mit definiten Determinativen und Anadeixeis weitergeführt. Nachfragen werden nicht gestellt. Trotz ausbleibender Rückfragen liegt hier eine unterspezifizierte Determination vor; die auf diese Weise gekennzeichnete Katze ist zunächst als irgendeine Katze aller Katzen aus der Gegend zu verstehen. Erst im weiteren Verlauf des Gesprächs wird deutlich, dass es sich um eine besondere, einzigartige Katze handelt, nämlich um Mehmets Katze (T33). Die Determination zieht sich insgesamt über 21 Äußerungen hin, bis sie von Sprecher und Hörer ausreichend bearbeitet ist und beide das Relat in ihren Wissensrahmen einordnen können.

Die enge Kooperation der beiden Gesprächspartner wird auch durch die häufigen, in diesem kurzen Abschnitt insgesamt vier, Ja? Ja.-Äußerungspaare deutlich, in denen sich beide ihres Verständnisses versichern (T31)f. (T32)f. (T34)f. (T35)f. Die Notwendigkeit dieser engen Kooperation bei der Determination zeigt an, dass Mehmet Determination noch nicht eigenaktiv völlig beherrscht.

4.2.2 Spezifizierung als eigengesteuerte Aktivität

Fehlende Übereinstimmung im Wissen zwischen Sprecher und Hörer kann mehrere Elemente des Wissens in derselben Äußerung betreffen. In der folgenden Erzählung sind sowohl das Subjekt als auch das direkte Objekt der Hörerin nicht ausreichend bekannt (T36). Es erfolgt eine Klärung, die sich über mehrere Sätze hinzieht und in die die Gesprächspartner einige Energie stecken: Nacheinander bearbeiten die beiden Gesprächspartnerinnen die Abgleichung der Wissenssysteme, zunächst in Bezug auf das Subjekt (T37)–(T40), dann in Bezug auf das direkte Objekt (T41)(T42). Im Anschluss daran wird die vorher gegebene Erklärung zum Subjekt noch einmal spezifiziert, um das Verständnis zu sichern (T43).

	EM	Wie war das denn bei deinem letzten Geburtstag?
	Mariana	Wir hatten nicht hier gefeiert. Im Kosovo.
	EM	So. Und was habt ihr da gemacht?
	Mariana	Äh. So was gekauft und Kuchen gegessen. ...
	EM	Und dieses Jahr? Was machst du dieses Jahr? Weißt du das schon?
(T36)	Mariana	Die bauen das für mich.
(T37)	EM	Wie bitte?
(T38)	Mariana	Die bauen das für mich.
(T39)	EM	Wer?
(T40)	Mariana	Hm͂, meine Tante, die Zwillinge, und Astrid.
(T41)	EM	Und was bauen die?
(T42)	Mariana	Äh, so ein großes Fest.
	EM	Ah ja? Is ja toll.
(T43)	Mariana	Aber Astrid is hier, in Kindergarten.
	EM	Wie bitte?
(T44)	Mariana	Astrid is in Kindergarten.
(T45)	EM	Aha.

Marianageburtstag (6,8; VI)

In Äußerung (T43) spricht Mariana von sich aus an, dass das Wissen über Astrid zwischen ihr und der Hörerin überprüft werden muss. Das erste Wort aber (T43) kennzeichnet die Vermutung, dass die Hörerin eine falsche Annahme aufgebaut haben könnte; Mariana macht damit deutlich, dass ihrer Meinung nach eine Fehlannahme zu Astrids Lokalisation aufgebaut wurde, womit sie Recht hat: Die Gesprächspartnerin nimmt Astrid im Kosovo an, dagegen ist Astrid in dem Erzählraum hier zu verorten. Mariana spezifiziert dieses hier als ein hier im Raum Kindergarten. Die Hörerin EM antwortet mit der Interjektion Aha (T45) und zeigt damit eine Aktualisierung ihres Wissens an. In das determinative Wissensmanagement sind, wie sich hier zeigt, also auch Konjunktionen und Interjektionen einbezogen.

Mariana stellt intensive Annahmen über das Wissen und das Nicht-Wissen ihrer Gesprächspartnerin an und liefert ohne Nachfrage und eigenaktiv zusätzliche Informationen, um der Hörerin die nähere Bestimmung im eigenen Wissen zu ermöglichen. Im

Gegensatz zu anderen Kindern erkennt Mariana, dass ihre Gesprächspartnerin nicht der Institution Kindertagesstätte angehört und daher nicht über das institutionsinterne Wissen, z.B. hinsichtlich sämtlicher die Institution besuchender Kinder, verfügt.

Eine eigenaktive Überprüfung der Determinationsanzeige und der Verfügbarkeit von Wissen beim Hörer ist auch von Ilaria dokumentiert. In dem folgenden Erzählausschnitt führt sie den Sitz definit ein und vergewissert sich bei der Hörerin, ob diese den Gegenstand in ihrem Wissen identifizieren kann (T46). Die Hörerin übernimmt ihren Anteil an der gemeinsamen Herstellung von Determination und antwortet mit einer Ausformulierung dessen, was sie verstanden hat (T47). Dies wird von dem Kind in der Folgeäußerung bestätigt, dann fährt es mit der Erzählung fort. Ob allerdings Eindeutigkeit bei der Identifikation erreicht wurde, ist zweifelhaft, aber die Identifikation scheint den Gesprächspartnern weit genug vorangeschritten, um die Erzählung fortzusetzen.

	Ilaria	Wo ich klein war, ja, ha/
(T46)		war diese Sitz, weißt du, wo ma Essen reintun kann.
(T47)	Lehrerin	Hm. So n Kindersitz, ne? Oder meinst du jetz nen Kinderteller?
	Ilaria	Ja. Da war des Sitze ...

Ilariawehtun3 (6,3; IX)

4.2.3 Determination in der Gruppe

Sind mehrere Gesprächspartner in die sprachliche Handlung einbezogen, so wird die Abstimmung von Wissensbeständen als Aufgabe der ganzen Gruppe, hier der Kinder, ihrer Erzieherin und der Interviewerin, bearbeitet.

Innerhalb der Kindergruppe zeigen die Kinder Aktanten, die allen bekannt sind, mit dem definiten Artikel determinatorisch an (T48). Das Ausbleiben von Nachfragen ist eine Bestätigung dafür, dass die von dem Sprecher angezeigte Annahme über die Identifizierbarkeit des Aktanten von allen Zuhörern geteilt wird. Weitere Bestätigungen der Akzeptanz des als zutreffend eingeschätzten gemeinsamen Wissensbestands liefern definite Markierungen des Aktanten in den Äußerungen der Gesprächspartner, z.B. (T49)(T50).

	Ülkü	Weißt du wa-as? Weißt du wa-as?
(T48)		Äh/äh/die Gülcin beißt mich. ...
(T49)	SF	Die beißt dich?
	Ülkü	Und Haare.
(T50)	SF	Und Haare tut die dir ziehn?
	Ülkü	(nickt)

SF	Mein lieber Mann, ja, was machste dann?
Ülkü	Hm⁻• dann/•
SF	Bitte?
Ülkü	Ich/Ich/meinte, ich schlag sie dann.
SF	Dann schlägst du die?
Ülkü	Ja.
SF	Ärgerst du die denn manchmal auch, oder die Gülcin nur dich?
Ülkü	Nur mich.
SF	Hm.
Ülkü	Und mit meim/und mit klein Bruder.
(T51) EM	Wer is denn die Gülcin?
Baki Can	Ich will dir was sagen.
(T52) Ülkü	Und G/Die Gülcin will alles, mit meim klein' Bruder.
(T53) SF	Wer is denn die Gülcin?
(T54) Baki Can	Bei unsere Truppe.
(T55) Ülkü	In Gruppe eins.
SF	Und wer is das?
(T56) Ülkü	Meine Schwester.
(T57) SF	Die größere oder die kleinere Schwester?
Ülkü	Klein.
Baki Can	Kleiner.
SF	Die kleine Schwester, ne? Wie alt is die Gülcin denn?
Ülkü	Vier. •
Baki Can	Der is immer frech, Gülcin, ne?
Ülkü	Ja. • •

Ülküschwester (5,10; VI)

In dieser Erzählung wird auf eine nicht anwesende Aktantin definit Bezug genommen: die Gülcin (T48). Dabei wird die Identifizierbarkeit und Vertrautheit der Aktantin betont, indem sie mit ihrem Eigennamen und einem Artikel genannt wird. In anderen Belegen aus demselben Zeitraum verwendet das Kind Eigennamen ohne Artikel. Die konsequente definite Markierung zeigt die angenommene Übereinstimmung von Sprecher- und Hörerwissen an. Diese Übereinstimmungsannahme wird dadurch bestätigt, dass (zunächst) keine Rückfragen kommen und die Definitheitsanzeige in den Äußerungen der Gesprächspartnerin aufgegriffen wird (T49)(T50). Die Definitheitsanzeige wird sogar in den Nachfragen verwendet, die gerade die Definitheitsanzeige problematisieren (T51)(T53).

Für eine Gesprächsteilnehmerin ist jedoch die Übereinstimmung der Wissenssysteme in Bezug auf Gülcin nicht gelungen. Es erfolgt eine Nachfrage (T51). Die Erzählerin reagiert zunächst nicht auf die Frage, da ihr die Abgleichung der Wissenssysteme bis zu diesem Zeitpunkt als gelungen erschien. Die institutionsinterne Sprachförderkraft wiederholt daraufhin die Nachfrage (T53).

Sowohl in der Nachfrage als auch in der Wiederholung wird die einfache Frage durch die Partikel denn erweitert. Mit dieser Partikel wird angezeigt, dass ein Handlungsmuster angehalten wird, um die Aufmerksamkeit auf etwas Zurückliegendes zu lenken, um eine Verstehensdefizienz zu bearbeiten (Redder 1990). In diesem Fall wird etwas thematisiert, was einigen Gesprächsteilnehmern nach Meinung des Sprechers bekannt und bereits seit einiger Zeit Redegegenstand ist. Auch das denn beinhaltet eine Information dazu, dass Wissen als bekannt angenommen wurde, was im weiteren Verlauf problematisiert wird. Mittels denn wird auch bearbeitet, dass diese Nachfrage nicht bei der ersten Äußerung (T48) erfolgte, sondern erst wesentlich später. Determination wird im Deutschen also auch unter Einbezug von Partikeln erreicht.

Die Beiträge, die zu einer Identifikation der Aktantin führen, werden kooperativ von drei Personen geleistet: von der Sprachförderkraft durch ihre gezielten Fragen (T53)(T57), von Baki Can (T54) und von der Erzählerin Ülkü (T55)(T56). Die Kinder geben aussagekräftige Informationen für die Identifikation, indem sie auf die Zugehörigkeit zu der Institution Kindertagesstätte hinweisen (T54)(T55) und die soziale Beziehung zu der Erzählerin formulieren (T56). Die Sprachförderkraft nimmt bei der Bearbeitung der Wissensbestände eine strukturierende Rolle ein. Sie realisiert, welches Wissen der institutionsexternen Gesprächsteilnehmerin fehlt und elizitiert Äußerungen über dieses Wissen.

Determination ist eine partielle Koordination unterschiedlicher Wissenssysteme, die von Sprecher und Hörer in Kooperation geleistet wird. In der Gruppe müssen individuelle Wissensbestände mehrerer Interaktanten miteinander abgeglichen werden; diese Aufgabe wird von einzelnen oder mehreren Gruppenmitgliedern übernommen. Die beobachteten Kinder bewältigen diese Aufgabe, wobei sie schon genannte Informationen um spezifisch neue ergänzen. Dabei kooperieren die Kinder darin, jeweils unterschiedliche Informationen zu geben und ihre Beiträge aufeinander abzustimmen.

4.2.4 Hörerreaktionen

In einer Erzählung nach Abbildungen äußert das aus der vorherigen Erzählung schon bekannte Mädchen Ülkü eine indefinite Nominalphrase, mit der ihre Gesprächspartnerin, die Leiterin der Kindertagesstätte, nicht einverstanden ist (T60). Zunächst werden die Aktanten zielsprachlich indefinit ein- (T58) und definit weitergeführt (T59).

| | Erzieherin | Und hier sind auch ganz viele Bilder. Und erzählst du mir mal, was du siehst. |
| (T58) | Ülkü | Ein Vogel und ein Tiger. |

	Erzieherin	Ja, und was passiert da? Schau dir die Bilder mal genau an.
(T59)	Erzieherin	Die • Tiger will/will das Vogel ham. ...

Das Kind muss die Bildvorlage umdrehen. Es fährt mit der Abbildung fort, die ihm körperlich am nächsten ist – der untersten:

	Erzieherin	Hmˇ. Dann gucken wir mal auf der anderen Seite. Dreh das Blatt mal um. Guck mal, da geht die Geschichte weiter. Was passiert jetzt?
(T60)	Ülkü	In ein Baum ist ein/eine •/ein kleine Tiger.
(T61)	Erzieherin	Hmˇ. Ist das der gleiche Tiger wie vorne?
	Ülkü	Ja.
(T62)	Erzieherin	Die Geschichte geht weiter, ne?
(T63)		Das ist der gleiche Tiger.
		Was ist passiert?
	Ülkü	Die Tiger könnten/konnte nicht mehr von das Baum runtergehen.

ÜlküHAVASD1 (5,8; IV)

Die Gesprächspartnerin reagiert in ihrer Äußerung, nachdem sie mit einer Interjektion den Redebeitrag grundsätzlich als angenommen gekennzeichnet hat, explizit auf die indefinite Determinationsanzeige (T61). An ihren Äußerungen (T61)(T62) und (T63) wird deutlich, dass sie Ülküs indefinite Determinationsanzeige als Anzeige einer bisher unbekannten Entität sieht. Eine unbekannte Entität könnte ihrer Ansicht nach durch die Einführung eines neuen Aktanten oder den Beginn einer neuen Erzählung motiviert werden. Beide Varianten formuliert sie als Gegenansichten (T62)(T63); sie macht dem Kind deutlich, dass aus ihrer Sicht eine definite Markierung des Aktanten Tiger, als einem bei Hörer und Sprecher bereits bekanntem Aktanten, erforderlich ist. Das Kind verwendet von diesem Zeitpunkt an bis zum Schluss der Erzählung nur noch definite Artikel für alle Aktanten. Die Erzählerin und die Zuhörerin haben ein Einverständnis darüber hergestellt, was als gemeinsam bekannt gelten soll und definit angezeigt wird.

Zur Beurteilung des Aneignungsstands werden die Motivationen für Ülküs indefinite Markierung (T60) betrachtet. Zwei Erklärungen sind möglich: Entweder macht Ülkü einen Determinationsfehler, oder sie führt einen neuen Aktanten ein. Gegen die Annahme eines Fehlers spricht, dass keine anderen Determinationsfehler bei Erzählungen des Mädchens belegt sind.

Die Annahme der Einführung eines neuen Aktanten setzt voraus, dass Ülkü den auf der untersten Abbildung auf der Rückseite sehr klein gezeichneten Tiger als neuen Aktanten der gleichen Geschichte ansieht. Für diese Annahme spricht, dass Ülkü den

Tiger auf der fraglichen Abbildung als einen kleinen Tiger einführt, im Unterschied zu dem adjektivisch nicht spezifizierten Tiger im bisherigen Erzählverlauf (T58)(T59). Geht man von der Wahrnehmung eines neuen Aktanten aus, so setzt das Kind Determination bewusst und korrekt als Instrument des Abgleichs der Wissenssysteme, als Kennzeichnung von Neuem versus Bekanntem ein.

Bei der gleichen Illustration führt auch ein anderes Kind aus der beobachteten Gruppe, Elena, plötzlich eine indefinit gekennzeichnete Katze ein, die jedoch unhinterfragt bleibt (T64). [96]

<table>
<tr><td></td><td>Und dann is des Vogel • hinter, dann kommt des ähm Katze,</td></tr>
<tr><td></td><td>(neue Abbildung)</td></tr>
<tr><td></td><td>dann geht er weiter,</td></tr>
<tr><td>(T64)</td><td>dann kommt eine Katze,</td></tr>
<tr><td></td><td>(neue Abbildung, neue Seite)</td></tr>
<tr><td></td><td>und dann weint der Katze.</td></tr>
</table>

ElenaHAVASD2 (6,9; X)

Diese Determinationsanzeige ist also eine zielsprachliche Anzeige; nur auf der Grundlage eines profunderen Wissens über die Art, wie auf der Basis von Abbildungen eine Geschichte erzählt werden kann, ist für die Erzieherin die Determinationsanzeige so unerwartet.

Der sofortigen Reaktion der erwachsenen Gesprächspartnerin auf eine als nicht angemessen empfundene Definitheitsmarkierung gehen in der gleichen Erzählung mehr als zehn deutlich hörbare Genusfehler am Artikel voran. Auf die Genusfehler erfolgt keine Reaktion der pädagogischen Kraft. Es zeigt sich ein deutliches Gefälle in der Reaktionsbereitschaft auf Abweichungen von der Zielsprache. Daran wird deutlich, wie sehr Determination als intensive Kooperation von Sprecher und Hörer erfolgt.

4.2.5 Ausbleibende Nachfragen

Viele, aber nicht alle Determinationskonflikte werden bearbeitet (Hoffmann 1989).[97] Mögliche Gründe, warum Determinationskonflikte nicht bearbeitet werden, sind feh-

---

96 Im Rahmen einer von mir im Jahr 2009 geleiteten Fortbildung am Sozialpädagogischen Zentrum Rheinland-Pfalz ließen Erzieherinnen vier Kinder im Alter um 6 Jahre nach der gleichen Bildvorlage erzählen. Eines der Kinder benannte das Tier auf den ersten drei Abbildungen als Katze, ab dem ersten Bild der Rückseite, dem gleichen Bild, ab dem Ülkü und Elena einen neuen Protagonisten einführen, als Wolfstier. Das auf der Vorlagenrückseite abgebildete Tier wird offensichtlich von einem Teil der Kinder nicht mit dem vorher gezeigten in Verbindung gebracht.

97 „In jedem Fall sind Hörer-Reaktionen und eventuelle Selbst-Korrekturen des Sprechers kritisch für die Bestimmung von Fähigkeiten. Fehlen solche Reaktionen, so heißt das nicht, dass alles in Ordnung ist: Nicht jeder Defekt wird bearbeitet. Er kann als zu groß und nicht reparierbar er-

lende Aufmerksamkeit, die Annahme einer für die Zwecke der sprachlichen Handlung ausreichenden Bekanntheit oder situationsbezogene Gründe wie Zeitmangel. Es gibt auch im vorliegenden Korpus einige Diskursteile, in denen fragwürdige Determinationsanzeigen nicht thematisiert werden; das betrifft die definite Nominalphrase die Zwillinge (T40) und die bereits erwähnte indefinite Nennung des Protagonisten Katze der Bildgeschichte (T64). In beiden Fällen war ich die Gesprächspartnerin; es ist schwierig zu beurteilen, ob die Nachfrage nicht erfolgt ist, weil ich mit der Aufnahme selbst zu beschäftigt war, oder weil die genaue Identifizierung der Aktanten für den weiteren Verlauf der sprachlichen Handlung nicht erforderlich schien.

In der folgenden Erzählung erfolgt auf eine definite Nennung einer bisher unbekannten Lampe (T66) nicht nur keine Nachfrage, sondern die fehlerhafte Determination wird von der Sprachförderkraft sogar übernommen (T67).

	SF	Mehmet, jetzt darfst du mal erzählen. Was hast du denn am Wochenende gemacht?
	Mehmet	Ich hab morgen geschlafen. Ich hab ein Buch gelesen. Wenn dunkel ist.
	SF	Ein Buch hast Du gelesen? Ehrlich? Kannst du schon lesen? Oder hast du dir die Bilder angeschaut?
	Mehmet	Äh • gelesen.
	SF	Hm‾was warn des für ein Buch?
(T65)	Mehmet	Äh • Tiere. Elefantentiere. (nickt)
	SF	Über Elefanten?
	SF	Ahaaa. Hast du des im Bett gelesen?
(T66)	Mehmet	Und ich hab den Lampe, dann hab ich den aufgemacht. Dann hab ich den/
(T67)	SF	Mit der Taschenlampe hast du gelesen? Ähm. Nachts.
	Mehmet	Aba/
	SF	Oder abends?
	Mehmet	Äh • Abend.
	SF	Abends. Und danach hast du geschlafen?
	Mehmet	Hm‾.
	SF	Hast du noch was gemacht?
	Mehmet	Hm.
	SF	Was denn?
	Mehmet	Ich hab dann/äh/mein Mama hat mir ein Motorrad gekauft, ein

scheinen oder als zu klein, um extern bearbeitet zu werden; die Bearbeitung kann zeitweise oder bis zum vorläufigen Muster-Abschluss aufgeschoben werden. (Hoffmann 1989: 68f.)

		kleines.
	SF	Ein kleines Motorrad? Zum Spielen? Toll. Das hast du ge-
		schenkt bekommen am Wochenende? Hört ihr mal bitte noch
		nen Moment dem Mehmet zu?
(T68)	Mehmet	Wir haben/wir haben „Spongebob" gesehen.
	SF	Auch? Magst du noch was erzählen, Mehmet?
		(Er schüttelt den Kopf) Okay, dann such dir ein anderes Kind
		aus.

Mehmetwochenende (5,5; II)

Einerseits ermutigt die Sprachförderkraft die Kinder zum weiteren Erzählen, indem sie auf Nachfragen verzichtet, die eventuell das Gespräch stören könnten; andererseits wäre gerade unter Aneignungsgesichtspunkten ein Feedback sinnvoll, welches deutlich macht, wann neu eingeführte Redegegenstände nicht ausreichend spezifiziert sind und daher indefinit genannt werden müssen.

Im weiteren Verlauf derselben Erzählrunde in der Kindergruppe versteht die Sprachförderkraft anscheinend, welches Spielgerät gemeint ist (T70) und geht mit eigenen Fragen darauf ein (T72)f.; da die Kommunikation jedoch in der Gruppe stattfindet, wäre eigentlich eine Benennung oder eine Beschreibung, die für alle Hörer verständlich ist, Teil der Determination. Darin unterstützt die Sprachförderkraft das Kind an dieser Stelle leider nicht.

	SF	Ja, der Michael war noch net. Michael, was hast du denn ge-
		macht?
(T69)	Michael	Ich hab ein kleines Motorrad, n ECHTes aber! Ma so
		ma/runter/der/der fahrt voll schnell, da war grad/
(T70)		und ich war ein Messe auf Wänden/Wand, die war voll hoch.
	SF	Was warst du?
(T71)	Michael	Auf Wand!
	SF	Ach so, auf der Messe, da bist du mit gefahrn?
	Michael	Wänden, aber.
(T72)	SF	Ehrlich? Darfst du da schon mitfahrn mit dem, ehrlich? Aber
		des is doch aber ganz schnell, oder?
	Michael	Ja, schnell.
	SF	Ja, gell? Biste da alleine gefahrn
		oder mit deinen Geschwistern?
	Michael	Mit meim/mit meim Vater, mit meim Bruder, mit m /
	SF	Und da is dir net schlecht gewordn? Nee?
	Michael	Ich war auch ein so-eine
		(zeigt, wie ein Sicherheitsbügel geschlossen wird)

SF	Ja, so geht des, genau.
SF	Seid ihr da noch andere Sachen gefahrn? Oder nur des?
Michael	Viele.

Michaelmesse (6,4; II)

Die Kooperation in der Determination erstreckt sich hier nur auf den Sprecher und einen, aber nicht alle Zuhörer. Die anderen Zuhörer, die Kinder und die Interviewerin, fragen nicht nach.

In einer Erzählung von Anna liefert das Mädchen zwar durch Zeigen eine Identifikation der berichteten Verletzung, aber der Ort, an dem das Ereignis stattfand, bleibt unklar. Es erfolgen wieder keine Nachfragen, wohl um das Kind im Gespräch nicht abzulenken.

	EM	Du? Hast dir doch bestimmt schon mal weh getan, oder?
	Anna	Wo?
	EM	Weiß nicht, am Knie oder am Arm.
	Anna	Ja, am Arm.
	EM	Und wie ist das passiert?
	Anna	Das war • •/weiß/mei/das war hier passiert. Alle hier war hier bis hier
	EM	Ehrlich?
	Anna	Ja.
	EM	Ah! Und wie is das gekommen?
	Anna	Des halt war groß.
	EM	Wie bitte?
	Anna	Des war viel groß.
	EM	Und was is dann gewesen, bist du da hingefallen?
	Anna	Ja. Aber des hat keine Blut gekommen.
	EM	Ne?
	Anna	Keine.
(T73)	EM	Wo war denn das?
	Anna	Wir ha/wir wollen was kaufen und ich und meine Mama und meine/und meine Bruder wollen/wir/wir wollen so bleiben, und da hat meine Bruder mich so geschubst, da hab ich runtergefallt. Mein Bruder kannt noch aufstehn.
	EM	Dann haste geweint, oder?
	Anna	Was? Nein. Aber des/des tut weh, aber ich hab nich geweint.
	EM	So tapfer? Und dann? Was hat die Mama dann gemacht?
	Anna	Der hat gesagt: Anna tut weh, der hat nicht geweint, weil ich/ich hab nich geweint, der hat gedacht, des is gar nix, ich

	hab/mein Mama hat gesagt, ich hab ein bißen Farbe drauf gemacht, weil ich hab nich geweint.
EM	Echt? Da warste ja tapfer, ne? Toll. Und die Mama hat gedacht, du hast dir Farbe rauf gemacht?
Anna	Ja, da/da hab ich gesagt: „Ich hab echt runtergefallt, aber ich weiß es net, aber ich weine net."

Annawehtun (5,9; X)

Obwohl in (T73) nach einer Ortsangabe gefragt wird, beantwortet die Sprecherin dies nicht; der Ort wird nicht wieder thematisiert, Sprecherin und Hörerin verfolgen diese Determination nicht weiter und wenden sich stattdessen den weiteren Ereignissen zu.

4.3 Institutionenwissen

In den drei vorher genannten Erzählungen werden in den Äußerungen (T19)ff. (T40)(T43)ff. und (T48)ff. Kinder, die der Institution Kindertagesstätte bzw. Schule angehören, mit dem Eigennamen bzw. dem Eigennamen und dem definiten Artikel als bekannt gekennzeichnet, die der Gesprächspartnerin tatsächlich jedoch nicht bekannt sind. Die Äußerungen sind hier noch einmal zusammengestellt.

(T17)	Kira	Shanga hatte auch jetzt/
(T40)	Mariana	Hm⁻, meine Tante, die Zwillinge, und Astrid.
(T52)	Ülkü	Und G/Die Gülcin will alles, mit meim klein' Bruder.

Bei diesen drei Eigennamen, Shanga, Astrid und Gülcin, handelt es sich um Namen von Kindern, die als Klienten (Ehlich/Rehbein 1986) der Institution angehören, in der die Datenerhebung stattfindet. Die kindlichen Sprecherinnen sind ebenfalls Klienten derselben Institution. Die Sprachförderkraft gehört als Agentin der jeweiligen Institution an.

Das Verhältnis der Interviewerin zu den Institutionen ist, gerade aus der Sicht der Kinder, nicht leicht zu bestimmen: Sie benutzt über einen ausgedehnten Zeitraum Gegenstände und Räume der Einrichtung, z.B. das Büro, den Personalraum, das Telefon und die Steckdosen, und genießt weitgehend freien Zugang. Diese Rechte liefern Hinweise darauf, dass die Interviewerin in einen besonderen Status der Institutionszugehörigkeit innehat, der sich von der Zugehörigkeit und den Zugangsrechten der Kinder und Eltern unterscheidet. Andererseits ist die Interviewerin ein Gast der Institution; sie verfügt nur über einen kleinen Teil des institutionsspezifischen Wissens.

In allen Erzählungen setzen die Kinder das Wissen über die Aktanten und Abläufe innerhalb der Institution Kindertagesstätte bei allen Institutionsangehörigen voraus.

Das betrifft die Kenntnis der Namen der Erzieherinnen, der Namen der anderen Kinder und der Räumlichkeiten sowie der regelmäßig wiederkehrenden Ereignisse (z.b. Gruppenfrühstück, Geburtstagsfeier). Die Kinder äußern sich über alles, was dieses Institutionenwissen betrifft, durchgängig mit definiten Markierungen. Das tun sie auch gegenüber der Interviewerin, was wegen des begrenzten institutionspezifichen Wissens der Interviewerin zu letztlich aus Erwachsenenperspektive nicht angemessenen definiten Determinationsanzeigen führt. Aus der Sicht des kindlichen, noch unterspezifizierten Institutionenwissens ist die definite Markierung für bekannte Personen in diesen Fällen angemessen.

Eine weitere Determinationsanzeige ist nur auf der Grundlage eines Wissens um die Institution Kindertagesstätte verständlich: Sie betrifft die Bauecke.

Lehrerin	So, Boris, wie war das bei Dir, in der Zeit, wo du nicht hier warst?
Boris	Ich hab gespielt.
Lehrerin	Hm` erzählst du uns auch was?
Boris	Noch/• noch hab ich draußen gespielt.
Lehrerin	Zu Hause?
Boris	Ja.
Lehrerin	Und was hast du zu Hause gespielt?
Boris	Autos.
Lehrerin	Mit deinen Autos?
Boris	(nickt)
Lehrerin	Hast du so kleine?
Boris	Ja.
Lehrerin	Und was hast du im Kindergarten gemacht?
Boris	Puzzle gespielt.
Lehrerin	Ähm`
(T74) Boris	Noch. In der Bauecke gespielt.

Borisstuhlkreis (5,9; III)

In einer Kindertagesstätte gibt es oft mehrere Bauecken, in denen den Kindern in einem Bereich des Gruppenraums Bausteine zur Verfügung stehen.[98] Es wird jedoch in den vorliegenden Daten nicht differenziert, um welche spezifische Baueecke es sich handelt, etwa als Bauecke in der Bärengruppe. Andererseits gibt es auch keinen Beleg für eine indefinit genannte Ecke als eine Bauecke. Vielmehr verwendet wird die Ortsangabe als Indikator für die Art des Spiels, analog zu den anderen Spielangaben drau-

---

98   In der offenen elementarpädagogischen Arbeit gibt es dafür Funktionsräume. Das scheint aber hier nicht der Fall zu sein, dann hätte es geheißen: im Bauraum.

ßen spielen, Autos spielen, Puzzle spielen verwendet. In der Bauecke spielen bedeutet nicht, an einem bestimmten Ort z.b. Memory oder Fangen zu spielen. Das wäre möglich, müsste aber spezifisch so ausgedrückt werden. In der hier angegebenen Verwendung bedeutet es mit Bausteinen an einem dafür vorgesehenen Ort spielen. Dieser Ausdruck ist nur unter Verwendung des Wissens um die Institution Kindertagesstätte verständlich. In diesem Fall liegt dieses Wissen bei allen Gesprächspartnern vor, die Determinationsanzeige ist zielsprachlich definit.

4.4 Diskurs- und Textwissen

4.4.1 Unbekanntheit und Bekanntheit in der freien Narration

Die korrekte indefinite Einführung der unbekannten Aktanten und die definite Weiterführung der dann bekannten, weil vorerwähnten, Aktanten im aufgreifenden Gebrauch definiter Artikel ist in den Daten aller Kinder dokumentiert.

(T75) Antonio   Da war ein Maus/da will meine/äh/wie heißt der wieder? Nico heißt der, aber da is ein Kaninsche, da tot gemacht.

 EM   Wer?

 Antonio   Die Maus, tot.

 EM   Wer hat die Maus tot gemacht?

 Antonio   Äh/Die Maus hat, äh, die Kaninsche tot gemacht.

Antoniowehtun (6,0; X)

Nur an einer Stelle greift Antonio einen bereits bekannten Aktanten indefinit auf (T77). Allerdings ist es möglich, dass Antonio auf das Unverständnis der Zuhörerin reagiert, deren Referenz auf Maus offensichtlich nicht erfolgt ist, und lediglich seine Äußerung wiederholt.

(T76) Antonio   Ich hab auch ein Maus, aber da/aber da/da beißt.
     Aber na hab ich gewerfen, psch!

 EM   Was hast du geworfen?

(T77) Antonio   Ein Maus.

Antoniowehtun (6,0; X)

In der folgenden Erzählung ist gut zu sehen, wie ein anderes Kind die Maus als unbekannte Maus einführt und dann mit der determinatorischen Anzeige einer nun bekannten Entität kontinuierlich zielsprachlich definit aufgreift (T78)ff.

(T78)	Kira	Ich hatte auch mal n Maus, man musste so ziehn,
	SF	Ja. Ja genau, und dann ist es allein gefahren.
	Kira	Ja, und dann ist es so gegangen wie ein Kreis,
(T79)		und dann ist der irgendwo eine Richtung gegangen,
		des war geil,
(T80)		der war/der war rosa,
(T81)		aber den ha/ähm/
(T82)		den hab ich verloren.
	SF	Ah. Ja, des geht oft dann so aus. Hm´, nee?
	Kira	Den hab ich net in Deutschland gekauft.
	SF	Wo hast es denn gekauft?
	Kira	Ich weiß nicht, wie des heißt.

Kiraspiel (6,4; VI)

Die Einführung neuer Erzählelemente mit indefiniter Determination wird grundsätzlich beherrscht. So kommen in Jos Erzählung nicht nur am Anfang der Erzählung (T83), sondern auch mitten darin neue Elemente vor, die er zielsprachlich mit indefinitem Artikel als unbekannt kennzeichnet (T85)(T86)(T87).

	EM	Sag mal, hast du dir schon mal weh getan? Ja, ne? Wie war denn das, wie istn das gekommen?
(T83)	Jo	Isch hab einmal n Fahrrad runtergefalln vor (Name), und da war so n Nagel, dann bin ich so runtergefallen, tsch!
	EM	Oah! Und, wann/wie/was war dann los mit deinem Arm?
	Jo	Kaputt war des.
	EM	Und was habt ihr denn gemacht?
(T84)	Jo	Wir warn bei Krankenhaus und bei Doktor.
	EM	Haste aber geweint, oder? Und was ham die im Krankenhaus gemacht?
	Jo	Die konnten gar nix machen.
	EM	Nee? Warum nich?
(T85)	Jo	Weil •/da war so eine Spitze ein ganz große
	EM	Wie bitte?
	Jo	Da war n ganz große Spritze darein.
	EM	Aha ... Und dann?
(T86)	Jo	Hm¯o/da muss man so n Zeug darein/rausmachen, dann hat meine Mama des raus gemacht.
	EM	Deine Mama?
	Jo	Die kann rausmachen.
	EM	Oh, da warste aber tapfer, oder. Und danach? Was war dann?

(T87)	Jo	Und dann war da so n ganz große Loch.
	EM	Und was habt ihr mit dem Loch gemacht?
	Jo	Gar nix. Gelassen, und dann hat mein Schwester des so ge-kratzt, und dann war wieder Blut.
	EM	Aber vielleicht habt ihr n Verband drum gemacht, oder?
(T88)	Jo	Pflaster.

Jowehtun (7,0; X)

Von Jo finden sich mehrere Belege für die erfolgte Aneignung des Wissens darüber, wie indefinite Artikel zur Einführung von unbekannten Relaten, definite Artikel im aufgreifenden Gebrauch verwendet werden können.

Eine Einführung eines Aktanten mit indefinitem Artikel mitten in einer Erzählung ist in einer späten Erzählung von Ülkü dokumentiert: ein Luftballon. Bei dem anschlie-ßenden Wechsel zu der definiten Determination des bereits bekannten Vogels zeigt sie, dass sie den Wechsel zwischen definiten und indefiniten Markierungen beherrscht.

(T89)   Da war ein Luftballon, da war das Vogel.

ÜlküHAVASD2 (6,2; X)

Von Ilaria stammt eine komplexe Erzählung mit indefiniten Einführungen neuer Re-degegenstände und späterem Bezug auf sie im aufgreifenden Gebrauch des Definitar-tikels sowie einer Korrektur (T92).

	EM	Dann möcht ich dich gern noch fragen, womit du zu Hause gerne spielst?
	Ilaria	Äh mit mein Barbies.
	EM	Ja?
	Ilaria	Mit mein Schloss.
(T90)		Mit Pegasus.
	EM	Du hast n Schloss?!
(T91)	Ilaria	Ein großes.
	EM	Ja? Was gibts denn da alles in dem Schloss?
	Ilaria	Mm, sogar eine diese/des Teil, was ge/leuchten, und dann noch so Zauberstäbchen, die sehn blau aus, wo man die an-macht, sieht die dann auch blau aus, oder rosa,
	EM	Echt? Is ja toll. Und wie ist der Pegasus? Was ist das?
(T92)	Ilaria	Schloss. Ein Schloss.
	EM	Ach so.
	Ilaria	Und die sieht pf/vielleicht bunt aus, in rosa in blau, in rosa in blau, (hustet)

EM	Und was machen die Barbies in dem Schloss?
Ilaria	Ähm, die feiern Geburtstag.
EM	Die feiern immer Geburtstag? Wie feiern die denn den Geburtstag?
Ilaria	Die geben Geschenken,
EM	Aha. Und was machen die noch beim Geburtstag?
Ilaria	Die trinken was,
EM	und weiter?
Ilaria	die essen was.
EM	Was essen die?
Ilaria	Ähm, Flei/eh Kuchen,
EM	Ja? Und was machen die nach dem Essen?
Ilaria	Dann gehen die zu Hause.
EM	Oh. Und was machen die, wenn die zu Hause sind?
Ilaria	Dann machen die was/auch frühstücken.
EM	Schon wieder frühstücken?
Ilaria	Ja.
EM	Die essen ja immer! Und wie viele Barbies hast du?
Ilaria	Mmm, ich weiß nich.
EM	So viele, dass du das gar nicht weißt? Hast du fünf?
Ilaria	Vielleicht sechs.
EM	Echt?
Ilaria	Oder sieben! …
EM	Spielst du im Kindergarten auch mit der Puppenstube, oder spielst du da was ganz anderes? …
Ilaria	Und Legos baue ich, und nix mehr.
EM	Gut! Was baust du denn aus Duplo?
(T93) Ilaria	Mm¯ein Herz.

Ilariabarbies (5,10; IV)

Die Anzeige von Unbekanntheit und Bekanntheit in Narrationen wird von allen Kindern beherrscht.

4.4.2 Nicht-Wissen

Für die Kinder ist es schwierig, Nicht-Wissen des Zuhörers zu erkennen. Das zeigt sich vor allem bei Erzählungen über sehr vertraute Inhalte, wie im Folgenden bei einem Gespräch über das Lieblingsbuch von Boris.

	EM	Hast du Bücher gerne? Was ist denn dein Lieblingsbuch zu Haus?
(T94)	Boris	Äh • Löwe. ...
	EM	Was machtn der Löwe?
(T95)	Boris	Er macht/der Löwe macht/• der Löwe macht GROAR!
(T96)	EM	Ja?
	Boris	Ja.
	EM	Zu wem?
(T97)	Boris	• Zu/Zu eim Mensch.
(T98)		Der Mensch/der Mensch rennt weg. ...
	EM	Und wie gehts weiter?
	Boris	Weiter gehts ••/
(T99)		Dann kommt der Elefant
(T100)		und er/der Elefant/der Elefant macht/der Ele macht/ macht/der Elefant macht/
(T101)		der Elefant schlagt den Tiger.
	EM	Wer is denn stärker?
(T102)	Boris	Der Elefant.
	EM	Ja? Und wie geht die Geschichte dann weiter?
(T103)	Boris	Dann kommt/dann kommt ein großes Dinosaurier und er/er wollt/er wollte auch einn Kampf machen.
		Dann hat er mit/mit/mit ein/mit ein/wie heißt des noch mal/
(T104)		ein/ein Pflanzenfresser/mit ein Pflanzenfresser ein Kampf gemacht.
	EM	Ehrlich?
	Boris	Ja.
	EM	Und wer hat den gewonnen?
(T105)	Boris	Der Pflanzenfresser. ...
	EM	Und wie geht die Geschichte jetzt weiter?
	Boris	Dann geht die weiter. •
(T106)		Dann kommt der Löwe/
(T 107)		und dann/und dann der Löwe/der Löwe sch/schlagt den/ der Löwe/der Löwe hat mit drei/dr/drei Pflanzenfresser einn Kampf gemacht.
	EM	Aha. Und?
(T108)	Boris	Und/und dann/und/und gewonnen hat der Löwe.
	EM	Und dann?
	Boris	und dann/und dann/dann kommt ein/dann kommt/dann kommt ein/• ein
	EM	Wer kommt dann?

Boris		Dann kommt • ein riesis großes/ein riesis großes/ach Mann/•
(T109)		ein großes Pflanzenfresser.
	EM	Und was macht der?
	Boris	Er macht/er macht alle Menschen tot.
		Und dann/und dann/dann sind/ah dann sind/ah und
		dann ist die/dann kommt/
(T110)		dann kommt • ein/ein riesengroßer • • Tiger, und da/
		und er/er macht/er macht/er esst alle Menschen.
	EM	Geht die Geschichte noch weiter?
	Boris	Nein.

Borisdino (5,10; IV)

In der Geschichte vom Löwen führt der junge Erzähler die der Zuhörerin unbekannten Protagonisten Mensch, Dinosaurier, Pflanzenfresser und riesengroßer Tiger indefinit ein (T97)(T103)(T104)(T110). Anschließend werden Mensch und Pflanzenfresser mit definiten Artikeln als bekannt fortgeführt (T98)(T105). Auf den Dinosaurier wird zielsprachlich im aufgreifendem Gebrauch des definiten Artikels Bezug genommen.[99] Boris zeigt damit eine grundsätzlich gute Beherrschung der definiten und indefiniten Anzeigen in Erzählungen.

Ganz reibungslos gelingen dem Jungen aber noch nicht alle Determinationsmarkierungen. Der Protagonist Löwe wird bei der ersten Nennung artikellos geäußert; die Äußerung (T94) ist allerdings eher der Vorschlag eines Themas für die folgende Erzählung als eine Antwort auf die Eingangsfrage (Hausendorff/Quasthoff 1989; T. Becker 2005). In gleicher Weise antworten auch Ali (T131) und Mehmet, (T65) sowie (T287), mit einem einzigen Wort, welches das Thema ihres Lieblingsbuchs zusammenfasst, auf diese Frage. Im weiteren Verlauf nennt Boris den Löwen dann regelmäßig, insgesamt dreimal, definit, und kennzeichnet ihn so als bekannt (T106)(T 107)(T108).

Der Elefant und der Tiger werden definit eingeführt, als wären sie für die Zuhörerin vertraute Entitäten (T99)(T101). Boris realisiert determinatorisch nicht, dass die Zuhörerin dieses Buch nicht kennt, während ihm dieses Buch und die Aktanten darin sehr vertraut sind. Er verwendet den definiten Artikel im assoziativen aufgreifenden Gebrauch (Hawkins 1978), ohne zu bemerken, dass seiner Hörerin die Grundlagen für die Assoziationen nicht zur Verfügung stehen. Seine Determinationsmarkierung ist an diesen Stellen noch nicht zielsprachlich.

Zielsprachliche und abweichende Determinationsanzeigen bei Aktanten stehen auch bei Ayse nebeneinander. Zu Beginn äußert Ayse sehr kurze Äußerungen, was sie in allen Aufnahmen häufig tut; diese Äußerungen bestehen oft nur aus einem Wort

---

99   Der Determinationsstatus von Anaphern ist nicht Gegenstand dieser Arbeit.

(T111)–(T114). Dabei beherrscht sie die grundlegende Syntax des deutschen Satzes, wie im Verlauf des Gesprächs deutlich wird (T117)f.

	EM	Jetzt möchte ich noch gerne wissen: Was machst du/was hast du am Wochenende gemacht?
(T111)	Ayse	Spielt.
	EM	Was hast Du gespielt?
(T112)	Ayse	Barbie. ...
	EM	Was hast du denn mit der Barbie gespielt?
(T113)	Ayse	Schwester.
	EM	Was heißt Schwester?
(T114)	Ayse	Schwester-Spiel.
	EM	Wie? Du hast mit der Schwester gespielt,
	Ayse	Hmhm`.
	EM	oder du hast gespielt, die Barbie ist deine Schwester?
(T115)	Ayse	Barbie ist Schwester.
	EM	Aha. Und was macht die Barbie, wenn sie deine Schwester ist?
(T116)	Ayse	Dann die beide gehn in die Park
(T117)		und sie haben eine Katze gefunden
	EM	Ja? Und weiter?
	Ayse	und sie haben nach Haus gebringt, und • •
(T118)		sie haben was gesch/mit eine Kind gefunden.
	EM	Was denn?
(T119)	Ayse	Eine Baby.
	EM	Ehrlich? Und was g/und wie gehts weiter?
	Ayse	Schon fertig.

Aysebarbies (6,2; IV)

Hier ist nicht klar, ob die Erzählung von Barbie und Ayse oder Barbie und eine Schwester-Barbie handelt. Die Einführung der beiden Protagonistinnen ist artikellos und damit nicht zielsprachlich, denn es fehlt der Ort für die Determinationsanzeige.
Bezüglich dessen, was gefunden wird, ist sich Ayse nicht sicher. Sie benennt das Gefundene dreimal neu, (T117)(T118)(T119). Jedes Mal verwendet sie dabei den indefiniten Artikel, der für die Einführung eines neuen unbekannten Aktanten zielsprachlich ist. Das Mädchen führt also nicht einen Gegenstand, hier das Fundstück, indefinit ein und definit weiter, sondern hat noch Schwierigkeiten damit, sich in aufgreifender Weise auf einen Redegegenstand zu beziehen, den das Kind selbst erlebt hat, der aber dem Hörer unbekannt ist.

Neben diesen Auffälligkeiten bei der Determination bezüglich der Einführung unbekannter Aktanten sind in den gleichen Erzählabschnitten korrekte Determinationsanzeigen zu finden. Daran wird sichtbar, dass Ayse gerade mit der Aneignung von Determinativen als Mittel der Anzeige von Bekanntheit beschäftigt ist.

4.4.3 Korrekturen

Korrekturen, welche die Kinder unaufgefordert an ihren Äußerungen vornehmen, weisen auf ein eigenaktives Erkennen, Beobachten und Überprüfen der eigenen Äußerungen hin; sie haben einen potentiellen Indikatorcharakter für Aneignungsprozesse. Bei
drei Erzählungen sind selbständige Korrekturen der Kinder bei der Einführung neuer
Aktanten dokumentiert. Sie entstammen Narrationen, bei denen die Kinder auf einen
Gesprächimpuls hin weitgehend frei erzählen konnten. Von Michael ist eine Korrektur von einem definiten in einen zielsprachlichen indefiniten Artikel dokumentiert: Er
setzt zu einem definiten Artikel an, realisiert dann aber, dass die gegenwärtigen Gesprächsteilnehmer den Jungen aus dem Schulbesuchstag nicht identifizieren können.
Er bricht die Äußerung ab und beginnt neu, zielsprachlich indefinit.

(Über seinen ersten Spieltag in der Schule)

(T121) Michael   Hm‾neja, d/ein Junge hat was gebastelt,
                        ich musste das alles zusammen, das war n bisschen schwer.

                                            Michaelschule (6,5; III)

An der Korrektur zeigt sich, dass sich Michael gerade erarbeitet, wann indefinite Anzeigen angemessen sind.
Anastasia korrigiert sich bei ihrer Erzählung über einen Glücksbringer. Sie nennt zuerst einen definiten Artikel (T122) und beginnt dann die Äußerung neu.

(T122) Anastasia   Das ist der/das ist ein Glück,
                        das darf man nicht auszuziehen. ...
                        Meine Schwester hat auch so, gleich.

                                            Anastasiaglück (6,1; X)

In den beiden oben zitierten Korrekturen verbessern die Kinder eine definite Markierung in eine indefinite. Obwohl gerade der Glücksbringer, ein Band, das Anastasia
immer am Arm trägt, ihr sehr vertraut ist, kann sie – im Unterschied zu Boris – bereits
die Unbekanntheit im Hörerwissen sprachlich anzeigen.

Eine Korrektur in der anderen Richtung, von indefinit zu definit, ist nicht dokumentiert, aber die Korrektur einer Auslassung:

(T123) Ilaria   Schloss. Ein Schloss.

Ilariabarbies (5,10; IV)

Ilaria nennt, ähnlich wie Boris (T94), Ali (T131), Mehmet (T65)(T287), das Thema artikellos. Mit der Korrektur zeigt sie, wie sie dabei ist, über dieses Stadium hinauszugehen und Diskurswissen über den indefiniten Artikel einzusetzen.

4.5 Weltwissen

4.5.1 Weltwissen um einzelne Entitäten

Entitäten, die im Weltwissen von Sprecher und Hörer als bekannt vorausgesetzt werden, sind definit angezeigt:

	SF	Mariana, wer weckt dich? Morgens?
	Mariana	Meine Mama.
	SF	Und wenn die dich geweckt hat, was machst du dann?
	Mariana	Dann stehe ich auf, und dann ziehe ich erst mal an,
(T124)		dann • mach ich die Zähne sauber.
	SF	Hmˇ.

Marianamorgen (6,3; I)

Mariana behandelt die Zähne in dieser Stuhlkreiserzählung zielsprachlich determinatorisch als bekannt (T124): Obwohl sie nicht voreingeführt wurden, ist es Teil des erfahrungsunabhängigen Weltwissens von Sprecher und Hörer (Hoffmann 2003b), dass Zähne zum menschlichen Körper gehören und ihre Pflege aus mindestens westeuropäischer Sicht eine wünschenswerte kulturelle Handlung darstellt.
Innerhalb eines Diskurses ist der Definitartikel außerdem im situationsunmittelbaren Gebrauch (Hawkins 1978), bei dem der Gegenstand durch die Situation bestimmt ist, für Entitäten, die mit dem vorher Genannten in enger Beziehung stehen, angemessen. Die Kinder, hier in einem Beispiel von Tomas, beherrschen diese Anzeige.

(T125)	SF	Wie putzt man sich denn die Zähne?
(T126)	Tomas	Mit einer Zahnbürste.
	SF	Nur mit einer Zahnbürste?
(T127)	Tomas	Ne, erstmal macht man die Zahnpasta drauf.

(T128)	Und da/Und dann/Und dann macht man/Wasser drauf.
SF	Und dann?
(T129) Tomas	Dann macht man die Zähne sauber.

Tomaszähne (5,8; I)

Es liegt eine sehr spezielle sprachliche Handlung vor: Zweck der sprachlichen Handlung ist es nicht, eine Antwort auf die Frage dergestalt zu geben, dass Wissen des Antwortenden der Fragenden zur Verfügung gestellt wird, weil die Fragende nicht wüsste, wie man sich die Zähne putzt. Hier wird die Aufgabe gestellt, eine Vorgangsbeschreibung einer allen bekannten Handlung zu geben, der des Zähneputzens. Es ist daher zutreffend, wenn Tomas annimmt, dass Zahnpasta innerhalb dieser Beschreibung von seinen Hörern ausreichend identifiziert werden kann.

Die spezielle Aufgabenstellung der Vorgangsbeschreibung übt einen Einfluss auf die Determination aus: Die Beschreibung einer allen bekannten Handlung befördert einen assoziativen aufgreifenden Gebrauch definiter Artikel; durch die sprachliche Handlung der Beschreibung bekannter Ereignisse können die Redegegenstände, die dazu erforderlich sind, im Sprecherwissen Π_S und im Hörerwissen Π_H als vorhanden und bekannt angenommen werden.

In diesem Zusammenhang ist eher der definite Artikel bei der Zahnbürste ein wenig ungewöhnlich. Im Kontrast zu der definiten Erstnennung der als bekannt gekennzeichneten Zähne (T129) nennt Tomas die Zahnbürste (T126) indefinit, als einen unbekannten, aus der Gesamtheit aller Zahnbürsten herausgegriffenen Einzelgegenstand, der in diesem Fall keiner Spezifikation bedarf. Das ist eine der zielsprachlichen Möglichkeiten; eine definite Anzeige im situationsunmittelbaren Gebrauch wäre ebenfalls möglich. Da in Tomas' Familie jedoch wahrscheinlich mehrere Zahnbürsten stehen, ist das Herausgreifen aus einer Menge durchaus auch eine sich auf die spezifische Situation beziehende Determination.

Nicht ganz einleuchtend ist, warum Tomas Zahnpasta als bekannten Einzelgegenstand determiniert (T127) und nicht als Substanz, wie Wasser (T128), verwendet, jedoch ist diese Möglichkeit zulässig.

Tomas hat erkannt, dass Bekanntes determinativ mit dem definiten Artikel angezeigt wird. Er hat noch Mühe mit den Anzeigen bekannter Entitäten, die nicht definit erfolgen, z.B. bei Stoffnomen. Das zeigt sich in dem folgenden Ausschnitt bei der Behandlung des Handtuchs innerhalb der Situation Krankenhaus.

| (T130) Tomas | Bei mir war Krankenhaus, hab ich hier so gespritzt gekriegt, und dann/dann muss ich hier so mit das Handtuch so ziehn, und mit mein Haar ab, und dann hats nich mehr weh getan. |

Tomaswehtun (6,1; VI)

138

Der Junge ist noch nicht völlig sicher darin, welche Gegenstände als einer Situation zugehörig im Weltwissen als bekannt vorausgesetzt werden können. Innerhalb des Ablaufs einer Situation der Ersten Hilfe ist ein Handtuch nicht überraschend, aber auch nicht zwingend mit der Situation assoziiert. Die Determinationsanzeige wird von keinem Gesprächspartner in der Determination nachgefragt. Trotzdem wäre die indefinite Anzeige, die Einführung eines bisher unbekannten Handtuchs in den Wissensraum angemessener.

Tomas differenziert die Determinationsanzeigen von Substanzen, zählbaren Entitäten und bekannten Gegenständen; seine Determinationsanzeigen sind vorwiegend angemessen, möglich und zielsprachlich.

4.5.2 Generische Determination

Im Korpus sind nur zwei Vorkommen von generischer Determination zu finden.

	EM	Hast du Bücher zu Hause? Was denn für Bücher?
	Ali	Ein Bär.
		Ein Kindbüch.
	EM	Aha. Und was ist dein Lieblingsbuch?
(T131)	Ali	Kind.
	EM	Was passiert denn da in dem Buch?
	Ali	Einer/eine fällt in Haus runter. Ja.
	EM	Echt? Und dann?
	Ali	Beim Buch.
	EM	Und was m/was is dann mit dem?
	Ali	Op/oh/dann ist der jetzt runterdefällt
		und dann ist der tot
(T132)		dann kommt des Krankenwagen und Polizei.
		Dann bringen ihn Doktor
		und jetzt gehn der/[100]...
		Es regnet, dann schlaft er.
		Dann wenns dunkel ist, dann schlaft er auch.
		Wenn es/wenn s/Sonne scheint,
		dann wacht er auch.

Alibuch (6,1; X)

Des Krankenwagen wird mit definitem Artikel erstmalig genannt (T132). Ali versteht den Krankenwagen generisch, als definit zu äußernden Vertreter aller Krankenwagen,

---

100 ,Der Krankenwagen und die Polizei bringen den Jungen zum Doktor. Dann geht der Junge wieder nach Hause.'

wie bei Der Löwe lebt in Afrika (Hoffmann 2003b: 57f.). Es liegt also eine zielsprachlich angezeigte singuläre definite generische Determination vor (Heyer 1987). Die Polizei wird artikellos genannt; hier liegt eine Auslassung vor. Mariana äußert eine generische Aussage mit Determination im Plural.

(T133) Mariana   Die Raben essen immer Schnee.

Marianaraben (6,8; VI)

Den definiten Artikel verwendet sie völlig korrekt. Generische Aussagen sind damit in den Daten sehr selten, jedoch in beiden Vorkommen zielsprachlich.

4.6 Perzipierbarkeit

4.6.1 Narrationen nach Abbildungen

Gemeinsame Perzipierbarkeit stellt eine Grundlage für den Gebrauch definiter Artikel dar (Hawkins 1978 als situationsunmittelbarer Gebrauch; Hoffmann 2003b). Bei den hier erhobenen Erzählungen nach Abbildungen sehen die Kinder und ihre Gesprächspartner gemeinsam die Bildvorlagen. Tatsächlich führen die jungen Erzähler die Aktanten in der Regel definit ein und ebenso weiter. Einzig Tomas und Ülkü (siehe unten) wenden das Schema des Geschichtenanfangs an und führen indefinit ein. Antonio spricht die gemeinsame Sichtbarkeit für Sprecher und Hörer sogar an:

(T134)   Guck,
                die Katze will fangen.

AntonioHAVASD1 (5,6; IV)

Auch die zweite Erzählung der Bildgeschichte, ein halbes Jahr später, beginnt Antonio mit dem Hinweis auf die gemeinsame Perzipierbarkeit durch die Abbildung, welche die definite Determination von Beginn der Erzählung an ermöglicht:

(T135)   Guck mal,
                die Katze will hüpfen.

AntonioHAVASD2 (6,0; X)

In den ersten Äußerungen der Bilderzählungen kennzeichnen vier weitere Sprecher die Entitäten definit, die durch die Bildvorlage im Wissen von Sprecher und Hörer spezifiziert sind – Vogel, Katze, Löwe und Baum. Dieses Vorgehen wird besonders klar im

Kontrast dazu, wie die Kinder determinatorisch behandeln, was für Sprecher und Hörer nicht sichtbar ist und in allen Erzählungen indefinit eingeführt wird: ein Lied.[101]

(T136)   Der/der Vogel mach ein Lied
               und der Katze guckt r/hoch,
               dann ist der oben gesprungen,
               dann ist der auf den Baum gehüpft.

                                        MehmetHAVASD2 (6,1; X)

(T137)   Der Vogel sitzt auf den Mauer,
               und er singt ein Lied,
               und da kommt der Löwe.

                                        KiraHAVASD2 (6,8; X)

(T138)   Äh • •/Die Katze fängt die Vogel,
               und die Vogel hat gesehn ein Lied,
               oder, und die schläft.

                                        AnastasiaHAVAS1 (5,7; IV)

(T139)   Der Vogel will die/si/äh/singt ein Lied,
               und die Katze will den Vogel fressen.

                                        JoHAVASD1 (6,6; IV)

In der Antwort auf eine Verständnisfrage (T140) wird deutlich, dass, obwohl das Kind für den Erzählanfang die definite Anzeige der sichtbaren Aktanten gewählt hat, ihm die indefinite Anzeige zur Verfügung steht:

        Elena   Äh, der singt, und dann kommt der ähm/der Tiger, und/und
                    dann schreit des.
        SF   Was is denn das?
(T140) Elena   Ein Vogel.
        SF   Ein Vogel, genau.

                                        ElenaHAVASD1 (6,3; IV)

Die definite Anzeige ist also nicht durch fehlende Beherrschung erklärbar.
Andere Kinder beziehen sich in ihren ersten Äußerungen nur auf die sichtbaren Aktanten und verwenden dafür nur definite Artikel:

---

101 Auf der Abbildung sind Noten zu sehen; die meisten Kinder haben Noten als Zeichen für Musik erkannt.

(T141)　　　　　Die Kat/die Katze • • will den Vogel fangen.

BorisHAVASD2 (6,4; X)

Diese Ergebnisse werfen ein neues Licht auf die Schlussfolgerungen von Bamberg (1994), der Perzipierbarkeit nicht als Grund für definite Anzeigen berücksichtigt: In Bamberg (1994) gibt es in der verwendeten Erzählung ausschließlich sichtbare Aktanten, es sei denn, die Erzähler erfinden Aktanten hinzu. Bamberg (1994) folgert aus seinen Daten, die Kinder, aber auch Erwachsene würden definite Anzeigen verwenden, wo indefinite angebracht sind. Diese Annahme ist jedoch, bezieht man Perzipierbarkeit als Wissensbestand mit ein, nicht haltbar.

4.6.2 Perzipierbarkeit im Raum

Da die Kinder sich in Räumen befinden, in denen sie sich schon sehr oft befunden haben und die sie gut kennen, ergeben sich wenige Sprechanlässe, die sich direkt auf den wahrnehmbaren Bereich beziehen. Als sich jedoch Ilaria am Fenster stößt und zwei andere Mädchen lachen, gibt es auch in der so bekannten Umgebung einen Gesprächsanlass. Die Mädchen benutzen in dieser Situation jedoch keine Artikel, sondern ausschließlich Deixeis da (T138)(T144). In dieser, im nächsten Abschnitt ausführlich behandelten Erzählung wird Determination im ersten Teil von der Perzipierbarkeit eines unmittelbar erfolgten Ereignisses im Raum, im weiteren Verlauf von gemeinsamen Episodenwissen (Hoffmann 2003b) bestimmt.

4.7 Episodenwissen

Gemeinsames Wissen um eine Episode liefert nur in einer Erzählung den grundlegenden Wissensbestand für Determination. In dem folgenden Transkript ist die gemeinsame Bearbeitung der Determination in einer Kind-Kind-Interaktion zu beobachten, in der Ilaria und Sina bei allem Streit auf der Ebene der operativen Prozeduren intensiv zusammenarbeiten, um zu klären, auf welche Episode Bezug genommen wird (T145)–(T148).

(Ilaria stößt sich an einem offen stehenden Fensterflügel den Kopf; Sina und Anastasia lachen, was sie sehr wütend macht.)

Ilaria　　　　Ich kann deine Kopf/schlagen,
　　　　　　　ich kann dein/Arm verbrenn!
　　　　　　　Wenn du lachst noch immer,
　　　　　　　schlag ich dich eine blaue Fleck! In Auge!

	Lehrerin	Ach! Dieses Kind!
	EM	Was ist los, Ilaria?
(T142)	Ilaria	Ja/Ich hab mich da weh getan,
		und die hat gew/gelacht!
(T143)	Anastasia	Die hat so gemacht: „Bwwww". So hat mit MIR gemacht.
(T144)	Ilaria	Ich hab mich/Ich hab mich da sehr weh getan.
	Lehrerin	Ja ja, ihr zwei. So, die Sachen stehen da ...
	EM	Wo denn?
	Ilaria	Hier!
	Sina	Ich hab mich auch DA weh getan. Bis hier.
	Ilaria	Ich hab mich voll hier. Ich hab mich/
	Anastasia	Ich hab mich auch manchmal hier!
	Ilaria	Und i/ich hab mich voll da. Wo Gehirn ist.
(T145)		Wo Du/wo ich bei diese Rutsche, hast du auch gelacht.
	Anastasia	Ah ja.
(T146)	Sina	Welche Rutsche.
	Ilaria	Diese alte, diese mit weiß-blau-weiß-blau-weiß. Und du hast ge-lacht. Und Amina.
(T147)	Sina	Meinst du bei Ausflug?
(T148)	Ilaria	Nein, bei uns in Kindergarten.
		Aber heute geh ich nicht in Kindergarten. Heute geh ich in Schul/nur in Schule, und dann geh ich bei Opa. Siehst du, wie weh getan hat. Des hat voll weh getan.
	EM	Hm̅. Glaub ich. Diese Kanten sind so • spitz.
(T149)	Ilaria	Wo ich in Kinder/wo ich in Kindergarten war/wo ich in Kinder-garten war, hab ich mich auch gestoßen, und die Vassilja, und die Sina, und/und/und die Amina hat mich voll • gelacht!
	Sina	Kann ich nochmal lachen! Dummkopf!
	Ilaria	Anastasia, lach nich so/lach nich so blöd.
	Lehrerin	Anastasia, wenn du dir die Ohren zuhältst, hörst du mich auch nicht.
	Sina	Haha! Hmhm`(äffend).
	Anastasia	Hähähä!
	Ilaria	Und ich komm niemals in die Schule.
		Wenn ich einmal bei dir,
		schlag ich dich blaue Fleck.
		Hier zwei Augen, und dein Nase. Und die/alle Zähne schlag ich, so mit meine/dis da/schlag ich dich voll die Zähne raus.

Lehrerin	So Ilaria, wenn du dich beruhigt hast, kannst du gerne hier mit-
	machen. Ansonsten möchte ich, dass du jetzt mal ruhig bist. ICH
	MAG ES NICHT MEHR HÖREN!
Ilaria	Ich mag nicht ruhig.

Ilariawehtun1 (6,3; IX)

Sina denkt mit, wann die Episode stattgefunden haben könnte und äußert selbst Fragen (T146)(T147); Ilaria kann mit diesen Fragen die benötigte Information entdecken, die Sina noch fehlt, und so stellen die Mädchen gemeinsam das Einvernehmen der Wissenbestände von Hörer und Sprecher her. Geteiltes Episodenwissen als Grundlage für Determination wird von beiden Gesprächspartnerinnen beherrscht.

4.8 Unikate

4.8.1 Einzigartigkeit

In einer Fantasieerzählung verwendet Anna mehrere, unter dem Gesichtspunkt der Determination unterschiedliche Aktanten: eine Katze, ein Baby und dessen Mama sowie die einzigartigen Entitäten Weihnachmann und Bruder. Dabei differenziert sie nach dem Kriterium der Einzigartigkeit.

	Anna	Das sin/Das is Weihnachmanngeschichte.
	EM	Und was passiert da?
(T150)	Anna	Da passiert ein Katze/nämich ein Katze,
		und des von Weihnachmann[102]
		kenn er/kann er gu/ganz ihm hoch,
		aber ich ich weiss net wie heiss er
(T151)		und der/und und der/und der Weihnachmann sagt:
		„Geh ganz schnell hoch",
		und ich geh/
(T152)		und ein Baby ist,
		sein Mama kann nich sehen,
		der hat ein Augen zu,
		dann b/beide Augen tut weh
		wenn er des macht auf.[103]
		Und und dann Weihnachmal sagt:
(T153)		„Hier ein Geschenk for dich."
	EM	Ja? Und? ...

---

102   Der Bart? Oder der Mantel?
103   ‚Denn es tut weh, wenn sie beide Augen öffnet.'

(T154)	Anna	Ja, da/dann der Baby sagt:
		„Weihnachmann, kannst du s/kannst du mit mir sein?"
(T155)		Dann der Weihnachmann sag: „Natürlich."
(T156)		Der sagt: „Kannst du/kannst du bi/kannst du mit mir schlafen?"
(T157)		Dann der sagt: „Ja!"
		Dann ist der Freund.
(T158)		Dann der Weihnachmann is mit ihm Baby Freund.
	EM	Ja?
	Anna	Aber die Baby is zwei Jahre.
	EM	So klein? Kann das sp/
	Anna	Wie mein Bruder.
	EM	Ja?
	Anna	Wie mein Bruder is er.

Annaweihnachmann (5,2; III)

Die Aktanten werden mit unterschiedlicher Determinationsanzeige genannt: Katze wird indefinit eingeführt (T150): Eine Katze wird aus der Menge aller Katzen herausgegriffen und in einer indefiniten Nominalphrase zuerst genannt. Dagegen wird Weihnachmann sofort definit eingeführt (T151): Der Weihnachtsmann hat als Kulturfigur, zumal in christlichen Gesellschaften, den Status der Einzigartigkeit, des definit anzuzeigenden Unikats. In der Lebenswelt dieses Kindes, einer kommunalen deutschen Kindertagesstätte, ist der Weihnachtsmann eine allen bekannte Figur, und ganz besonders im Dezember, dem Monat, in dem diese Erzählung entstanden ist.

4.8.2 Einzigartigkeit in ausgedehnten Situationen

Bei der Ortsangabe des Spielplatzes liegt eine besondere Form der Einzigartigkeit vor: Einzigartikeit in einem begrenzten Bereich (Hawkins 1978), in denen auf ein gemeinsames Wissen von Sprecher und Hörer Bezug genommen wird, wie die Kirche, wenn sie determinatorisch als einzigartig behandelt wird, obwohl die Sprecher wissen, dass es im Nachbardorf ebenfalls eine Kirche gibt.

Ayse behandelt den Spielplatz in der ausgedehnten Situation, hier dem Stadtviertel, als für alle Gesprächsteilnehmer einzigartig und daher bestimmt (T159).

EM	Du bist doch/du hast dir doch bestimmt schon mal weh getan, oder?
Ayse	Doch, hier.
EM	Zeig mal. Oh ja. Und wie ist das passiert?

(T159)	Ayse	Mit/In die Spielplatz.
	EM	Was war denn da?
(T160)	Ayse	In die Rutschen war mei mm/mein Fuß • gebrannt, dann war des so gepassiert.
	EM	Und was habt ihr dann gemacht?
(T161)	Ayse	Dann hat mein Mutti mir eine Pflaster gegeben.
	EM	Und du hast dann geweint?
	Ayse	Nö.

Aysewehtun (6,8; X)

Die Rutsche ist dagegen zielsprachlich im assoziativen aufgreifenden Gebrauch mit definiter Markierung verwendet (T160); Ayse kann davon ausgehen, dass im Hörerwissen die Information vorhanden ist, dass auf deutschen Spielplätzen eine Rutsche fast immer ein Bestandteil der Spielgeräte ist. Es handelt sich hier um den Fall der Determination, bei dem eine vorher genannte Größe den Wissensrahmen für eine nachgenannte absteckt; dafür nannte Christophersen das bereits zitierte Beispiel „Here is a book. The author ..." (Christophersen 1939, Zitat (10)); auf der Basis des Weltwissens wird eine Assoziation zu einem Gegenstand hergestellt.

Dass Ayse auch indefinite Markierungen benutzt, zeigt die Äußerung (T161). In dieser Erzählung aus dem letzten Beobachtungsmonat verwendet Ayse die definiten und indefiniten Anzeigen zielsprachlich.

4.9 Eigennamen

4.9.1 Personennamen und andere

Informationen darüber, wie etwas im Wissen von Sprecher und Hörer behandelt werden soll, werden im Deutschen auch durch die Nicht-Setzung von Artikeln gegeben. Einer Nicht-Setzung eines Artikels geht eine Entscheidung voran, deren Bewältigung Teil der Aneignung von Determination ist.

Ein wichtiges Vorkommen der Setzung und Nicht-Setzung von Artikeln sind Eigennamen. Sie stellen einen besonderen Fall von Unikaten dar. Determinatorisch wirkt sich das so aus, dass Artikellosigkeit bei Namen hochsprachlich ist, aber mit einem Nähekriterium in mündlicher Rede Artikel bei Eigennamen von Personen stehen können.

Die Kinder, die Erzieherinnen und die Interviewerin äußern Eigennamen von Personen sowohl mit definitem als auch ohne Artikel. Eigennamen mit indefinitem Artikel sind an keiner Stelle dokumentiert.

| (T162) SF | Dann können doch mal der Jo, der Michael und die Kira, wenn sie möchte, könnten mal erzählen, wie es in der Schule war. |

Schule (III)

Mehrere Eigennamen werden einzeln mit Artikeln versehen, an keiner Stelle mit einem gemeinsamen pluralen Artikel (also nicht: *die Anna und Maria) (T 163).

SF	Anna, was hast du denn am Wochenende gemacht?
Anna	Nur gespielt. (nickt)
SF	Nur gespielt? Habt ihr auch gefeiert bei euch daheim?
Anna	Ja.
SF	Und was habt ihr da so gemacht?
Anna	Geessen und spielen –
SF	Gegessen und gespielt zusammen?
Anna	und geschlafen.
SF	Und geschlafen. Sind da Freunde zu euch gekommen?
Anna	Ja. Ich habe viele Freunde.
SF	Ja, da erzählst du immer, gell, von deinen Freunden. Und die waren auch alle bei euch am Wochenende?
(T 163) Anna	Die/Die Movia ist mein Freund und die Maria und die Payam und die Pika sind alle meine Freunde.
SF	Hmˇ. Und die haben euch besucht? Ja? Der Movia, der ist auch hier im Kindergarten, gell? Michael, ist auch n Freund von Dir, gell?
(T 164) Anna	Und die Maria ist Freundin von Michael. So/so viele Freunde, nun hab ich.

Annaspielen (5,1; II)

Die Eigennamen eines Liedes (T165), eines Festes (T166), eines Spiels (T167) und einer Fernsehserie (T168) werden zielsprachlich ohne Artikel geäußert.

| (T165) | dann ham wir/ham wir „Happy Birthday" gesingt |

Ülkügeburtstag (6,2; X)

| (T166) | Ich hab bei Bayram einmal geschlafen, und dann hab ich meine Mutter gefragt, was heute ist, und der hat gesagt: „Heute ist Bayram." |

Kirabayram (6,0; II)

147

EM	Was hast du für n Spiel?
(T167) Antonio	Splesch Pleschen.
EM	Play Station! Und das macht Spaß, oder?

Antoniohaus (5,6; IV)

(T168)	Wir haben/wir haben „Spongebob" gesehen.

Mehmetwochenende (5,5; II)

Die Kinder haben sich bereits im Grundsatz angeeignet, dass Eigennamen von Personen determinatorisch spezielle Vorkommen darstellen und sich von den meisten anderen Eigennamen insofern unterscheiden, dass im Wesentlichen nur bei Eigennamen für
Personen mit den Kriterien der Mündlichkeit und der Vertrautheit Determinatoren zulässig sind.[104]

4.9.2 Fehleinschätzungen

Von zwei Kindern sind Fehleinschätzungen von Eigennamen belegt; sie behandeln
Eigennamen, die nicht für Personen stehen, determinatorisch als solche.

„Nikolaus" und „Attila"

In der folgenden Äußerung (T169) fehlt ein Artikel als Ort für eine Determinationsanzeige:

(T169) Ali	Guck, Attila Nikolaus seine Barte anfasst.
(T170) SF	Ehrlich?
Ali	Ja.

Alinikolaus (5,6; III)

Es liegt eine Fehleinschätzung von Ali in Bezug auf Nikolaus vor. Nikolaus steht hier
nicht für einen Eigennamen, etwa den Eigennamen eines spezifischen Bischofs von
Myra, sondern für eine Figur der Vorweihnachtszeit. Nikolaus kann daher nicht artikellos, wie Attila, verwendet werden, sondern ist definit zu nennen, der Nikolaus, wie der
Weihnachtsmann. Diese determinatorische Unterscheidung zwischen Eigennamen und
Namen einer mythologischen Figur und mithin eines Unikats führt Ali noch nicht aus.
Verstanden wird die Äußerung trotzdem, wie die umgehende Reaktion der Sprachförderkraft zeigt (T170). Auch hier erfolgt keine Thematisierung der fehlerhaften Determinationsanzeige, weil die sprachliche Handlung nicht als gefährdet angesehen wird.

---

104 Ausnahmen sind z.B. Eigennamen häufig frequentierter Entitäten, z.B. zum Aldi.

In einer anderen Erzählung vom selben Tag ist zu sehen, wie Ali Nikolaus als Eigennamen mit fakultativem Determinativ behandelt, also das Determinativ auslässt (T171) bzw. an anderen Stellen setzt (T172)(T173).

(T171)	Ali	Nikolaus hat voll Komisches gemacht.
	Isabella	Frau K., ich will noch was sagen.
(T172)	Ali	Guck ich hab was die Nikolaus schönste
		Frau K./guck/guck ma. Frau K/
(T173)		Der/der/der Nikolaus habt • was Komisches gemacht.
		Wir haben was gesingt.
	SF	Gesungen habt ihr was?
	Ali	Ja a/„Alle Leut", was guten Tag singen Nikolaus.
	SF	Ah, des hat der Attila gesungen, gell, „Alle Leut".
	Ali	Aber w/aber weil die/aber /
	SF	Alleine, gell?
	Ali	Ja. Und wir haben alle:
		„Guten Tag, ich bin der Nikolaus", auf den, alle.
	SF	Ja, hm´. Die Frau K. hat mir nämlich auch schon erzählt,
		wie des bei euch war.

Alinico2 (5,6; III)

Kein Eigenname: Kindergarten

Die noch begrenzte Kenntnis der Kinder von der Welt führt zu Annahmen darüber, was einzigartig ist und dessen Bezeichnung somit Eigennamenqualität hat, die sich von dem Weltwissen Erwachsener unterscheiden. In der folgenden Äußerung hat die Sprecherin noch nicht erfasst, dass Kindergarten nicht eine einzigartige Stätte mit Eigennamenqualität bezeichnet, sondern einen aus der Menge aller Kindergärten herauszugreifenden Kindergarten.

(T174)   Kindergarten war zu.

Ülkügeburtstag (6,2; X)

Kindergarten wird von ihr wie ein Eigenname behandelt, ähnlich wie es z.B. zielsprachlich in der Äußerung wäre:

(39)   QUELLE ist zu.

Es liegt an dieser Stelle keine bloße Auslassung des Determinativs vor, sondern vielmehr ein begrenztes kindliches Weltwissen, das zu spezifischen Annahmen darüber führt, was ein Eigenname ist.

4.10 Stoff- und Massennomen, Abstrakta

Ein Teil der Aneignung von Determination besteht darin, zu erkennen, wann ein Nomen als Substanz oder als Abstraktum im Sprecher- und Hörerwissen angezeigt wird.
Es finden sich in den analysierten Daten vielfältige Belege, in denen die Kinder Stoff-
und Massennomen[105] sowie Benennungen für Abstrakta, wie Sprachen oder Tageszeiten, zielsprachlich artikellos äußern. In den folgenden Beispielen verwenden die Kinder die Substanzen Fisch, Salat, Soße, Wasser, Obst, Çay, Blut, Gummiband, Gurke,
Tomate, Käse, Alufolie.

	EM	Was spielst du gern?
	Anastasia	Barbies und Puppen und •/und Malen
	EM	Ja? ...
	EM	Und welche Sprache sprechen die Barbies?
(T175)	Anastasia	Jugoslawisch.
	EM	Ja? Spre/Oder sprechen die auch manchmal Deutsch?
	Anastasia	(schüttelt den Kopf)
	EM	Nein. Aha. Und was machen die dann, wenn die miteinander reden? Kochen die, oder essen die oder ziehn die sich an oder...
	Anastasia	Kochen sie.
	EM	Und was kochen die?
(T176)	Anastasia	• • • Ah • • oi • • die kochen äh • Fisch/ach/• Gemüse, Salat, äh/Soße
	EM	Und was machen die, wenn die gekocht haben?
	Anastasia	Essen.
	EM	Aha. Und ist das immer lecker, oder ist das auch mal ange-brannt?
	Anastasia	Lecker.

Anastasiabarbies (5,7; IV)

(T177)   Mit/mit auch Wasser drin.

Annaspielen (5,1; II)

(T178)   Wir holn Obst mit.

Ülkümorgengeburtstag (6,1; IX)

---

105 Stoff- und Massennomen und Substanzen werden im Folgenden Substanzen genannt; unter
     determinatorischen Gesichtspunkten verhalten sie sich gleich.

(T 179)	Is man mein/mein Vater/mein Vater trinkt immer Ça. ... Çay is Tee.

Ülkücay (5,6; II)

SF	Was is denn ne Platzwunde?
(T180) Tomas	Wo/wo hier so ne Wunde is, wo Blut rauskommt.

Tomaswehtun (6,1; VI)

(T181)	Da war Blut.

Ülküwehtun (5,10; VI)

Jo	So hat einmal mein Schwester ihre Zahn mit/ehm/
(T182)	Gummiband gemacht und dann ist der Zahn rausgegangen, der.

Jozahn (6,4; II)

EM	Du hast doch Geburtstag gefeiert, ne?
Ülkü	Nein, mein/mein/ich hab/kan dett/mein Vater gesagt: „Ich hab heute Geburtstag", und hat er gesagt: „Egal, wir feiern nicht." ...
EM	Aber im Kindergarten habt ihr gefeiert, oder?
Ülkü	Kindergarten war zu.
EM	Habt ihr nich im Kindergarten Torte gegessen?
Ülkü	Doch.
EM	Erzähl mal, was habt ihr im Kindergarten gemacht zum Geburtstag?
(T183) Ülkü	Wir ham hm͞, äh Gurke, Tomate, äh Käse, äh das wars schon.
(T184) EM	Und was habt ihr mit dem Käse gemacht?
(T185) Ülkü	Die ham so abgeschneidet, da, die warn so viereckig, haben wir so abgeschneiten, dreieckig.[106]
EM	Und dann?
(T186) Ülkü	Hm͞, wir ham das in einn Teller gemacht.
(T187)	Dann haben wir Alufolie ge/geholt, dann haben wir das zugemacht.
EM	Und dann?

---

106 ‚Die (Scheiben) haben (wir) durchgeschnitten, erst waren sie viereckig, dann dreieckig.' Den Wechsel des Stoffnomens Käse zu einer Vielzahl zählbarer Elemente vollzieht Ülkü durch die pluralische Anadeixis und die Pluralflexion des Verbs.

151

(T188) Ülkü   Und dann haben wir das nach ein Tisch hingelegt,
                       und, und dann später ham wir noch mein Geburtstag
                       gefeiert, um halb zehn, und dann ham wir/ham wir „Happy
                       Birthday" gesungt, ham wir ALLES gegessen.

                                                    Ülkügeburtstag (6,2; X)

Der artikellose Umgang mit den Massen- und Stoffnomen wie Gurke, Tomate, Käse,
Alufolie wird bereits beherrscht. Neben den artikellosen Nomen stehen neu eingeführte,
unbekannte Objekte mit indefiniter Determinationskennzeichnung (T186)(T188), das
Kind setzt also Artikellosigkeit und -nennung gezielt ein. Das gilt auch für die gefundenen Abstrakta, Sprachen, Tageszeiten und Empfindungen:

(T189)   Mein Papa kannt auch Türkisch.

                                                    Annawehtun (5,9; X)

(T190) EM   Welche Sprache sprichst du denn am besten?
        Ali   Deutsch.

                                                    Alisprache (6,1; X)

(T191)   Dann war des noch Morgen.

                                                    Sinageburtstag(6,1; X)

(T192)   Die Vögel hab Angst.

                                                    AliHAVASD1 (5,7; IV)

(T193)   Ich hab/ich hab Hunger.

                                                    AnnaHAVASD1 (5,3; IV)

Das Wissen, dass Determination bei Abstrakta, Stoff- und Massennomen mit nichtge-
setzten Artikeln ausgedrückt wird, haben sich alle Kinder bereits erfolgreich angeeignet.

4.11 Auslassungen

Es gibt einige Äußerungen, in denen obligatorische Determinationsanzeigen ausgelassen sind. Wenn die Kinder Determination gar nicht anzeigen, so wird das als Anzeichen für eine in diesem Bereich noch nicht abgeschlossene Aneignung angesehen. Dazu sollen einige Äußerungen betrachtet werden.
Ülkü benennt die Puppenecke in ihrer Kindergartengruppe (T194); sie äußert sie aber,
wie es in einem Verbgefüge mit spielen zielsprachlich wäre: artikellos, als wollte sie

sagen, Ich wollte noch Puppenecke/Puzzle/Mensch ärgere Dich nicht spielen. In der Äußerung lässt sie ein obligatorisches Determinativ und eine Präposition, z.B. in die, aus.

(T194)	Ülkü	Äh, ich wollte noch mit Puppenecke,
		und dann war die Ronnie dann, dann wollt/dann fragen wir,
		wollt ich rein, Ronnie hat gesagt, ich darf da nich rein.
	SF	Du durftest nicht rein?
	Ülkü	(schüttelt den Kopf)
	SF	Und dann? Was hast du denn dann gemacht?
	Ülkü	Dann war ich draußen.
	SF	… Was hast du dann gemacht?
	Ülkü	Ich hab dann geweint.
	SF	Und dann? Hat die dich dann reingelassen, oder immer noch
		nicht?
	Ülkü	Hmhm.
	SF	Ist die Ronnie deine Freundin?
	Ülkü	Hmhm.
	SF	Ne?
	Ülkü	(schüttelt den Kopf)
	SF	Wer ist denn deine Freundin?
	Ülkü	Keiner.

Ülküfreundin (5,10; VI)

Das Determinativ ist in (T194) nicht für das Verständnis nötig, es erfolgt auch keine
Nachfrage. Syntaktisch ist die Äußerung jedoch unvollständig.
Im folgenden Ausschnitt ist das fragliche Substantiv durch die Endung -Spiel als
Kompositum erkennbar. Trotzdem gibt es keinen Artikel (T195); die Nicht-Setzung ist
nicht zielsprachlich. Dagegen ist die schon aufgeführte artikellose Verwendung in der
Äußerung (T196) die korrekte Äußerungsform, da hier nach dem Namen des Spiels
gefragt wird. Eigennamen von Verwandten äußert der Junge zielsprachlich ohne Artikel (T197). Antonio ist noch unsicher, wann Artikel als Ort für Determinationsanzeigen gesetzt werden müssen.

	Antonio	Zu Hause ich will gehn.
	EM	Ja? Was möchtest du denn zu Haus machen?
(T195)	Antonio	Spielen. Ich hab Schplesss/Play-Slation-Spiel.
	EM	Was hast du für n Spiel?
(T196)	Antonio	Splesch Pleschen.
	EM	Play Station! Und das macht Spaß, oder?

Antonio	Nein. Aber äh/wie sind/und dann ich will trinken, und dann • ich will essen, und dann ich will öh/aufstehn net • ich bin müde.

Antoniohaus (5,6; IV)

	EM	Hast du dir schon mal weh getan?
	Antonio	Ja, guck mal, hier.
	EM	Zeig mal. Ach, Mensch, und wie ist das passiert?
	Antonio	Gefalle.
	EM	Wobei denn?
(T197)	Antonio	Bei Oma, Mama in Haus. Kindergarten, weil ich hier habe gefalle.

Antoniowehtun (6,0; X)

Auslassungen, die nicht mit Fehleinschätzungen von Wissen und der konsequenten Determinationsmarkierung der Fehleinschätzung erklärt werden können, sind ferner bei Ayse zu finden (T112)ff. Bei ihr wie auch bei Isabella stehen Auslassungen (T113)(T114)(T115)(T198) in enger Umgebung von realisierten Determinativen (T116)(T117)(T119)(T199).

(T198)	Ich hab auch/Ich hab kei Roller, aber jetzt hab ich Roller.
(T199)	Meine Freundin wascht man–mal die Teller, und ich auch. Ich kann des waschen, aber jetz.

Isabellaalltag (5,11; VIII)

Von Ali sind Auslassungen in mehreren Erzählungen belegt, neben (T132) auch in der folgenden Erzählung (T200)(T202)(T203)(T207). In anderen Phrasen nennt er Determinatoren, zuerst indefinit (T201), dann weiter definit (T204). Nach Präpositionen fehlt die Determinationsanzeige besonders häufig (T200)(T206), aber nicht immer (T204).

	EM	Sag mal, du hast dir doch bestimmt schon mal weh getan, oder? Wie isn das passiert, was warn da?
	Ali	Deblutet.
(T200)	Ali	B/Bei Fuß.
	EM	Wie bitte?
	Ali	Fuß. Die Fuß.
	EM	Ja? Und wie ist das gewesen? Wie ist das denn gekommen?
	Ali	Unsere Haus
	EM	Was war da?

(T201)	Ali	Da war • eine Füß geblutet nach Hause • • und dann ham/da habt der/dann habt der mal es regnet/
(T202)		Da/dann is Sonne dekommen.
	EM	Wer is gekommen?
(T203)	Ali	Sonne.
	EM	Aha. Und wieso bist du da hingefalln?
	Ali	Da/am da tut alles tut weht.
	EM	Wie bitte?
	Ali	Alles tut weht.
(T204)		Alles tut weht am Fuß.
	EM	Aha. Bist du da die Treppe runtergefallen? Wo bist du hinge-fallen?
(T205)	Ali	In Hof.
	EM	Was habt ihr denn im Hof gemacht?
(T206)	Ali	Wasser spielen.
		Dann bin ich runterdefällt, dann is mein Bein deblutet.
	EM	Aha. Und was habt ihr dann gemacht?
	Ali	Dann hab ich da weinen.
	EM	Ja. Und dann?
	Ali	Dann äh/dann hab ich/da/dann ist des wieder aufdetrocknet.
	EM	Bist du dann zur Mama gelaufen?
	Ali	Ja.
	EM	Und was hat die Mama gemacht?
(T207)	Ali	Pflaster macht.
	EM	Hm` Mannoman. Und jetzt ist es wieder gut?
	Ali	Ja.

Aliwehtun (6,1; X)

Wie bei Ali sind bei Anna Auslassungen des Determinators als Ort der Determinati-onsanzeige nach einer Präposition zu beobachten, z.B. (T327)(T335), ebenso bei Ilaria (T12), Kira (T233), Jo (T84)(T88)(T380). Der gleiche Fehler der Auslassung des De-terminators nach einer Präposition findet sich weiter bei Mariana, (T43)(T44) und bei Ülkü (T208) (T211)(T212), neben realisierten Determinativen nach Präpositionen, (T209)(T210).

(T208)	Ich trinke aus Kanne.
(T209)	Mein Bruder/Mein Bruder trinkt mit eim Flasche.
(T210)	mit einem/mit einem Packung ganz große.

Ülküflaschetrinken (5,6; II)

EM	Hast du auch Barbiepuppen, Ülkü? Oder spielst du damit nicht?
Ülkü	Ich hab keine.
EM	Nein? Hast du andere Puppen?
Ülkü	Keine.
Baki Can	Keine Spielsache?
Ülkü	Hmhm`
SF	Das glaub ich net. Hast du gar keine Spielsachen zu Hause?
Ülkü	(schüttelt den Kopf)
SF	Was machst du denn zu Hause? Wo du keine Spielsachen hast.
(T211) Ülkü	• Einfach nach Küche gehen.
SF	Tu ma bitte die Finger raus. Noch mal.
Ülkü	Ich geh einfach nur in die Küche.
SF	In die Küche? Bei die Mama?
Ülkü	(nickt)
SF	Was machst du dann in der Küche?
Ülkü	Ich schaue, was wir alles haben.
SF	Und dann?
(T212) Ülkü	• Dann geh ich in Küche raußen, geh ich in unser Zimmer, und guck/guck Fenster/und dann geh ich in Wohnzimmer und guck Fernseher.
SF	Hm`.
Ülkü	• • Als ich auch unter mein Bett hinlege.
SF	Bitte?
Ülkü	Mein Bett hinlegen.
SF	Ach so, ruhste dich manchmal aus auf deim Bett.
Ülkü	Ja.
SF	Ähem.
Ülkü	• •

Ülküspielsachen (5,10; VI)

Auslassungen von Determinatoren sind bei fast allen Kindern belegt, mit Ausnahme von Boris, Elena und Anastasia. Die fehlenden Determinationsmarkierungen werden nicht nachgefragt.

Die Aneignung von Determination ist noch nicht so weit abgeschlossen, dass stets Orte für Determinationsmarkierung zur Verfügung ständen. Das betrifft insbesondere Determinatoren nach Präpositionen. Sie stellen die Hälfte aller Auslassungen dar: 75 von 148 Auslassungen, das sind 50,7 %, sind nach einer Präposition zu finden.

Tabelle 9: Auslassungen von Determinativen

	Auslassungen insgesamt	A. nach Präpositionen
Elena	1	1
Sina	1	1
Boris	2	1
Tomas	2	1
Anastasia	2	1
Mariana	3	3
Isabella	4	2
Ayse	4	0
Michael	6	5
Jo	7	7
Ülkü	11	8
Mehmet	12	8
Kira	12	7
Antonio	14	1
Ali	17	3
Anna	24	10
Ilaria	26	16
Summe	148	75

Die Kinder lassen Determinatoren stark unterschiedlich häufig aus. Die Hälfte von ihnen, acht Kinder, lässt selten, weniger als fünfmal, die Position der Determinationsanzeige unbesetzt. Bei drei Kindern, Ali, Anna und Ilaria, werden viele Auslassungen (17, 24 und 26) gezählt; allerdings erzählen Anna und Ilaria auch viel.

4.12 Resümee: Die Aneignung von Determination

Die Kooperation von Sprecher und Hörer für Determination kann in mehreren Erzählungen beobachtet werden. Unterschiedliche Ansichten über die Bekanntheit im Wissen von Sprecher und Hörer führen oft, aber nicht immer, zu einer kommunikativen Bearbeitung dieser Differenzen. Diese Bearbeitung wird so lange durchgeführt, bis die Wissensbestände in einen für die Fortsetzung der sprachlichen Handlung ausreichenden Grad der Übereinstimmung gebracht worden sind – jedoch nicht, bis eine Eindeutigkeit im logischen Sinne erreicht worden wäre. Die Bearbeitung der Determination erfolgt in einigen Diskursen umgehend, in anderen verzögert nach den entsprechenden Redebeiträgen. Ein Grund dafür ist die Notwendigkeit einer ausreichenden Klärung eines Gegenstands, die sich manchmal erst im Verlauf der sprachlichen Handlung herausstellt. Nachfragen erfolgen nur bei Differenzen, die für den Fortgang der sprachlichen Handlung als wesentlich eingeschätzt werden: Nicht alle Differenzen zwischen Sprecher- und Hörerwissen und Determinationsanzeige werden bearbeitet.

Wichtige Elemente der gemeinsamen Herstellung von Determination sind die Bestätigung der Determination durch das Aufgreifen der Definitheitsmarkierung in Folgeäußerungen durch die sprachlich Handelnden, das Fehlen von Nachfragen als Zeichen der Bestätigung, das Äußern von Nachfragen, wenn die notwendige und angezeigte Identifikation aus dem bisher verfügbaren Wissen nicht geleistet werden kann, und die kooperative Klärung von Unstimmigkeiten durch Sprecher und Hörer. Nach einer solchen Klärung wird die sprachliche Handlung wieder aufgenommen.

Die *Kooperation* von Sprecher und Hörer wird von allen betrachteten Kindern beherrscht. In einigen Erzählungen ist der Einfluss des erwachsenen Hörers auf die Determination sehr groß, so dass die Determinationserfordernisse durch Nachfragen angezeigt und geleitet werden, die dann vom kindlichen Sprecher bearbeitet werden. Das hängt von der Komplexität der Erzählung ab.

Um sich zu versichern, dass Einvernehmen im Wissen erreicht wird oder neues Wissen aufgenommen wurde, werden neben Artikeln und ihrer Auslassung auch Interjektionen und Partikeln in das Wissensmanagement und somit die Determination einbezogen.

Das kindliche Wissen von Institutionen differenziert noch nicht die vielfältigen Formen der Institutionszugehörigkeit, wie das Erwachsene tun. Daher sind Determinationsmarkierungen in den Daten zu finden, die damit erklärt werden können, dass die Kinder insbesondere Unkenntnis des Hörers, wenn dieser im Gegensatz zu ihnen nicht der Institution angehört, nicht erkennen und ihn determinatorisch als Institutionsangehörigen behandeln.

Die Kinder markieren auf der *Grundlage ihres Diskurs- und Textwissens* diejenigen Aktanten definit, die für Sprecher und Hörer gleichermaßen, durch die Bildvorlage, identifizierbar sind. Andere Aktanten markieren sie indefinit. Einmal definit genannte Aktanten werden definit weiter geführt. Mitten in einer Erzählung neu auftauchende Aktanten werden indefinit eingeführt und so als neue Figuren markiert. Alle Kinder zeigen ein sprachliches Wissen davon, wie mit Entitäten, die als gemeinsam im Wissen von Sprecher und Hörer vorhanden angesehen werden, zielsprachlich determinatorisch umgegangen werden kann.

Bei allen Kindern finden sich jedoch auch Aktanten, die neu eingeführt werden und trotzdem definit angezeigt werden. Je vertrauter den Kindern das Relat ist, desto häufiger ist das der Fall.

Maratsos (1976) bemerkt eine grundlegende Aneignung der Definitheitsanzeigen im Alter von vier Jahren. Auch in seinem Korpus sind unzulässige definite Markierungen, aber keine unzulässigen indefiniten Markierungen zu finden. Er führt die abweichenden definiten Anzeigen darauf zurück, dass die Kinder noch Mühe damit haben zu antizipieren, dass der erwachsene Gesprächspartner etwas nicht wissen könnte, was sie wissen, was Emslie/Stevenson (1981) jedoch auf die Sichtbarkeit, somit Perzipierbarkeit, der Abbildungen zurückführen. Im Gegensatz zu den Ergebnissen und Folgerungen von Emslie/Stevenson (1981) sind jedoch hier auch dann unzutreffende definite Anzeigen in den Erzählungen beobachtet worden, in denen keine Abbildungen benutzt wurden, z.b. weil das Institutionenwissen des Hörers durch die Kinder überschätzt wurde.

Auf bekannte Entitäten des Weltwissens wird definit Bezug genommen, wie es zielsprachlich ist. Diese Determinationsanzeige ist bereits angeeignet. Indefinite Anzeigen in denselben Erzählungen zeigen, dass die Kinder definite Anzeigen nicht generell, sondern differenziert setzen.

Perzipierbare Entitäten werden grundsätzlich definit angezeigt. Gemeinsame Perzipierbarkeit liegt auch bei Erzählungen nach Abbildungen vor, wenn die Illustrationen offen sichtbar sind. Aus diesem Grund werden bei Erzählungen nach Abbildungen in der Regel die sichtbaren Aktanten definit als bekannt angezeigt; unsichtbare Entitäten werden dagegen durchgängig indefinit geäußert und auf diese Weise als neu gekennzeichnet.

Episodenwissen wird selten angesprochen: Es gibt nur einen Beleg, bei dem zwei Kinder eine gemeinsame Episode als Grundlage der Determinationsanzeigen nehmen. Die diesbezüglichen Nennungen sind zielsprachlich definit.

Unikate und *Unikate innerhalb einer ausgedehnten Situation* werden zielsprachlich definit angezeigt.

Eigennamen von Personen werden häufig mit definiter Anzeige geäußert, wie es bei vertrauten Menschen in mündlicher Rede zielsprachlich ist. Andere Eigennamen sind nicht mit einem Determinator dokumentiert. Das zeigt eine gelungene Aneignung dieser geteilten determinatorischen Behandlung von Eigennamen. Einige Kinder behandeln Benennungen als Eigennamen, die keine sind.

Massen- und Stoffnomen sowie Abstrakta zeigen die Kinder zielsprachlich artikellos an.

Auslassungen der Determinators sind bei fast allen Kindern vorhanden. Sie sind Anzeichen dafür, dass die Kinder Determinationsmarkierungen noch nicht konsequent setzen und der Aneignungsprozess noch nicht abgeschlossen ist.

Als Resümee kann festgehalten werden: Die Kinder sind grundsätzlich gut in der Lage, die für Determination angemessenen operativen Prozeduren in sprachlichen Handlungen durchzuführen. Es gibt bei keinem Kind Anzeichen für große Schwierigkeiten in diesem Bereich. Die Kinder zeigen neue, noch unbekannte Entitäten mit indefiniten Artikeln an, und sie markieren bekannte Entitäten mit definiten Artikeln. Bei Nachfragen unterbrechen sie die sprachliche Handlung, stellen dem Hörerwissen weitere Informationen zur Verfügung und setzen dann die sprachliche Handlung fort. Eine noch nicht vollendete Aneignungsaufgabe ist die zuverlässige Setzung der indefiniten Anzeigen. Sie erfolgt dann nicht, wenn die Kinder Mühe haben anzuerkennen, dass der Hörer über Wissen nicht verfügt, dass bei ihnen vorhanden ist.

Die einzelnen Fehler werden weniger auf Probleme im Umgang mit dem operativen Feld zurückgeführt als auf kleinere Schwierigkeiten im Umgang mit dem Π-Bereich. Fast allen Kindern unterlaufen Auslassungen und Fehleinschätzungen des Hörerwissens, allen Kindern gelingt es aber auch, gemeinsam mit dem Hörer und in der Gruppe eine geteilte Wissensbasis herzustellen. Grundsätzlich haben die Kinder noch Mühe mit der Konstellation, dass im Hörerwissen Π_H Wissen nicht verfügbar ist, auf das der Sprecher in seinem Wissen Π_S Zugriff hat. Bei sehr vertrauten Entitäten, wie z.B. ihrem Lieblingsbuch oder ihren Familienangehörigen, haben die Kinder besondere Mühe determinatorisch zu realisieren, dass diese Entitäten einem Hörer unbekannt sind. Es wäre möglich, dass es für Kinder schwieriger ist, Nicht-Wissen von Erwachsenen als von Kindern einzuschätzen; eine Analyse der Determinationsanzeigen in Kind-Kind-Untersuchungen wäre in dieser Richtung interessant.

Zwischen den am Anfang und am Ende des Beobachtungszeitraums erhobenen Erzählungen sind keine Unterschiede zu vermerken. Einflüsse der Erstsprachen sind nicht festzustellen. Die Kinder verhalten sich in Bezug auf Determination unabhängig davon, ob sie Determination am Artikel aus ihrer Erstsprache kennen oder nicht und welchen einzelsprachlichen Möglichkeiten der Determinationsmarkierung sie begegnet sind.

Die hier erlangten Ergebnisse für den Zweitspracherwerb zeigen einen grundsätzlich unproblematischen Aneignungsverlauf; damit werden die früheren Untersuchungen bestätigt (Maratsos 1976; Karmiloff-Smith 1979; Emslie/Stevenson 1981; Bamberg 1994). Die durchgehende Aneignung von Determination wird auf ihre grundlegende Bedeutung für das Gelingen sprachlicher Handlungen zurückgeführt. Die Abgleichung der Wissensbestände von Hörer und Sprecher wird von allen Beteiligten der sprachlichen Handlung kooperativ erreicht; das bringt mit sich, dass die Kinder in der Aneignung von Determination, im Gegensatz zu vielen anderen sprachlichen Bereichen, häufig ein korrektives Feedback erhalten. Konflikte zwischen der Determinationsanzeige eines Sprechers und dem Wissen der Gesprächspartner werden, wenn sie für die sprachliche Handlung wichtig erscheinen, zeitnah thematisiert und von den an der sprachlichen Handlung Beteiligten so lange bearbeitet, bis eine für das Gelingen der Handlung ausreichende Abstimmung zwischen Determinationsanzeige und Wissensstand erreicht ist. Die grundlegende Bedeutung für das Gelingen sprachlicher Handlungen und das kontinuierliche Feedback werden als beschleunigende Faktoren bei der Aneignung gesehen.

5. Genus

5.1 Zur Geschichte der Genusforschung

5.1.1 Griechische Antike

Protagoras

Die früheste belegte Reflexion über Genus findet sich in einer Bemerkung von Aristoteles über Protagoras, der im 5. Jh. v. Chr. lebte (Aristoteles Rhetorik III, V, 4). Der fast einhundert Jahre später geborene Aristoteles berichtet von dem Sophisten Protagoras, dieser habe bereits drei Genera, und zwar männlich, weiblich und sächlich, unterschieden und sich gewünscht, dass die griechischen Ausdrücke für Wut und Helm maskulines, nicht das tatsächliche feminine Genus trügen (cf. Robins 1967: 30, Aristoteles, De Sophisticis Elenchis 14). Diese nur sehr kurzen Hinweise bei Aristoteles auf den älteren Philosophen thematisieren erste Überlegungen, warum grammatisches und natürliches Geschlecht nicht grundsätzlich zusammenfallen. Damit wird in Ansätzen bereits eine erste Genuszuweisungsregel, nämlich die Genuszuweisung nach natürlichem Geschlecht, reflektiert und problematisiert.

Das Genus in der Satire: Aristophanes

Bestehende und fehlende Zusammenhänge zwischen Geschlechtlichkeit und Genus ironisiert Aristophanes in seiner Komödie *Die Wolken* (uraufgeführt 419/418 v. Chr.). Der Satiriker legt seinem Protagonisten Sokrates und dem einfachen Kaufmann Strepsiades Überlegungen über das Genus in den Mund, die eine Priorität semantischer, am natürlichen Geschlecht orientierter Genusklassifikation vor der grammatischen fordern und vorschlagen, Konflikte mittels Movierung zu beheben.

„Sokrates   Vierfüß'ge Tiere nenne mir, die männlich!
Strepsiades   Wer das nicht wüßte, wär' ein Esel! Männlich
                Sind Widder, Stier und Bock und Hund und Spatz.
Sokrates   Siehst du? So geht's: das Weibchen nennst du Spatz,
                Und dann das Mannchen wieder ebenso.
Strepsiades   Und dann?
Sokrates   Bedenk nur einmal, Spatz und – Spatz!
Strepsiades   Wahr, beim Poseidon! Nun, wie muß ich sagen?
Sokrates   Spatz heißt das Männchen, Spätzin heißt das Weibchen.“

                              Aristophanes, Die Wolken, 2. Szene

Hier bildet die Gleichsetzung der Kategorien *biologisches* und *grammatisches Geschlecht* die Grundlage für die Komik. Aristophanes thematisiert damit die Behandlung von Nomen in Bezug auf das grammatische Geschlecht, wobei für einige Nomen Geschlecht differenziert wird, für andere nicht. Sein Interesse liegt allerdings in der Charakterisierung seiner theatralischen Figuren, weniger in der Beschäftigung mit Grammatik aus Erkenntnisinteresse.

Aristoteles, Chrysippos

Aristoteles (4. Jh. v. Chr.) behandelt in seinen eigenen Überlegungen drei Genera. Auch er definiert Genus nicht, sondern setzt es als Kategorie voraus. Er fragt sich, womit Genuszuweisungen motiviert sind und stellt umfangreiche Zusammenhänge zwischen Genus und Auslaut fest (Poetik 1458a). Damit begründet er eine Tradition, die sich damit beschäftigt, das isolierte Substantiv zu betrachten und daran versucht, das Genus zu erklären. Aristoteles formuliert die ersten abendländischen Genusprinzipien zu Auslauten.

„Von den Nomina sind die einen männlich, die anderen weiblich und die dritten zwischen beidem. Männlich sind die Nomina, die auf N, R und S sowie auf die Buchstaben enden, die mit Hilfe eines S zusammengesetzt sind (das sind zwei, PS und X); weiblich sind die, die auf die stets langen Vokale enden, d.h. auf E und O, sowie – von den Vokalen, die bald kurz, bald lang sind – die auf A. Demnach ist die Zahl der Laute gleich, auf die männliche und weibliche Nomina enden können (PS und X sind ja zusammengesetzt). Auf einen Konsonanten endet kein Nomen, und auch nicht auf einen kurzen Vokal. Auf I enden nur drei, nämlich meli, kommi, peperi, und auf Y fünf. Die Nomina zwischen Männlich und Weiblich enden auf die genannten Vokale sowie auf N und S."

Aristoteles, Poetik, 1458a[107]

Er erwähnt an einer Stelle bereits Kongruenz; für eine gute Rede fordert er, dass sie durchgängig beachtet werden muss:

„Ein vierter Faktor besteht darin, Protagoras' Unterteilung der Nomen in die Geschlechter männlich, weiblich und sächlich (zu beachten); auch dies muss

---

107 „Αὐτῶν δὲ τῶν ὀνομάτων τὰ μὲν ἄρρενα τὰ δὲ θήλεα τὰ δὲ μεταξύ, ἄρρενα μὲν ὅσα τελευτᾷ εἰς τὸ N καὶ P καὶ Σ καὶ [10] ὅσα ἐκ τούτου σύγκειται (ταῦτα δ᾽ ἐστὶν δύο, Ψ καὶ Ξ), θήλεα δὲ ὅσα ἐκ τῶν φωνηέντων εἴς τε τὰ ἀεὶ μακρά, οἷον εἰς H καὶ Ω, καὶ τῶν ἐπεκτεινομένων εἰς A· ὥστε ἴσα συμβαίνει πλήθει εἰς ὅσα τὰ ἄρρενα καὶ τὰ θήλεα· τὸ γὰρ Ψ καὶ τὸ Ξ σύνθετά ἐστιν. Εἰς δὲ ἄφωνον οὐδὲν ὄνομα τελευτᾷ, οὐδὲ εἰς [15] φωνῆεν βραχύ. Εἰς δὲ τὸ I τρία μόνον, μέλι κόμμι πέπερι. Εἰς δὲ τὸ Y πέντε ***. Τὰ δὲ μεταξὺ εἰς ταῦτα καὶ N καὶ Σ." (Übersetzung: Fuhrmann)

man nämlich richtig einsetzen: ‚Nachdem sie gekommen war und geredet hatte, ging sie.'"

Aristoteles, Rhetorik III, V, 4, 1407b[108]

Aufgrund dieses Hinweises kann angenommen werden, dass die Beachtung der Kongruenz nicht in allen Reden selbstverständlich war. Leider verfolgt er den Zusammenhang von Genus und Kongruenz nicht weiter.

Der Stoiker Chrysippos (3. Jh. v. Chr.) bemerkt, dass der Artikel Genus und Numerus des Nomens unterscheidet (Steinthal 1890: I, 298). Damit beobachtet er Genus von einer anderen Seite als Aristoteles: Nicht am Substantiv selbst ist das Genus am besten erkennbar, sondern an Wörtern, die mit dem Substantiv in Verbindung stehen. Diese Überlegung wird zwei Jahrtausende später von Hockett (1958) aufgegriffen und intensiv diskutiert.

Dionysius Thrax: τέχνη γραμματική

In der Dionysius Thrax (vermutlich 2. Jh. v. Chr.) zugeschriebenen Schrift τέχνη γραμματική sind fünf Genera aufgeführt. Die fünf Geschlechter werden nicht gleichberechtigt beschrieben: Zuerst werden die Genera Maskulinum, Femininum und Neutrum vorgestellt, und dann folgt ein Nachsatz:

„Einige fügen noch zwei andere hinzu: das Genus commune und das Genus promiscuum."

Dionysius, XII

Die τέχνη γραμματική zieht eine deutliche Trennlinie zwischen den Geschlechtern, die „es gibt", und denen, die „einige noch hinzufügen" (ebd.), deren Existenz also weniger eindeutig ist. An späterer Stelle (§ 16), wenn vom Artikel die Rede ist, sind ausschließlich drei Genera erwähnt, die als *Akzidentien* („Begleiterscheinungen", Arens 1969) des Artikels, neben Numerus und Kasus, benannt werden.[109] Das *genus commune* ist ein Doppelgeschlecht, bei dem sich Genus je nach natürlichem Geschlecht verändert; hier nennt die τέχνη das Beispiel ἵππος, gr. Pferd; Kürschner (1996) führt als deutsches Beispiel der Kluge/die Kluge an. Das *genus promiscuum* nennt der Text auch *genus epicoenum*; mit *epicoeneum* wird das Genus benannt, das beide biologische Geschlechter erfasst (cf. Arens 1969: 23; Michael 1970: 111). In der τέχνη γραμματική sind weiter die griechischen Gemeinsamkeiten von Auslaut und

---

108 „[5] τέταρτον, ὡς Πρωταγόρας τὰ γένη τῶν ὀνομάτων διῄρει, ἄρρενα καὶ θήλεα καὶ σκεύη· δεῖ γὰρ ἀποδιδόναι καὶ ταῦτα ὀρθῶς· [6] ‚ἡ δ' ἐλθοῦσα καὶ διαλεχθεῖσα ᾤχετο·" (Übersetzung Rapp)

109 „Es gibt drei Genera:ὁ ποιητής (maskulinum, ‚der Dichter'), ἡ ποίησις (femininum: ‚die Dichtung'), τὸ ποίημα (neutrum: ‚das Gedicht')." (Dionysius, § 16, Übersetzung: Kürschner)

Genus dargestellt (ebd. § 6, Arens 1969: 23), welche die früher von Aristoteles formulierten Prinzipien aufgreifen.

5.1.3 Römische Autoren

Marcus Terentius Varro: De lingua latina

Der lateinische Grammatiker Varro (1. Jh. v. Chr.) stellt Genus in den Zusammenhang von *Natur* und *Gebrauch* und eröffnet damit eine neue Dimension der Reflexion:

> „Wenn etwas, das in der Natur vorhanden ist, nicht in menschlichen Gebrauch gekommen ist, dann kommen auch keine Wörter dafür in Gebrauch. Wir sagen also *equus* (Hengst, HA) und *equa* (Stute, HA), denn deren Unterscheidung ist in Gebrauch, nicht aber *corvus* und *corva* (männlicher und weiblicher Rabe, HA), weil diese natürliche Verschiedenheit nicht gebraucht wird. Daher kommen auch gewisse Unterschiede zwischen einst und jetzt, denn früher wurden alle männlichen und weiblichen Tauben *columbae* genannt, weil sie nicht so in häuslichem Gebrauch waren wie heute; heute dagegen, da wir sie als Haustiere haben und unterscheiden, wird das Männchen *columbus*, das Weibchen *columba* genannt."

Varro, VIIII, 38[110]

Varro (VIIII, 36–39) argumentiert pragmatisch (Ax 1996) und behandelt Genusunterscheidungen in zwei gedanklichen Schritten: Erstens muss es eine Unterscheidung in der *natura* geben; ein Wort wie *terrus* ist deshalb ungrammatisch, weil es keine natürliche Unterscheidung der Erde in zwei Geschlechter gibt. Doch auch ein natürliches Vorhandensein zweier Geschlechter impliziert noch nicht grammatische Trennung: Sie hängt zweitens vom Gebrauch, *usus*, ab (Arens 1969). Dieser an *Natur* und *Gebrauch* orientierten Genusvorstellung gibt Varro dann eine historische Dimension: Wenn Entitäten zunächst nicht in Gebrauch sind, später aber domestiziert werden, so verändert sich der *usus*, und dem folgt die sprachliche Behandlung, wie im Falle columbae/columba, columbus (Ax 1996: 168). In seinem neunten Kapitel wendet Varro seine Überlegungen auf die römische Gesellschaft an und kommt zu dem Schluss, Eigennamen könnten nur unter bestimmten Umständen drei Genera haben, etwa doctus, docta, doctum,

---

110 „Ad haec dicimus, omnis orationis quamvis res naturae subsit, tamen si ea in usum, non pervenerit, eo non pervenire verba: ideo equus dicitur et equa: in usu enim horum discrimina; corvus et corva non, quod sine usu id, quod dissimilis naturae. Itaque quaedam aliter olim ac nunc: nam et tum omnes mares et feminae dicebantur columbae, quod non erant in eo usu domestico quo nunc, et nunc contra, propter domesticos usus quod internovimus, appellatur mas columbus, femina columba." (Übersetzung Arens (HA) 1969: 31)

nämlich wenn die drei Genera gebraucht würden;[111] römische freie Bürger könnten drei Genera annehmen, da die Genusdistinktion Relevanz für den Gebrauch habe. Dagegen sieht er eine Genusunterscheidung bei Eigennamen von Sklaven und Göttern als nicht zulässig an (Varro VIIII: 37–39, Ax 1996: 168).[112]

Mit seiner Sicht nimmt Varro in den Blick, wie sich das Sprechen auf Sprache auswirkt. Er findet eine Genusregel, die sich an kulturellen Entwicklungen orientiert und heute als Genusregel für wirtschaftlich bedeutsame Tiere in den einschlägigen Grammatiken (z.B. für das Deutsche DUDEN 2005; Eisenberg 2006) aufgeführt ist.

Aelius Donatus: Ars maior

Donatus (4. Jh. n. Chr.) zählt vier Genera auf, schränkt im Folgenden aber ein, dass die wichtigen und einzigen Genera maskulin und feminin seien, von denen die anderen, *neutrum* und *commune*, Ableitungen seien (Donatus, Ars maior, De nomine; Michael 1970: 111). Obwohl Donatus zunächst vier Genera nennt, erwähnt er die Existenz zwei weiterer Genera, dem commune von drei Geschlechtern (felix: der, die, das Glückliche) und dem Mischgeschlecht wie Spatz, das sowohl biologische Männlichkeit als auch Weiblichkeit umfasst.

„Die Nomina haben vier *Genera*, das *Maskulinum*, das *Femininum*, das *Neutrum* und das *Kommune* … Aber von diesen sind die wichtigsten oder einzigen Genera nur zwei, das Maskulinum und das Femininum, denn das Neutrum und das Kommune leiten sich aus diesen beiden her. Es gibt auch ein Kommune dreier Geschlechter, was man *Allgeschlecht* nennt wie *hic, haec* und *hoc felix (der, die, das Glückliche)*. Es gibt ein *Genus epikoenon* oder *Mischgeschlecht*, welches unter *einer* Bezeichnung Männchen und Weibchen zusammenfaßt wie bei *passer (Sperling)* und *aquila.*"

Donatus, Ars maior, De nomine[113]

---

111 „Natura cum tria genera transit et id est in usu discriminatum, tum denique apparet, ut est in doctus et docta et doctum: doctrina enim per tria haec transire potest et usus docuit discriminare doctam rem ab hominibus et in his marem ac feminam." (Varro, VIIII, 38)

112 „Mas et femina habent inter se natura quandam societatem, nullam societatem neutra cum his, quod sunt diversa; inter se quoque de his perpauca sunt quae habeant quandam communitatem. Dei et servi nomina quod non item ut libera nostra transeunt, eadem est causa, quod ad usum attinet et institui opus fuit de liberis, de reliquis nihil attinuit, quod in servis gentilicia natura non subest in usu, in nostris nominibus qui sumus in Latio et liberi, necessaria. Itaque ibi apparet analogia ac dicitur Terentius vir, Terentia femina, Terentium genus." (Varro, VIII, 38)

113 „… genera nominum sunt quattuor, masculinum, femininum, neutrum, commune. |… |sed ex his uel principalia uel sola genera duo sunt, masculinum et femininum. nam |neutrum et commune de utroque nascuntur. est etiam trium generum commune, quod |omne dicitur, ut hic et haec et hoc felix. est epicoenon uel promiscuum, quod sub una |significatione marem ac feminam comprehendit, ut passer, aquila." (Donatus, Ars maior, De nomine. Übersetzung: Ax i.V.) Mit freundlicher Genehmigung von Prof. Ax. Die Übersetzung wird etwas ausführlicher zitiert, da sie noch nicht öffentlich zugänglich ist.

Donatus beobachtet die Kongruenz zwischen dem Genus eines Nomens und den Partikeln hic, haec, hoc; er beschreibt, an welchen Wörtern Genus sichtbar wird. Er entwickelt damit den schon bei Chrysippos gefundenen Gedanken weiter und spezifiziert, an welchen das Nomen begleitenden Worten Genus sichtbar wird.

„Ein Nomen ist maskulin, wenn ihm im Nominativ Singular das Pronomen bzw. der Artikel *hic (der)* vorangestellt wird wie etwa *hic magister (der Lehrer)*. Es ist feminin, wenn ihm im Nominativ Singular das Pronomen bzw. der Artikel *haec (die)* vorangestellt wird wie z.B. *haec musa (die Muse)*. Es ist neutral, wenn ihm im Nominativ Singular das Pronomen bzw. der Artikel *hoc (das)* vorangestellt wird wie z.B. *hoc scamnum (die Bank)*. Es ist *kommun*, wenn es das Maskulinum und Femininum zugleich bezeichnet wie *hic et haec sacerdos (der Priester bzw. die Priesterin)*.“

Donatus, Ars maior, De nomine[114]

Donatus befasst sich ferner mit konfligierenden Prinzipien der Genuszuweisung. Die im folgenden Zitat zuerst genannten Einwände betreffen in heutiger Terminologie die Frage, welches Wort bei einem Kompositum der genusgebende Kopf ist. Er nennt das Beispiel der Zusammenfügung einer literarischen Form und eines Eigennamens, wie die Tragödie Orest; während der Eigenname Orest maskulin ist, ist das Genus für den Gesamtausdruck die Tragödie Orest feminin wie das Genus von Tragödie. Bei der Lektüre entsteht der Eindruck, als habe Donatus nicht erkannt, dass Tragödie als genuszuweisender Kopf fungiert.

„Es gibt außerdem der Lautform nach maskuline, dem Sinn nach aber feminine Nomina wie *Eunuchus comoedia (die Komödie „Eunuch“)*, *Orestes tragoedia (die Tragödie „Orest“)* und *Centaurus navis (das Schiff Zentaurus)*. ... Andere sind der Lautform nach feminin, dem Sinn nach neutral wie *poema (Gedicht)* und *schema (Figur)*, andere der Lautform nach maskulin, dem Sinn nach neutral wie *pelagus (Ozean)* und *vulgus (Pöbel)*.“

Donatus, Ars maior, De nomine[115]

In den weiteren Ausführungen beobachtet Donatus, dass phonologische und semantische Regelmäßigkeiten nicht selten in Widerspruch zueinander stehen; eine Beobach-

---

114 „... masculinum est, cui numero singulari casu nominatiuo pronomen uel articulus |praeponitur hic, ut hic magister. femininum est, cui numero singulari casu nominatiuo pronomen |uel articulus praeponitur haec, ut haec musa. neutrum est, cui numero singulari casu |nominatiuo pronomen uel articulus praeponitur hoc, ut hoc scamnum. commune est, quod |simul masculinum femininumque significat, ut hic et haec sacerdos.“ (Donatus, a.a.O., Übersetzung: Ax i.V.)

115 „|0620| sunt praeterea alia sono masculina, intellectu feminina, ut eunuchus comoedia, | Orestes tragoedia, Centaurus nauis; ... alia sono feminina, intellectu neutra, ut poema, schema; alia sono |masculina, intellectu neutra, ut pelagus, uulgus.“ (Übersetzung: Ax i.V.)

tung, die bis zu den heute für das Deutsche gefundenen Genusregelhaftigkeiten wiederholt werden kann.

Weiter beschäftigt sich Donatus mit schwankendem Genus und mit Nomen, die ihr Genus durch Movierung verändern.[116]

Seine Darstellung der Zusammenhänge von Genus und Auslautvokalen kann einen Lerner durch ihren aufzählenden Charakter und die Detailliertheit kaum weiterbringen.[117] Der Autor beendet die umfangreiche Aufzählung seiner auslautorientierten Ge-

---

116 „Es gibt außerdem Nomina, die im Singular ein anderes Genus haben als im Plural wie z.B. balneum (Bad), Tartarus (Ort der Unterwelt), caelum (Himmel, Witterung), porrum (Lauch), caepe (Zwiebel), locus (Ort), iocus (Scherz) und forum (Marktplatz). Ebenso gibt es Nomina, die zwischen dem Maskulinum und Femininum schwanken, wie cortex (Rinde), silex (Kiesel), radix (Wurzel), finis (Grenze), stirps (Zweig), pinus (Fichte), pampinus (Weinranke) und dies (Tag). ... Bei den Nomina gibt es außerdem *feste* und *bewegliche Geschlechter. Feste* Nomina sind solche, die keine andere Genusform annehmen können wie mater (Mutter), soror (Schwester), pater (Vater) und frater (Bruder). *Bewegliche* Nomina sind dagegen entweder Eigennamen und bilden zwei Genusformen wie Gaius – Gaia und Marcus – Marcia oder Appellative und bilden dann drei Formen wie bonus – bona – bonum (guter, gute, gutes), malus – mala – malum (schlechter, schlechte, schlechtes). Es gibt auch Nomina, die nicht ganz fest, aber auch nicht ganz beweglich sind wie draco – dracaena (Schlange, männlich und weiblich), leo – leaena (Löwe, Löwin), gallus – gallina (Hahn, Henne), rex – regina (König, Königin).“ (Aelius Donatus, Ars maior, Übersetzung Ax i. V.)

„... sunt praeterea nomina in singulari numero alterius generis et alterius in plurali, ut |balneum, Tartarus, caelum, porrum, caepe, locus, iocus, forum. sunt item nomina incerti |generis inter masculinum et femininum, ut cortex, silex, radix, finis, stirps, penus, |pampinus, dies. ... sunt incerti generis inter femininum et neutrum, ut buxus, pirus, prunus, |malus, sed neutro fructum, feminino ipsas arbores saepe dicimus. |sunt etiam genera nominum fixa, sunt mobilia. fixa sunt, quae in alterum genus |flecti non possunt, ut mater, soror, pater, frater. mobilia autem aut propria sunt et duo |genera faciunt, ut Gaius Gaia, Marcius Marcia, aut appellatiua sunt et tria faciunt, ut |bonus bona bonum, malus mala malum. sunt item alia nec in totum fixa nec in totum |mobilia, ut draco dracaena, leo leaena, gallus gallina, rex regina.“ (ebd.)

117 „Ein *Nomen*, das im *Nominativ Singular* auf den Vokal a ausgeht, ist entweder Maskulinum wie Agrippa (Eigenname), Femininum wie Marcia (Eigenname), Kommune wie advena (Ankömmling) oder Neutrum wie toreuma (Relief) (aber das ist griechisch).
Ein *Nomen*, das im *Nominativ Singular* auf den Vokal e ausgeht, ist entweder ein griechisches Femininum wie Euterpe (Muse der Lyrik) oder ein lateinisches Neutrum wie sedile (Sitz). Ein *Nomen*, das im *Nominativ Singular* auf den Vokal i ausgeht, ist entweder ein griechisches Neutrum wie gummi (Gummi), sinapi (Senf) oder ein indeklinables Nomen dreier Geschlechter wie frugi (brav) und nihili (wertlos). Ein *Nomen*, das im *Nominativ Singular* auf den Vokal o ausgeht, ist entweder ein Maskulinum wie Scipio (Name eines Zweiges der Sippe der Cornelier), ein Femininum wie Iuno (Name der Göttin) oder ein Kommune wie pomilio (Zwerg) oder papilio (Schmetterling). Ein *Nomen*, das im *Nominativ Singular* auf den Vokal u ausgeht, ist ausschließlich ein Neutrum wie cornu (Horn), genu (Knie), gelu (Frost), specu (Grotte) und veru (Spieß). Aber alle diese Nomina und auch solche, die auf einen Konsonanten ausgehen, haben unterschiedliche und vielfältige Flexionsregeln.“ (Aelius Donatus, Ars maior, Übersetzung Ax i.V.)

„nomen in a uocalem desinens nominatiuo casu numero singulari aut masculinum |est, ut Agrippa, aut femininum, ut Marcia, aut commune, ut aduena, aut neutrum, ut |0622| toreuma (sed tamen Graecum est). nomen in e uocalem desinens nominatiuo casu |numero singulari aut femininum Graecum est, ut Euterpe, aut neutrum Latinum, ut sedile. |nomen in i uocalem desinens nominatiuo casu numero singulari aut neutrum Graecum |est, ut gummi, sinapi, aut trium

nusregeln mit dem Hinweis auf vielfältige und unterschiedliche Flexionsendungen sowie Einzelfälle und nimmt damit seine Regelvorschläge wieder zurück.

Priscianus Caesariensis: Institutiones grammaticae

In seiner im 5. Jahrhundert verfassten Grammatik nennt Priscian, wie schon vor ihm Donatus, Maskulinum und Femininum als die zwei hauptsächlichen Genera. Er begründet das damit, dass nur diese Unterscheidung in der Natur zu finden sei.[118] Grammatische und natürliche Maskulinität und Feminität behandelt er als Kategorien eines gemeinsamen Bezugsraums, als eine globale Vorstellung von Maskulinität und Femininität in der Welt und in der Sprache.

Davon ausgehend bestimmt Priscian dann die anderen Genera: Communes Genus trägt sowohl maskuline als auch feminine Eigenschaften, während das Neutrum für Nomen steht, die weder maskulin noch feminin sind. Das epicoene Genus tragen Nomen, die gemeinsam für maskuline und feminine Entitäten stehen, insbesondere Bezeichnungen für Tiere. Dieses Genus ist also, im Gegensatz zu Priscians Grundidee der Analogie von Genus und natürlicher Geschlechtlichkeit, ein unbestimmtes Genus für biologisch bestimmte Wesen. Dubiam ist das schwankende Genus, wie z.B. von dem Substantiv cortex. Priscianus führt die Einteilung der Genera und die Beispiele an, wie sie bei Donatus zu finden sind, und fügt eigene Beispiele hinzu.

Phonologische Regeln führt Priscian, jedenfalls an dieser Stelle, nicht auf. Damit tritt er beim Verständnis von Genus einen Schritt hinter das von Aristoteles und Varro bereits erreichte Niveau zurück, die begonnen hatten, Genus über globale Geschlechtlichkeit hinaus auf innersprachliche Konzepte, wie Gebrauch und Lautgestalt, zu beziehen.

---

generum est aptoton, ut frugi, nihili. nomen in o uocalem |desinens nominatiuo casu numero singulari aut masculinum est, ut Scipio, aut |femininum, ut Iuno, aut commune, ut pomilio, [papilio]. nomen in u uocalem desinens |nominatiuo casu numero singulari tantum neutrum est, ut cornu, genu, gelu, specu, ueru. |sed haec omnia et quae in consonantes desinunt, et diuersas regulas et multiplices |hebent."(Aelius Donatus, Ars maior, De nomine)

118 „... genera igitur nominum principalia sunt duo, quae sola nouit ratio naturae, masculinum et femininum. genera enim dicuntur a generando proprie quae generare possunt, quae sunt masculinum et femininum. nam commune et neutrum uocis magis qualitate quam natura dinoscuntur, quae sunt sibi contraria. nam commune modo masculini modo feminini significationem possidet, neutrum uero, quantum ad ipsius uocis qualitatem, nec masculinum nec femininum est. unde commune articulum siue articulare pronomen tam masculini quam femini generis assumit, ut hic sacerdos et haec sacerdos, neutrum autem separatum ab utroque genere articulum asciscit, ut hoc regnum. epicoena, id est promiscua, uel masculina sunt uel feminina, quae una uoce et uno articulo utriusque naturae animalia solent significare. dubia autem sunt genera, quae nulla ratione cogente auctoritas ueterum diuerso genere protulit, ut hic finis et haec finis, cortex, silex, margo." (Priscian, V, 141–142)

Thomas von Erfurt (um 1300) beschreibt im *Tractatus de modi significandi* Genus innerhalb seines Gesamtbemühens, eine Semantik der grammatischen Formen zu finden (cf. Grotz 1998: xxxii). Genus sieht er als Ausdruck von Modi der Bedeutung.

> „Das maskuline Genus ist das sprachliche Verhalten, ein Ding in einem Verhalten der Tätigkeit anzuzeigen, wie z.B. bei ‚vir (Mann)‘, ‚lapis (Stein)‘. – Das
>
> feminine Genus ist das sprachliche Verhalten, ein Ding in einem passiven (rezeptiven) Verhalten anzuzeigen, z.B. bei ‚petra (die Klippe)‘, ‚mulier (Frau)‘.‟

Thomas, XVI, 27[119]

Von natürlicher und grammatischer Geschlechtlichkeit abstrahiert diese Vorstellung insofern, als sie ein Sexus und Genus zugrundeliegendes gemeinsames Konzept formuliert.

Thomas' Betrachtung der beiden Genera, maskulin und feminin, als Gegensatz von Aktivität und Passivität geht der von Grimm (1837) formulierten und breit rezipierten Assoziation von realer Stärke und grammatischer Maskulinität versus realer Passivität und grammatischer Feminität lange voraus. Es ist allerdings nicht bekannt, ob Grimm diese Überlegungen gekannt hat.

5.1.4 Erste Grammatiken der deutschen Sprache

Auf der Grundlage des entstehenden Interesses an der Vielfalt der tatsächlich gesprochenen Sprachen schreiben im 16. Jahrhundert Albertus (1573), Oelinger (1574) und Clajus (1578) Grammatiken der deutschen Sprache, von denen die Genusdarstellung bei Clajus (1578) kurz vorgestellt wird. Clajus (1578) führt sieben Genera auf: [120]

---

119 „Masculinum, foemininum, commune, neutrum. Genus masculinum est modus significandi rem sub proprietate agentis, ut vir, lapis. Genus foemininum est modus significandi rem sub proprietate patientis, ut petra, mulier. Genus commune est modus significandi rem sub utraque proprietate determinate, ut homo, virgo. Aliter dicitur, et melius, quod genus commune est, quod nec differt a masculino, nec a foeminino. Genus neutrum est modus significandi rem sub proprietate neutra, quae est indeterminata, et indifferenter ad utrumque, ut animal, lignum.‟ (Thomas von Erfurt: XVI, 27, Übersetzung Grotz)

120 „Genera nominum sunt septem, ut:

1. Masculinum	Cuius	der/ut der Man/Vir.
2. Foemininum	nota	die/ut die Frawe/Foemina.
3. Neutrum	est	das/ut das Haus/Domus.
4. Commune	arti-	der & die/ut der oder die Gevatter. Compater. Commater.
5. Omne	culus	der/die/das ut in adiectivis
6. Epicaenum		cum uno articulo utrumque sexum complectimur, quod fit in animalium appellationibus, ut der Sperling/Passer, der Storch vel Storck/Ciconia, die Schwalbe/Hirundo, der Hund/Canis, die Katze/Catus, der Hecht/Lupus piscis.

169

„Die Genera der Nomina sind sieben, wie: 1. Maskulinum, 2. Femininum, 3. Neutrum, 4. Gemeinsames, 5. Gesamtes (deren Merkmal der Artikel ist), 6. Epizönum, wenn wir mit einem Artikel beide Geschlechter umfassen, wie: der *Sperling*, der *Storch* ...; 7. Zweifelhaftes, wenn ein Wort irgendwo mit verschiedenen Genera ausgesprochen wird, wie: *der Teil & das Teil* ... Aber bei diesen ist zu beachten, was der Gebrauch und die landesübliche Weise für jede Region billigt."

Clajus 1578, Übersetzung: Doleschal 2002

Clajus (1578) bezieht die Genuseinteilung von Donatus auf die deutsche Sprache und ergänzt sie um Beispiele. Eigenständig fügt Clajus (1578) das Genus nominalisierter Adjektive hinzu. Donatus und Priscianus hatten Adjektive in Bezug auf Genus behandelt, sie aber nicht als eigene Kategorie gefasst.

Im 17. Jahrhundert gehen u.a. Gueintz (1641) und Schottel (1663) auf Genus ein. Gueintz (1641), der in deutscher Sprache schreibt, führt fünf Genera an, wobei Substantive, denen mehr als ein Genus zugeordnet wird, zwei eigene Genusklassen darstellen: für Substantive mit *zweierley* oder mehr, *allerley*, Genera (cf. Gueintz 1641: 34).[121] Gueintz (1641) geht ausführlich auf semantische Zusammenhänge zwischen Substantiv und Genus ein, hier ein Auszug:

„Von dem geschlechte der Selbständigen Nennwörter aus der bedeutung. 1. Die Nennwörter der Männer, der Monden, der vier theile des Jahres, der Winde, der Edelgesteine, der Müntze, der Planeten sind Mänliches geschlechte. ... 2. Die nahmen der Weiber, der Flüsse, der Tugenden, und Laster, der Bäume, welche mit dem Wort Baum nicht zusammengesetzt sind, der Baumfrüchte, der Musicalischen Instrumente, der Festtage und Krankheiten, sind Weibliches geschlechtes."

Gueintz 1641: 36f.

In ähnlicher Weise versteht Schottel (1663) Genus semantisch motiviert:

---

7. Dubium   cum vox aliqua diversis generibus effertur, ut: der teil & das teil/Pars, der Scepter & das Scepter/Sceptrum, die erkendnis & das erkendnis/Noticia, die gifft & das gifft/Venenum, Et alia. Sed in his videndum, quid probet usus, & suus cuique regioni tropus est."
(Clajus 1578, in: Weidling 1894: 25)

121   „Das geschlechte ist eine eigenschaft des nennwortes, dadurch das geschlechte erkannt wird. Das geschlechte der Nennwörter ist einfältig, oder vielfältig. ... Geschlechte der Nennwörter sind fünfe, als Mänlich, Weiblich, unbenamtes, zweierley und allerley." (Gueintz 1641: 34f.)

„Die Nahmen der Männer/Männlichen ämter/Männlichen Laster ... sind Männliches Geschlechts. ... Die Nahmen der Weiber/der weiblichen ämpter/weiblichen Laster ... sind weibliches Geschlechts."

Schottel 1663: 263–265

Als unter dem Gesichtspunkt der gesellschaftlichen Wahrnehmung von Geschlecht „erstaunlich neutral, beinahe naiv" bezeichnet Doleschal (2002) die Wortwahl einiger Beispiele wie „der gelerte man, die gelerte fraw, das gelerte mensch" (Oelinger 1574: 26), „der Mann ist stark, die Frau ist stark, das Tihr ist stark" (Schottel 1663: 262). In der zeitgenössischen Diskussion nimmt Movierung einen großen Raum ein, da sie als hoch produktiv eingeschätzt wird (Schottel 1663: 355–356; Stieler 1691: 63–64):

„Die Motio substantivorum oder Geschlechts-Abwandelung geschiehet in dem Deutschen auf inn und ist viel reichlicher als in den anderen Sprachen. Wie durch die Endung auf inn nur Weibsbilder bedeutet werden, so sind ... dieser Wörter so viel als Länder und Völcker sind."

Bödiker 1698: 60f.

Diese Einschätzung der Movierung ändert sich im Laufe der Jahrhunderte (Doleschal 2002).

Die Aufzählung von Wortbedeutungsklassen mit gleichem Genus rückt in diesen Arbeiten als neuer Versuch eines Zugangs zu Genusprinzipien in den Blick. Sie wird noch heute in den aktuellen Lehrwerken fortgeführt.

5.1.5 Arbitrarität oder Männlichkeit und Weiblichkeit

Im achtzehnten Jahrhundert behandeln vor allem Gottsched (1749, 1762, 1975) und Aichinger (1754) Genus. Gottsched (1749) führt drei Genera auf und reduziert die Anzahl der angenommenen Genera auf die aktuelle Zahl. Er begründet die Dreigliedrigkeit von Genus in Analogie zur Welt, die sich in Männlich, Weiblich und Geschlechtslos aufteile (Doleschal 2002). So motiviert er, dass Wörter maskulines Genus tragen, wenn sie für männliche Namen, Ämter und Würden stehen, z.B. Herzog (m), während feminines Genus bei weiblichen Würden und Verrichtungen gewählt wird, z.B. Äbtissin (f), Amme (f).

Artikel beschreibt er als „kleine Wörterchen mit der Aufgabe, Geschlechter anzudeuten" (ebd., § 9); dabei lässt er die Aufgabe der Determinationsanzeige am Artikel unerwähnt.

„Da Menschen und Thiere von zweyerley Geschlechtern; außer diesen aber, viele andere Dinge, weder Mann noch Weib sind, sondern ein umbestimmtes Geschlecht ausmachen: so hat man auch in den Wörtern der Sprache dreyerley Geschlechter, nämlich das männliche, weiblich und ungewisse eingeführet. Ei-

171

nige Sprachen nun haben, diese Geschlechter anzudeuten, besondere kleine Wörterchen erdacht, die sie vor die Hauptwörter setzen. Unter diesen aber, ist nebst der griechischen auch die deutsche ... Dieses *ein, eine, eins*, und *der, die, das* nennet man Geschlechtswörter (Lat. articulos).ʻʻ

Gottsched 1749: § 9

Aichinger (1754), den Knobloch/Schaeder (1992) als deutlich selbständiger im Denken als Gottsched (1749) einschätzen, formuliert dagegen einen Standpunkt, der Arbitrarität von Genus annimmt, indem er Genus als Zeichen für natürliches Geschlecht auffasst. Diesen Standpunkt begründet er damit, dass die natürliche Genusklassifikation nur zwei Geschlechter umfasst und demnach für alle unbelebten Entitäten neutrum zu erwarten sei, was nicht der Fall ist.

„Denn der Geschlechter, so man auf die Sache sieht, sind in der Natur nur zwey: wie dann die Morgenlaᵉndischen, und etliche Abendlaᵉndische Sprachen auch nur von zweyen wissen. Allein von den meisten Sachen, die durch Nennwoᵉrter bedeutet werden, kann man nicht sagen, daß sie eines Geschlechts sind. Wenn es der Sache nachgienge, waᵉren sie alle *generis neutrius*. Sie haben aber auch guten Theils das maᵉnnliche und das weibliche Geschlecht, und zwar in unterschiedlichen Sprachen unterschiedlich. ... Folglich bedeutet das Wort Geschlecht in der Grammatik nicht die wirklichen Geschlechter, sondern nur ihre Zeichen.ʻʻ

Aichinger 1754: 127

Aichinger (1754) fasst grammatisches Geschlecht eigenständige und von als von natürlichem Geschlecht unabhängige Klassifikation auf. Dabei sieht er auch die Zusammenhänge zwischen Auslaut, Sexus und Genus und führt sie auf.
Er spricht die Art der Beinflussung an, in der sich Genus an Wörtern zeigt, in heutiger Begrifflichkeit, in welche Richtung Kongruenz wirkt (cf. Aronoff 1994).

„Das Geschlecht kommt dem *nomini substantiuo* in ganz anderm Verstande zu, als den Artikeln, *articuius, pronominibus* und *participiis*. Das substantiuum nehmlich hat des Geschlechtes halber keine Veraᵉnderung zu leiden ... wenn ich also vom *substantiuo* frage: *cuius generis*? so verstehe ichs also: Welches Geschlechtes Zeichen erfodert dieses Wort von seinem Artikel oder *adiectiuo*? Frage ich's aber von diesem: *cuius generis*? so meine ichs also: Welches Geschlechtes Zeichen hat es an sich?ʻʻ

Aichinger 1754: 127

Die entgegengesetzte Vorstellung, nach sich der Genus ursprünglich auf Sexus gründet, formuliert Adelung (1782), fast 50 Jahre vor der bekannten Aussage in Grimm (1837).

„Da man nun einmahl alles für eine beseelte Substanz hielt, wovon man keinen Grund angeben konnte, und diese Substanzen immer nach sich selbst zu beurtheilen pflegte, so war es sehr natürlich, ihnen auch das Geschlecht beyzulegen, welches man an sich und allen lebendigen Geschöpfen bemerkte. Und daher rühret denn die so allgemeine, und auch in den entferntesten und verschiedensten Sprachen so einmüthige Eintheilung der Substantiven nach den Geschlechtern, welche unerklärbar seyn würde, wenn sie nicht auf das tiefste in der ganzen Natur des Menschen und in der Art und Weise seiner Erkenntnis gegründet wäre."

Adelung 1782: 344, § 142

Dabei argumentiert Adelung (1782) nicht nur mit der von ihm als ursprünglich angesehenen Wahrnehmung des Menschen von sich selbst und der Welt, sondern ebenfalls mit dem Koran, und begründet die Einteilung in Geschlechter religiös. Zunächst geht er von zwei Genera für biologische Männlichkeit und Weiblichkeit aus, denen erst später ein Neutrum gefolgt wäre für Wörter, von denen

„man von manchen Erscheinungen in der Kindheit der Erkenntniß selbst so dunkle Begriffe (hatte, EM), dass man ihnen mit überwiegender Gewissheit keines von beyden Geschlechtern beylegen konnte, und so entstand das Genus Neutrum."

Adelung 1782: 345, § 142

K.F. Becker (1824, 1836) bezieht eine andere Position und zieht vor allem die Form von Substantiven für unbelebte Gegenstände aus historischer Perspektive heran, insbesondere die Suffixe, um das Genus von Substantivgruppen zu erklären:

„Unser *er* entspricht zwei wesentlich verschiedenen in den altgermanischen Sprachen, wie im Griechischen und Lateinischen genau gesonderten Frmen. Das Eine bezeichnet bloß den Substantivcharakter und meistens das männliche Geschlecht. ... Zu dieser Form gehören *Acker, Bruder, Vater, Winter* u.s.f. ... Die von diesem *er* verschiedene Ableitungsendung heißt im Gothischen areis (laisareis Lehrer), im Altnordischen ar (lesari) ... und entspricht ... dem lateinischen or. Obgleich nun diese Nachsylbe von der oben bezeichneten Substantivendung überall aufs bestimmteste unterschieden wird; so hindert uns dieses doch nicht, eine ursprüngliche Verwandtschaft beider anzunehmen. Diese Verwandtschaft wird besonders dadurch wahrscheinlich, daß die Ableitungsendung wie die Substantivendung, auf eine bestimmte Weise das männliche Geschlecht bezeichnet."

Becker 1824: 283f.

Sehr einflussreich wurde Grimms Darstellung (Grimm 1837). Die folgende Anmerkung wird seltener zitiert als seine Ausführungen zu Sexus und Genus (siehe unten);

sie ist aber bemerkenswert, da Grimm hier erwähnt, dass es möglicherweise vor allem die Differenzierung von Kategorien ist, die Genus zu einem effizienten sprachlichen Mittel macht.

„Den unberechenbaren vortheil dieser natürlichen, die gesamte flexion durchdringenden unterscheidung deckt aber die syntax vollständiger auf. ohne den wechsel der drei formen würde nicht nur der wollaut der worte, sondern auch die sicherheit aller constructionen der älteren sprache großentheils verloren gehen. die einfachsten mittel haben hier einen bewundernswerthen erfolg."

Grimm 1837: IV, 2, 266

Auch Grimm merkt an, dass Substantive in der Regel ein einziges Genus tragen, einzelne Substantive jedoch schwankendes Genus aufweisen (Grimm 1837: IV, 2, 266). Den als grundlegend angenommenen Zusammenhang von biologischem Sexus und grammatischem Genus sieht Grimm in einer ursprünglich als beseelt gedachten Welt verankert, deren Folgen noch aktuell das Genus bestimmen würden. Am bekanntesten ist seine semantische Sicht auf Genus:

„Das masculinum scheint das frühere, größere, festere, strödere, raschere, das thätige, bewegliche, zeugende; das femininum das spätere, kleinere, weichere, stillere, das leidende, empfangende; das neutrum das erzeugte, gewirkte, stoffartige, generelle, unentwickelte, kollektive, das stumpfere, leblose."

Grimm 1837: I, 357

Brugmann (1889) antwortet mit einer in Passagen polemisierenden Gegendarstellung, die eine lang anhaltende Kontroverse auslöst (Leiss 2000):

„Aber es handelt sich nicht bloß darum, unsern indogermanischen Vorfahren einen ganz besonders regen Personifizierungstrieb im allgemeinen zuzumuten, das mag noch gehen, sondern wir sollen glauben, er habe auch jedem Gegenstand und Begriff, den er verpersönlichte, entweder eine männliche oder eine weibliche Wesenheit angesehen. Da müsste doch die Geistesverfassung unsrer vorgeschichtlichen Ureltern von der ihrer Nachkommen wesentlich verschieden sein."

Brugmann 1889: 33

Vielmehr motiviert Brugmann (1889) Genus durch Auslaute und betont,

„dass die übliche Herleitung des maskulinischen und femininen grammatischen Geschlechts aus dem natürlichen ein unglaubwürdiges Axiom ist."

Brugmann 1889: 43

Die Debatte über die Zusammenhänge von natürlichem und grammatischen Geschlecht ist bis in die Gegenwart unentschieden und komplex (z.b. Trömel-Plötz 1983; Sieburg 1997; Pusch 1984, 1999; Hellinger 1990; Leiss 1994; Hellinger/Bußmann 2001–2003; Klann-Delius 2005, siehe auch unten).

5.1.6 Paul und Wundt

H. Paul

H. Pauls Ausführungen (1886) stehen in einem Gesamtkonzept, das psychologische Kategorien als Grundlage der Sprache versteht. Er geht von einer Einteilung der Welt in psychologische Kategorien des Männlichen und Weiblichen aus; das Neutrum habe sich später als dritte, von Anfang an grammatische Kategorie entwickelt (cf. ebd: 224). Männlichkeit und Weiblichkeit seien auf der Grundlage von Wahrnehmung und Phantasie verteilt worden.

> „Jede grammatische kategorie erzeugt sich auf grundlage einer psychologischen. ... Sobald die wirksamkeit der psychologischen kategorie in den sprachlichen ausdrucksmitteln erkennbar wird, wird sie zur grammatischen ... die grammatische kategorie ist gewissermaßen die erstarrung der psychologischen. ... die basis für die entstehung des grammatischen geschlechtes bildet der natürliche geschlechtsunterschied der menschlichen und tierischen wesen."

> H. Paul 1886: 219f.

Auf diese Kategorien haben sich, laut seiner Darstellung, Gesetzmäßigkeiten der griechischen und lateinischen Sprache gelegt, wie die Zusammenhänge zwischen Auslaut und Genus; durch vielfältige Wandelphänomene semantischer und phonologischer Art sei die ursprüngliche Systematik verdeckt worden. H. Paul (1886) bezieht Subjektivität bei der Entwicklung sprachlicher Phänomene mit ein und hält einen Einfluss der individuellen Phantasie auf Genuszuweisung für möglich.[122] Kongruenz reflektiert er kurz:

> „Das sprachliche mittel, woran wir jetzt das grammatische geschlecht eines substantivums erkennen, ist die *congruenz*."

> H. Paul 1886: 220

Pauls Verdienst besteht unter anderem darin, mentale mit sprachlichen Kategorien in eine Verbindung gebracht zu haben.

---

122 „Misslich aber ist es zu entscheiden, wieweit das natürliche geschlecht der phantasie auf den wandel des grammatischen geschlechts eingewirkt hat. Die subjective anschauung der einzelnen menschen kann sich dem nämlichen objecte gegenüber sehr verschieden verhalten." (H. Paul 1886: 223)

Wundt stellt in der Völkerpsychologie seine Vorstellung von der Entstehung der Genusunterscheidung dar, die „selbst nur als ein besonderer Fall einer allgemeineren und weitergreifenden Unterscheidung nach der Wertschätzung der Objekte zustande gekommen ist" (Wundt 1912 II, 2: 23). Für Genus ist demnach „ursprünglich eine einfache Wertunterscheidung, die Gegenüberstellung einer höheren und einer niederen Klasse von Objekten" maßgebend (Wundt 1912: II, 20f.).

Der sich historisch anschließende Schritt ist die Differenzierung von Belebt und Unbelebt, auf den die Differenzierung in Männlich und Weiblich/Kindlich folgt. Das Neutrum der indogermanischen Sprachen sieht er als ursprüngliche Bezeichnung für das Leblose an, im weiteren Verlauf als die Kategorie der Entitäten, bei denen es auf den Geschlechtsunterschied nicht ankommt.

Den Ausdruck von Wertkategorien innerhalb eines Genussystems nennt er *reale Assoziationen*; neben ihnen wirken *formale Assoziationen*, mit denen auf der Grundlage phonologischer Gemeinsamkeiten Wörter in gleiche Genusklassen gruppiert werden, so dass z.B. Wörter mit dem Auslaut [a] feminines Genus erhalten.[123]

Als sich synchronisch anschließenden Schritt geht Wundt (1912) von einer Ausdehnung der ursprünglich auf Wertstufen basierenden Unterscheidung auf alle Nominalbildungen der Sprache aus. Die Folge dieser Ausdehnung beschreibt Wundt als Bedeutungsverlust der Wertstufen für die Genuszuweisung:

> „Es ist dadurch ihre ursprüngliche Bedeutung offenbar sehr frühe schon gänzlich verwischt worden. Denn unvermeidlich mußte es auf diese Weise kommen, daß Objekte, denen an sich überhaupt keine Wertprädikate beigelegt waren, vermöge ganz anderer hinzutretender Assoziationsmotive bald dieser bald jener Kategorie zufielen."
>
> Wundt 1912: 21

Die ursprünglich wertbasierte Klassifikation als Ausgang für die Entwicklung der Genusklassen sieht Wundt (1912) in den zeitgenössischen Sprachen als nicht mehr spürbar an.

---

123 „Allgemein lässt sich demnach die ‚Genusbezeichnung' auf eine doppelte Reihe von Assoziationen zurückführen: I. auf reale, die von dem Wertinhalt der Vorstellungen, also von Grundelementen der Wörter ausgehen, aber auf bestimmte Beziehungselemente (Genusaffixe) herüberwirken, so daß die Wortvorstellungen gleicher Wertgattung einander angeglichen werden. ... Doch treten sehr frühe schon und in ihrem Einfluß immer mehr zunehmend auf: 2. formale Assoziationen, die umgekehrt von bestimmten Beziehungselementen, z.B. Suffixbildungen, ausgehen und auf andere die Stellung des Wortes charakterisierende Beziehungselemente ... einwirken." (Wundt 1912: II, 2: 23f.)

„In der ungeheuern Mehrzahl der Fälle dagegen ist offenbar die Genusbezeichnung unserer Sprachen ungefähr ebenso bedeutungslos geworden, wie jene allgemeineren artbezeichnenden Suffixe, die uns als unverstandene Reste primitiver Begriffsordnungen zurückgeblieben sind."

Wundt 1912: II, 24

Auf diese Weise schlägt Wundt (1912) eine Brücke zwischen der Ansicht, Genus beziehe sich auf die wahrnehmbare Welt, und der Auffassung von Arbitrarität; er entwickelt eine umfassende Erklärung für die Genusverteilung von Nomen: Genus sei in erster Einteilung als wahrnehmungsbasierte Klassifikation denkbar, deren Systematik sich, z.B. durch Wandel- und Kontaktphänomene, verloren hat und die aktuell das Bild arbiträrer Verteilung bietet. Die Einbeziehung von Wandel- und Kontakteinwirkungen findet sich bereits bei Brugmann (1889). Wundt (1912) erklärt das aktuell vorgefundene System als vorläufiges Ergebnis eines Prozesses, der von dem Wirken unterschiedlicher Einflüsse geprägt ist. Er reflektiert, dass es vor allem auf die differenzierende Kraft von Genus ist, die es zu einer wichtigen sprachlichen Kategorie macht (Köpcke/Zubin 1984).

5.2 Gegenwärtige Auffassungen

5.2.1 Genus und seine Funktionen

Dass Genus auf den ersten Blick nicht nur mühevoll in der Aneignung, sondern auch nutzlos scheinen mag, haben Twain (2000), Bloomfield (1933) und Maratos (1979) eindrücklich in Worte gefasst.[124] Da Sprache jedoch in all ihren Dimensionen durch ein systematisches Wechselverhältnis von Form und Funktion charakterisiert ist (Redder 2004: 50), wäre Genus, wäre es tatsächlich funktionslos, schon aus den Sprachen heraus gefallen oder gar nicht erst entstanden. Was also sind seine Funktionen?

---

124 „A person who has not studied German can form no idea of what a perplexing language it is ... Every noun has a gender, and there is no sense or system in the distribution; so the gender of each must be learned separately and by heart. There is no other way. To do this, one has to have a memory like a memorandum book. In German, a young lady has no sex, while a turnip has. Think what overwrought reverence that shows for the turnip, and what callous disrespect for the girl." (Twain 2000: 24)
„There seems to be no practical criterion by which the gender of a noun in German, French, or Latin could be determined." (Bloomfield 1933: 280)
„The classification is arbitrary. No underlying rationale can be guessed at. The presence of such systems in a human cognitive system constitutes by itself excellent testimony to the occasional nonsensibleness of the species. Not only was this system devised by humans, but generation after generation of children peaceably relearns it." (Maratos 1976: 235)

Das Lexikon

Es trägt zum systematischen Aufbau des Lexikons bei (Rothweiler/Meibauer 1999; Spencer 1991; Neumann 2001; Weber 2001; Neef/Vater 2006; Meibauer et al. 2007) und hilft, die Welt in Bedeutungskategorien der Belebtheit, Geschlechtlichkeit und Zählbarkeit zu fassen (Leiss 2000).

Morphosyntax

Bei Substantiven, bei denen Singular- und Pluralformen homonym sind, übernimmt die Genusanzeige numerusdifferenzierende Aufgaben, z.b. der Löffel (Sing.) – die Löffel (Pl.) (Mills 1986).

In der Nominalphrase unterstreicht Genus die Zusammengehörigkeit einzelner Wörter und Wortarten (Crystal 2003) und hat so eine Klammerfunktion innerhalb der Nominalphrase, z.b. (40): Die Genusmarkierungen am Artikel und an den Adjektiven bereiten das Nomen vor.

(40)	Ein	wirklich	supertoller,	hammerharter	und	unhaltbarer	Schuss!
	DET m/n		ADJ m	ADJ m		ADJ m	N m

Diskurs und Text

In Diskursen und Texten unterstützt Genus die Herstellung von Textualität (cf. Weinrich 1993: 326) und trägt zu Kohäsion und Referenz bei (Karmiloff-Smith 1979; Foley/Valin 1984[125]; Mills 1986; Corbett 1991). Bei der Verwendung von Anaphern und Anadeixeis wirkt Genus ökonomisierend und desambiguierend (Ehlich 1978, 2007; zum besonderen Fall von Genuswechseln Mueller-Reichau 2008).

> „Gender markers may be crucial in helping the listener to keep track of referents across a complex passage of discourse."
>
> Bates/MacWhinney 1989: 18f.

Diese Leistung kann deshalb von Genus erbracht werden, weil Genus Koreferenz unabhängig von der syntaktischen oder semantischen Funktion des Arguments im Satz ausdrückt.[126]

---

125   „Languages in which gender functions as the dominant system of discourse cohesion are common." (Foley/Valin 1984: 326).
      „In gender systems nouns are assigned to classes on the basis of inherent features, and a particular NP is tracked through a discourse by virtue of its association with its class." (Foley/Valin 1984: 339)

126   „Gender systems ... do not concentrate on particular syntactic NP types but rather express coreference irrespective of the syntactic or semantic function of the arguments in either clause." (Foley/Valin 1984: 361)

178

Für das Unterstützen von Referenz in Diskurs und Text ist die *unterscheidende Qualität von Genus* (Wundt 1912: II) zentral: Es ist weitgehend unerheblich, warum ein Nomen N ein bestimmtes Genus hat, sondern bedeutsam ist, dass es mehrere Genera gibt.

Köpcke/Zubin (1984) folgern daraus, dass keines der drei Genera globale Bedeutung aufweist, sondern dass die Genera Unterscheidungshilfen innerhalb semantischer Bündelungen darstellen. Gruppen von Entitäten, die semantisch, perzeptuell oder situativ eng aufeinander bezogen sind, differenzieren sich demnach über Genus. Referenz wird dadurch im Alltag deutlich erleichtert, dass drei Genera für die Bezeichnung von Einheiten wie Messer (n), Gabel (f), Löffel (m) oder Mund (m), Nase (f), Auge (n) zur Verfügung stehen (auch Zubin/Köpcke 1996; Eisenberg 2006: 158). Wird diese Annahme akzeptiert, so können semantische Regeln nicht in Richtung eines einzigen Genus wirken (Leiss 1994). Die differenzierende Funktion von Genus steht dann über möglichen semantischen Einteilungen.

Die referenzunterstützende Wirkung von Genus spielt beim Verstehen von Texten eine zentrale Rolle (Ehlich 1994; Fabricius-Hansen 1999). Daher wirken sich Genusunsicherheiten auf die zielsprachliche Ausdrucksfähigkeit und darüber hinaus auf die Möglichkeiten des rezeptiven Zugangs zu Diskursen und Texten aus. Bezogen auf Situationen innerhalb der Institutionen staatlicher Bildung führt das dazu, dass Schüler z.B. eine Textaufgabe im Mathematikunterricht nicht verstehen, wenn sie die dafür notwendige genusgestützte Anaphorik nicht entschlüsseln können (Jeuk 2007).

5.2.2 Definitionen

Genus ist ein inhärentes Merkmal des Nomens (u.a. Foley/Van Valin 1984; Corbett 1991, 2006; Müller 1990, 2000; Hentschel/Weydt 2003) und insofern Bestandteil des Lexikons (Corbett 1991) bzw. eine im Lexikon repräsentierte syntaktische Eigenschaft eines Substantivs (Rothweiler/Meibauer 1999; Adger 2003). Genus ist eine Eigenschaft des jeweiligen Substantivs, und nicht der Entitäten, die dieses Substantiv denotiert (cf. Berkum 1996: II, 2).[127]

Genus ist nicht variabel: Ein Substantiv hat ein festgelegtes Genus, im Gegensatz zum Numerus, bei dem die Sprecher Wahlmöglichkeiten haben. In der überwiegenden Mehrzahl handelt es sich dabei um ein einziges Genus. Lediglich einige Substantive haben ein schwankendes Genus, das aber in der Regel nicht frei wählbar ist.

Die psychische Realität von Genus ist bisher wenig klar (s. aber Bassetti 2007); so ist etwa in Wundts psychischer Struktur der Wortvorstellung keine Genusinformation vorgesehen (Wundt 1912: I, Kegel 1987).

---

127 „The fact that grammatical gender is a property of individual nouns, and not of the referents of those nouns, is expressed by the alternative terms ‚lexical gender‘ and ‚word gender‘." (Berkum 1996: II, 2)

In vielen Arbeiten über Genus werden Definitionen nicht diskutiert (z.B. Müller 1990; Wegener 1992, 1995; Haberzettl 2005; Eisenberg 2006; Kaltenbacher/Klages 2006; Jeuk 2008). Definitionen finden sich vor allem in der sprachenvergleichenden Forschung; in diesem Bereich ist das Erfordernis strikter Kriterien am stärksten, denn nur auf der Grundlage klarer Bestimmbarkeit kann in der Analyse unterschiedlichster Sprachen Vergleichbarkeit erreicht werden (Craig 1986; Dixon 1986; Lakoff 1990; Corbett 1991; Nichols 1992).

Ein einflussreicher Vorschlag für eine Definition stammt von Hockett (1958); er stellt in den Vordergrund, dass Genus eine Nominalklassifikation ist, die sich auf andere Wörter auswirkt, wie es schon Aristoteles, Chrysippos und Donatus formulieren. Das zweite Kriterium fordert, dass sämtliche Substantive klassifiziert werden, das dritte, dass die Klassifikation bis auf wenige Ausnahmen eindeutig ist (siehe auch Nichols 1992).[128]

„Genders are classes of nouns reflected in the behaviour of associated words. To qualify as a gender system, the classification must be exhaustive and must not involve extensive intersection: that is, every noun must belong to one of the classes, and very few can belong to more than one."

Hockett 1958: 231[129]

Corbett (1991) greift Hocketts Definition auf und überlegt, was *reflected behaviour of associated words* bedeutet. Er schlägt *agreement (Kongruenz)* als entscheidendes Kriterium vor.

„This means that the determing criterion of gender is agreement; this is the way in which the genders are ,reflected in the behaviour of associated words' in Hockett's definition given earlier. Saying that a language has three genders implies that there are three classes of nouns which can be distinguished syntactically by the agreements they take."

Corbett 1991: 4

Kongruenz reflektiert eine strukturelle Beziehung zwischen der Nominalphrase und dem entsprechenden Element (cf. Chomsky 1981: 52; Boeckx 2006: 3). Sie kann als systematische Kovarianz zwischen einer semantischen oder formalen Eigenschaft eines Elementes und einer formalen Eigenschaft eines anderen Elementes gefasst werden (Steele 1978). Sie ist ein formal-grammatisches Prinzip: Kongruenzphänomene einer Einzelsprache sind vorhersehbar. Als Ausdruck einer Kategorie an verschiede-

---

128 „Gender is an exhaustive classification of all nouns." (Nichols 1992: 135)
129 Berkum erläutert diese Definition an einem Beispiel: „A noun like ,Mädchen' is said to be of neuter gender because of the particular ,agreement markers' found on associated words." (Berkum 1996: II, 3)

nen Elementen nennt Jaeger (1992: 15) sie „organisierte Redundanz". Die scheinbar redundante Markierung einer Eigenschaft an mehreren Positionen erfüllt aber wichtige Funktionen, so für die Aneignung, etwa indem Lernbarkeit hergestellt oder unterstützt wird, und für die Durchführung von Kommunikation. Obwohl Kongruenz ein grundlegendes Organisationsprinzip von Sprachen ist, ist das Wissen über die mentale Prozessierung von Kongruenz nach wie vor sehr begrenzt (Bock et al. 1999; Meyer/Bock 1999; Vigliocco/Franck 1999; Costa et al. 2003; Haskell/MacDonald 2003). Kongruenz involviert syntaktische, semantische, morphologische und lexikalische Zusammenhänge (Corbett 2006). Sie ist keine symmetrische Relation, sondern die Beziehung einer Entität zu einer zweiten, auf die die erste einwirkt. Corbett (2006) nennt diese Entitäten *controller* und *target* der Kongruenzmarkierung. Typische *controller* sind Nomen oder Nominalphrasen. Häufige *targets* sind Adjektive, Verben, Artikel und Anaphern.

Die Lexeme lassen über die syntaktische Beziehung der Kongruenz das Genus erkennen, welches dem Substantiv selbst oft nicht zu entnehmen ist (cf. Weinrich 1993; Aronoff 1994: 61).[130] Mehrere genusanzeigende Lexeme, die sich auf dasselbe Substantiv beziehen, erfüllen die Genusanzeige gemeinsam. Obwohl das einzelne Lexem, wie z.B. *ein* (m/n), oft keine eindeutige Aussage über das Genus eines Nomens ermöglicht, sind im Zusammenhang mehrerer Nominalphrasen, etwa innerhalb eines Diskurses oder Textes, die multiplen und vielgestaltigen Genusanzeigen in ihrem Zusammenwirken eindeutig bzw. grenzen die möglichen Genera stark ein.

Die Definition von Hockett (1958) und die Weiterführung von Corbett (1991) greift Matthews (1997) auf. Er sieht Genus als System, bei dem die Nominalklasse, in die ein Substantiv eingeordnet ist, in den Formen anderer Elemente reflektiert wird, die mit dem Substantiv in einer syntaktischen Beziehung stehen.

> „(Gender is) a system in which the class to which a noun is assigned is reflected in the forms that are taken by other elements syntactically related to it."

> Matthews 1997: 248

Die Definitionen von Hockett (1958), Corbett (1991) und Matthews (1997) sind sich grundsätzlich sehr ähnlich. Sie unterscheiden sich darin, ob sie Genus als *Klassifikation* (Hockett 1958) oder als *System* (Matthews 1997) betrachten, und ob sie die Be-

---

130 „Das Genus ist jedoch für das Nomen eine verdeckte Kategorie, die zur Lexik des jeweiligen Nomens gehört und vom Wortschatz (‚nur') gewußt wird. Erst der Kontext der Nominalklammer, insbesondere der Artikel, den man entsprechend dem bewußten Genus setzt, macht das Genus zu einer hörbaren Kategorie." (Weinrich 1993: 325)
„(Gender is) reliably detected not on the word that inherently carries the gender feature but rather on the lexemes that receive that feature by way of syntax. So although there are three genders in Latin, it is not always possible to tell the gender of a given noun by inspection." (Aronoff 1994: 61)

ziehung zwischen Nomen und genusanzeigenden Lexemen als *Assoziation* (Hockett 1958), *Kongruenz* (Corbett 1991) oder *syntaktische Beziehung* (Matthews 1997) auffassen.

Eine Übersicht über Definitionen bietet Franceschina (2005), die aus verschiedenen Definitionen eine gemeinsame Fassung hergestellt hat.[131] Jedoch gründen die unterschiedlichen Formulierungen auf unterschiedlichen theoretischen Hintergründen und sind mit Blick auf spezifischen Untersuchungszwecke entwickelt worden, was in der resümierenden Zusammenstellung verschwimmt.

Genus zeigt sich auf der Basis von Hockett (1958), Corbett (1991) und Matthews (1997) als eine Nominalklassifikation, die kongruente Markierungen an anderen Wörtern erfordert und die alle Nomen, in der Mehrzahl eindeutig, klassifiziert. Damit ergeben sich aus den Definitionen von Genus die folgenden *Charakteristika der Genusaneignung*, die die Grundlage für die spätere Auswertung der Daten bildet:

• Nominalklassifikation,
• Zielsprachlichkeit,
• Kongruenz,
• Differenzierung.

5.2.3 Mentale Prozessierung von Genus und Kongruenz

In den letzten Jahren hat sich verstärkt psycholinguistische experimentelle Forschung mit Genus beschäftigt, um Erkenntnisse über die kognitiven Vorgänge, die zu Genusmarkierung führen, zu erhalten, insbesondere zu der Frage, wie Genuskongruenz wäh-

---

131 „Composite definition of grammatical gender:
    a. genders are classes of nouns that result from the partitioning of the lexicon into nominal classes;
    b. nouns are gender triggers, and other categories marked for gender are targets;
    c. gender triggers and targets are structurally related;
    d. nouns in gender systems are exhaustively classified (in most cases this means inherently classified, buth there are some exceptions);
    e. the following categories can be gender targets: determiners, pronouns, quantifiers, numerals, possessives, adjectives, past and passive participles, verbs, adverbs, complementizers, adverbs, adpositions;
    f. gender assignment rules vary crosslinguistically;
    g. the domain of gender agreement shows some crosslinguistic variation." (Franceschina 2005: 78)
    Dieser Definitionsvorschlag fasst eine Vielzahl von Merkmalen zusammen; kritisch ist zu sehen, dass nicht eingehend reflektiert wird, welches Verständnis von Sprache ihm zu Grunde liegt. In diesem Vorschlag ist das Verhältnis von Kongruenz und Genus nicht optimal aufgenommen. Gerade Punkt c., in dem eine strukturelle Beziehung zwischen Genusauslösern und -zielen behandelt wird, wäre glücklicher formuliert, wenn auf die Art der Beziehung hingewiesen würde, z.B. „Auslöser und Ziele der Genusanzeige sind syntaktisch miteinander verbunden."

rend des Sprechens mental prozessiert wird (Costa et al. 2003). Zu Fragen der Genus-
selektion werden Bild-Wort-Kombinationen in experimentellen Situationen getestet
und die Reaktionsgeschwindigkeit der Antworten festgehalten.

So werden in der grundlegenden Arbeit von Schriefers (1993) von Sprechern des Niederländischen einfache Nominalphrasen elizitiert (z.B. De rode Auto, ‚das rote Auto‘),
während ihnen gleichzeitig Worte gezeigt werden, die sie ignorieren sollen. Das Genus
dieser Worte kann mit dem Genus der elizitierten Nominalphrase kongruieren bzw.
nicht. Für das Niederländische kann ein (Priming-)Kongruenzeffekt vermerkt werden;
bei kongruentem Wortimpuls produzieren die Versuchspersonen die Nominalphrasen
schneller als bei inkongruenten Impulsen. Dieser Effekt wird konkurrierenden Auswirkungen bei der Aktivierung lexikalischer Knoten zugeschrieben (Schriefers 1993).
Dieses Experiment wurde für weitere Sprachen wiederholt (Niederländisch: La Heij et
al. 1998; Schiller/Camarazza 2003; Deutsch: Schiller/Camarazza 2003; Kroatisch: Costa et al. 2003). Während bei germanischen und slawischen Sprachen der Kongruenzeffekt auftritt, konnte er bisher für romanische Sprachen nicht bestätigt werden (Französisch: Alario/Camarazza 2002; Italienisch: Miozzo/Camarazza 1999; Miozzo et al.
2002; Katalanisch: Costa et al. 1999; Spanisch: Costa et al. 1999; Miozzo et al. 2002).
Als Ursache wird angenommen, dass in romanischen Sprachen die Genusmarkierung
später bzw. länger prozessiert wird, da nicht nur das Genus des Substantivs, sondern
auch der phonologische Kontext die Form des Determinativs bestimmt (z.B. ob im
Italienischen in Abhängigkeit vom Anlaut des Substantivs lo oder il angemessen sind)
(Miozzo/Camarazza 1999; Finocchiaro 2008).

Schriefers (1993) folgert aus dem Kongruenzeffekt, dass die Aktivierung eines lexikalischen Knotens noch nicht die Aktivierung der grammatischen Merkmale des Lexems
beinhalte und diese erst zeitlich versetzt erfolge. Dagegen argumentieren Camarazza et
al. (2001), dass auch die Aktivierung konkurrierender Genusinformationen beider Impulse die Zeitverzögerung bei der Produktion durch die Versuchspersonen erklären
kann. Diese aktuelle Forschung hat das Interesse für Genus sehr befruchtet und befindet sich in einer aktiven Debatte.

5.2.4 Genus in der Welt

Genus kennen viele, aber bei weitem nicht alle Sprachen der Welt. Für den Weltatlas
der sprachlichen Strukturen wurden 257 von insgesamt über 6000 in der Welt vorhandenen Sprachen auf Genus untersucht (Corbett 2008). In diesem Rahmen stehen 145
genuslosen Sprachen 112 genusdifferenzierende Sprachen gegenüber; Corbett (2008)
kommt damit bei den von ihm betrachteten Sprachen auf einen Anteil von Genussprachen von ca. 44 %. Dagegen findet Nichols (1992: 124) nur in etwa einem Viertel der
von ihr beobachten Sprachen, 47 von 174 Sprachen, Genus. Die Anzahl von Genera

schwankt zwischen zwei und ca. 20 Genera in Fula/Fulfulde, einer Sprache im Niger-Kongo; die meisten Sprachen unterscheiden zwei bis drei Genera (Corbett 2008). Die Mehrheit der betrachteten Genussprachen differenziert Genus auf der Basis von natürlichem Geschlecht des Relats (84 von 112 Genussprachen bei Corbett 2008). Ein weiteres wichtiges Kriterium für Genuszuweisung ist Belebtheit (Dahl 2000), das Corbett (2008) in 28 von 112 Genussprachen findet. Foley/Valin (1984: 325) nennen „Belebtheit", „natürliches Geschlecht" und „Umriss (*shape*)" als häufigste Kriterien für Genusdifferenzierung.

Bei 53 von 112 Genussprachen findet Corbett (2008) ausschließlich semantische Kriterien für Genus; 59 Sprachen weisen Genus auf der Grundlage sowohl semantischer als auch formaler Informationen, wie z.b. der phonologischen Gestalt, zu. Es wurde keine Sprache gefunden, bei der Genus ausschließlich auf der Grundlage formaler Kriterien bestimmt wird (Corbett 2008).

5.3 Genus und Aneignung

5.3.1 Aneignung in den Basisqualifikationen

Als Merkmal des Substantivs wirkt Genus an den nennenden Prozeduren des Symbolfelds (Ehlich 1986) mit; es wird im Rahmen der semantischen Basisqualifikation (Ehlich 2005) angeeignet; jedoch nicht nur dort, da die Genusmarkierung an verschiedenen Elementen des Satzes kongruent morphologisch erfolgen muss. Genusaneignung geschieht also auch im Rahmen der Aneignung der morpho-syntaktischen Basisqualifikation.

Da Genus durch die phonologische Form des Wortes, aber auch durch den semantischen Gehalt bestimmt wird, müssen ferner semantische und phonologische Informationen mit syntaktischen und diskursiven Informationen in Verbindung gebracht werden, um eine Genusanzeige zielsprachlich zu verwirklichen. An Genus sind somit vielfältige Bereiche der Sprachverarbeitung beteiligt. All dies muss in minimalen Zeiteinheiten innerhalb der sprachlichen Handlung geleistet werden.

Ausgehend von der Tatsache, dass mehrere sprachliche Bereiche in einer Art *Schnittstelle, interface*, parallel mental prozessiert werden müssen, wird eine erhöhte Erwartung für die Manifestation von Sprachkontakteinflüssen angenommen (Hulk/Müller 2000; Paradis/Navarro 2003; Serratrice/Sorace/Paoli 2004).

Der Erwerb der deutschen Genuszuweisung und -markierung wird in empirischen Arbeiten teilweise als schwierige (Wegener 1992, 1995a, 2000; Holmes/de la Batie 1999; Dewaele/Véronique 2001; Hoffmann 2006; Thoma/Tracy 2006; Kaltenbacher/Klages 2006; Grießhaber 2007a; Jeuk 2008), teilweise als unproblematische Aneignungsaufgabe dargestellt (Müller 2000; Müller et al. 2001; Bewer 2004; Kupisch 2004, 2005,

2006, 2006a, b; Kuchenbrandt 2008).[132] Die Leichtigkeit bzw. Problematik der Genusaneignung hängt mit dem Erwerbstyp zusammen.

5.3.2 Simultane multilinguale Aneignung

Multilinguale Kinder mit konstantem und erstsprachlichem Sprachkontakt eignen sich
deutsches Genus bis zum dritten, spätestens vierten Geburtstag an (Müller 2000; Müller et al. 2001; Bewer 2004; Kupisch 2004, 2005, 2006, 2006a, b, 2007, 2008; Kuchenbrandt 2008). Diese Aussage wurde an verschiedenen Sprachenkombinationen
bestätigt.

Französisch – Deutsch und Italienisch – Deutsch

Im bilingualen deutsch-französischen Erstspracherwerb (Müller 1990, 2000) differenzieren die Kinder zunächst lediglich zwei Genera, im Deutschen feminin versus nicht-
feminin, und markieren neutrale Nomen maskulin. Im weiteren Verlauf stehen maskuline und neutrale Genusmarkierung nebeneinander. Erst danach wird konsequent neutrales Genus angezeigt (Müller 2000).

„der Bett → der Bett – das Bett → das Bett"

Müller 2000: 390

Im Akkusativ verbleiben die Spuren dieser Überdehnung des Maskulinums länger;
trotz zielsprachlicher Verwendung der neutralen Genusmarkierung im Nominativ findet Müller (2000) den-Markierungen für Neutra.

Insgesamt schätzt Müller (2000) Genusaneignung im 2L1-Erwerb in Bezug auf die
Nominalphrase mit definitem Artikel als unproblematisch ein, was sie in Bezug auf die
schwierigere neutrale Form leicht relativiert.

„Gender attribution does not seem to be problematic for the children, if one
considers nominals containing a definite article. Neuter nouns represent an
exception to this generalization. ... Nearly all the neuter nouns are initially
combined with the wrong form of the determiner, mostly with the masculine
definite article. Almost all other noun phrases (with a feminine or a masculine
noun) containing a form of the definite article correspond to the adult system."

Müller 2000: 378

---

132 Während in den Schulbüchern für den Deutschunterricht das Genus der Substantive im Allge-
     meinen nicht behandelt wird, beobachtet Wegener (1995) eine Beschäftigung mit der Frage des
     Genuserwerbs in Lehrwerken für Deutsch als Fremdsprache, seit es diese Fachrichtung gibt. Sie
     interpretiert diese Literatursituation als Hinweis darauf, dass Genuszuweisung ein Problem für
     Zweit- und Fremdsprachenlerner ist, jedoch nicht für Kinder, die Deutsch als Erstsprache er-
     worben haben (a a.O.: 59).

Die Unsicherheit im Gebrauch des Neutrums wird nur innerhalb eines kurzen Zeitraums zwischen 2,4 bzw. 2,8 Jahren beobachtet. Anschließend werden 90 % der Genusanzeigen an Artikeln als zielsprachlich vermerkt.

Die abweichenden Genusmarkierungen führt Müller (2000) vor allem darauf zurück, dass die Kinder Genusregularitäten entdeckt haben, wie beispielsweise häufige femininen Endungen von Substantiven, die auf [ə] auslauten, welche die beobachteten Kinder phasenweise übergeneralisierend mit einem femininen Artikel versehen. Ein anderes Kind assoziiert die monosyllabische Form grundsätzlich mit dem maskulinem definitem Artikel.

Bei der Genusmarkierung des indefiniten Artikels stehen nicht-zielsprachliche Markierungen des indefiniten Artikels neben zielsprachlichen Genusmarkierungen des definiten Artikels; in dem gleichen Diskurs kommen auch Äußerungen vor, in denen die Genusmarkierungen definiter und indefiniter Artikel übereinstimmen.

(41) „die Eisebahne – *ein Eisenbahne
(42) der Bär – *eine Bär
(43) der Ball – *eine Ball
(44) die Katze – *ein Katze"

Müller 2000: 385f.

Müller (2000) zieht daraus den Schluss, dass die indefiniten Artikel zunächst als Numerale aufgefasst werden, während die Kinder gleichzeitig das Genusparadigma aufbauen.[133] Um indefinite Artikel nach Genus zu flektieren, müssen die Kinder Numerale von Artikeln unterscheiden können.

Müller et al. (2001: 21) bestätigen bei 2L1-deutsch-italienischen Kindern, was Müller (2000) bei deutsch-französischen Kindern beobachtet hat, nämlich dass

„die Genuszuweisung im Erstspracherwerb kaum Probleme bereitet. Das bilinguale Kind hat für beide Sprachen Zuweisungskriterien erworben. In beiden Sprachen (Deutsch und Italienisch) wird Nomina bereits von Beginn der Untersuchung an in der Mehrzahl der Fälle das der Zielsprache entsprechende Genus zugewiesen."

Müller et al. 2001: 21

Aus dem gleichen Forschungsumfeld[134] stellen Kupisch (2004, 2005, 2006) sowie Kuchenbrandt (2008) bei der Kombination einer germanischen und einer romanischen

---

133 Zur Abgrenzung von Artikeln und Quantoren siehe Vater (1982), (1984), (1986); Löbner (2005).
134 D.h. des Sonderforschungsbereichs Mehrsprachigkeit 538 der Universität Hamburg.

Sprache im multilingualen Erstspracherwerb *OPOL (one person – one language)*[135] einen leichten beschleunigenden Einfluss auf den Erwerb des Deutschen fest: Simultan multilinguale Kinder entwickeln sich in Bezug auf Genus im zweiten Lebensjahr schneller als die beobachteten monolingualen Kinder (Kuchenbrandt 2008: 12).

Niederländisch-Englisch

De Houwer (1990) beobachtet, dass Kinder mit der Sprachenkombination Niederländisch-Englisch im bilingualen Erstspracherwerb mit erstsprachlichem Input das Genus an Pronomen wesentlich früher im Niederländischen als im Englischen erwerben. Sie nimmt das als Indiz für den unabhängigen Genuserwerb in beiden Sprachen.

5.3.3 Sukzessive multilinguale Aneignung

Russisch – Deutsch, Türkisch – Deutsch: Wegener

Wegener (1992, 1995, 1995a) hat Kinder mit den Erstsprachen Russisch bzw. Türkisch beobachtet, die im Alter von fünf bis sechs Jahren nach Deutschland einreisten und ab diesem Zeitpunkt in regelmäßigem Kontakt mit der deutschen Sprache eintreten. Wegener (1995a) hat Phasen des Genus- und Kasuserwerbs formuliert, die in der unten aufgeführten Übersicht ausführlich dargestellt sind.
Die Schwierigkeit des Genuserwerbs begründet Wegener (1995a) mit der Homonymie der Artikel und der fehlenden Transparenz der Genuszuweisungsregeln. Gegen diese Auffassung spricht jedoch, dass sich grundsätzliche systematische Erwerbsschwierigkeiten, z.B. wegen fehlender Transparenz von Zuweisungsprinzipien, auch im Erstspracherwerb bemerkbar machen sollten. Genus wird aber im mono- wie bilingualem Erstspracherwerb schnell und unproblematisch innerhalb des vierten, oft des dritten Lebensjahres beherrscht. Weiterhin ist die Homonymie von Genusmarkierungen, die an Artikeln zu beobachten ist, nur innerhalb einer isoliert betrachteten Nominalphrase gegeben. Sie wird in der sprachlichen Handlung eines Diskurses oder eines Textes durch die Vielzahl der Informationen über semantische Rollen, Numerusmarkierung am Verb etc. desambiguiert.

Phonologisch basierte Zuweisung in der frühen L2 Französisch

Miertsch (2008) hat 22 deutschsprachige Kinder, die ab einem Alter von zwei bis vier Jahren in einem französischsprachigen Kindergarten mit der Aneignung des Französischen begonnen haben, in Experimenten mit Pseudoworten auf die Zuweisung von Genus nach den, im Französischen starken, phonologischen Zuweisungsprinzipien

---

135 Diese Sprachenverteilung geht auf (Ronjat 1913) zurück; die Abkürzung müsste eigentlich *UPUL, une personne – une langue,* heißen. Ausführlich setzen sich Kielhöfer/Jonekeit (1983) und Döpke (1992) sowie anwendungsbezogen Montanari (2002) mit dieser Sprachenverteilung auseinander.

getestet. Leider bezieht sie andere Faktoren als den Beginn des Sprachkontakts nicht ein. Aus ihren Experimenten zieht sie den Schluss, dass die Kinder mit frühem Sprachkontakt im Alter von zwei Jahren erfolgreicher Genus zuweisen und eine höhere Zielsprachlichkeit erreichen als die Kinder, die erst mit vier Jahren in Kontakt mit der französischen Sprache kommen; letztere äußern zu häufig maskulines Genus. Die Kongruenz zwischen Adjektiv und Nomen wird von allen Kindern gut beherrscht.

5.3.4 Multilinguale Aneignung ohne Angabe des Sprachkontaktbeginns

In den folgenden Arbeiten wird nicht aufgeführt, ab welchem Alter die Kinder regelmäßigen Kontakt mit der deutschen Sprache haben und ob die Kinder vorwiegend erstsprachlichen oder lernersprachlichen deutschen Input erhalten.

Bestätigung trotz Genusfehler

Die Ergebnisse einer langjährigen Studie über die sprachliche Entwicklung türkischdeutscher Kinder in Berlin liegen in Pfaff (2001) vor. Während beim Artikelgebrauch eine stetige Verbesserung bei den Auslassungen obligater Artikel auffällt, bleibt Genus dauerhaft eine problematische Kategorie (Pfaff 2001: 174). Einerseits registrieren deutsche Sprecher Genusfehler sehr bewusst, andererseits erfolgen keine Korrekturen und es kommt kaum zu Reformulierungen mit dem zielsprachlichen Genus (Pfaff 2001: 175). Es liegen sogar Belege für explizite Akzeptanz von Äußerungen mit Genusfehlern vor.

„Interviewerin	Was hab ich geklaut?
Serkan (4,0)	Ach, keine Auto.
Interviewerin	Richtig!
Ilknur (4,0)	Die Hund geht Haus.
Interviewerin	Hmˇ.''

Pfaff 2001: 175

Das positive Feedback auf die Äußerungen mit Genusabweichungen enthält keinen Hinweis auf einen gehörten Fehler.

Tests mit Fünfjährigen

Kaltenbacher/Klages (2006) testen zur Vorbereitung einer Sprachfördermaßnahme mehrsprachige Kinder unterschiedlicher Familiensprachen, die in Deutschland geboren sind und „in der Regel erst beim Eintritt in die Kita, mit drei, teilweise auch vier Jahren, aktiv mit dem Erwerb des Deutschen beginnen" (ebd.: 81). Gestützt auf diese Testergebnisse formulieren die Autorinnen eine sechsstufige Erwerbssequenz des Genuserwerbs. In den Tests werden Sätze abgefragt, in denen die Genusanzeigen am Artikel erfasst werden.

"Generell lässt sich sagen, dass die Kinder zu Beginn unserer Förderung in der Regel höchstens über ein zweigliedriges Genussystem und ein zweigliedriges Kasussystem mit Nominativ- und Akkusativformen verfügen. Der frühe L2-Erwerb ist gegenüber dem L1-Erwerb durch eine Dissoziation zwischen Genus- und Kasuserwerb gekennzeichnet. Die zweisprachigen Kinder bauen ein Kasussystem auf, ohne die Genusdifferenzierung (vollständig) mit zu berücksichtigen, d.h. ihr Kasusparadigma ist bezüglich des Genus unterspezifiziert. Problematisch ist dabei insbesondere das auch in der Zielsprache nur teilweise gegenüber dem Maskulinum differenzierte Neutrum."

Kaltenbacher/Klages 2006: 86f.

Der Artikel von Kaltenbacher/Klages (2006) hat eine Stärke in dem Anwendungsbezug und ist in der Perspektive einer Konzeption von aneignungsanregenden Aktivitäten verfasst.

<u>Bilinguale Aneignung in den ersten zwei Schuljahren</u>

In einer noch fortdauernden Studie zu Kindern mit Migrationshintergrund, welche die ersten beiden Schulklassen besuchen, stellt Jeuk (2006, 2008) anhaltende Schwierigkeiten im Genuserwerb fest und formuliert Phasen. Die beobachteten Kinder sprechen unterschiedliche Erstsprachen und sind zwischen sechs und acht Jahren alt, Angaben über die Kontaktdauer mit der deutschen Sprache liegen nicht vor. In Jeuks 27-köpfiger Kindergruppe erreichen zehn Kinder 90 % zielsprachliche Genusmarkierungen. Elf Kinder erreichen eine Zielsprachlichkeit von ca. 67 %, sechs Kinder erreichen maximal 40 % korrekte Genusanzeigen (Jeuk 2006: 41). Einige Kinder verwenden konsequent nur maskuline Genusmarkierung. In diesem Aufsatz wird auf ein Phänomen hingewiesen, dass ebenfalls in den hier erhobenen Daten beobachtet wird: Es treten unterschiedliche Genusmarkierungen zu einem Nomen innerhalb der gleichen Erzählung auf (Jeuk 2008: 146).

Türkisch – Französisch

Für türkisch-französischsprachige Kinder stellen französische Genusmarkierungen eine lang anhaltende Erwerbsschwierigkeit dar. Akinci/Jisa/Kern (2001) und Akinci (2002, 2004) lassen türkisch-französische und monolingual französische Kinder zwischen fünf und vierzehn Jahren den zweiten Band der *frog story* von Mayer (1969), eines textlosen Bilderbuches, erzählen. Als häufigste Quelle von Abweichungen vermerken Akinci et al. (2001, 2003) und Akinci (2004) Genusfehler. Genusreparaturen sind selten: Nur 5,5 % aller beobachteten Reparaturen beziehen sich auf Genus. Die Fünfjährigen zeigen bei 41,5 % der geäußerten Artikel eine von der Zielsprache abweichende Genusmarkierung; die Siebenjährigen markieren an 33,5 % der geäußerten Artikel falsches Genus. Diese Zahl senkt sich auf ein Niveau von 21 % genusabweichender Artikel bei den 14- bis 15-Jährigen (Akinci 2004), das immer noch ein hohes Fehlerplateau ist.

Um die Schwierigkeiten der türkisch-französischsprachigen Kinder zu erklären, führen Akinci/Jisa/Kern (2001: 203f.) den unterschiedlichen Umgang der Familien mit literalen Aktivitäten an. Beide Kindergruppen, die französischen und die türkisch-französischen Kinder, erhalten Erzählangebote in der Bildungsinstitution. In der häuslichen Handhabe von Schriftlichkeit liegen jedoch erhebliche Unterschiede vor, die französischsprachigen Familien lesen mehr und regelmäßiger. Damit hätten, so ihre Folgerung, die monolingualen Kinder einen intensiveren Input des Französischen als die bilingualen Kinder mit weniger literalen Sprachanregungen.

5.3.5 Monolinguale Aneignung

Mills (1985, 1986) betrachtet monolinguale deutsche und englische Kinder zwischen zwei und zehn Jahren. Bei den Dreijährigen findet sie nur vereinzelte Genusfehler, bei den Fünfjährigen keine. Mills (1986) merkt die Fortführung einer Personenbezeichnung mit natürlichem Geschlecht entgegen dem grammatischen Geschlecht an, was sie aber auch im allgemeinen Sprachgebrauch Erwachsener findet. Übergeneralisierungen der Form die vermerkt sie als „häufig" (Mills 1985). Der Erwerb des indefiniten Artikels erscheint in Mills Daten als schwieriger als der Erwerb des definiten Artikels. Während indefinite Artikel in den Äußerungen ungefähr gleich häufig wie definite Artikel geäußert werden, sind Genusfehler bei indefiniten dreimal so häufig wie beim definiten Artikel.

Die Kinder zeigen Omission bei Genusunsicherheit, was sie als Vermeidungsstrategie wertet (ebd.: 68). An unsicheren Kindern beobachtet sie die Übergeneralisierung femininer definiter Markierungen.

Bewer (2004) betrachtet den deutschen Genuserwerb am Artikel und stellt einen unproblematischen Verlauf fest, der mit ca. dreieinhalb Jahren abgeschlossen ist.

5.3.6 Form vor Bedeutung

Karmiloff-Smith (1979) stellt in Experimenten mit 1012 französischsprachigen monolingualen Kindern zwischen 2,10 und 11,7 Jahren eine Präferenz der Kinder für Wortendungen als Merkmal der Genuszuweisung, insbesondere bei den Drei- bis Vierjährigen, bei der Bestimmung des französischen Genus fest.[136] Sexusbasierte Genusanzeigen ziehen gerade die jüngeren Kinder nachrangig oder gar nicht in Betracht. Erst bei

---

136   Im Französischen ist das Wortende ein starker Genusindikator, wobei es jedoch zahlreiche Ausnahmen gibt.

Kindern im Alter von ca. neun Jahren entdeckt Karmiloff-Smith (1979) die schrittweise Komplettierung der phonetisch-morphologischen Suffixorientierung durch semantische Regeln.[137] Die Beherrschung der genusspezifizierenden Markierung am Artikel und der Verwendung des definiten Artikels setzt Karmiloff-Smith zeitgleich an. Eine frühe Sensitivität für ein phonologisches Prinzip der Genuszuweisung, nämlich die deutsche feminine Anzeige bei Auslaut auf [ə] zeigen Eisenbeiss (2003) und Mills (1986).

Der Gebrauch formaler Prinzipien für Genus durch sehr junge Kinder wird beim einsprachigen Erwerb des Hebräischen beobachtet (Levy 1983; Berman 1985, 1986, 2004). Es zeigen sich Fehler, die durch eine Bevorzugung morphologischer Kriterien entstehen (Berman 1985: 299ff.).

5.3.7 Phasen

Mehrere an Genusaneignung interessierte Autoren haben Phasen der Aneignung formuliert, die in der folgenden Übersicht zusammengefasst sind.

<u>Übereinstimmungen und Unterschiede</u>

Müller (1990, 2000) und Wegener (1995a) stimmen in der Annahme von Übergeneralisierungen des femininen definiten und des maskulin-neutralen indefiniten Artikels überein. Ferner führen sie zielsprachliche Genusmarkierungen auf der Grundlage natürlichen Geschlechts an, die Müller (1990) im 2L1-Erwerb gleich zu Beginn des Genuserwerbs, Wegener (1995a) im L2-Erwerb in der letzten und höchsten Stufe ihrer Phaseneinteilung beobachtet. Wegener (1995) und Kaltenbacher/Klages (2006) finden bei Kindern, bei denen der Sprachkontakt erst nach dem sechsten Lebensjahr beginnt bzw. zu denen keine Angabe zum Kontaktbeginn vorliegt, einen Gebrauch der maskulinen und femininen Anzeigen am bestimmten Artikel, den sie als „undifferenziert", als „freie Variation" wahrnehmen (ebd.). Im pädagogischen Umfeld wird die Wahrnehmung der Genusmarkierung am Artikel häufig als „ungeordnet" beschrieben, etwa in Fortbildungen mit ErzieherInnen und LehrerInnen.[138] Müller (1990, 2000) bemerkt jedoch für den 2L1-Erwerb, dass bereits erste Genusmarkierungen auf den Beginn des Erwerbs von Prinzipien der Genuszuweisung hinweisen. Es ist also die Frage, ob Genus tatsächlich frei variiert wurde oder ob eventuell vorhandene Regelmäßigkeiten nicht konsequent angewendet wurden.

---

137 In Karmiloff-Smiths Genusexperimenten markieren die 5,0- bis 5,11-Jährigen maskulines Genus in allen Fällen mit phonetischem oder morphologischem genusanzeigendem Suffix korrekt, sowie in 78 % der Fälle ohne diese Hinweise. In der Gruppe der 6,0- bis 6,11-Jährigen steigt der Anteil richtiger Genusanzeige bei Nomen ohne phonologische oder morphologische Hinweise auf 91 %. Bei femininem Genus sind bei den Fünfjährigen 95 %, bei den Sechsjährigen 96 % der Genusanzeigen bei Substantiven ohne phonologische oder morphologische Hinweise am Wortende zielsprachlich, mit morpho- bzw. phonologischen Hinweisen nennen sie feminines Genus stets korrekt.

138 Eigener Hörbeleg.

Tabelle 10: Phasendarstellungen bilingualen deutschen Genuserwerbs

Quelle	Müller (2000)	Wegener (1995, 1995a, 2000)	Kaltenbacher/Klages (2006)	Jeuk (2008)
	2L1	L2, Sprachkontakt D ab 5 J.	L2	„Migrationshintergrund"
	Phase I Keine Artikel; Verwendung von ein als Numeral; Differenzierung nach Belebtheit mit freiem Morphem, Referenz auf unbelebte Objekte mit das, als Vorläufer semantischer Genuszuweisung; Formen wie [ə], [da] oder [a]; (ebenso Tracy 1995); syntaktische Position ist angeeignet; Beginn ca. 1,5 Jahre bis 1,10 Jahre, Ende etwa 2,0 Jahre bzw. 2,4 Jahre **Phase II** Schrittweise Markierung von Genus; zielsprachliche Differenzierung von Femininum und Maskulinum; Neutra werden maskulin markiert; nicht-zielsprachliche Genusmarkierung des indefiniten Artikels steht neben zielsprachlicher Markierung des definiten Artikels	**Phase I** Fehlen jeglicher Markierung; Nomen werden ohne Artikel gebraucht **Phase II** Determination ohne Genus; Differenzierung von definiten/indefiniten Artikeln, inkonsistente Genusmarkierung; Gebrauch als freie Variation (Wegener 1995: 8) **Phase III** Reduktion von Formenvielfalt; in keinem Fall Verwendung von drei Formen; häufige Übergeneralisierung von die und ein; Wissen, dass im Deutschen ein Artikel in den meisten Fällen obligatorisch ist; Definit-indefinit-Opposition ohne Genusmarkierung: die Kinder verwenden den d-Artikel für definite, ein-Artikel für indefinite Referenz (Wegener 2000: 522ff.)	**Phase I** Keine Trägerelemente (Artikel fehlen) **Phase II** Undifferenzierter Gebrauch von der/die: freie Variation oder Beschränkung auf eine Form **Phase III a** Zweigliedriges Genussystem/kein Kasussystem: für Subjekt der und die für Objekte der und die **Phase III b** Zweigliedriges Kasussystem/kein Genussystem: für Subjekt der oder die, für Objekte den **Phase IV** Zweigliedriges Genussystem (Subjekt), zweigliedriges Kasussystem; für Subjekte der und die, für Objekte den und die	**Phase I** Auslassungen von Determinativen und Pronomina bei Kindern mit artikelloser L1 **Phase II** Einstiegsstrategie: Beschränkung auf eine Form für Determinative und Pronomen (der- bzw. die- Strategie) **Phase III** Hinzutreten einer alternativen Form (der oder die), häufige Übergeneralisierungen **Phase IV** Wenige Fortschritte bei Genus; zunehmend korrekte Akkusativ- und Dativformen

Müller (2000)	Wegener (1995, 1995a, 2000)	Kaltenbacher/Klages (2006)
Am Ende der zweiten Phase: zielsprachliche Neutra-Markierung; Phasenende gegen Vollendung des dritten Lebensjahres	Phase IV Etablierung von Funktionswerten: r-Formen für Subjekte, s-Formen für direkte Objekte, e-Formen in pluralen Nominalphrasen; „motivierte Genusfehler" (Wegener 1995); syntaktische Uminterpretation von Genusmarkern in Kasusmarker, semantische Uminterpretation der Genusmarker in Numerusmarker (Wegener 1995)	Phase V Zweigliedriges Genussystem; zweigliedriges Kasussystem; für Subjekte der und die, für Objekte den und die
Phase III Zielsprachliche Realisierung der Artikel in über 90 % aller obligatorischen Kontexte		Phase VI Dreigliedriges Genussystem (Subjekt); zweigliedriges Kasussystem; für Subjekte der, die und das, für Objekte den und die
	Phase V Regelbildung: Bestimmung von Genus auf der Basis von Sexus, [ə]-Regel; Beginn des Aufbaus eines Genusparadigmas	

193

5.4 Genus im Deutschen

Im Deutschen gibt es drei Genera: maskulin, feminin und neutrum.[139] Die drei Genera werden nur im Singular angezeigt. Insofern besteht eine Beziehung zwischen Genusanzeige und Numerus.

Im Deutschen tragen ca. 50 % der Substantive maskulines, etwa 30 % feminines und etwa 20 % neutrales Genus (Bauch 1971). In den Äußerungen, denen Kinder in ihren Interaktionen begegnen, sind Genusmarkierungen hochfrequent (Wegener 1995a).

Das Genus der meisten Substantive ist eindeutig. Einige Substantive tragen regional schwankende Genera, z.b. der bzw. die Butter (Südtiroler Deutsch versus Hochdeutsch). Es gibt vereinzelte Substantive, für die mehrere Genera verwendet werden, wie der/das Bonbon, der/das Joghurt; häufig handelt es sich hierbei um Lehnwörter, deren Genus von einzelnen Sprechern nach dem Genus der Herkunftssprache oder nach dem Genus der aufnehmenden Sprache bestimmt wird (Behaghel 1968). Es gibt immer wieder Genuswandelphänomene, wie aktuell das bei Kindern zwischen vier und acht Jahren übliche die Gelb für einen gelb malenden Buntstift, der vor 20 Jahren selbstverständlich noch als das Gelb bezeichnet wurde.[140] Trotz dieser Einzelfälle sind Sprecher des Deutschen als Erstsprache von einer Eindeutigkeit der Genuszuweisung im Deutschen überzeugt (DUDEN 2005; Eisenberg 2006).

Genus wird an sprachlichen Einheiten markiert, die gemeinsam mit dem Nomen auftreten: an indefiniten und definiten Artikeln, Determinativen und Adjektiven. Außerdem wird Genus an Prozeduren, die an Stelle des Substantivs auftreten, angezeigt: Anaphern, Anadeixeis, selbstsuffiziente Deixeis, außerdem in interrogativen und relativen Nominalphrasen.

Genusmarkierungen werden durch Numerus- und Kasusmarkierungen beeinflusst, die oft an den gleichen sprachlichen Elementen wie Genus angezeigt werden (siehe Artikelparadigmen unten). Daraus wurde gefolgert, dass zum Erkennen von Genus zuerst Kasus und Numerus erworben sein müssten (Wegener 1995a). Diese Erwerbsreihenfolge bestätigt sich jedoch nicht (Müller 2000).

Unter einem *Genusparadigma* wird im Weiteren die Gesamtheit der Markierungen, die ein Genus anzeigen, verstanden.

---

139 Für ein viertes deutsches Genus, das Generikum, argumentiert Eisenberg (2000), greift es aber in ders. (2006) nicht wieder auf.
140 Eigener Hörbeleg.

Tabelle 11: Die drei Paradigmen der Genusmarkierung im Singular

Genus	Feminin	Maskulin	Neutrum
definite Artikel, Deixeis	die (NOM, AKK[141]) der (DAT, GEN)	der (NOM) den (AKK) dem (DAT) des (GEN)	das (NOM, AKK) dem (DAT) des (GEN)
indefinite Artikel	eine (NOM, AKK) einer (DAT, GEN)	ein, einer (NOM) einen (AKK) einem (DAT) eines (GEN)	ein, eines (NOM) einem (DAT) eines (GEN)
Anaphern	sie (NOM, AKK) ihr (DAT)	er (NOM) ihn (AKK) ihm (DAT)	es (NOM, AKK) ihm (DAT)
Possessivdeixeis	ihr-, -e	sein-Ø (NOM) seinen (AKK) seinem (DAT) seiner (GEN)	sein-Ø, (NOM, AKK) seinem (DAT) sein(e)s (GEN)
Fragepronomen welch-	welche (NOM, AKK) welcher (DAT, GEN)	welcher (NOM) welchen (AKK) welchem (DAT) welches (GEN)	welches (NOM, AKK) welchem (DAT) welches (GEN)
Adjektivdeklinationen	-e (NOM, AKK) -en (DAT, GEN)	-er/-e (NOM) -en (AKK, DAT, GEN)	-es/-e (NOM, AKK) -en (DAT, GEN)
Demonstrativdeixeis	diese (NOM, AKK) dieser (DAT, GEN)	dieser (NOM) diesen (AKK) diesem (DAT) dieses (GEN)	dieses (NOM, AKK) diesem (DAT) dieses (GEN)

---

141   NOM: Nominativ, AKK: Akkusativ, DAT: Dativ, GEN: Genitiv.

5.4.1 Arbitrarität, Regelmäßigkeit und Zuweisung

Nach welchen Kriterien werden Substantive in Genusklassen eingeordnet? Eine Annahme dazu lautet, dass Genus durch die Sprecher zugewiesen wird (Corbett 1991, 2006; Zubin/Köpcke 1996; Corbett/Fraser 2000). Booij (2005: 130) spricht von „Berechnung" des Genus. Für Zuweisung wird angenommen, dass die Sprecher einem Substantiv ein Genus auf der Basis von semantischen oder formalen Regeln bzw. Prinzipien zuordnen (Corbett 2006). Beispiele für semantische Prinzipien sind Zuweisungen nach natürlichem Geschlecht oder Zählbarkeit; Beispiele für formale Regeln sind Zuweisungen nach phonologischen oder morphologischen Gesichtspunkten, z.b. auf der Basis von Auslauten oder Suffixen.

Während in einigen Sprachen vorrangig einer der beiden Informationstypen semantisch oder formal für Genuszuweisung genutzt wird, nutzen andere Sprachen beide Informationstypen nebeneinander, z.b. die deutsche (Corbett/Fraser 2000; Corbett 2006).

Eine alternative Hypothese zur Klassifikation der Substantive geht von grundsätzlicher Arbitrarität aus, die mit sexusbasierter Genuszuweisung für einige Substantive interagiert (Berkum 1996; Nichols 1992; Adger 2003).

5.4.2 Zuweisungsprinzipien

Für die deutsche Genuszuweisung sind phonologische, morphologische und semantische Prinzipien formuliert worden. In Bezug auf Zuweisungsprinzipien schreibt Corbett (1991) allgemein, dass sprachenunabhängig mit Prinzipien für mindestens 85 % der Substantive das Genus vorhergesagt werden könne (Corbett 1991: 68). Der DUDEN (2005) verwendet nicht weniger als 15 eng beschriebene Seiten für die Prinzipien der Genuszuweisung.

In dieser Vielfalt liegt die besondere Problematik deutscher Genuszuweisungsprinzipien. Die Fülle der formulierten deutschen Prinzipien reicht aus, um Genus vorherzusagen; allerdings prognostizieren unterschiedliche Prinzipien Wahrscheinlichkeiten unterschiedlicher Genera für dasselbe Nomen.[142] Die Schwierigkeit liegt vor allem darin, konfligierende und konkurrierende Prinzipien zu hierarchisieren und bezüglich ihres Geltungsbereichs zu bewerten, damit für das spezielle Nomen N die eine zielsprachliche Zuweisung gefunden wird.

---

142 Pointiert ausgedrückt könnte man in Anlehnung an Corbett (1991) sagen, die deutschen Zuweisungsprinzipien reichen aus, um „150 %" der Genera vorherzusagen – darin liegt ihr größtes Problem.

Natürliches Geschlecht

Seit der Antike wird im Griechischen, Lateinischen und später im Deutschen ein Zusammenhang des natürlichen und des grammatischen Geschlechts beschrieben; er wird auch *Natürliches-Geschlecht-Prinzip NGP* genannt (Wegener 1995a). Der Zusammenhang zwischen Genus und Sexus tritt bei Substantiven auf, bei denen das grammatische Geschlecht des Substantivs dem natürlichen Geschlecht des Lebewesens, welches das Substantiv benennt, entspricht, z.b. Mann (m). Sexus als Grundlage für Genus wirkt bei Bezeichnungen für Menschen (Protagoras, Dionysius Thrax) und wirtschaftlich bedeutsame Tiere (Varro). Bekannte Ausnahmen sind: Mädchen (n♀), Person (f♀♂), Weib (n♀), Welpe (m♀♂), Drohne (f♂).[143]

Der Geltungsbereich von Sexus für Genus ist Gegenstand vielfältiger Diskussionen. Gegen die Annahme grundsätzlich sexusbasierter Genuszuweisung polemisiert Engel (1988):

> „Vor allem hat das Genus grundsätzlich nichts mit Sexus zu tun. Dies wird schon aus der Tatsache deutlich, daß ein *Tisch* (mask.) schließlich nicht ‚männlicher‘ sein kann als eine *Tischdecke* (fem.).“

> Engel 1988: 502

Engel (1988) überdehnt allerdings den Skopus einer Genus-Sexus-Regel. Bei zweckmäßiger Auswahl der Zuweisungsprinzipien und bei einer Reflexion des Geltungsbereichs ist Engels Einwand weniger treffend.

> „Bei den Kriterien zur Genuszuordnung geht man meistens von semantischen und von morphologischen Kriterien aus. Die semantischen sind – wenn günstig ausgewählt und in der richtigen Reihenfolge angewandt – in vielen Bereichen sehr stark. So richtet sich ... das Genus der Bezeichnungen von männlichen Personen sowie das der Personeneigennamen immer nach dem natürlichen Geschlecht.“

> Engelen 2007: 345

Das Verhältnis von Sexus und Genus ist durch Komplexität und Mehrdimensionalität geprägt (für eine Übersicht: Klann-Delius 2005). Ein enger Zusammenhang zwischen natürlichem und grammatischem Geschlecht wird auch von BefürworterInnen semantischer Genuszuweisung bestritten, die Wortwahl *feminines* und *maskulines Geschlecht* als irreführend kritisiert:

---

143 Lateinische Buchstaben werden hier für das grammatische, Symbole für das natürliche Geschlecht verwendet; (n♀) bedeutet also: neutrales Genus bei femininem natürlichen Geschlecht.

„It is astonishing how little we know about the grammatical meaning of the category gender even today. We know only that it has nothing or at least very little to do with biological gender and that calling the gender classes masculine, feminine, and neuter is misleading."

Leiss 2000a: 237

Die Suche nach einem Zusammenhang von natürlichem und grammatischem Geschlecht setzt zwei Kategorien gleich, die lediglich den Namen teilen. Natürliches Geschlecht bezieht sich auf Gegenstände in der *Welt*; dagegen ist grammatisches Geschlecht eine Klassifikation von Entitäten der *Sprache*, nämlich von Substantiven. In einigen Fällen verhalten sich Entitäten der sprachlichen und der außersprachlichen Welt parallel, etwa bei einigen Bezeichnungen für Lebewesen; diese Parallelität kann einzelsprachlich ausgedehnter oder eingegrenzter sein; doch seit der Antike sind neben diesen Fällen viele andere bekannt, in denen grammatisches Geschlecht als unabhängige, sprachbezogene Klassifizierung deutlich wird (Protagoras). Semantisch bestimmtes Genus ist ein Marginalfall (Finocchiaro 2008). Für die Aneignung von Genus ist es eine zentrale Aufgabe zu erkennen, dass Genus und Sexus analog sein können, aber keine Synomyme sind (Coppola 1972).[144]

Dass Genus eine Kategorie des Wortes, aber nicht der außersprachlichen Wirklichkeit ist, wird auch daran deutlich, dass dieselbe Entität je nach Benennung maskulines, feminines oder neutrales Genus tragen kann:

(45)   die Kartoffel (f) – der Erdapfel (m) – die Grumbeere (f)

Mit der Benennung verändert sich bei Personen zwar das Genus, selbstverständlich aber nicht das natürliche Geschlecht:

(46)   Peters Vater (m♂) – die Person mit dem Kinderwagen (f♂) – das Elternteil (n♂)

So ist es ist bei genauer Betrachtung weniger verwunderlich, dass Weib (n♀) neutrales Genus trägt, als dass es eine Gruppe von Substantiven gibt, deren grammatisches Geschlecht mit dem natürlichen einhergeht.

Das Wissen um das natürliche Geschlecht beeinflusst den Umgang mit Genus.[145] Dieser Umstand wirkt sich im Deutschen dahingehend aus, dass Genuskongruenz häufig dann nicht konsequent umgesetzt wird, wenn das Genus des Nomens vom Sexus des Relats abweicht (siehe auch Mills 1986). Belege dafür finden sich nicht nur bei Ler-

---

144   „In any event, the student must memorize the gender of every noun. If in this process he is made to understand that sexual and grammatical gender, while sometimes coterminous, are not synonymous, the student will have accomplished no mean task." (Coppola 1972: 1)

145   Bassetti (2007) gibt eine Übersicht zu Arbeiten zum Einfluss von Genus auf Konzeptualisierungen bilingualer Sprecher.

nern oder nachlässigen Schreibern: Autoren, bei denen ein lockerer Umgang mit Genuskongruenz zu finden ist, haben einige der schönsten literarischen Texte des Deutschen hervorgebracht. Es werden sowohl die Nahkongruenz (47) als auch die Fernkongruenz verletzt (48) bzw. zugunsten stilistischer Kriterien nicht beachtet.

(47) „*die* hässlichste meiner Kammermädchen"

Wieland, nach H. Paul 1886: 220; Hervorh. Paul ebd.

(48) „Es gab eine Zeit, in der ich Tag und Tag in eine Kirche ging, denn *ein Mädchen*, in *das* ich mich verliebt hatte, betete dort kniend eine halbe Stunde am Abend, unterdessen ich *sie* in Ruhe betrachten konnte."

Kafka 1909; Hervorh. EM

In derselben Erzählung von Kafka findet einige Sätze später erneut eine Verletzung der Fortführung von Genus statt, wobei das zwischen Nomen und Anapher liegende Satzende Distanz schafft:

(49) „... *mein Mädchen* kam. *Sie* war in dem schwarzen Kleide ..."

Kafka 1909; Hervorh. EM

Jaeger (1992) führt zahlreiche Beispiele dafür auf, wie bei prädikativem Gebrauch (50), bei semantischen und syntaktischen Konflikten (51) und bei Titeln (52) auf Kongruenz verzichtet wird:

(50) „*Der* Schuldige ist *eine* Frau."

(51) „*Das* charmante Mädchen, *das* du gestern bei mir getroffen hast, ist noch am Abend verunfallt. *Sie* liegt jetzt im Krankenhaus."

(52) „Sie ist *Doktor* der Philosophie."

Jaeger 1992: 172, 44, 182

Unregelmäßigkeiten der Genuskongruenz in der deutschen Sprache sind nicht notwendigerweise Phänomene der Aneignung, sondern unter spezifischen Bedingungen durchaus häufig. Das ist aber ausschließlich dann der Fall, wenn das Sexus des Relats und das Genus des Substantivs konkurrieren. Für die Analyse von Aneignung ist es wichtig, die im Deutschen üblichen Kongruenzunregelmäßigkeiten einzubeziehen, damit nicht unerwartete, vielleicht auch manchmal nur nicht-schriftsprachliche, Äußerungen als ungrammatisch beurteilt werden, die bei genauerem Hinsehen durchgängig verwendet werden.

Zählbarkeit

Leiss (2000a) führt, in Anknüpfung an Brugmann (1889), feminines Genus auf althochdeutsche Bezeichnungen für Kollektiva und Abstrakta zurück. Maskulina stehen vornehmlich für zählbare Substantive, Neutra für Massen. Belege sieht sie unter anderem in neueren Wortschöpfungen: Kollektiva und Abstrakta werden im Neuhochdeutschen zunehmend durch Suffixe markiert, wie -heit, -ung und -schaft; die so suffigierten Nomen sind wieder feminin. Neue Wortschöpfungen für zählbare Nomen wie der Dreh, der Wurf sind maskulin; Substantivierungen wie das Drehen, das Werfen erinnern durch ihr neutrales Genus an die Genuszuweisung für Massen.

Bewegung

Brinkmann (1962) stellt eine Vielzahl semantischer und morphologischer Regularitäten dar, etwa zum Genus von Bezeichnungen für Bewegungen oder von Werkzeugnamen. Die Bewegungsrichtung übt seiner Ansicht nach einen Einfluss auf das Genus auf:

„Die Maskulina nennen eine Bewegung, die in gerader Richtung geht: *Schuß*, *Wurf*, *Flug*, *Streich*, *Schritt*, *Stich*, *Schlag*, *Fall*. Unter den Feminina befinden sich viele, die eine Drehung einschließen (meist zu Werkzeugnamen geworden) wie *Winde*, *Drehe*, *Binde*, *Schlinge*, *Walze* oder doch ein Hin- und Her und Auf und Ab wie *Schere*, *Waage*, *Suche*, *Schraube*, *Fliege*, *Flosse*, *Spinne*, *Schlange*, *Blindschleiche*.“

Brinkmann 1962: 25

Zum Teil bezieht er sich auf die gleichen Beispiele wie Leiss (2000), z.B. Dreh, Wurf, schlägt aber eine völlig andere Erklärung vor; für dieselben Substantive erklären Zubin/Köpcke 1984 das Genus mit der phonologischen Struktur. Die femininen Beispiele aus dieser Aufzählung können auch durch den Auslaut [ə], der oft mit femininem Genus einher geht, erklärt werden.

Dass der Schraubenzieher bzw. fachsprachlich Schraubendreher trotz der drehenden Bewegungsrichtung maskulines Genus trägt, begründet Brinkmann (1962) so:

„Offenbar werden Werkzeuge wie tätige Subjekte behandelt: die Tätigkeit, die mit ihrer Hilfe zustande kommt, wird auf sie selber übertragen.“

Brinkmann 1962: 23

Die von Brinkmann (1962) vorgeschlagenen Regeln der Genuszuweisung sind sehr ausführlich und untersuchen eine große Anzahl an Substantiven. Sie sind aber in ihrer Vielfalt widersprüchlich und für viele Substantive nicht zwingend.[146]

Prototype Levels

Unter Rückgriff auf prototypische Einteilungen (Rosch 1978) in *Oberbegriff, Grundbegriff* und *Unterbegriff* formulieren Köpcke/Zubin (1984) das Prinzip, dass Oberbegriffe häufig Neutra (Tier (n)), Basisbegriffe und Unterbegriffe dagegen mit einem der drei Genera ausgestattet seien (siehe auch DUDEN 2005). Prototypische Einteilungen gehen allerdings bei Rosch (1978) nicht nur von drei Ebenen aus, die jeweils scharf voneinander trennbar wären. Es bleibt also nur der Hinweis auf eine Tendenz der neutralen Markierung von Oberbegriffen übrig.

Menschenähnlichkeit

Für viele domestizierte, wirtschaftlich bedeutsame Tiere liegt eine sexusbasierte Genuseinteilung für Maskulinum, Femininum und neutrales Jungtier vor (Kuh (f), Stier (m), Kalb (n)), während dies für wirtschaftlich unbedeutende Tiere nicht der Fall ist (Schlange (f), Tiger (m)) bzw. suffigiert werden muss (Tigerweibchen (n)).[147]
Als weiteres Kriterium schlagen Zubin/Köpcke (1996) ein ethnozoologisches Kontinuum vor, das Menschenähnlichkeit und Größe als Grundlage nimmt und Menschen, Affen, Säugetieren, Fischen und Vögeln präferiert Maskulina zuweist und bei Reptilien in feminine Zuweisung umkippt (Zubin/Köpcke 1996).
Die Zuweisung nach dem ethnozoologischen Kontinuum konkurriert bei Komposita mit dem Letzt-Glied-Prinzip (siehe S. 204, z.B. Nashorn (n)/Horn (n), Maulwurf (m)/Wurf (m)), aber auch mit der [ə]-Regel wie Giraffe (f), Gazelle (f). Gegenbeispiele sind Wurm (m), Leguan (m), Dinosaurier (m), für die nach dem ethnozoologischen Kontinuum feminines Genus erwartet würde.

Gestalt

Lang gestreckte Gegenstände können als tendenziell maskulin angenommen werden; Flächen, flache und dünne sowie spitze und scharfe Gegenstände tendenziell feminin (Zubin/Köpcke 1996).

---

146 Eine weitere von Brinkmann (1962) vorgeschlagene Regel betrifft Vorgänge, nach der perfektiv eingegrenzte maskuline Vorgänge, für die der Autor Stand, Halt, Brauch aufführt, maskulines Genus tragen, während imperfektiv aspektual geprägte Vorgänge feminin sind, z.B. Last, Pflege, Suche (Brinkmann 1962: 26): So interessant wie die Thematisierung von Aspekt in diesem Zusammenhang ist, so impliziert gerade Brauch eine imperfektive Erstreckung über einen Zeitraum und ist kein singuläres, abgeschlossenes Ereignis.
147 Wirtschaftliche Bedeutsamkeit ist aus der Perspektive der jeweiligen kulturellen Techniken zu verstehen. In spezifischen Gruppen existieren oft Genusdifferenzierungen, die in der Alltagssprache nicht gebräuchlich sind, z.B. jägersprachlich Fähe für Füchsin.

Unklar bleibt, wie lang gestreckte spitze Gegenstände zu behandeln sind wie die Nadel, der Dorn/die Dorne oder lang gestreckte Flächen wie das Feld, der Weg, die Straße; Eindeutigkeit oder hohe Wahrscheinlichkeiten liefert dieses Kriterium nicht.

Weitere Prinzipien

In den angegebenen Quellen findet sich eine Vielzahl weiterer semantischer Prinzipien, welche in ihrer Konzeption kleinräumig sind und sich z.b. auf Bezeichnungen für alkoholische oder kohlensäurehaltige Getränke, Benennungen von Orten, Flüssen, Bergen versus Gebirgen, Schiffs- und Flugzeugnamen, auf Bezeichnungen für Winde und Niederschläge beziehen (DUDEN 2005: 160ff.). Ihre Gegenbeispiele sind jeweils hochfrequent, so dass die Behauptung gerechtfertigt scheint:

„Über die Systematik eines Zusammenhangs von Genus und Bedeutung lässt sich solchen Aufzählungen wenig entnehmen."

Eisenberg 2006: 156

Phonologische Prinzipien

Eine andere Art der Systematik von Zuweisung wird auf der lautlichen Ebene gesucht. Kann man Genus hören? Weinrich (1993) und Brinkmann (1962) verneinen diese Frage. Dagegen finden Altmann/Raettig (1973); Köpcke (1982, 1994); Köpcke/Ziegler (2007); Meinert (1989, 1989a) Zusammenhänge zwischen Auslauten und Genus.

Einsilber

Bei Einsilbern können Genusregularitäten mit etwa 90 % Wahrscheinlichkeit aufgrund phonologischer Regelmäßigkeiten vorausgesagt werden (Köpcke 1982: 81; Köpcke/Zubin 1983, 1984; Köpcke 1994). Die Wahrscheinlichkeit für maskulines Genus steigt mit der Anzahl der Konsonanten am Wortende oder Wortanfang. Es können fünf phonologische Prinzipien für maskuline Genuszuweisung mit einer prognostischen Wahrscheinlichkeit von über 50 % formuliert werden, und zwar für

i)   Einsilber, die mit [kn-] anlauten (Knopf),[148]
ii)   Einsilber, die mit [d/t + r-] anlauten (Traum),
iii)   Einsilber, die mit [š + obligatorischem Konsonanten-] anlauten (Strumpf),
iv)   Einsilber, die auf [-Nasal + obligatorischem Konsonanten-] auslauten (Ring),
v)   Einsilber, die auf -obligatorischen Doppelkonsonanten-obligatorischen Doppelkonsonanten-] an- und auslauten (Knopf).

---

148   Ausnahme: z.B. Knie (n).

Zwei weitere Prinzipien werden für feminine Genuszuweisung formuliert:

vi)   Einsilber, die auf [-fakultativen Konsonanten + f/ç/x + t] auslauten (Luft, Kraft, Sicht, Frucht);[149]

vii)   Einsilber, die auf [-u:/Ü: + r] auslauten (Tür).

Neutrale Genuszuweisung betrifft

viii)   Einsilber, die auf [-et] auslauten (Brett).

(cf. Köpcke/Zubin 1984/1997)

Köpcke (1982) führt insgesamt 24 phonologische und semantische Zuweisungsprinzipien für 1466 analysierte Einsilber fest. Die Ausnahmen sind trotz der Vielfalt der Regeln sogar bei dieser quantitativ überschaubaren Teilmenge aller Substantive häufig:

„Keine der aufgestellten phonologischen Regeln besitzt uneingeschränkte Gültigkeit, fast immer lassen sich Ausnahmen finden."

Köpcke 1982: 104

Die Vorschläge von Köpcke und Zubin wurden weitreichend rezipiert und aufgegriffen (u.a. DUDEN 2005; Eisenberg 2006), sie üben eine große Faszination aus, da sie korpusanalytisch herausarbeiten, was Sprechern nicht bewusst ist. Gegen ihre Ausführungen wird eingewendet, dass die gefundenen Prinzipien unübersichtlich und wenig zuverlässig seien, nur sehr kleine Gruppen von Substantiven erfassen[150] und keine starken Korrellationen zeigen (Wegener 1995a; Bewer 2004; Kuchenbrandt 2008). Für eine Didaktisierung sind die Vorschläge von Köpcke/Zubin (1984); Köpcke (1982, 1996) nicht geeignet; sie sind weder einfach, noch weitgehend ausnahmslos (Wegera 1997) und nicht auf alltagspraktische Relevanz bezogen. Sie haben jedoch einen zentralen Beitrag in die Diskussion um Arbitrarität oder Regelhaftigkeit deutschsprachiger Genuszuweisung eingebracht, indem sie auf Regelhaftigkeit mit der Formulierung und Berechnung ihrer Prinzipien hinweisen.

Der [ə]-Auslaut

Die Tendenz von deutschen Substantiven, bei [ə]-Auslaut bzw. entsprechend bei dem Wortendgraphem <-e> feminines Genus zu tragen, ist sehr stark (Meinert 1989a; Wegener 1995a; Wegera 1997; Müller 2000). Ausnahmen sind im alltäglichen Gebrauch des Deutschen hochfrequent, wie Junge, Hase, Käse (sämtlich m), jedoch bezieht sich

---

149   Ausnahmen sind z.B. der Knecht, der Wicht; das Genus ist bei diesen Wörtern jedoch sowohl semantisch als natürliche Personen als auch durch die phonologische Regel v) motiviert.

150   So zählt Engelen (1991) insgesamt nur ca. 1400 Einsilber in einem Wörterbuch.

der Zusammenhang dieses Auslauts mit Feminität auf eine große Anzahl von Substantiven.

„Die Zahl der Feminina mit -e ist riesig; nimmt man die zahlreichen Fremdsuffixe auf -e hinzu, liegt die Zahl bei über 20 000, doch daneben gibt es auch eine größere Anzahl Mask. und Neutr."

Wegera 1997: 24

Graphemische Regelmäßigkeiten

Altmann/Raettig (1973) stellen anhand einer Korpusuntersuchung eines Wörterbuchs Zusammenhänge zwischen Wortendgraphemen und Genus fest, die z.t. starke, z.t. sogar innerhalb des Korpus ausnahmslose Assoziation erreichen (ebd.: 302). So sind die Endgrapheme <-p>, <-n> und <-s>/<-ß> stark mit maskulinem Genus, die Endgrapheme <-e>, <-be>, <-de> und <-ie> stark mit feminem Genus assoziiert. Damit haben sie eine [ə]-Regelmäßigkeit in graphemischer Analyse bestätigt und eine weitere feminine Tendenz für das Endgraphem <-ie> gefunden.

Morphologische Prinzipien

Komposita

Das Genus von Komposita ist morphologisch bestimmt und richtet sich nach dem Genus des Kopfes (Apfel (m) – Torte (f) – Apfeltorte (f)). Die Regel, dass das Wortende bei Komposita genusbestimmend wirkt, wird auch *Letzt-Glied-Prinzip (LGP)* genannt (Köpcke/Zubin 1984/1997). Es gilt ohne Ausnahme.

Suffixe

Substantive können durch Ableitung aus anderen Wörtern mit Hilfe von Suffixen gebildet werden. Diese Suffixe zeigen das grammatische Geschlecht des abgeleiteten Substantivs an (Eisenberg 2006a: 151; Weinrich 1993: 326ff.): Morphologisch determiniertes neutrales Genus liegt bei substantivierten Verbformen vor (das Spielen (n), auch *Null-Ableitungsprinzip*, Eisenberg 2006a), während nominalisierte Partizipien in allen drei Genera auftauchen (der, die, das Betreffende (m, f, n)). Die Feminisierung einer Bezeichnung mit dem Suffix -in wird als *Movierung* bezeichnet:

(53) Lehrer (m) – Lehrerin (f)

Morphologische suffixbasierte Regelmäßigkeiten sind teilweise eindeutig: Diminutive auf -chen, -lein, -le sind immer Neutra, Ableitungen auf -ung, -keit, -heit, -schaft, -ei sind stets Feminina; teilweise sind sie das nicht: z.B. Erfordernis (n) versus Finsternis (f).

Suffixähnliche Endungen

Suffixähnliche Endungen verhalten sich in Bezug auf Genus oft homogen. Substantive mit Endungen auf -ig oder -ich (Kranich, Rettich, König, Honig) tragen meist maskulines Genus, Substantive auf -er (Hammer) und -em (Atem) ebenfalls (Eisenberg 2006a: 150ff.). Es gibt rund 12 000 Lemmata maskuliner Substantive mit dem Suffix -er (Meinert 1989: 32), sie sind damit sehr häufig. Die nächst umfangreiche maskuline Gruppe bilden Substantive auf -ler, die sämtlich maskulin sind; diese Gruppe umfasst aber nur noch 700 Lemmata (Wegera 1997: 28).[151]

Eine kritische und genaue Auflistung der Zusammenhänge zwischen Suffix und Genus findet sich in Wegera (1997: 28ff.), wofür nicht weniger als 40 Seiten gebraucht werden. Der DUDEN führt 50 Suffixe an, die Genera bestimmen (DUDEN 2005: 165ff.). Viele davon sind allerdings im kindlichen Sprachgebrauch sehr selten, etwa -ismus, das im vorliegenden Korpus nicht belegt ist.

Die wichtigsten Suffixe und ihre Genera sind in der nachstehenden Übersicht aufgeführt.

Nominalflexion und Genus

Nach den von August (1975, 1979) durchgeführten Analysen bilden 80 % der Feminina den Plural mit dem Suffix (e)-n. Für 60 % der Maskulina und Neutra wurde eine Pluralbildung mit -e gefunden. Auf dieser Grundlage hat August (1979: 224) drei Regeln für die Pluralbildung in Zusammenhang mit Genus entwickelt:[152]

Maskulina und Neutra bilden den Plural auf -e, Feminina auf -(e)n.
Die Wortausgänge -el, -er, -en und -lein bilden im Maskulin und Neutrum den Plural ohne Suffix.
Substantive mit dem Auslaut [ə] bilden Plural auch im Maskulin mit -en.

August 1979: 224

Diese Regeln analysiert Bittner (1994, 2000, 2000a) unter der Ausgangshypothese, dass die Organisation des deutschen Flexionssystems an die Genusklassifikation der Substantive gebunden ist (Bittner 1994: 66), also das Genus den Plural bestimmt. Ein Zusammenhang von Genus und Pluralflexion beinhaltet, dass der Plural Rückschlüsse auf das Genus ermöglicht. Ein Pluralsuffix -(e)n wie Nasen weist auf eine 80 %-ige Wahrscheinlichkeit für feminines Genus hin; nicht-feminines Genus wird durch das Pluralsuffix -e mit einer Wahrscheinlichkeit von 60 % angezeigt. Suffixlose Pluralia auf -el, -er, -en weisen auf Nicht-Feminina hin. Suffixhafte Pluralia dieser Wortenden

---

151 Die Abgrenzung zwischen Auslaut, Suffix und suffixähnlicher Endung ist in einigen Arbeiten, z.B. DUDEN (2005), Wegera (1997) nicht ganz klar; das soll an dieser Stelle jedoch nicht ausgeführt werden.
152 Zur Kritik an August (1979) siehe Köpcke (1994).

bilden den Plural auf -n und weisen auf Feminina hin: Fabeln, Schüsseln, Kammern, Mauern. Bittner (1994: 70) konstatiert sogar Eindeutigkeit für diesen Zusammenhang. Pluralmorpheme einsilbiger Substantive (Engelen 1991) zeigen zum Teil starke Zusammenhänge mit Genus. Als Beispiel sei das Pluralmorphem -e genannt, das fast nie bei Neutra steht; ferner zeigen einsilbige Feminina in der gebräuchlichen Alltagssprache im Plural überwiegend Umlaut (Engelen 1991: 28).

Die von Engelen (1991) mittels Korpusanalyse extrahierten Tendenzen sind sehr zahlreich und detailliert, was eine direkte Didaktisierung als wenig naheliegend erscheinen lässt. Auf der Basis von Pluralmorphemen und Auslautkonsonanten stehen dem Aneigner allerdings durchaus phonologische und morphologische Hinweise auf Tendenzen der Genuszuweisung im Input zur Verfügung.

Die Aneignung von Numerus und Genus untersucht nur Müller (2000) für den bilingualen Erwerb der deutschen und einer weiteren Sprache und stellt einen gleichzeitigen Erwerb fest. Pluralflexion kann also nicht genutzt werden, um darauf aufbauend Genus zu erkennen.

Tabelle 12: Übersicht der Genuszuweisungsprinzipien

Zuweisungsprinzipien nach semantischen Kriterien

(G1) Zählbarkeit

Kollektiva, Abstrakta → feminin, zählbar → maskulin, Massen → neutrum (Leiss 2000)

(G2) Personen

Eindeutig identifizierbares natürliches Geschlecht → Genus = Sexus (DUDEN 2005; Eisenberg 2006)

(G3) Lebewesen

Männliche Lebewesen im unmarkierten Fall → maskulin, weibliche → feminin (Wegener 1995a)

(G4) Oberbegriffe→ Neutra (Köpcke/Zubin 1984)

(G5) Tiere

1. domestizierte, wirtschaftlich bedeutsame Tiere → im Unterbegriff nach natürlichem Geschlecht, Jungtiere → neutrum, 2. ethnozoologisches Kontinuum (Köpcke/Zubin 1984)

(G6) Wochentage, Monate, Jahreszeiten, Himmelsrichtungen, Witterungserscheinungen, Bergnamen, Mineralien und Gesteine, Automarken → maskulin (Weinrich 1993)

(G7) Getränke

alkoholfrei, kohlensäurefrei → maskulin, Ausnahmen z.B.: die Milch, das Wasser

alkoholfrei, kohlensäurehaltig → feminin oder neutrum

alkoholhaltig → maskulin (Ausnahme z.B.: das Bier) (Köpcke/Zubin 1984)

(G8) Gestalt

Langgestreckte Objekte→ maskulin;

flache, dünne, ebene, spitze, scharfe Objekte → feminin (Köpcke/Zubin 1984)

(G9) Gefühle

Extroversion → maskulin; Introversion → feminin (Köpcke/Zubin 1984)

(G10) Farben, Metalle und chemische Elemente

Städte, Länder, Kontinente, Buchstaben → neutrum (Weinrich 1993)

(G11) Zahlen, Schiffsnamen, Flugzeugnamen, Bäume, Blumen, Motorradmarken → feminin (Weinrich 1993)

(G12) Bewegung

Bewegungen in gerader Linie → maskulin; drehende Bewegungen, hin- und her → feminin (Brinkmann 1962)

(G13) Werkzeuge

Vorgänge → maskulin; auf Verben zurückgehende Mittel differenzieren sich nach Verursacher (m), Bewegung (m), Instrument (f): der Schwinger – der Schwung – die Schwinge (Brinkmann 1962)

Zuweisungsprinzipien nach phonologischen Kriterien

(G14) Tendenz zu maskuliner Genuszuweisung:
Einsilber, die mit [kn-] anlauten,
Einsilber, die mit [d/t + r-] anlauten,
Einsilber, die mit [š + obligator. Konsonant] anlauten,
Einsilber, die auf [Nasal + obligator. Konsonant] auslauten,
Einsilber, die auf [obligatorischem Doppelkonsonant – obligator. Doppelkonsonant] an- und auslauten. (Köpcke/Zubin 1984)

(G15) Tendenz zu femininer Genuszuweisung:
Einsilber, die auf [fakultativem Konsonant + f/ç/x + t] auslauten,
Einsilber, die auf [u:/Ü: + r] auslauten. (Köpcke/Zubin 1984)

(G16) Tendenziell neutrale Genuszuweisung:
Einsilber, die auf [et] auslauten. (Köpcke/Zubin 1984)

(G17) Einsilber → maskulin (Wegener 1995a)

(G18) Auslaut [ə] → feminin (Meinert 1982, Mills 1986, Wegener 1995a)

(G19) Auslaute [el, -en, -er] bzw. die entsprechenden Suffixe → maskulin (Meinert 1982; Wegener 1995a; Wegera 1997)

(G20) Auslaut [a:, -i:, -iə] → feminin (DUDEN 2005)

(G21) Endgrapheme (Altmann/Rättig 1973)

Zuweisungsprinzipien nach morphologischen Kriterien

(G22) Ableitungssuffixe zeigen Genus an
-ismus, -ei, -enz, -heit, -ion, -keit, -schaft , -tät, -ung, -nis → feminin
-ant, -asmus, -lin → maskulin
-chen, -ing, -le, -lein, -ma, -ment, -um, -nis, -sal, -tum → neutrum
(Weinrich 1993; Wegener 1995a; DUDEN 2005; Eisenberg 2006)

(G23) Wortausgänge
-ade, -age, -anz, -elle, -ette, -ik, -ille, - ine, -isse, -itis, -sis, -ur, -üre → feminin
-ich, -ig, -or → maskulin
(Weinrich 1993; DUDEN 2005; Eisenberg 2006)

(G24) Movierungssuffix zeigt Genus an: -in → feminin (Weinrich 1993)

(G25) Bei nominalisierten Partizipien bestimmt das Sexus das Genus. (Eisenberg 2006)

(G26) Nominalisierte Verben sind Neutra. (DUDEN 2005)

(G28) Komposita
Genus des Kopfes → Genus des Kompositums (DUDEN 2005, Eisenberg 2006)

(G29) Pluraldeklination
Maskulina und Neutra bilden den Plural auf -e, Feminina auf -(e)n. Die Wortausgänge -el, -er, -en und -lein bilden im Maskulin und Neutrum den Plural ohne Suffix. Substantive mit dem Auslaut [ə] bilden Plural auch im Maskulin mit -en. (Engelen 1991; Bittner 1994)

5.4.3 Didaktische Reduktion

Für didaktische Zwecke schlägt Wegener (1995a) eine übersichtliche Zusammenstellung von Prinzipien der Genuszuweisung vor. Sie geht von einer Hierarchie genuszuweisender Regeln aus. Wegeners Annahme sieht morphologische Regeln als die stärksten an:

„morphologische > semantische > phonologische Regeln"

Wegener 1995a: 88

Für die Untersuchung von Spracherwerb und Planung von Sprachunterricht werden nur fünf Regeln für sinnvoll gehalten: vier formale (drei phonologische, eine morphologische) und eine semantische Regel:

1. „Substantive, die auf [ə] auslauten, sind im unmarkierten Fall Feminina (Schwa-Regel).

2. Einsilber und andere Kernwörter sind im unmarkierten Fall Maskulina (Einsilber-Regel oder Regel für null-endige Substantive).

3. Substantive, die auf -el, -en, -er auslauten, sind im unmarkierten Fall Maskulina.

4. Ableitungssuffixe determinieren das Genus des Substantivs. ...

5. Bezeichnungen für männliche Lebewesen sind im unmarkierten Fall Maskulina, solche für weibliche sind Feminina."

Wegener 1995a: 89f.

Dem widersprechen Köpcke/Zubin (1984) insofern, als sie zwar Hierarchien annehmen, aber Hypothesen über die Richtung der Hierarchie für verfrüht halten.

Mit Wegeners Regelvorschlag werden 65,4 % der Nomen eines kindlichen Grundwortschatzes erfasst (Wegener 1995a mit Bezug auf Öhler 1966). Das ist nicht wenig, aber von dem üblichen Erwerbskriterium von 90 % Zielsprachlichkeit noch weit entfernt.[153] Auf Seiten der Lehrkraft ist hier der sensible, differenzierte Umgang mit Fehlern wichtig, wie ihn Köpcke/Ziegler (2007) fordern. Ob 65 % zutreffender Genuszuweisung für den kindlichen Lerner eine akzeptable Größe sind, ist auf dem Hintergrund der multiplen Auswirkungen von Genus auf Text und Diskurs skeptisch zu beurteilen, eine empirische Überprüfung, etwa an Schulaufsätzen, ist ein Desiderat. Nicht ganz klar ist an Wegeners Vorschlag das Konzept der Markiertheit, auf das sie sich in ihren Lernerregeln bezieht.

Für den Fremdsprachenerwerb des Deutschen schlägt Wegera (1997: 100ff.) Lernerregeln vor, die für einen Grundwortschatz weitgehende Ausnahmslosigkeit, Einfachheit

---

153   Eine Diskussion diverser Erwerbskriterien liefern Kuchenbrandt et al. (2007).

und Ergiebigkeit erreichen sollen. Mit diesem Ziel arbeitet er drei morphologische Regeln mit insgesamt 26 Suffixen, zehn semantische Regeln für Personen, Berufe, Zeiteinheiten, Himmelsrichtungen und Winde, Mineralien, Zahlen, Metalle, substantivierte Verben und eine phonologische Regel, die [ə]-Regel, heraus. Das sind insgesamt 14 Regeln, zu denen Ausnahmen lexikalisch gelernt werden müssen. Das angestrebte Einfachheitskriterium wird damit nur teilweise erreicht. Leider gibt die Publikation keine Zahlen an, bei wie vielen der Substantive des betrachteten Grundwortschatzes das Genus mit welcher Wahrscheinlichkeit vorhergesagt werden kann.

Simplifizierungen sind kritisch daraufhin zu betrachten, wie weitreichend sie die langfristigen Ziele der Aneigner unterstützen. Eine Strategie, in der aus didaktischer Perspektive formulierte Prinzipien erst angeeignet und in einem späteren Aneignungsschritt wieder überwunden werden müssen, wie es reduzierte Regeln verlangen, ist in Bezug auf Nützlichkeit und Effizienz problematisch. Das betrifft ganz besonders Lerner, die eine Beherrschung der Sprache auf hohem Niveau anstreben müssen, z.B. Schüler, die einen qualifizierten Bildungsabschluss anstreben. Ob langfristig die Betrachtung vereinzelter Genuszuweisungsprinzipien ein sinnvoller Weg für Lerner ist, muss reflektiert und empirisch überprüft werden; solange ein zentrales Kriterium für Genus, nämlich Kongruenz, nicht einbezogen wird, scheint Vorsicht bei einer schnellen didaktischen Umsetzung vereinfachter Regeln angebracht. In jedem Fall ist eine intensive und kontinuierliche Thematisierung der Geltungsbereiche der Regeln nötig. Menzel/Tamaoka (1994) schlagen vor, Zuweisungsregeln in das Lernen einer Fremdsprache einzubeziehen, ohne darin angesichts eines fehlenden umfassenden Regelsystems eine wirkliche Lösung zu sehen:

„Trotzdem kann eine Auswahl einiger sinnvoller Regeln eine Lernentlastung bedeuten und den Studenten das Ohnmachtsgefühl nehmen, dem Problem der Genuszuweisung im Deutschen hilflos ausgeliefert zu sein."

Menzel/Tamaoka 1994: 20

Skeptischer ist Weinrich (2003), der es als zweckmäßig empfiehlt, das Genus, soweit es sich um das grammatische, biologisch nicht motivierte Geschlecht handelt, als eine von der Lexik her vorentschiedene Tatsache zu nehmen und „blind zu lernen" (Weinrich 2003: 325).

5.4.4 Einige Anmerkungen zu Zuweisungsprinzipien

Den Genuszuweisungsprinzipien ist gemeinsam, dass sie am einzeln stehenden, aus der Handlung herausgelösten Substantiv Hinweise darauf suchen, welches Genus zugewiesen wurde. Auf der Basis von Korpusanalysen wird eine Vielzahl interessanter Gemeinsamkeiten von Substantiven in Bezug auf Genus festgestellt. Die Aneignung ist jedoch oft keine vorrangige Fragestellung bei der Suche nach Zuweisungsprinzipien. Für die institutionell vermittelte Aneignung sind die bisher formulierten Zuweisungsprinzipien nur eingeschränkt geeignet, wenn überhaupt (Engelen 1991; Menzel/Tamaoka 1994; Wegener 1995, Wegera 1997). Zuweisungsprinzipien sind wenig zuverlässig und damit keine geeigneten Instrumente für Lerner. So hängen z.B. [ə]-Auslaut und feminines Genus bei Wörterbucheinträgen häufig zusammen. Das bildet sich jedoch nicht in der alltäglichen Kommunikation ab, in der gerade Ausnahmen, wie Junge, hochfrequent sind.

Die für das Deutsche formulierten Zuweisungsprinzipien sind, bis auf einige morphologische Regelmäßigkeiten, selten eindeutig; daher wird in der aktuellen Literatur von Prinzipien und Wahrscheinlichkeiten gesprochen. Das erfasst recht genau die Situation, die sich korpuslinguistisch bietet. Leider sagt sie nichts über die kognitive Qualität von Genus aus. Sprecher gehen, vor allem im Deutschen (weniger im Polnischen, siehe unten), von der Eindeutigkeit aus und reflektieren gerade nicht in Termini der Probabilität, nicht einmal bei Phantasiewörtern (Corbett 1991). Die Konfliktualität, das „richtige" Genus für ein Phantasiewort zu finden, zeigt sich beispielsweise in der, vor allem im Internet geführten, Debatte um das Genus des Produktnamens Nutella.[154]

Für die Existenz zuweisender Mechanismen wird vor allem damit argumentiert, dass auch Lehnworte Genera erhalten und dass Sprecher übereinstimmend Phantasiewörtern ein Genus zuteilen (Corbett 1991). Lehnwörter erhalten ihr Genus jedoch erst nach einer Phase, in der mehrere Genera verwendet werden. Aktuell kann das im Deutschen am Beispiel von der versus die Mozzarella beobachtet werden, was mit der die Konkurrenz von Zuweisungsprinzipien nach dem Oberbegriff (Käse m), nach dem Genus in der Entlehungssprache (f) und nach der Tendenz für feminines Genus bei dem Auslaut [a] begründet werden kann. Ein weiteres Beispiel ist das mit allen drei Genera verwendete Lehnwort Mail. Die allmähliche Stabilisierung eines oder zweier Genera für ein Lehnwort spricht eher für einen Einfluss des Gebrauchs, also für pragmatische Faktoren.

Als weiteres Argument wird angenommen, dass eine lexikalische Aneignung von Genus mnemotechnisch aufgrund der Komplexität nicht angenommen werden könne (Wegener 2000). Der rezeptive Wortschatz eines sechsjährigen Kindes wird mit ca. 9000 (Templin 1957) bzw. mit 14 000 Wörtern (Clark 1993), der geäußerte Wortschatz mit ca. 3000 bis 5000 Wörtern angegeben (Bates et al. 1994); die dafür nötige Anzahl von Genusinformationen zu verarbeiten, sei kognitiv nicht möglich, auch mit der Einschränkung, dass der Wortschatz nur zu einem Teil aus Substantiven besteht. Allerdings wird der Wortschatz in diesem Umfang durchaus kognitiv gemeistert, so dass das Argument der Kapazitätsgrenzen an Überzeugungskraft einbüßt.

---

154 Siehe eine Vielfalt von Internetbelegen, z.B. vom Hersteller: http://www.ferrero.de/ produkte/ fragen.aspx?index=28#Heißt%20es%20%22der%22,%20%22die%22%20oder%20%22das%22% 20nutella?

Bei der Vielzahl der Prinzipien, die benötigt werden, um Genuszuweisung zu erklären, und bei den jeweils häufigen Ausnahmen stellt sich die Frage, ob diese Prinzipien tatsächlich eine befriedigende Erklärungskraft besitzen. Einige Zuweisungsprinzipien beziehen sich auf sehr begrenzte Substantivgruppen, etwa auf Einsilber oder Flussnamen, wodurch die Argumentationskraft dieser Prinzipien als Beleg für grundsätzliche Zuweisung in Bezug auf den Gesamtwortschatz zusätzlich eingeschränkt ist.

Ein weiteres Problem bei der Annahme von Zuweisung liegt darin, dass das Erklärungsproblem der Aneignung nur verschoben wird: Wie werden Zuweisungsprinzipien angeeignet? Die Aufgabe, die mühelose und schnelle Aneignung von Genus im Erstspracherwerb zu erklären, ist mit der Formulierung von Zuweisungsprinzipien nicht gelöst. Diese bei der Vielzahl unübersichtlicher Prinzipien mit unklaren Skopen schwierige Frage scheint noch völlig offen.

Eine quantitative Überprüfung der formulierten Zuweisungsprinzipien auf der Grundlage der Wahrscheinlichkeitsrechnung in alltäglicher Kommunikation steht aus.

Eine diachronische Sicht auf das gegenwärtige Genussystem im Deutschen könnte dieses als Abbild vielfältiger Spracheinflüsse und synchronischer Prozesse, als das Ergebnis komplizierter Wechselprozesse mehrerer, vielleicht ursprünglich konsistenter Genussysteme und Zuweisungsmechanismen zeigen, wie es Brugmann (1889) vorschlägt. Damit ist jedoch immer noch nichts über die kognitive Qualität und Lernbarkeit ausgesagt.

Einen Ausblick über Zuweisung hinaus schlägt Berkum (1996) vor: Er diskutiert einerseits die Sicht, Genus sei als inhärentes Merkmal des Nomens im Lexikon verankert, als auch die für ihn aus Corbett (1991) folgende Annahme, Genus könne auf der Grundlage der Zuweisungsprinzipien jeweils aktuell zugeordnet werden. Wenn er damit auch möglicherweise Corbett zu eng auslegt, so formuliert er doch eine interessante These, wenn er davon ausgeht, dass sich Sprecher auf beide Mechanismen stützen: Einerseits wird Genus auf der Grundlage von Prinzipien zugewiesen, etwa bei Phantasiewörtern oder Entlehnungen, daneben ist es möglich, dass auf memoriertes Wissen über Genus zurückgegriffen wird.[155]

Eine Erklärung dafür, wie Genus angeeignet werden kann, findet sich erst, wenn die Funktion dieser Nominalklassifikation in Betracht gezogen wird. Es ist die differenzierende Eigenschaft von Genus, die es zu einer effizienten Klassifizierung für die Organisation des Lexikons und die Unterstützung von Referenz macht; in dieser Perspektive ist Genuszuweisung nebensächlich, so lange die mögliche Variation ausgeschöpft wird. Für die Funktionalität in der sprachlichen Handlung ist die Diversität der Klassi-

---

155 „It is entirely possible that speakers exploit assignment regularly when they have to work out the gender for a new word, but at the same time simply retrieve the gender of the words they know already." (Berkum 1996: II, 31)

fikation wichtig, nicht ein irgendwie logisch geartetes Zuweisungssystem – solange es erwerbbar ist.

5.4.5 Genus im Diskurs

Substantive werden fast immer innerhalb von sprachlichen Handlungen, in Nominalphrasen, Sätzen, in Diskursen und Texten gebraucht. In einem Diskurs oder Text wird das Genus eines Nomens an vielfältigen Positionen angezeigt, und zwar regelmäßig in der Funktion, einen Bezug zu diesem Nomen herzustellen und also Referenz zu unterstützen. Somit werden, je komplexer die Diskurse werden, Genusmarkierungen zu wichtigen Mitteln der Diskursorganisation.

Die referentielle Funktionsunterstützung von Genus wird kooperativ von allen Kommunikationspartnern geleistet – Sprecher und Hörer greifen wechselseitig die Genusanzeigen der Voräußerungen auf. Die Genusmarkierungen zu einem Substantiv sind oft über mehrere Äußerungen verteilt, manchmal sogar über eine ganze Kurzgeschichte oder einen Roman hinweg, wenn sie z.B. die Protagonisten betreffen.

Auf das Genus eines Nomens erfolgen innerhalb eines Diskurses oder eines Textes in der Regel mehrere Hinweise; diese Hinweise erfolgen in unterschiedlicher Weise an mehreren Wortarten. Sie sind referenzunterstützend und ziehen als wichtige sprachliche Mittel der Verständnissicherung Aufmerksamkeit auf sich. Die Hinweise auf das Genus eines Nomens erfolgen über einen ausgedehnten Zeitraum; die Aufmerksamkeit wird also immer wieder, und nicht nur innerhalb einer Nominalphrase, auf das Genus eines Nomens gelenkt. An einer Nominalphrase allein ist Genus nicht eindeutig zu erkennen (Vater 1963)[156], bei der Betrachtung mehrerer Phrasen gelingt das jedoch. Die Sichtbarkeit von Genus im Diskurs wird an dem folgenden Erzählausschnitt deutlich.

(Mariana berichtet von einem längeren Aufenthalt im Kosovo.)

(T213)	Mariana	Mm- da ist ein kleiner Hund,
(T214)		der klaut immer Juwelen und Eier.
	EM	Juwelen?
	Mariana	(Nickt.)

---

156 „Es ist falsch zu behaupten, ... dass die Bezeichnung des Genus eine Funktion des Artikels sei. Dagegen sprechen zwei Tatsachen:
i.   Die Bezeichnung des Genus fällt auch dem Adjektiv zu; steht kein Artikel, dann kann das Adjektiv ebenso das Genus ausdrücken wie der Artikel ...
ii. Der Artikel kann nur sehr unvollkommen die Genusunterschiede ausdrücken ... So kann ein Maskulinum und Neutrum sein; ... Die gesamte NG enthält ein Genusmorphem, das an einzelnen Gliedern der Gruppe ausgedrückt wird, und zwar in unterschiedlichem Maße; am wenigsten wird das Genus am Kern, am Substantiv, ausgedrückt." (Vater 1963: 33)

	EM	Was denn für Juwelen?
	Mariana	Äh, da ist so von meiner Cousine, die haben Schmuck, und immer so ein Glitzerstein.
(T215)	EM	Und den nimmt der immer?
	Mariana	Ja. Und dann suchen wir immer einn anderen,
(T216)		und er nimmt das auch mit.
(T217)	EM	Ja! Und wie heißt der?
	Mariana	Weiß ich nich.
(T218)	EM	Ach der Hund hat keinen Namen.
	Mariana	Hmhm`.
	EM	Hm⁻.
	Mariana	Ist aber schwarz –
	EM	Ja?
	Mariana	und klein.
	EM	Ja?
	Mariana	Hm⁻.
(T219)	EM	Und kann man den streicheln?
(T220)	Mariana	Ja, aber manchmal/geht der manchmal weg,
(T221)		wenn ich ihm streicheln will.
(T222)	EM	Hmˇ. Und wo schläft der?
(T223)	Mariana	Hm, in seine Haus da drüber.
	EM	Wo drüber?
(T224)	Mariana	In diesem Haus wo/ wir haben da/beim/bei Häuser gestellt,
(T225)		wo der nicht mehr kommt,
(T226)		da/der Haus ist da lang.
	EM	Hmˇ.
(T227)	Mariana	Des is schon wie der Haus so groß.
(T228)	EM	Ein Hundehaus, ein Haus nur für den Hund?
	Mariana	Hm⁻.
	EM	Und is/Ja?
	Mariana	Und da is dann ne Frau.
	EM	Und was is das für ne Frau?
	Mariana	Das sind drei Hunde.
(T229)		Einer ist sein Papa,
(T230)		einer ist seine Mutter,
(T231)		und einer ist der kleine Hund.
(T232)	EM	Ach, der is noch n junger Hund?
	Mariana	(Nickt.)

Marianakosovo (6,8; VI)

In diesem Erzählausschnitt wird 17-mal, über 42 Äußerungen und einen Zeitraum von 1'37 Minuten hinweg, das Genus des Hundes (m) angezeigt; dafür werden definite und indefinite Artikel, Possessivdeterminative, Anadeixis und Anaphern gebraucht. Da der Hund hier der Protagonist ist, erfolgen besonders viele genusanzeigende Hinweise auf ihn. Andere Aktanten werden zum Teil nur einmal genannt (Mama, Papa); das Genus von Haus wird siebenmal aufgegriffen (T223)–(T228), und zwar einmal feminin, viermal maskulin von Mariana und zweimal indefinit neutro-maskulin von der Gesprächspartnerin. Die Genusmarkierungen von Haus erstrecken sich über zehn Äußerungen.

Ein Diskurs mit Sprechern des Deutschen, die diese Sprache auf Native-Speaker-Niveau beherrschen, enthält kontinuierliche Markierungsketten, die im Zusammenwirken eine eindeutige Bestimmung des Genus ermöglichen. Wenn Kinder erkennen, welche Formen welches Genus anzeigen und welche Markierungen sich auf ein bestimmtes Nomen beziehen, dann stehen ihnen in der diskursiven sprachlichen Handlung eindeutige Hinweise zur Verfügung, die das Genus eines Nomens wiederholt, an wichtigen Positionen, bedeutungstragend und über einen Zeitraum erstreckt, anzeigen. Auf diesem Hintergrund sind deutsche Genusmarkierungen nicht redundant, sondern stellen in ihrer Wiederholung eine diskursbasierte Voraussetzung für die Aneignung eines unübersichtlichen Klassifikationssystems dar.

5.5 Exkurs: Generelles DAS

In vielen sprachlichen Äußerungen muss Genusmarkierung erfolgen. Das führt beispielsweise dann zu Schwierigkeiten, wenn kein Genus geäußert werden kann oder soll oder wenn bei Personen eine sexusbasierte Angabe nicht getroffen werden kann, z.B. bei Infinitivkonstruktionen. Im Deutschen ist das als eine Deixis mit neutraler Genusmarkierung eine Möglichkeit, auf Sachverhalte im Ganzen zu fokussieren (Ehlich 2007: 40[157]), so dass Genus vermieden wird:

(Kira führt eine kleine Flöte vor, die sie mit Wasser füllt, in die sie bläst und auf diese Weise Vogelzwitschern erzeugt. Die Kinder sind begeistert.)

(T233) Kira   Ähm, wir hatten des auch gemacht, in Bauecke, Frau/Frau H. hat gesagt: „Mach des mal/der Vogel/mach des mal irgendwann, wenn du draußen bist", und dann hab ich vergessen, des mit raus zu nehmen, bin ich wieder hier

---

157   Grundsätzlich zu Deixis Ehlich (1978, 1979)

gekommen, hab des draußen gemacht, und die/und ehm/ ein/ein Vogel hat auch so mir nachmachen.

Kiraspiel (6,4; VI)

(T234)   Wir ham das in einen Teller gemacht.

Ülkügeburtstag (6,2; X)

Das wird auch eingesetzt, wenn Genusmarkierung vermieden werden soll. Diese Lösung greift etwa dann, wenn auf eine Person mit konfliktualem Sexus Bezug genommen werden soll, wie beim Nikolausfest in der Kindertagesstätte:

(Über den Nikolaus in der Kindertagesstätte:)

(T235)   Des war n Mädchen aber.

Annanikolaus (5,2; III)

Generelles das wird von allen Kindern in allen Erzählungen intensiv genutzt, auch von Kindern, die keine neutrale Genusmarkierung anwenden. In den 104 Erzählungen kommt es 82-mal vor.

(T236)   Aber das geht jetzt bald weg.

Ülküwehtun (5,10; VI)

(T237)   Dann war des so gepassiert.

Aysewehtun (6,8; X)

(T238)   Dis macht man net.

Marianaflasche (6,4; II)

Für die Analyse von Aneignung ist von Bedeutung, dass mit diesem das keine neutrale Genusmarkierung erfolgt, sondern keine Genusanzeige erfolgt.

5.6 Genus in den Familiensprachen der Kinder

5.6.1 Albanisch

Im Albanischen gibt es im Singular maskulines, feminines und neutrales Genus, im Plural gibt es zwei Genera, maskulin und feminin. Dabei gibt es die Besonderheit, dass die Genuszuordnung eines Substantivs im Singular häufig nicht mit der des Plurals übereinstimmt (Buchholz/Fiedler 1987: 203).

Das Albanische kennt sexusbasiertes Genus bei Personen und bei ökonomisch bedeutsamen Tieren. Darüber hinaus gelten phonologische Prinzipien: Im Singular geben die Bestimmungszeichen der Determination häufig, aber nicht immer Hinweise auf das Genus, z.b. im Nominativ Singular [i] und [u] bei Maskulina, [a] bei Feminina; im Plural ist die Genuszuweisung oft overt und an den Auslauten zu erkennen.

Durch Movierung können Genera verschoben werden, z.b. indem aus der maskulinen eine feminine Form mit [e]-Suffigierung gebildet wird:

(54) „punëtor   punëtore
       N m   N - SUFF f
      ‚Arbeiter'   ‚Arbeiterin'"
                                        Buchholz/Fiedler 1987: 207

Das Genus des Substantivs bestimmt die Genusflexion der Attribute: Adjektive, Numerale, Pronomen sowie Satzglieder, die sich prädikativ auf das Nomen beziehen. Sie wird jedoch in der nicht normierten Schriftsprache nicht an allen Elementen gleich konsequent ausgeführt; bei den Possessivpronomen wird die Genusflexion als „besonders kompliziert" dargestellt (ebd.: 204) und differenziert nach Person und Numerus. Schwankendes Genus ist häufig. Oft, aber nicht immer, gehen Genusunterschiede bei mit Bedeutungsunterschieden einher.

Kinder mit albanischer Erstsprache kennen ein reiches System mit einem dreigliedrigen singulären und zweigliedrigen pluralen Genus. Im Vergleich mit dem Deutschen sind einige Parallelen erkennbar: Übereinstimmungen zwischen natürlichem und grammatischem Geschlecht, phonologisch motivierte Genuszuweisung, Movierung mit Suffixen und die kongruente Genusmarkierung an Attributen. Prädikate werden im Albanischen, anders als im Deutschen, genusflektiert.

Mariana und Elena sprechen Albanisch.

5.6.2 Englisch

Für das moderne Englisch werden die Genuseigenschaften kontrovers angegeben. Es können drei Genera (maskulin, feminin, neutrum) beobachtet werden, die auf semantischer Basis nach Sexus verteilt sind (Corbett 1991). Andererseits wird argumentiert, dass es im modernen Englischen kein grammatisches Genus mehr gibt, jedoch Sexus innerhalb einer begrenzten, aber nicht geschlossenen Nominalklasse sprachlich markiert wird und eine wichtige soziale Kategorie bildet (Hellinger 1990, 2003). Die Markierung wird nicht am Artikel angezeigt, es gibt also keine morphologische Kongruenz innerhalb der Nominalphrase (Hellinger 2003), jedoch wird das Genus an Anaphern und an Personaldeixis sichtbar.[158]

---

158 Zu Personendeixis und Objektdeixis Ehlich 1978; Kameyama 2007.

Die genusmarkierte Nominalklasse umfasst Bezeichnungen für Personen und Haustiere, beinhaltet aber nicht sämtliche Personen: so sind aunt, queen, soul sister versus uncle, king, sugar daddy genusmarkiert, dagegen person, neighbor, movie star und babysitter nicht (Hellinger 2003).

In der Aneignung der Erstsprache Englisch wird Genus eher spät beherrscht, noch bei Vierjährigen finden sich Fehler (Mills 1985, 1986: 100), möglicherweise, weil Genus bzw. Sexus nur an wenigen Wortarten angezeigt wird (Corbett 1991: 83).

Isabellas Mutter gibt an, zu Hause mit ihrer Tochter Englisch zu sprechen.

5.6.3 Italienisch, Sizilianisch

Im Italienischen gibt es zwei Genera, maskulin (il, lo) und feminin (la). Bei maskulinem Genus hängt es von den phonologischen Eigenschaften des Anlauts ab, ob das Determinativ lo oder il gesetzt wird (lo zucchero – il dito). Die Genera sind oft von semantisch-konzeptionellen Faktoren unabhängig und morphophonologisch markiert (Marcato/Thüne 2002; Finocchiaro 2008), d.h. meist am Auslaut des Substantivs zu erkennen. Die Ausnahmen sind zum Teil in einer Flexionsklasse zusammengefasst, die im Singular auf [o] auslautet und den Plural auf [a] bildet (il ginocchio, le ginocchia – Knie, l'uovo, le uova – Eier). Substantive auf [e] sind teils maskulin, teils feminin (la parete (f) – Decke, il dente (m) – Zahn) (Pittano 1983; Marcato/Thüne 2003).

Da im Italienischen Subjektauslassungen möglich und häufig sind, unterstützt die morphologische Flexion die Bezugnahme auf das nicht genannte Subjekt. Genus wird am Artikel, an Possessivdeixis, an Partizipien und Adjektiven, auch in prädikativer Verwendung, sowie an Klitika markiert, bei besonderer Betonung auch an der Personaldeixis (Marcato/Thüne 2003).

Genus kann bedeutungsunterscheidend wirken (fogli (m) ‚Blatt Papier‘ Pl., le foglie (f) ‚die Blätter am Baum‘) oder differenziert zusammengehörige Entitäten, etwa Frucht und Baum (la ciliegia (f) ‚die Kirsche‘, il ciliegio (m) ‚der Kirschbaum‘).

Italienisch erfährt in der Migration strukturelle Veränderungen (Krefeld 2004). Sie betreffen Erosionen auf dem Gebiet der Genus- und Numeruskongruenz.

(55) „*ehh,   le   stelle,   tutti   le   forme!

      INTERJ ART f   N f   NUM *m ART f   N f

      ‚Oh, die Sterne, all diese Formen!‘

(56) *quelle   vestiti   più   belle“

      DEIX *f   N m   PART   ADJ *f
      ‚die schönsten Kleider‘

Krefeld 2004: 69

Sizilianisch kennt maskulines und feminines Genus. Einige Genuszuweisungen variieren in Bezug auf das Standarditalienische, z.b. Sizilianisch: la dia (f); Italienisch: il di (m), der Tag. Die Auslaute im Singular geben im Gegensatz zum Italienischen keine deutlichen Hinweise auf die Genuszuweisung: Die Auslaute [a], [u], [i] können Maskulina wie Feminina bezeichnen (Galante 1969).

Neben einigen Ähnlichkeiten zum Deutschen, welche die Genushaftigkeit der Sprachen und die Genus- und Determinationsmarkierung am Artikel betreffen, ergeben sich zwischen Italienisch, Sizilianisch und Deutsch erhebliche Differenzen. Overte phonetische Merkmale wie im Italienischen sind im Deutschen selten; im deutschen Singular werden drei Genera benutzt, die im Plural in ein Genus zusammenfallen, im Italienischen dagegen werden zwei Genera an drei Artikeln im Singular und im Plural markiert.

Italienisch wird von Antonio vorwiegend rezeptiv beherrscht; Sizilianisch spricht seine Mutter mit ihm.

5.6.4 Kurdisch

Kurdisch ist ein Oberbegriff für eine Gruppe westiranischer Sprachen, die in einem ausgedehnten Bereich zwischen der Türkei, dem Irak und Iran gesprochen werden. Clyne (1992) ordnet die kurdischen Sprachen als plurizentrische, nicht terraingebundene Sprachen ein. Hauptsächliche Sprachen der kurdischen Sprachgruppe sind Kurmanjî, Sorani, Gorani, Behdini, Herki, Kurdi, Shikachi, Surchi, von denen es noch eine Reihe von Varietäten gibt (Yağmur 2001).

Kurmanjî weist eine Genusopposition von maskulin und feminin auf. Genus wird durch Kasusendungen oder Flexion angezeigt (Haig 2002). In Sorani ist die Genusunterscheidung weitgehend verloren gegangen. Bei Kurmanjî-Varietäten mit intensivem Sprachkontakt zu Sorani wird eine Genusschwäche bemerkt (Haig/Matras 2002).

Kurmanjî ist die Familiensprache von Ülkü. Kira und Anna sprechen in der Familie, mit Freunden und miteinander in der Kindertagesstätte Sorani.

5.6.5 Kroatisch, Serbisch

Serbisch und Kroatisch kennen drei Genera, feminines, neutrales und maskulines Geschlecht (Hentschel 2003). [159] Corbett (1991) analysiert darüber hinaus die Subgenera maskulin unbelebt versus maskulin belebt. Dabei sind die Genera unterschiedlich häufig: maskulin (40 %), feminin (45 %), neutrum (15 %). Generell teilen Substantive derselben Flexionsklasse auch das Genus (Hentschel 2003), Ausnahmen sind frequent, so dass die phonologische Form das Genus nicht sicher bestimmt. Adjektive sowie die

---

159 Bei Hentschel (2003) findet sich eine interessante Darstellung zur serbischen Genusforschung des 20. Jahrhunderts.

meisten Pronomen und Possessiva werden nach Genus flektiert, Artikel gibt es nicht (Costa et al. 2003).

Da Genus an Determinativen, Deixeis, Adjektiven und Verbalpartizipien markiert wird, kann es in der Phrase gehäuft auftreten. Genus wird intensiv kongruent markiert und ist, im Vergleich zum Deutschen, systematischer und meist leichter an der Flexionsklasse zu erkennen.

(57)   „Nek-a   nepoznat-a   žen-a   je   otvoril-a   vrata."

        Some-f   unknown-f   woman-f   AUX   opened-f   door.neut

        ,Some unknown woman opened the door.'

Hentschel 2003: 292

Serbisch ist die Familiensprache von Anastasia, Kroatisch von Ilaria.

5.6.6 Pandjabi

Pandjabi ordnet Nomen dem maskulinen oder femininen Geschlecht zu. Bei Menschen und Tieren kann die Genusunterscheidung auf Sexus basieren. Bei einigen Substantiven gilt eine Auslautpräferenz; auslautende Substantive auf [a] sind häufig maskulin, auslautende auf [i] häufig feminin, doch betont Bhardwaij (1995), dass es sich dabei nicht um eine Regel handele. Bei allen anderen Substantiven konstatiert Bhardwaj (1995) Arbitrarität:

„There is no reason on earth why *sir* (,head'), *a:lu:* (,potato'), *pa:ni:* (,water') and *landan* (,London') should be masculine and *akk^h* (,eye'), *ga:jar* (,carrot'), *cá:fi* (,tea') and *dilli:* (,Delhi') feminine."

Bhardwaj 1995: 220

Genus wird in Pandjabi am Lexem ga:, an Adjektiven und an der Verbflexion, jedoch nicht an Pronomen angezeigt (ebd.: 131, 140, 224).
Boris spricht Pandjabi in der Familie.

5.6.7 Paschtu

In Paschtu werden Substantive feminin oder maskulin klassifiziert (Tegey/Robson 1996: 59ff.); diese beiden Genera sind jeweils in Subklassen unterteilt. Tegey/Robson (1996) zählen vier maskuline und drei feminine Klassen, neben unregelmäßigen Substantiven. Das Genus des Nomens kongruiert in Subjektposition mit der Verbflexion, außerdem wird es am Adjektiv angezeigt.
Paschtu sprechen Jos Vater und dessen Familie; Jo verfügt über rezeptive Kenntnis.

5.6.8 Polnisch

Das Polnische unterscheidet drei Genera: feminin, neutrum und maskulin (Engel et al. 1999). Auf der Grundlage der Akkusativdeklination kann für die Existenz von fünf Genusklassen (Koniuszaniec/Błazkowa 2003) bzw. von Subklassen: maskulin menschlich, maskulin belebt, maskulin unbelebt, feminin und neutrum (Kryk-Kastovsky 2000) oder sogar für sechs polnische Genusklassen (Corbett 1983) argumentiert werden. Maskulines Genus ist besonders häufig (Koniuszaniec/Błazkowa 2003).

Die Genusmerkmale erscheinen an Determinativen und zusätzlich, im Subjektfall, an Adjektiven und einzelnen Verbformen, z.b. im Präteritum und Konditional.

(58) „ten jeden mały chłopiec (m)   ‚this one litle boy'
(59) ta jedna mała dziewczynka (f)   ‚this one little girl'
(60) to jedno małe dziecko (n)   ‚this one little child'"

Koniuszaniec/Błazkowa 2003

Ferner besteht Genuskongruenz zwischen Subjekt und Prädikat in der einfachen Vergangenheit (Koniuszaniec/Błazkowa 2003). Genus ist meist phonologisch overt, am Auslaut erkennbar (Engel et al. 1999) und grundsätzlich von außersprachlichen Einflüssen unabhängig (Koniuszaniec/Błazkowa 2003). Im sprachlichen Handeln polnischer Sprecher kann eine erhebliche Variation in der Genuszuweisung beobachtet werden (Corbett 1991; Kryk-Kastovsky 2000): Genuszuweisung wird in polnischen Standardgrammatiken in einer Weise festgelegt, von der Sprecher im Alltag bei so häufigen Wörtern wie baba, etwa: Frau, Schwiegermutter, alte Frau abweichen. Movierung ist im Polnischen nur für einige Substantive mit den Suffixen -ka und -ini/-yni möglich (Engel et al. 1999: 734). Im Polnischen ist der frühe Erwerb der Genera im Erstspracherwerb mit ca. zwei Jahren auffallend (Smoczyńska 1985). Polnisch ist die Familiensprache von Tomas.

5.6.9 Romani

Die historische Unterscheidung dreier Genera hat sich zu einer zweigliedrigen Option feminin – maskulin entwickelt. Im Plural wird Genus nicht markiert.

Genus ist in Romani zunächst für die Klassifikation von Nomen in Flexionsklassen von Bedeutung, die Genus konsistent leistet. Genus wird an Adjektiven, Pronomen und Artikeln angezeigt. In allen Varietäten konsistent ist der Artikel o im Nominativ maskulin. Nominative feminine Formen tragen häufig i oder e (Matras 2002).[160]

---

160   Eine zusammenfassende Darstellung der Situation der Romanisprecher in Europa bietet Bakker (2001).

Lovara bezeichnet in der gängigen Verwendung eine ethnische Gruppe wie auch die gleichnamige Romani-Varietät, die von den Mitgliedern dieser ethnischen Gruppe zumeist gesprochen wird. In Lovara werden, wie grundsätzlich in Romani, am Artikel die Genera maskulin und feminin differenziert, und zwar lediglich im Singular (Cech/Heinschink 1999).

Alle Romanisprecher sind zwei- oder mehrsprachig (Matras 2002). Matras (2002) berichtet, dass Roma in westlichen Gesellschaften dazu neigen, auf die Frage nach ihrer Sprache eine andere Antwort als Romani zu geben (Matras 2002: 239). Das bestätigte sich in unserer Datenerhebung, bei der Vater und Kind zunächst angaben, Polnisch zu sprechen, und erst anlässlich einer erstsprachlichen Erhebung ihre Sprache nannten. Die Romani-Varietät Lovara ist die Familiensprache von Michael.

5.6.10 Türkisch

Im Türkischen gibt es, wie in vielen anderen Sprachen auch, grundsätzlich keine Genusunterscheidung. Sexus wird jedoch durchaus markiert: Durch Suffigierung des arabischen Lehnmorphems -e kann eine Movierung zu femininer Markierung erreicht werden und wird nach wie vor in modernen Texten verwendet, z.B. sahib-e ‚Besitzerin‘; ähnliche Funktionen übernimmt das slawische Lehnmorphem -içe. Bei einigen Lehnworten aus dem europäischen Raum sind semantische Genusdifferenzierungen üblich, z.B. prens/prenses ‚Prinz/Prinzessin‘. Außerdem kann Sexus kombinativ markiert werden, z.B. kız çocuğu ‚Mädchen‘; kız kardeş ‚Schwester‘, erkek arkadaş ‚Bruder‘; diese Formen sind in alltäglicher Rede häufig (Braun 2003). Kongruenz der Person wird an der Possessivdeixis zwischen dem Besitzer und dem Kopfnomen angezeigt (Schaaik 1996).

(61)   „Hasan-ın   araba-sı“
       NAME – POSS   N – p 3 sing
       ‚Hasan's   Auto‘

Schaaik 1996: 73

Türkisch ist die Familiensprache von Mehmet, Ayse, Sina, Jo und Ali.

5.6.11 Urdu

In Urdu gibt es maskulines und feminines Genus. Genus wird am Verb, am Nomen, an Postpositionen und Adjektiven angezeigt (Hall 2002[161]).

---

161   Hall (2002) beschreibt Genus in Hindi, das Urdu in Syntax und Lexikon weitgehend gleicht (cf. ebd.: 133).

(62) „Larka-Ø hansa
    N   Laugh – perf
    ,The boy laughed.'

(63) Larki-Ø   hansi"
     Girl-N f sing Laugh – perf f sing
     ,The girl laughed.'

Durrani 2006: 4f.

In Urdu werden in der ersten Person Plural feminin und maskulin nicht differenziert, sondern es wird die maskuline Form verwendet (Coppola 1972). Das Genus wird bei einigen Substantiven auch am Nomen selbst angezeigt, wobei [a] maskulin Singular, [i] feminin Singular anzeigt.

Boris kommt in der Familie mit Urdu in Kontakt.

5.6.12 Zweitsprache Deutsch

> Zweifellos stellt die korrekte Verwendung des nominalen Genus im Deutschen eine der Hauptbarrieren für Deutschlernende und eine der bedeutendsten Fehlerquellen im DaF-Unterricht dar.
>
> Wegera 1995: 9

Erwachsene Lerner des Deutschen als Zweit- wie als Fremdsprache machen lang anhaltend erhebliche Fehler im Umgang mit Genus (Clahsen/Meisel/Pienemann 1983; Klein 1984; Meinert 1989; Wegera 1995; Rogers 1987; Menzel 2004; Engelen 2007, Spinner/Juffs 2008). Dabei lassen sie Artikel aus, übergeneralisieren feminines Genus (Clahsen et al. 1983) oder scheinen „Genus nahezu beliebig zu verwenden" (Wegera 1995: i). Auch für Fremdsprachlerner auf hohem Niveau ist Genus eine Quelle häufiger Fehler (Krohn/Krohn 2008). Die Hürde Genus besteht auch für Sprecher, deren Erstsprache eine Genussprache, z.B. Italienisch, ist (Serra Borneto 2000). Lerner des Deutschen und eng verwandter Sprachen markieren Genus an Determinativen und Adjektiven nicht kongruent (Spinner/Juffs 2008 für DaZ; Blom et al. 2008 für Niederländisch als Zweitsprache)

Menzel/Tamaoka (2004) untersuchen erwachsene japanische DaF-Lerner auf ihre Sicherheit in der Genuszuweisung. Sprecher mit fortgeschrittenen Fremdsprachkenntnissen weisen Genus erfolgreicher zu (siehe auch Dewaele/Véronique 2001; Bartning 2000; White et al. 2004 für andere Sprachen). Eine enge Wechselbeziehung zwischen Vokabelkenntnis, korrekter Genuszuweisung und allgemeiner DaF-Kompetenz wird gefunden (Menzel/Tamaoka 2004). Sie fordern, in der Didaktik des Deutschen als Fremdsprache müsse von Anfang an auf Genus hingewiesen werden, Genus dürfe nicht „als substantivbegleitende Randerscheinung und bloße Verkomplizierung einer ohnehin schon schwer erlernbaren Sprache" dargestellt werden (ebd.: 20).

Zu der Frage, ob sich der Genuserwerb von erwachsenen Fremdsprachlernern von dem von gleichaltrigen Zweitsprachlernern unterscheidet, liegen m.w. keine Studien vor. In den Gesprächen mit den Eltern der beobachteten Kinder wurden erhebliche und häufige Schwierigkeiten im Umgang mit Genus wahrgenommen.

Eine Lernervarität des Deutschen als Zweitsprache ist für alle Kinder, mit Ausnahme von Mariana und Boris, neben der Erstsprache der Eltern ein wichtiges Mittel der familiären Kommunikation und ein wesentlicher Anteil des Inputs. Für Isabella, Jo und Ali ist sie die hauptsächliche Sprache des Inputs.

5.7 Zusammenfassung

Die hauptsächlichen Funktionen von Genus liegen in der Unterstützung der Organisation des Lexikons, der Kategorisierung von Entitäten, der syntaktischen Klammerfunktion in der Nominalphrase und dem erheblichen Beitrag zur Herstellung von Referenz in Text und Diskurs.

Genus hilft, eine Fülle von sprachlichen und kognitiven Aufgaben zu lösen, obwohl das in genuslosen Sprachen auch auf andere Weise geregelt werden kann. Es ist nicht überflüssig oder Beweis für die „friedliche Geduld von Generationen" (Maratsos 1976), sondern eine Nominalkategorie, die das Prozessieren von Sprache auf eine effiziente Weise ermöglicht. Genus wird auf dieser Grundlage als eine Nominalklassifikation, die kongruente Markierungen an anderen Wörtern erfordert und die alle Nomen, in der Mehrzahl eindeutig, klassifiziert, verstanden.

Für die Auswertung wird diese Bestimmung in die Charakteristika *Nominalklassifikation, Zielsprachlichkeit, Kongruenz* und *Differenzierung* aufgeschlüsselt. Zentrale Aneignungsschritte sind das Erkennen von Genus als Nominalklassifikation, die an allen Äußerungsteilen, an denen sie erforderlich bzw. möglich ist und an keinen anderen Positionen erfolgt, die kongruente Markierung, die Verwendung sämtlicher Genusklassen und die zielsprachliche Genusklassifikation von Nomen. Als vollständig angeeignet soll Genus dann gelten, wenn mindestens 90 % der Markierungen zielsprachlich sind.

In der erstsprachlichen Aneignung ist Genus eine unproblematische Kategorie: In simultaner bilingualer Aneignung mit erstsprachlichem Input ebenso wie in monolingualer Aneignung wird Genus spätestens um den vierten Geburtstag herum fehlerfrei beherrscht. Dagegen zeigen sich bis hinein in das zwölfte Lebensjahr Schwierigkeiten in Untersuchungen, die Kinder beobachten, die sich Deutsch im sukzessiven Erwerb mit einem ersten Sprachkontakt nach dem dritten Geburtstag aneignen. Für erwachsene Lerner stellt die Nominalklassifikation auch bei guter Beherrschung des Deutschen eine Herausforderung dar, die über viele Jahre verbleibt und nicht von allen Lernern gemeistert wird.

Für das Deutsche wurde in Korpusanalysen am isolierten Substantiv eine Fülle von Genusregelmäßigkeiten entdeckt. Gerade die Vielzahl von Zuweisungsprinzipien stellt ein besonderes Problem dar, da die jeweiligen Skopen und Hierarchien in vielen Fällen unklar sind. Es gelingt oft weder mit semantischen noch mit morphologischen oder phonologischen Prinzipien, das Genus eindeutig oder fast sicher vorherzusagen. Für didaktische Zwecke ist daher der Nutzen der Prinzipien nur sehr eingeschränkt gegeben.

Dagegen kann das Genus eines Nomens im Deutschen innerhalb eines Diskurses durch die kongruenten Genusmarkierungen im Verlauf weniger Äußerungen eindeutig bestimmt werden.

Aus ihren Erstsprachen haben die Kinder sehr unterschiedliche Voraussetzungen, inwieweit ihnen Genus bereits bekannt ist. Sieben der 17 Kinder wachsen mit einer genuslosen Sprache auf: Mehmet, Ayse, Sina, Ali, Jo mit Türkisch und Anna und Kira mit Kurdisch Sorani. Alle anderen Kinder kennen Genus aus ihren Erstsprachen.

Vierzehn Kinder wachsen mit einem Input auf, der durch Genusunsicherheiten gekennzeichnet ist, einer Lernervarität des Deutschen auf niedrigem Lernerniveau: Isabella, Ali, Jo, Ülkü, Kira, Anna, Sina, Mehmet, Ayse, Elena, Anastasia, Ilaria, Michael und Antonio.

Tabelle 13: Genus aus typologischer Sicht

Sprache	Genera	Quellen
Albanisch	m/f	Buchholz/Fiedler (1987); Hellinger (1990, 2003)
Englisch	m/f?	Mills (1986); Corbett (1991); Marcato/Thüne (2002); Finocchiaro (2008)
Italienisch	m/f	Pittàno (1983); Krefeld (2004); Kupisch (2006a)
Kurdisch Kurmanji	m/f	Clyne (1992); Haig (2002); Yağmur (2001)
Kurdisch Sorani	Ø	Haig/Matras (2002)
Kroatisch, Serbisch	m/f/n	Corbett (1991); Costa et al. (2003); Hentschel (2003)
Pandjabi	m/f	Bhardwaj (1995)
Paschtu	m/f	Tegey/Robson (1996)
Polnisch	m/f/n	Corbett (1983); Corbett/Fraser (2000); Smoczyńska (1985); Engel et al. (1999); Kryk-Kastovsky (2000); Koniuszaniec/Błazkowa (2003)
Romani Lovara	m/f	Cech/Heinschink (1999); Matras (2002)
Sizilianisch	m/f	Galante (1969)
Türkisch	Ø	Schaaik 1996; Braun (2003)
Urdu	m/f	Coppola (1972); Hall 2002; Durrani (2006)
Zweitsprache Deutsch	m/f/n	Clahsen et al. (1983); Klein (1984); Meinert (1989); Wegera (1995); Engelen (2007); Spinner/Juffs 2008

6. Genus in den Daten

Die Auswertung der Daten wird mit Blick auf die zentralen Elemente der Aneignung von Genus vorgenommen:

i.   Nominalklassifikation,
ii. Zielsprachlichkeit,
iii. Kongruenz,
iv. Differenzierung.

6.1 Kriterien der Aneignung

i. Nominalklassifikation
Genus muss als Klassifikation von Substantiven erkannt werden. Das beinhaltet zu erkennen, dass Substantive dauerhaft einer Klasse angehören und dass die Klassenzugehörigkeit in den meisten Fällen eindeutig ist.[162]

ii. Zielsprachliche Klassifizierung
Als vollständig angeeignet soll Genus dann gelten, wenn mindestens 90 % der Genusmarkierungen zielsprachlich klassifiziert sind.
Für die Auszählung der Zielsprachlichkeit der Klassifikation ist es eine Voraussetzung, dass auch tatsächlich Nominalklassifikation (siehe i.) vorliegt. Die erstgenannten beiden Kriterien müssen also im Zusammenhang betrachtet werden.

iii. Kongruenz
Durch Kongruenz wird die Einteilung des Substantivs in eine Nominalklasse sichtbar – Genusmarkierungen müssen sich aufeinander beziehen.
Das Erkennen von Kongruenz ermöglicht es erst, dem Input Genusinformationen zu entnehmen.

iv. Differenzierung
Es werden mehrere Genera differenziert. Dass deutsche Substantive in drei Genusklassen differenziert werden, ist eine strukturelle Eigenschaft dieser Sprache; erst wenn die Kinder diese Dreigliedrigkeit erkannt haben, sind sie auf dem Weg, Genusaneignung abzuschließen.

Dabei wird nicht die Annahme getroffen, dass diese Aneignungsaufgaben sequentiell bearbeitet bzw. abgeschlossen würden.

---

162 Das bedeutet nicht gleichzeitig, dass das Substantiv in die zielsprachliche Klasse eingeordnet wird.

6.2 Nominalklassifikation

Erst wenn Kinder Markierungen unterschiedlicher Genusparadigmen verwenden, sind Aussagen darüber möglich, ob sie Substantive in unterschiedliche Klassen einordnen. In dem folgenden Beispiel hat die Sprecherin bereits erkannt, dass es für definite Artikel im Nominativ drei mögliche Formen gibt.

(T239) Ülkü   Die Tiger wi/war so lieb, und das Vogel, das war da und sagt: „Fress mich bitte nicht auf."

(T240)   Und und da/und dann war das Tiger da, hat Musik ge–singt,

(T241)   und da hat das der Tiger gehört.

ÜlküHAVASD2 (6,2; X)

Im Zusammenhang mit Tiger verwendet die Sprecherin alle drei nominativischen Genusmarkierungen in benachbarten Äußerungen (T239)(T240)(T241). Das Substantiv Tiger wird aber keiner Nominalklasse dauerhaft zugeordnet.

Für ein derartiges Vorgehen finden sich zahlreiche Belege. Auch bei einigen Kindern, deren Aneignung in Bezug auf Satzbau schon bis zum Nebensatz fortgeschritten ist (T248), liegt keine Evidenz für Nominalklassifizierung vor.

	EM	Erzählst du mir mal die Geschichte nochmal, die hast du mir ja schon mal erzählt. Erzählst du/
	Elena	Auf Deutsch?
	EM	Auf Deutsch, genau.
	Elena	Okay.
(T242)		Die Vogel singt und dann kommt die Katze und erschreckt sie.
	EM	Und weiter?
(T243)	Elena	Und dann fliegt die Vogel in den Baum,
(T244)		und dann geht der Katze auch, und springt, und dann – fertig!
	EM	Ja? Wollen wir das mal umdrehn?
	Elena	(lacht)
	EM	Wie gehts weiter?
(T245)	Elena	Und dann is des Vogel • hinter, dann kommt des ähm Katze, dann geht er weiter,
(T246)		dann kommt eine Katze,
(T247)		und dann weint der Katze.
	EM	Okay, und warum weint die Katze?
(T248)	Elena	Weil sie net ihn gefangen hat.

ElenaHAVASD2 (6,9; X)

Elena verwendet Markierungen aus drei Genusparadigmen, wie des Vogel (*n) (T245), eine Katze (f)(T246), der Katze (Nominativ *m)(T247). Die Markierungen am Artikel, der das Substantiv Katze begleitet, schwanken durch alle drei Genera in Äußerungen, die direkt aufeinander folgen: In (T242) ist die Katze definit feminin angezeigt; in (T244)(T247) im Nominativ maskulin als der Katze. In (T243) wird das gleiche Nomen mit einem neutralen definiten Artikel verwendet: des Katze. Eine indefinite Artikeläußerung ist feminin: eine Katze (T246). Dieser Formenreichtum macht deutlich, dass Elena die Substantive nicht klassifiziert. Um dieses Phänomen über die einzelnen Erzählungen hinaus insgesamt in den Blick nehmen zu können, werden die Genusmarkierungen an Artikeln, Anadeixeis und Deixeis, die die einzelnen Kinder für ein einzelnes Substantiv vornehmen, als Einzelfälle, *Tokens*, erfasst. Wenn Nominalklassifikation vorliegt, müssen sich an den Tokens *Types* erkennen lassen. Types liegen vor, wenn in den Äußerungen angezeigt wird, dass zumindest präferiert einem Nomen dasselbe Genus zugewiesen wird. Dabei müssen mindestens zwei Genera differenziert werden. Als Kriterium wurde gewählt, dass das Kind ausschließlich oder mit maximal einer Ausnahme durchgängig ein Genus an einem Substantiv anzeigt, und zwar mindestens in drei Nennungen in unterschiedlichen Nominalphrasen. In einer Tokens-Types-Aufstellung ist es möglich, eine Übersicht über die Markierungen eines Substantivs über mehrere Erzählungen hinweg zu erhalten, die ein einzelnes Kind verwendet. Erst wenn Types erkennbar sind, wird klassifiziert und somit Genus markiert. Vorher handelt es sich um Nennungen möglicher Formen, aber nicht um die Anzeige einer Nominalklassifikation.

Bei diesem Verfahren muss darauf geachtet werden, dass differierende Klassifizierungen aus unterschiedlichen Aneignungsabschnitten nicht zusammengefasst werden; das wäre z.B. der Fall, wenn ein Kind zunächst Gras maskulin klassifiziert, einen Monat später lernt, dass Gras neutrum ist und seine Klassifikation berichtigt. In diesem Fall läge durchgängig Klassifikation vor.

Genusanzeigen an Possessivdeixeis werden nicht einbezogen; die Kinder verwenden Possessivdeixeis fast ausschließlich bei nahen Familienangehörigen wie mein/meine Mama, mein Papa, meine Schwester, mein Bruder. Auch wenn die umgebenden Genusanzeigen abweichend sind, sind die Possessivdeixeis bei Familienangehörigen in der überwiegenden Mehrheit der Äußerungen zielsprachlich. Das weist darauf hin, dass es sich um lexikalisch angeeignete Elemente handeln könnte, nicht um die Aneignung von Genus. Für diese Arbeit war das eine ausreichende Motivation, Possessivdeixeis aus der Auswertung auszugrenzen, wobei es weiterer Forschung an dieser Stelle bedarf.

Im folgenden sind die Tokens der oben zitierten Erzählung von Elena aufgeführt. Die Tokens-Types-Darstellung der Erzählung ElenaHAVASD2 (6,9; X) zeigt ausschließlich Tokens, Einzelphänomene, die noch keine zugrundeliegende Kategorienbildung der Genusmarkierung erkennen lassen. Types sind nicht erkennbar. Eine Genuszuweisung hat nicht stattgefunden.

Tabelle 14: Tokens und Types in Elenas Erzählung nach Abbildungen

Nomen	Tokens	Types
HAVASD2 (6,9; X)		
Vogel	2 m, 3 f*, 1 n*	–
Katze	3 f, 2 m*, 1 n*	–
Baum	1 m	?

Nur in den Äußerungen von drei der beobachteten 17 Kinder werden Types sichtbar, bei Mariana, Boris und Tomas.

Tabelle 15: Tokens und Types von Boris

Kind	Erzählung	Datum	Tokens	Markierung	Types
Boris	Borisdino	(5,10; X)	Löwe	9 m	m
			Mensch	3 m	m
			Dinosaurier	4 m, 1 *n	m
			Pflanzenfresser	1 m/n, 2 m, 1 *n	?
			Geschichte	1 f	n.g. [163]
			Elefant	8 m	m
	BorisHAVASD1	(5,10; IV)	Katze	9 f	f
			Vogel	5 m	m
	Borisgeburtstag	(6,4; X)	Kindergarten	1 m	n.g.
	BorisHAVASD2	(6,4; X)	Katze	5 f	f
			Vogel	5 m	m
			Baum	2 m/n	n.g.
SUMME				55/2*	8 Types
ZIELSPRACHLICH				96,5 %	100 %

Die Tokens-Types-Aufstellungvon Boris zeigt, dass der Junge Substantive klassifiziert und diese Klassifikation kongruent anzeigt. Von ihm liegen fünf Erzählungen vor. Für ihn ist es noch schwierig zu entscheiden, ob das Suffix -er maskulines oder neutrales Genus erfordert (Pflanzenfresser, Dinosaurier).

---

163 m/n sind Markierungen, die maskulin oder neutrum sein können, wie ein. Einzelvorkommen (weniger als drei Nennungen) werden nicht gewertet und sind als n.g. angegeben.

Es zeigt sich, dass Boris über ein breites Wissen über Genus verfügt. So wendet er etwa die [ə]-Regel bei Katze und Geschichte an und markiert feminin, bei Löwe wendet er sie, völlig korrekt, nicht an und zeigt maskuline Markierung. Boris zeigt im Beobachtungszeitraum keine Hinweise auf eine schrittweise Aneignung einzelner Zuweisungsprinzipien.

Tomas, das zweite der drei Kinder, die Types verwenden, markiert fast durchgängig zielsprachliches Genus, mit wenigen Fehlern.[164] Seine Abweichungen sind maskulin markierte Einsilber wie *Gras* und *Bett* sowie maskuline Deixis bei der Referenz auf *Katze*.[165] Von Tomas liegen sechs Erzählungen vor.

Von Mariana liegen insgesamt acht Erzählungen vor. Bei ihr wurden neun Types gefunden, die neben vier Substantiven stehen, die sie noch nicht klassifiziert. In der Übersicht sind diese als *Non-Types* aufgeführt. Der häufigere Fall ist jedoch der, dass keine Types festgestellt werden, wie bei Antonio und den bereits aufgeführten Äußerungen von Ülkü und Elena (S. 228).

Tabelle 16: Tokens und Types bei Antonio

Kind	Erzählung	Datum	Tokens	Markierungen	Types
Antonio	Buch	(5,5; III)	Kaninchen	1 m/n, 1 m	–
	Haus	(5,5; III)	0		
	HAVASD1	(5,5; III)	Katze	1 f, 1 n, 4 m	–
			Vogel	8 m	?
	Wehtun	(6,0; X)	Maus	5 m/n, 8 m, 3 f	–
			Kaninchen	f	n.g.
			Baby	m/n	n.g.
			Papa	m/n	n.g.
			Mama	m/n	n.g.
			Schwester	m/n	n.g.
			Ball	m/n, f	–
			Hund	m/n, f	–
	HAVASD2	(6,0; X)	Katze	2 f, 9 m	–
			Vogel	3 f, 5 m	–

An den Substantiven Maus, Katze, Vogel zeigt sich Antonios Präferenz für maskuline Anzeigen. Dieser Junge ist im Beobachtungszeitraum dabei, von seiner Präferenz abzugehen und verwendet einzelne feminine Markierungen für Katze, Maus und in der

---

164 Für eine detaillierte Aufstellung der Types und Token von Boris, Tomas und Mariana siehe S. 331.

165 Die Abweichungen bei den Einsilbern könnten daher rühren, dass der Junge die maskuline Tendenz von Einsilbern erkannt hat und übergeneralisiert. Zwei Substantive sind allerdings nicht genug, um diese Annahme über eine Vermutung hinaus zu erhärten.

späten Erzählung auch für Vogel. Damit wird erst sichtbar, dass er die Substantive nicht klassifiziert. Nomen, die in den frühen Erzählungen kontinuierlich maskulin angezeigt werden wie Kaninchen, tragen diese Genusmarkierung auf der Basis seiner Präferenz, und eben nicht auf der Grundlage einer Differenzierung oder Klassifikation. In der folgenden späten Erzählung steht ein Maus steht neben eine Maus (T249)(T252) auch die Maus (T251), die Anadeixis der, außerdem finden sich ein Hund, eine Hund (T254)(T255).

(T249)	Antonio	Da/da war ein Maus/
		da will meine/äh/wie heißt der wieder?
		Nico heißt der, aber da is ein Kaninsche, da tot gemacht.
	EM	Wer?
(T250)	Antonio	Die Maus, tot.
	EM	Wer hat die Maus tot gemacht?
(T251)	Antonio	Äh/Die Maus hat, äh, die Kaninsche tot gemacht.
	EM	Echt? Ach Mensch!
	Antonio	Mein Kaninsche is tot. Da war ein Baby. Und ein Mama, und ein Papa, und ein Schwester.
	EM	Von dem Kaninchen?
	Antonio	Eh! Und alle ist tot.
	EM	Ja? Und wie is das denn passiert?
(T252)	Antonio	Mi eine Maus, da war größer, so ein größer Maus. Habe in Garten ge/in/äh wo ist es, da, v/viele, viele Maus! Da auch esse ah/Ball geesse, Land. Ball, einn Ball.
	EM	Was ham die gegessen?
(T253)	Antonio	Und jetz habt der nich gegessen die Ball, aber da is sei Haus. Ich weiß sei Haus.
	EM	Ja? Ehrlich?
	Antonio	Hm´. Ve Nico.
	EM	Wessen Haus? Von wem ist das Haus?
	Antonio	Der/Äh Mau/Mause/• Maus.
	EM	Ah, du weißt, wo das Haus von der Maus ist. Wo ist das?
	Antonio	In meine/draße, ich spiele immer draße, in meine Kaninche, aber der is tot kla/der is tot.
	EM	Hm⁻.
	Antonio	Ich hab immer draßen gebringe.
	EM	Die Kaninchen? Ah. Welche Farbe hatten die denn.
(T254)	Antonio	Braun und schwarz. Ich kaufe mir ein Hund.
(T255)		Eine Hund und eine • äh

	Ich hab auch ein Maus, aber da/aber da/da beißt. Aber na hab
	ich gewerfen, psch!
EM	Was hast du geworfen?
(T256) Antonio	Ein Maus.
EM	Ja? Hast du geworfen? Als sie dich gebissen hat? Und
	dann?
Antonio	Gumma hier, wo is des. Hier guckma, zwei Punkte.
EM	Echt?
Antonio	Hä!
EM	Mannomann.

Antoniokaninchen (6,0; X)

Beginnende Nominalklassifikation

Bei einem Mädchen kann beobachtet werden, wie es im Begriff ist, Nominalklassifikation zu realisieren, das aber noch nicht über eine ganze Erzählung durchhalten kann: In einer späten Erzählung zu Vogel und Katze differenziert Anastasia das Genus der beiden Tiere und hält diese Differenzierung über einige Äußerungen hinweg aufrecht.

Einen Hinweis auf beginnende Klassifikation liefern ihre Korrekturen zu Beginn der Äußerung (T257)(T259): Anastasia beginnt, die eigenen Äußerungen auf Klassifikation zu überprüfen. Im weiteren Verlauf zeigt sie nominalphrasenübergreifende Kongruenz, indem sie eine Katadeixis den verwendet und expliziert: den Vogel (T258). Bis zum Ende der Erzählung kann sie die Genusmarkierung jedoch noch nicht fortführen, sie verwendet wieder feminine Übergeneralisierung für alle Nomen von einer Stelle an, die ihr, erkennbar an den Abbrüchen, offenbar Mühe bereitet (T260).

(T257) Anastasia	Ähem der/die Katze hat den Vogel erschreckt.
EM	Hmˇ.
(T258) Anastasia	Und die/die/die h/die Katze wollte den fangen, den Vogel.
	Und der/der Vogel weint, äh • •/der Vogel weint, dass dann
(T259)	was hat der/die Katze will den fangen, aber er steht einfach, er
	macht die Augen zu.
	Und • die Katze will den fangen, und der/hm/hm/der/der
	fliegt,
(T260)	der will sich/die die/die Katze wollt ihn fangen und die will
	nicht das.
EM	Was?
Anastasia	Dass dann/dass die Katze nicht den fängt.
EM	Und weiter?
Anastasia	Die/die Vogel singt, und das/und das weint, die Katze.

EM	Warum weint die?
Anastasia	Darum äh die singt.
EM	Ja?
Anastasia	Hmˇ.
EM	Warum?
Anastasia	Darum, die mag nich Lieder.

AnastasiaHAVASD2 (6,1; X)

Tokens und Types im Resümee

Bei einem einzigen Kind aus der Beobachtungsgruppe von 17 Kindern sind für jedes Substantiv Types festzustellen: Boris klassifiziert alle Substantive, die er benutzt. Auch er verwendet aber noch nicht alle drei Genera.

Bei zwei weiteren Kindern ist die Mehrzahl der genannten Substantive eindeutig klassifiziert. Das ist, nach einem dreijährigen Besuch der Kindertagesstätte, in einem Alter der Kinder von 7,0 Jahren (Mariana) und 6,5 Jahren (Tomas) deutlich später, als es die Literatur zur Aneignung im bilingualen Erstspracherwerb voraussagen würde.[166]

Bei weiteren drei Kindern sind in den späten Aufnahmen erste Types festzustellen. Erste Types sind zentrale Aneignungsschritte. Da sie in der Umgebung einer Mehrzahl von Nomen mit schwankenden Markierungen stehen, sind sie relativ schwierig zu bemerken, zumal noch keine Annäherung an Zielsprachlichkeit erreicht wird.

Die weiteren zehn Kinder, mehr als die Hälfte der beobachteten Kinder, zeigt keine Nominalklassifikation. Das ist ein sehr hoher Anteil in Anbetracht des dreijährigen Besuchs der Kindertagesstätte und des dadurch erfolgten regelmäßigen erstsprachlichen Inputs des Deutschen.

Es werden keine Prozentanteile der klassifizierenden versus nicht-klassifizierenden Kinder angegeben, da eine derartige Angabe bei einer Grundgesamtheit von 17 Kindern als wenig nicht sinnvoll erscheint. Dass 10 von 17 Kindern keine Anzeichen für Klassifikation zeigen, weist aber auf ein massives Aneignungsproblem in einer erheblichen Größenordnung von Kindern hin.[167] Es werden geeignet scheinende Platzhalter, „Dummies", in erkannte Positionen eingesetzt. Die Kinder markieren nicht abweichendes Genus, sondern sie markieren kein Genus.

---

166 Allerdings liegt bei Boris und Mariana sukzessive Mehrsprachigkeit vor, da sie mit Deutsch vorwiegend erst im Alter von drei Jahren in Kontakt eintraten. Tomas hat einen simultanen bilingualen Erwerb mit einem L2-Input auf mittlerem Niveau.

167 Eine Übersicht über die Aneignung und die Verwendung von Types ist am Kapitelende zu finden.

6.3 Zielsprachlichkeit

Erst bei Kindern, die den Erwerbsschritt bewältigt haben und Substantive klassifizieren, somit Genus markieren, hat es Sinn, die Zielsprachlichkeit dieser Markierungen zu erfassen. Das betrifft hier nur Boris, Tomas und Mariana.

Boris verwendet 56 Substantive, die nur zweimal mit einem abweichenden Genus angezeigt werden. Damit zeigt er bei 96 % der genannten Nomen (Tokens) bzw. bei 100 % der Types das zielsprachliche Genus an.

Tomas markiert fast durchgängig zielsprachliches Genus, mit wenigen Fehlern.[168] Seine Abweichungen sind maskulin markierte Einsilber wie Gras und Bett sowie maskuline Deixeis bei der Referenz auf Katze.[169] Bei ihm finden sich 57 Genusmarkierungen, von denen 51 zielsprachlich sind; damit erreicht er eine Zielsprachlichkeit von 89 % bei den Tokens und 87, 5 % bei den Types, liegt also dicht unter dem Aneignungskriterium von 90 % zielsprachlicher Markierungen.

Mariana zeigt Kongruenz und Nominalklassifikation mit einer Zielsprachlichkeit von 80 % bei Tokens, 80 % bei den Types (detaillierte Aufstellung siehe Anhang).

Das Aneignungskriterium von 90 % zielsprachlicher Markierungen an Types erfüllt nur eines der drei Kinder, Boris.

6.4 Kongruenz

Zeigen die Kinder innerhalb einer Nominalphrase bzw. nominalphrasenübergreifend Kongruenz?

6.4.1 Phraseninterne Kongruenz

Das Genus des Nomens wird innerhalb der Nominalphrase im Deutschen an den Artikeln, an Possessivdeixeis, Interrogativpronomen und an nicht-prädikativen Adjektiven angezeigt.

Artikel und Possessivdeixeis werden im Deutschen in der Regel alternativ verwendet; es besteht keine Möglichkeit zu prüfen, ob eine Genusmarkierung am Artikel mit der an der Possessivdeixis übereinstimmt. Die Kombination eines Interrogativpronomens mit einem Substantiv (z.B. Welche Frau war das?) ist in den Daten nicht enthalten.

---

168   Detaillierte Aufstellung siehe S. 331.
169   Die Abweichungen bei den Einsilbern könnten daher rühren, dass der Junge die maskuline Tendenz von Einsilbern erkannt hat und übergeneralisiert. Zwei Substantive sind allerdings nicht genug, um diese Annahme über eine Vermutung hinaus zu erhärten.

Adjektive werden dagegen zusätzlich zu Artikeln bzw. Deixeis verwendet. An ihnen kann beobachtet werden, ob die Kinder eine Genusanzeige innerhalb der Nominalphrase kongruent an verschiedenen Wörtern anzeigen.

Im Deutschen werden definite Artikel mit schwacher Adjektivdeklination (T264), indefinite Artikel mit starker Deklination (T263) kombiniert. Bei schwacher Deklination wird nicht nach Genus differenziert. Nicht zielsprachlich wäre die folgende Phrase, da die Genusmarkierungen am unbestimmten Artikel (f) und am Adjektiv (n) nicht kongruent sind.

(64)   *eine   blaues   Pferd
        DET f   ADJ n   N n

In den Daten sind nur wenige Belege für Nominalphrasen mit Adjektiven vorhanden.

NP-interne Kongruenz in mehreren Äußerungen

Boris zeigt zwei Genera an zwei Substantiven (Pflanzenfresser (*n), Tiger (m)) und dem Adjektiv riesengroß kongruent an (T261)(T262). Es liegen zwar nur sehr wenige Belege vor, diese sprechen aber dafür, dass die Aneignung als erfolgt angenommen werden kann.

(T261)   Dann   ein   riesis   großes/   ein   riesis   großes/   ach   ein   großes   Pflanzenfresser.
         kommt •   Mann/•
                   DET   ADJ   DET   ADJ   DET   ADJ   N m
                   m/n   *n   m/n   *n   m/n   *n

(T262)   und dann/... dann kommt •   ein/   ein   riesengroßer • •   Tiger[170]
                                     DET   DET   ADJ m   N m
                                     m/n   m/n

Ähnlich ist die Situation bei Mariana: Nur in zwei Äußerungen kommen pränominale Adjektive in den Aufnahmen vor, doch sind die beiden Nominalphrasen sehr unterschiedlich. Es handelt sich um Substantive zweier Genera, maskulin und neutrum, das Adjektiv wird stark bzw. schwach dekliniert. Die Aneignung ist in Anbetracht ihrer gesamten sprachlichen Entwicklung wahrscheinlich.

(T263)   so   ein   großes   Fest[171]
                DET m/n   ADJ n   N n

---

170   Borisdino (5,10; IV)
171   Marianageburtstag (6,8; VI)

(T264)   der   kleine   Hund[172]
           DET m   ADJ m/m/f   N n

Bei Ilaria stehen dagegen kongruente (T265)(T266)(T268) neben inkongruenten Formen (T267).

           EM   Du hast n Schloss?
(T265)   Ilaria   Ein   grosses. [173]
                                 DEF m/n   ADJ n

(T266)   meine Cousine,   die/   nicht die Mina,   die   große,   Tommi[174]
                     N f   DET f   DET f   ADJ f   N f

           EM   Hast du Angst im Dunkeln?
           Ilaria   Hm´hm`.
                                Ich hab eine Taschelampe.
           EM   (lacht) Und die machst du dann an?
           Ilaria   Ja. (ca. 2 Sek. unv.)
           EM   Wie bitte?
           Ilaria   Dann hol ich ein Taschenlampe.
           EM   Und was machst du mit der?
           Ilaria   Mach ich an. Immer.
(T267)   Aber ich hab ein   grrrroße,
                                DET m/n   ADJ f

                                diese mit ein Stab,
(T268)   und dann so diese runde,
                                DET f   ADJ f

                                da kamman anmachen. Des hab ich.

                                                 Ilariataschenlampe (6,4; X)

Das gleichzeitige Auftreten von zielsprachlichen und abweichenden Formen zeigt, dass das Kind die Aneignung kongruenter Anzeigen innerhalb der Nominalphrase noch nicht gemeistert hat, jedoch aktuell bearbeitet.

---

172   Marianakosovo (6,8; VI)
173   Ilariabarbies (5,10; IV)
174   Ilariawehtun3 (6,3; IX)

Während in den vorstehend genannten Äußerungen Kongruenz im Zusammenhang mit jeweils unterschiedlichen Substantiven beobachtet werden kann, liegen in den folgenden Ausschnitten Nominalphrasen vor, die sich auf ein Substantiv beziehen, das Rad als Fahrrad oder Motorrad. Innerhalb der Nominalphrase wird Genus kongruent am Determinativ und am Adjektiv markiert.

(T269)   Mein Mama hat mir   ein   Motorrad gekauft,   ein   kleines.[175]
                             DET m/n   N n   DET m/n   ADJ n

(T270)   Mein Vater hat mein   neues   Fahrrad   gekaufen,   des   war   -n   großes.[176]
                               ADJ n   N n   DET n   ADJ n

(T271)   Ich hab schon mein   großes   Fahrrad.[177]
                             ADJ n   N n

(T272)   Ich hab   ein   kleines   Motorrad,   n   ECHTes   aber![178]
                   DET m/n   ADJ n   N n   DET m/n   ADJ n

Mehmet nennt in vier Äußerungen, die zwischen dem zweiten und dem letzten Beobachtungsmonat erhoben wurden, drei Nominalphrasen, bei denen Artikel und Adjektiv kongruieren, und das zielsprachlich. Der Junge verwendet drei Adjektive, klein, neu und groß. Da er nur bei diesem einen Substantiv Adjektive verwendet, ist es schwer zu entscheiden, ob hier Belege für NP-interne Kongruenz vorliegen oder ob es sich um ein lexikalisch angeeignetes einzelnes Genus handelt, das auf Rad begrenzt ist.[179]

Bei demselben Substantiv verwendet Mehmets Kindergruppenfreund Michael neutrales Genus kongruent und zielsprachlich, wobei die Äußerung (T272) sich auf die des Freundes aus einer kleinen Gesprächsrunde im zweiten Beobachtungsmonat bezieht

---

175   Mehmetwochenende (5,5; II)
176   Mehmetfahrrad (6,0; IX)
177   Mehmetwehtun (6,1; X)
178   Michaelmesse (6,4; II)
179   Die Einschätzung dessen, welche Wirkung die Aneignung von Formeln auf die Gesamtaneignung hat, ist umstritten. Clark (1974) weist auf den ganzheitlichen, unanalysierten Charakter des Erwerbs hin, ebenso Wong Fillmore (1979). Innerhalb des *Unified Competition Model* werden feste Kombinationen als Schlüsselbausteine, *cues*, für den Beginn struktureller Aneignung in Emergenzansätzen gesehen (Bates/MacWhinney 1989; Bates et al. 1994; Bates/Goodman 1999; MacWhinney 1999; Snow 1999) bzw. als *constructions*, *blueprints* bzw. Schablonen in der *Construction Grammar* eingeschätzt (Tomasello 2005, 2006). In UG-orientierten Ansätzen werden sie als *frozen forms* (z.B. Bittner/Dressler/Kinani-Schoch 2003) mit lokaler Bedeutung eingeschätzt, nicht als Belege dafür, dass eine Struktur beherrscht würde.

(T269). Damit ist (T272) kein Beleg für Kongruenz, weil es möglich ist, dass neben dem thematischen Impuls aus (T269) auch das Genus übernommen wurde; für diese Annahme spricht auch die parallele Syntax der beiden Äußerungen.

Einzelnennungen

Von zwei Jungen und einem Mädchen liegen nur einzelne Äußerungen vor, in denen nominalphraseninterne Kongruenz verwirklicht ist: Bei Tomas wurden Anzeichen für Nominalklassifikation gefunden, so dass bei ihm davon ausgegangen werden kann, dass hier (T273) möglicherweise Genus angezeigt wird, wenn auch nicht das zielsprachliche neutrale, sondern maskulines Genus.

(T273) Bei vier Jahre hatt ich außer noch n/ äh/äh/ kleinen Bett. [180]
                                          DET m/n ADJ *m N n

Bei Ali liegt eine kongruente Anzeige vor. Um Kongruenz anzunehmen, reicht jedoch ein einzelner Beleg nicht aus.

Bei einem Gespräch über Schokolade:

(T274) eine   blaue[181]
        DET f   ADJ f

Inkongruente Markierungen

Inkongruente Markierungen innerhalb einer Nominalphrase finden sich bei Jo (T275)(T276)(T277), ganz ähnlich wie bei Ilaria (T267).

Jo   Da war so eine Spitze,
                    DET f N f

(T275)   ein ganz große.
                    DET *m/n   ADJ f

        EM   Wie bitte?
(T276) Jo   Da war n ganz große Spritze darein. ...
                    DET m/n   ADJ *f N f

---

180 Tomaswehtun (6,5; X)
181 Alinikolaus (5,6; III)

| (T277) Jo | Und dann war da so n ganz große Loch. |
| | DET m/n   ADJ *f   N n |

Jowehtun (7,0; X)

Die Äußerungen (T275) und (T277) haben einige Gemeinsamkeiten: Sie enthaltenen einen zwischen maskulin und neutrum nicht entscheidbaren indefiniten Artikel und ein schwachdekliniertes oder feminines Adjektiv. Es kann nicht bestimmt werden, ob Jo den indefiniten Artikel fälschlich mit der schwachen Deklination kombiniert – wären die Artikel definit, wären seine Adjektive korrekt – oder ob er nur die Positionen erkannt hat und den maskulinen/neutralen Indefinitartikel mit femininer Deklination kombiniert. Die Entscheidung, ob er hier Kongruenz anzeigt und sich im Deklinationstyp irrt oder ob er keine Kongruenz anzeigt, muss offen bleiben.

Auslassung der Markierung

Einige Kinder haben das Adjektiv als Ort für Genusanzeige noch nicht entdeckt und lassen die Position für Genusmarkierung phonologisch frei. Das betrifft pränominale Adjektive bei Antonio und Anna:

(T 278) Antonio	ei/eine kaputt_äh Schlange[182]
(T 279) Antonio	ein größer_Maus[183]
(T 280) Anna	eine hoch_Stuf[184]

Keine Adjektive

Bei Isabella, Kira, Sina, Anastasia, Ayse finden sich keine pränominalen Adjektive in den Erzählungen.

6.4.2 Nominalphrasenübergreifende Kongruenz

Die Aneignung der kontinuierlichen Anzeige der Kongruenz erfolgt bei den hier beobachteten Kindern zunächst nur über einige Nominalphrasen.
Die deutlichsten Belege sind in den späteren Erzählungen zu finden; die Kinder verwenden dann einen größeren Formenreichtum, der es möglich macht, Differenzierung zu erkennen.

---

182 Antoniowehtun (6,0; X)
183 Antoniokaninchen (6,0; X)
184 Annaspielen (5,1; II)

Erste Kongruenz

In der folgenden Erzählung zeigt der Junge maskulines und neutrales Genus bei Worten an, die jeweils mit dem Nomen Fahrrad in einer Kongruenzbeziehung stehen. Er tut das in kleinen Folgen: Die neutrale Markierung am Adjektiv in (T281) nimmt der junge Erzähler nicht auf, sondern bezieht sich im weiteren Verlauf mit einer maskulinen Anadeixis zweimal auf Fahrrad (T282)(T283) und behält zunächst über zwei Äußerungen die maskuline Markierung bei. Diese erste kongruente Markierungskette zu Fahrrad reißt ab, als sich das Gespräch der Glocke und dem Sturz zuwendet. Am Ende der Erzählung greift der Junge Fahrrad wieder auf, diesmal mit einer neutralen Markierung an einer Anadeixis und einem definiten Artikel (T284)(T285). Wieder kann er immerhin schon zwei Markierungen in Folgeäußerungen kongruent verwenden.

(T281)	Mehmet	Ich hab schon mein großes Fahrrad.
	EM	Echt?
	Mehmet	Wie sieht n das aus?
	Mehmet	Blau.
	EM	Ja? Ganz blau?
(T282)	Mehmet	Und der hat Bremse.
	EM	Ja?
	Mehmet	Ja.
(T283)		Und der hat Glocke. ...
	EM	Toll. Und kannst du schon ohne Stützräder fahren?
	Mehmet	Ich hab schon ein bißchen gefallen.
	EM	Ja? Bist du schon mal hingefallen?
	Mehmet	Ja. Einmal.
	EM	Wie ist das passiert?
	Mehmet	Guck, ich hab so schnell gefahrn, dann ha/dann wär ich auf der Bremse, da könn/hab ich net ah gedrücke, aber ich hab gedrückt, mein Mama hat mir geholfen.
(T284)		Weil des is so groß.
	EM	Was is so groß?
(T285)	Mehmet	Ein bißchen isses/das Fahrrad. Groß so. So groß.

Mehmetfahrrad (6,0; IX)

Mehmet hat noch nicht verstanden, dass Substantive klassifiziert werden; er bezieht sich auf Fahrrad einmal mit neutralen, ein anderes Mal mit maskulinen Markierungen; jedoch hat er bereits erkannt, dass Kongruenz berücksichtigt werden muss. Er hat eine der zentralen Funktionen von Genus im Diskurs erkannt, die Herstellung von Kohäsion durch genusbasierte Kongruenz.

Bei Mehmet finden sich im zweiten Beobachtungsmonat, also acht Monate früher als bei der eben vorgestellten Erzählung, bereits Genusanzeigen, die über mehrere Nominalphrasen wiederholt werden (T286)(T287)(T288) sowie (T289)(T290). Dabei handelt sich jedoch nicht um eine kongruente Anzeige mehrerer Genusmarkierungen, sondern um eine starke Präferenz für maskulines Genus.

(T286)	Mehmet	Und ich hab den Lampe,
(T287)		dann hab ich den aufgemacht.
(T288)		Dann hab ich den/
	SF (fällt ein)	Mit der Taschenlampe hast du gelesen?

Mehmetwochenende (5,5; II)

	EM	Und was ist dein Lieblingsbuch?
	Mehmet	Hm • Feuerwehr.
	EM	Ja? Was passiert denn da?
	Mehmet	Wenn es brannt,
(T289)		da kommt der Feuerwehr,
(T290)		da löscht der der Wasser.

Mehmetbuch (5,7; IV)

Markierungen aus mehreren Genusparadigmen verwendet Mehmet erst im neunten Beobachtungsmonat mit vollendeten sechs Jahren, als er neutrale und maskuline Formen differenziert. Es liegt auch in den frühen Äußerungen bereits eine Vorform der Kongruenz vor, denn es werden mehrere Formen des maskulinen Markierungsparadigmas, aber nicht des femininen oder neutralen Paradigmas gebraucht; den, ein, der, er, ihn (s. Architerm).

Bei Ülkü ist zu beobachten, wie sie die ersten kongruenten Markierungen vornimmt. Im vierten Beobachtungsmonat, mit 5,8 Jahren, zeigt Ülkü noch keine Kongruenz und greift das Vogel mit der Deixis die auf (T291)(T292). Die in den gleichen Äußerungen stehenden femininen Anzeigen die Tiger – die spiegeln ihre Präferenz für dieses Paradigma wider; sie stellen nicht zwangsläufig Hinweise auf erste Kongruenz dar.

(T291)	Ülkü	Die • Tiger will/will das Vogel ham.
	SF	Aha. Und was macht der?
(T292)	Ülkü	Die willten die fangen.

ÜlküHAVASD1 (5,8; IV)

Tiger wird in diesem kurzen Äußerungsteil in der zweiten Erzählung nach Abbildungen, sechs Monate später, mit definiten Artikeln und Deixeis des femininen, neutralen und maskulinen Genusparadigmas gefunden.

An Ülküs Umgang mit Kongruenz wird besonders deutlich, wie Kongruenz unabhängig von einer Klassifikation der Substantive geäußert wird.

	Die Tiger wi/war so lieb, ...
(T293)	und das Vogel,
(T294)	das war da und sagt:
	„Fress mich bitte nicht auf." ...
	Und und da/und dann war das Tiger da, hat Musik ge–singt,
(T295)	und da hat das der Tiger gehört.
(T296)	Weil der war neben – Steine. ...
(T297)	Und die Tiger hat gehüpft,
(T298)	die wollt das Vogel,
(T299)	und das Vogel ist ganz schnell weggefliegt.

ÜlküHAVASD2 (6,2; X)

Es ist nicht ganz leicht zu erkennen, dass dieses Mädchen beginnt, genusgestützte Kohäsion herzustellen, die sich über sehr kurze referentielle Ketten adjazenter Äußerungen erstreckt. Es greift bei dieser Erzählung nach Abbildungen jeweils mit der Deixis das Genus auf, das es am vorhergehenden pränominalen Artikel angezeigt hat: das Vogel, das (T293)(T294); der Tiger, weil der (T295)(T296); die Tiger, die (T297)(T298); das Vogel (T298)(T299).

Der schrittweise Erwerb von Kongruenz ist ebenfalls in den Daten von Anastasia belegt. In einer frühen Erzählung zeigt Anastasia abschnittsweise Kongruenz und eine erste Klassifikation von Substantiven. Eingebettet in weitgehend feminine Markierungen steht zwischen (T300) und (T302) ein Abschnitt, in dem Anastasia den Vogel maskulin und die Katze feminin differenziert und beide Markierungen über fünf Äußerungen kongruent fortführen kann.

Anastasia	Die Vogel hat gesehn ein Lied, oder, und die schläft.
EM	Wer schläft?
Anastasia	Die Vogel.
EM	Wieso schläft der? Woran siehst du, dass der schläft?
Anastasia	Will ich. ... Äh, die äh/die/die/wie heißt/die Katze fängt die Vogel, äh hat gesagt: „Die/die hat sich erschreckt."
EM	Wer hat sich erschreckt?
Anastasia	Die Vogel.
EM	Und wie gehts weiter?
Anastasia	Weil die Katze/die Katze fängt die Vogel, da, k/willt klettern, und/und/und
(T300)	die Katze willt auch den Vogel, äh,

		der geht,
		der fliegt, oder,
(T301)		dann der/der Vogel macht Lied,
(T302)		dann, dann, dann die weint, die Katze.
	EM	Sehr gut. Warum weint die Katze?
(T303)	Anastasia	Darum weil die äh die/die singt.[185]

AnastasiaHAVASD1 (5,7; IV)

Anastasia zeigt in einer späten, bereits dargestellten Erzählung in über mehr als zehn Äußerungen Kongruenz, bis sie wieder für alle Aktanten feminine Markierungen verwendet (T257)ff.

Eine besondere Form von Kongruenz, die sich ausschließlich auf Diskursabschnitte bezieht, zeigt sich in den Daten von Anna. Substantive werden nicht differenziert, sondern in Diskursabschnitten werden jeweils Markierungen eines Genusparadigmas verwendet.

In einer frühen Erzählung verwendet Anna bis auf vereinzelte feminine Ausnahmen ausschließlich maskuline Formen.

(T304)	EM	Und was passiert da?
	Anna	De Vogel/der sagt: „Ich ess der Vogel", und de/und er schnell lauft.
	EM	Der läuft schnell?
	Anna	Der sagt „Hurr", dann/dann geht er so/der guckt der sagt: „Wer ist hier?" Wenn d/der guckt dann/wenn er/ der sagt dann: „Hilfe der fress mich!"

AnnaHAVASD1(5,3; IV)

Im zehnten Beobachtungsmonat, kurz vor dem sechsten Geburtstag, äußert sie in größerem Umfang feminine Formen. Sie zeigt Kongruenz an den Markierungen innerhalb eines Diskursabschnitts. Die kongruenten Markierungen ziehen sich über relativ weit erstreckte Äußerungsfolgen hin, in der folgenden Erzählung über fünf (T307)ff., sechs (T306)ff. bis zu 14 Äußerungen (T305)ff. hinweg.[186]

---

185 ‚Weil der Vogel singt.'
186 Der Abbruch der Kongruenzkette an der Stelle (T306) ist wahrscheinlich durch ein äußeres Ereignis motiviert: das kurz vorher erfolgte Umdrehen der Bildvorlage. Da das Kind die Abbildungen in umgekehrter Ereignisreihenfolge von unten nach oben bearbeitet hat, hat es erhebliche Schwierigkeiten, die dargestellten Ereignisse in einen kohärenten Ablauf zu stellen, was vor allem ab (T307) deutlich wird.

(T305)	Anna	Der wollte ihm fressen, und der wollte/und der geht oben, dass der ihm nich fresst. Und da wollt er ihm auch fressen, und dann geht er/und dann habt er Angst von ihm, und dann geht er drüben. Und hier singt er, da/da seid er leise und geht er und geht er hier, und der singt und der fresst der.
	SF	Sehr gut. Guck, jetzt gucken wir mal, wies weiter geht. Hm.
(T306)	Anna	Die hat die noch gesehnt, und dann hat/wollt/und dann hat die hier leise, wollt die springen, da hat die da gespringt, und die hat noch mal Singen gemacht. Und dort ha/wollt die auch dort hin,
(T307)		und der V/und der/und der wollte oben, und der wollt wieder runter, dass der nich springt runter. Und da, geht der nach oben, und dann nach oben ist der, und dann, dann weiß ich noch nich.
	SF	Okay, gut, schön gemacht.

AnnaHAVASD2 (5,9; X)

Anna hat bemerkt, dass sich Genusmarkierungen im Diskurs aufeinander beziehen, ohne dass sie schon entschlüsselt hätte, welcher Art dieser Bezug tatsächlich ist. Aufeinander folgende Markierungen sind unter sich kongruent – abschnittsbezogen als *Kongruenz in Diskursabschnitten*. Diese Kongruenz in Diskursabschnitten zeigt auch Elena in kürzeren Einheiten, zuerst feminin (T308)(T309)(T310), dann neutrum (T311)(T312):

(T308)	Die Vogel singt
(T309)	und dann kommt die Katze,
(T310)	und erschreckt sie. ...
(T311)	Und dann is des Vogel • hinter,
(T312)	dann kommt des ähm Katze.

ElenaHAVASD2 (6,9; X)

Keine Kongruenz

Einige Kinder zeigen keine erkennbare Kongruenz von Genusmarkierungen in benachbarten Äußerungen, wie Kira in ihrer Bildgeschichte in (T316) und in der Beschreibung eines Spielzeugs (T317) mit ausschließlich maskulinen Markierungen. Vereinzelt greift sie eine Markierung in Folgeäußerungen wieder auf (T313)(T314) (T315). Kira beschränkt sich nicht auf ein konsequent durchgehaltenes Paradigma.

(T313)   Dieser Vogel singt,
                     DET m   N m

(T314)   Und die kommt,
                           AD f (Katze)

(T315)   Die   will   den   fressen,
                     AD f (Katze) AD m (Vogel)

(T316)   danach de/schreit der,
                     und der will den essen,
                     dann fliegt der
                     und der springt.[187]

                                        KiraHAVASD1 (6,2; IV)

(T317)   Ich hatte auch mal n Maus, man musste so ziehn, ... und dann
                     ist es so gegangen wie ein Kreis, und dann ist der irgendwo
                     eine Richtung gegangen.

                                              Kiraspiel (6,4; VI)

Auch bei Antonio und Ali sind in den späten Aufnahmen, mit vollendeten sechs Jahren, keine sicheren Belege für Kongruenz erkennbar, z.B. die beiden Bezugnahmen auf Vogel (T318)(T320). Das zeigt sich ebenso in den beiden inkongruenten Bezugnahmen auf Maus (T321)(T322).[188]

(T318)   Die   Pfögel singt, singt,
                     DET f   N m

(T319)   Und die Katze will ihm fressen,
                                      DEIX m

(T320)   • und jetzt is   der oben.[189]
                                      AD m

---

187   ‚Der Vogel singt, die Katze kommt, sie will ihn fressen, dann schreit er, sie will ihn fressen,
      dann fliegt der Vogel weg und die Katze springt nach ihm.' KiraHAVASD1 (6,2; IV)
188   Die Personaldeixis im Dativ maskulin (T319) ist an anderen Stellen bei diesem Kind nicht belegt; sie wird als Einzelbeleg in diese Analyse nicht einbezogen.
189   ‚Der Vogel singt, die Katze will ihn fressen, da fliegt er auf den Baum.' AliHAVASD2 (6,1; X)

(T321)	Mi	eine	Maus, da war größer,
	DET f	N f	

(T322)	so	ein	größer	Maus.[190]
	DET m/n	ADJ Ø	N f	

Angeeignete Kongruenz

Boris, Mariana, Tomas verwenden durchgängig kongruente Markierungen. Tatsächlich ist die vollständige Kongruenz eines Nomes in allen Äußerungen der Ausdruck dessen, dass das Nomen einer Klasse zugeordnet wurde und somit Genus angezeigt wird. Die Kinder der Beobachtungsgruppe sind unterschiedlich weit fortgeschritten in der Aneignung nominalphrasenübergreifender Kongruenz. Die Betrachtung der Anzahl der Äußerungenanzahl, über die hinweg Kongruenz aufgebaut werden kann, ermöglicht es erst, Erwerbsfortschritte sichtbar zu machen, die noch nicht bei der Klassifikation der Substantive angelangt sind.

Tabelle 17: Aneignung nominalphrasenübergreifender Kongruenz

Aneignung	*Alias*	*Anzahl*
Angeeignete Kongruenz	Boris, Mariana, Tomas	3
Kongruenz über mehr als fünf Äußerungen	Anastasia, Jo	2
Kongruenz über benachbarte Äußerungen	Ilaria, Ülkü, Mehmet	3
Kongruenz in Diskursabschnitten	Anna, Elena	2
Markierungen eines Genusparadigmas[191]	Ayse	1
Keine Belege für Kongruenz	Antonio, Ali, Isabella, Kira	4
Keine Angabe möglich[192]	Sina, Michael	

6.5 Differenzierung

Dass Kinder in der Aneignung des Deutschen als Zweitsprache nicht drei, sondern oft nur Markierungen aus zwei oder einem Genusparadigma benutzen, wurde bereits festgestellt und als Übergeneralisierung analysiert (Wegener 1995a, Müller 2000, Jeuk 2008). Es liegt jedoch in diesen Fällen keine einfache Ausdehnung einer Bedeutung vor, wie es kennzeichnend für eine Übergeneralisierung ist; vielmehr handelt es sich um eine strukturierte Auswahl.

---

190 Antoniowehtun (6,0; X)
191 Über den gesamten Beobachtungszeitraum
192 Wegen zu geringer Datenmenge, z.B. wegen zu kurzer Erzählungen.

6.5.1 Vollständigkeit

Drei Genera verwendet keines der Kinder. Es sind zwar bei fünf Kindern Markierungen dreier Genera zu finden (Ülkü, Ilaria, Elena, Ali, Mehmet), aber dabei handelt es sich um vereinzelte Vorkommen, z.B. (T323)–(T326).

	Ülkü	Weißt du wa-as?
	SF	Was denn?
(T323)	Ülkü	Eine Hu/eine Hu/eine Hund/
(T324)		ein Hund/ein/ich war doch beim/
	SF	Tu mal die Hände weg vom Mund, bitte.
	Ülkü	Ja. Bei ein Hund, da war doch schon mal mit Lauf, ne,
(T325)		da war des mit meim Keller,
(T326)		hab/ma/war des • oben.
	SF	Hmˇ
	Ülkü	Und wollte mich beißen.
	SF	Ne!
	Ülkü	(lacht, nickt)
	SF	Haste den geärgert?
	Ülkü	Nein.

Ülkühund (5,10; VI)

6.5.2 Markierungen eines Genus

Einige Kinder äußern ausschließlich Markierungen, die zu einem Genusparadigma gehören. So verwendet Ayse bei Anaphern, definiten und indefiniten Artikeln und Deixeis bis auf vereinzelte Ausnahmen Markierungen des femininen Paradigmas. Erst im letzten Beobachtungsmonat können einzelne maskuline Markierungen beobachtet werden (für eine ausführliche Aufstellung siehe Tabelle 38).
Anna zeigt ähnlich ausgeprägte Vorlieben, hier bei den ausschließlich femininen Genusanzeigen bei Personen (T329)(T330)(T331)(T332)(T333)(T335), obwohl ein anderes Kind sie darauf hinweist, dass eine der Personen ein Junge ist (T328):

	Anna	Nikolaus/Nikolaus war, wir ha/wir haben im Kindergarten zu Hause gekommen, und wir haben zu Hause geesst und mein/ich und mein Bruder.
(T327)		Und/und wir haben/meine Mama zu Rathaus gebekommen, und, ja/und geschaut.
	Isabella	Was geesst?
	SF	Im Rathaus war der Nikolaus? Und da wart ihr nochmal und habt ihn gesehen?

	Anna	Ja.
	SF	Und da hat er Geschenke verteilt? ... An alle Kinder, die da so vorbeigekommen sind? ...
	Anna	Alle Kinder/Pay/Alle wa/ist mein Freund. Payam ist mein Freund. Kira war nie/nicht da.
(T328)	Michael	Payam ist ein Junge!
	SF	Ne? Aber viele Freunde von dir. Und die haben alle was bekommen vom Nikolaus.
(T329)	Anna	Doch/die Kira war auch da, aber die ha/
(T330)		die Nikolaus hab die Kira nich Geschenk gegeben,
(T331)		weil die war nich/noch nich da Kira. Die war ni/noch nicht im Rathaus.
	SF	Ach so. Hmˇ.
(T332)	Anna	Die Nikolaus is weg, dann is Kira grad gekommen. ... Noch viele haben mit zu Weihnachten und zu/zu ehm/gefragt ob/wir haben/ich und Nine wir haben/ehm Foto zu Weihnachtsmann gemacht.
	SF	Ehrlich? Habt ihr n Fotoapparat dabei gehabt?
	Anna	Pay/Pay/Payam sagt, ich mach net.
	SF	Hm′?
	Anna	Payam sagt, ich mach net,
(T333)		weil die/die feiert nich des Weihnachten, und die weiß nich das Weihnachmann.
(T334)	SF	Die weiß net, dass es den gibt?
(T335)	Anna	Nein! Die geht nich zu Weihnachmann, die will nich Weihnachmann.

Annanikolaus (5,2; III)

Das gleiche Kind verwendet in einer einen Monat später erhobenen Erzählung vorwiegend maskuline Markierungen.

(T336)	Anna	Da passiert ein Katze/nämich ein Katze, und des von Weihnachmann kenn er/kann er gu/ganz ihm hoch, aber ich ich weiss net wie heiss er
(T337)		und der/und und der/und der Weihnachmann sagt: „Geh ganz schnell hoch", und ich geh/und ein Baby ist, sein Mama kann nich sehen, der hat ein Augen zu,
(T338)		dann b/beide Augen tut weh wenn er des macht auf.

Und und dann Weihnachmal sagt: „Hier ein Geschenk for dich.“

Annaweihnachmann, Ausschnitt (5,2; III)

Zwischen (T337) und (T338) verwendet das Kind eine große Vielfalt maskuliner Genusmarkierungen: definite und indefinite Artikel, Possessivdeterminativ, Anapher und Anadeixis. Hier wird sichtbar, wie sich das Kind das maskuline Genusparadigma gut angeeignet hat.[193]

Tabelle 18: Tokens in Annaweihnachmann

WEIHNACHMANN (5,2; III)		
Substantive	*Tokens*	*Types*
Katze	2 m/n, 2 m	–
Mama	2 m	–
Baby	3 m, 1 m/n, 1 f	–
Weihnachtsmann	4 m	–
Auge	1 m/n	–
Papa	5 m	–

Genera werden sogar dann nicht differenziert, wenn das Verständnis verbal nicht gesichert ist (T341)(T342)(T343).[194]

	EM	Was passiert hier?
(T339)	Michael	Hier will die Katze in die Vogel essen.
	EM	Hmˇ.
(T340)	Michael	Hmˉ. Die geht hmˉda/wie heißt des nochmal?
	EM	Das ist eine Mauer.
	Michael	Ein Mauer.
(T341)		Und dann hüpft die hmˉ , und dann/die fliegt dann.[195]
	EM	Hmˇ.
	Michael	Sagen weil sie/weil sie/die/die/die kommen dann weil/
(T342)		dann fliegt die, und die kommen zu dem Baum.

---

193 Ein Ausblick: Sechs Monate später verwendet Anna Markierungen zweier Genera in der bereits behandelten Erzählung (T305)ff., S. 244. Sie hat ihren Formenreichtum auf die Markierungen zweier Genusparadigmen wesentlich erweitert und ein zentrales Kriterium für Klassifikation, die Differenzierung mehrerer Klassen, erkannt.

194 Bei dieser Erzählung sehen Erzähler und Zuhörer allerdings die Abbildungen, was die Situation klarer werden lässt.

195 ‚Die Katze springt auf den Baum, der Vogel fliegt weg.‘

| | | EM | Ja. Wie gehts weiter? Gehts noch weiter? Wie denn? |

EM   Ja. Wie gehts weiter? Gehts noch weiter? Wie denn?
Michael Hm. Und er sagt die: „Cu cu cuu!!"
EM   Was sagt der?
Michael „Cucurucuu!"
EM   Ah! Ja. Sehr gut! Dreh ma um!
Michael Was?
EM   Dreh mal das um! Genau. Jetzt gehts noch weiter. Erzähl mal, was da noch passiert.
Michael Hier, hier geht die/klettert die auf en Baum, und die/und d/und/und die Katze weint. Und (unverständlich, eine Sek.) die?
EM   Ja?
Michael Und die sagt: „Cucurucuu."

(T343) Und hier kommt die, und dann/da fliegt die, und dann geht die zu dem Baum und die steht hier.[196]

MichaelHAVAS (6,6; IV)

Sieben der 17 Kinder verwenden zeitweise, d.h. über acht bis zwölf Wochen hinweg, ausschließlich Markierungen eines Genusparadigmas.

Tabelle 19: Begrenzung der Markierungen

	M	F	N
Antonio	34	11	0[197]
Anna	74	35	3[198]
Ilaria	13	63	2
Mehmet	42	2	1
Michael	2	30	0
Anastasia	23	54	2
Ayse	0	40	0

Die Begrenzung bei Anastasia auf ein Paradigma ist in den Aufnahmen der ersten Beobachtungsmonate sichtbar, vor allem im Monat III in Subjektposition der: 3, die: 32, das: 0 Nennungen.

Eine generelle Tendenz für eine Präferenz aller Kinder für Formen des femininen Paradigmas, wie von Wegener (1995a) vermutet, bestätigt sich nicht, wie auch Kaltenba-

---

196 ,Der Vogel macht Kiekerikii. Und auf dem nächsten Bild kommt die Katze, der Vogel fliegt weg, dann sitzt die Katze auf dem Baum und der Vogel steht unter dem Baum.'
197 Deutliche Präferenz zu Beginn der Beobachtung mit der: 11, die: 1, das: 0 Nennungen.
198 Anna verwendet im dritten Beobachtungsmonat feminine, im vierten maskuline Markierungen.

cher/Klages (2006) feststellen; einige Kinder bevorzugen das maskuline Paradigma (Antonio, Mehmet). Keines der Kinder verwendet das neutrale Paradigma als erstes.

6.5.3 Der Architerm

Wie kann eine Unterspezifizierung von Formen, wie in den hier analysierten Daten bezüglich der Differenzierung der drei Genera, begriffen werden? Häufige Nennungen einer einzigen Genusmarkierung werden als *Übergeneralisierungen* aufgefasst (z.b. Wegener 1995a, Müller 2000). Bei einer Übergeneralisierung werden sprachliche Umgebungen, in denen eine sprachliche Form zielsprachlich ist, auf Vorkommen verallgemeinert, für die diese Form nicht zielsprachlich ist. Ein typisches Beispiel ist die Übergeneralisierung der schwachen Flexion starker Verben, die im deutschen Erstspracherwerb bis in das frühe Schulalter gehört werden kann, wie ich habe geesst oder wir haben gestreitet (Oksaar 1977); ein anderer Fall ist die Verallgemeinerung einzelner Flexionen bei der Aneignung von Pluralmorphemen (Ramge 1976).

Bei der Verwendung von Markierungen eines einzigen Genus, selbst mit einzelnen Ausnahmen, liegt jedoch nicht nur eine unzulässige Generalisierung einer grundsätzlich regelhaften Verwendung vor: Vielmehr wird eine Differenzierung nicht realisiert, es wird nur eine Teilmenge der möglichen Formen verwendet. Diese Teilmenge ist in sich geordnet und komplex: Sie umfasst eine Vielzahl der Formen eines einzigen Genusparadigmas. Indem Formen eines Genusparadigmas als Stellvertreter für Vielfalt gesetzt werden, wird die Differenzierung der drei Klassen außer Kraft gesetzt. Dieses Vorgehen kann als Aufhebung einer Opposition, als Verwendung eines *Architerms* analysiert werden.

Der Architerm und seine Bezüge in der Phonologie, Semantik, Narration

Phonologie

Der Begriff des Architerms hat seine Wurzeln in Trubetzkoys Konzept des *Archiphonems* (Trubetzkoy 1939, 2001). Das Archiphonem ist „die Gesamtheit der distinktiven Merkmale, die zwei Phonemen in einer aufhebbaren Opposition gemeinsam ist" (Glück/Schmöe 2005: 55), „die Gesamtheit der distinktiven Eigenschaften, die zwei Phonemen gemeinsam sind" (J. Knobloch 1986, 157; ebenso Bußmann 2002; Ulrich 2002).

> „Archiphoneme, that is, a phoneme whose phonological content is reduced to the features shared by the two terms. Thus, each term of a neutralizable opposition has two different phonological contents, according to its position in the word. In some environments, all its features are phonologically distinctive. In others, some features have no distinctive function; that is, they are redundant. A consequence of this ‚double life‘ is that, even where all their features are distinctive,

the terms of a neutralizable opposition can be analyzed phonologically into ,archiphoneme + specific feature'."

Als Beispiel führt Trubetzkoy (2001) die Distinktion zwischen [e] und [ɛ] im Französischen an: In offenen Endsilben ist sie distinktiv, etwa bei der Unterscheidung von porter – tragen und portait – trug, ansonsten nicht (ebd.).
Ein Beleg im Deutschen ist die Distinktion der Phoneme [t] und [d]. Ihnen liegt in Finalposition das Archiphonem [T] zu Grunde, wenn der Auslaut von Wörtern wie Rand, Kant und Kind gleich ausgesprochen wird.[199] Dagegen werden [t] und [d] in anderen Positionen, etwa am Wortanfang in [tan:] Tann und [dan:] dann, unterschieden.
Den Begriff des Archiphonems verwendet Trubetzkoy (2001), um strukturelle phonologische Eigenschaften von Sprachen und phonologischen Systemen zu fassen. Er bezieht sich nicht auf den Spracherwerb. Das Archiphonem löst das Problem, eine Markiertheit notieren zu müssen, die am Phonem selbst nicht besteht (Crystal 2003: 33). Es wird in Majuskeln geschrieben, um es von der unmarkierten Form innerhalb der Opposition *markiert – unmarkiert* zu unterscheiden.

Semantik

Das Konzept einer unmarkierten Kategorie, die eine in spezifischen Kontexten aufgehobene Opposition beschreibt, bezieht Pottier (1963) auf die strukturelle semantische Analyse. Er nutzt das Präfix *archi-* für seine Analyse am Beispiel von Worten für Sitzmöbel wie Sofa, Sessel, Stuhl und stellt fest, dass es jeweils zwischen zwei Wörtern distinkte kleinste Bedeutungseinheiten (Seme) gibt, etwa mit/ohne Lehne oder für eine/mehrere Personen; daneben gibt es ein Sem, welches all diese Möbel verbindet, das Sem POUR S'ASSEOIR – UM SICH ZU SETZEN. Dieses Sem, das allen Wörtern einer Gruppe als kleinste Bedeutungseinheit gemeinsam ist, nennt er das *Archisem*.
Coseriu (1979) bezieht diese Überlegungen auf Lexeme und definiert das *Archilexem* als das Gemeinsame, das Lexeme bei der Aufhebung einer Opposition teilen. Archilexeme selbst sind oft selbst nicht lexematisch in der Sprache realisiert; das betrifft etwa das zu den Lexemen sitzen – liegen – stehen gehörende Archilexem POSITION IM VERHÄLTNIS ZU EINER OBERFLÄCHE. Darauf baut Coseriu seine Auffassung von Wortfeldern auf:

„Wir schlagen dagegen vor, von unmittelbaren Oppositionen, zum Beispiel zwischen zwei oder drei Lexemen, auszugehen, die unterscheidenden Züge, aufgrund derer die Lexeme in Opposition zueinander stehen, zu identifizieren,

---

199 Diese spezifische Aufhebung der phonologischen Distinktion der beiden Phoneme in Auslautposition wird auch als *Auslautverhärtung* bezeichnet.

um das Wortfeld schrittweise zu „konstruieren", indem man neue Oppositionen zwischen den schon berücksichtigten und weiteren Lexemen aufstellt."

Coseriu 1979: 167

Auf diese Überlegungen stützen sich auch Hentschel/Weydt (2003), wenn sie das Archilexem TAG beschreiben: Grundsätzlich steht das Lexem Tag in Opposition zum Lexem Nacht (65). Diese Opposition kann jedoch neutralisiert werden, so dass das Archilexem TAG sowohl das Lexem Tag als auch das Lexem Nacht beinhaltet (66).

(65)   „Am Tag arbeitet Onkel Dagobert, in der Nacht die Panzerknackerbande.
(66)   Donald war 14 Tage auf Abenteuer in der Arktis."

Hentschel/Weydt 2003: 164

Narration

Die Neutralisierung einer Oppositionsbeziehung wendet Ehlich (1980, 1983) auf die Narration an.

„(Es besteht, EM) eine systematische Ambivalenz beim Gebrauch von ‚erzählen'. Der Ausdruck hat zwei unterschiedliche Stellenwerte in der Systematik des deutschen Wortschatzes."

Ehlich 1983: 373

Erzählen wird im Deutschen in zwei Verwendungen gebraucht, von denen eine

„‚Welt' in ihren Strukturen und Abfolgen in Worte bringt. Darauf wird in ‚erzählen 1' Bezug genommen. Dieses ‚erzählen 1' kann zugleich als Oberbegriff dienen für eine Vielfalt einzelner Formen wie das Berichten, das Mitteilen, das Schildern, Beschreiben usw. Zur Vielfalt dieser Formen gehört auch ein ‚erzählen 2'. All diese Formen sprachlichen Handelns resultieren jeweils in einer eigenen Diskurs- oder gar Textart. ...

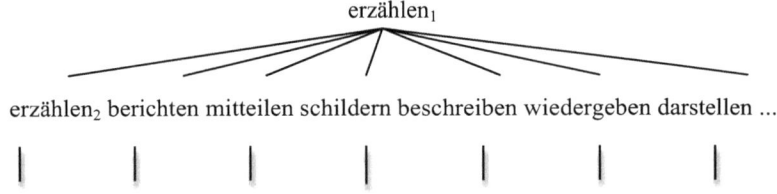

erzählen₂ berichten mitteilen schildern beschreiben wiedergeben darstellen ...

Erzählung Bericht Mitteilung Schilderung Beschreibung Wiedergabe Darstellung ...“

Ehlich 2005b: 118

Abbildung 5: Alltägliches Erzählen

Ehlich (2005b) stellt dem Architerm ERZÄHLEN₁ distinkte Erzählbegriffe gegenüber, die sich in erzählen₂ als erzählen im engen Sinn, berichten, mitteilen, schildern, beschreiben und weitere spezifischere Formen des alltäglichen Erzählens auffächern (Ehlich 1983: 372). Der Architerm ERZÄHLEN₁ neutralisiert die Oppositionen vielfältiger Formen narrativer Sprechhandlungen.

6.5.4 Aufhebung der Genusopposition

Dieses Konzept des Architerms kann genutzt werden, um genauer zu fassen, was die Kinder tun, wenn sie Genusoppositionen neutralisieren.[200] Die auf diese Weise verwendete Genusmarkierung stellt einen Architerm dar.

Bei der hier vorliegenden Auswertung wurde von einem Architerm ausgegangen, wenn Genusmarkierungen mit bis zu drei Ausnahmen aus einem Genusparadigma stammten. Sieben Kinder verwenden einen Architerm (siehe Tabelle 19). Der Architerm lautet in dem betreffenden Zeitraum bei Ilaria, Michael, Anastasia und Ayse DIE (Architerm F), bei Antonio und Mehmet DER (Architerm M), Anna alterniert monatsweise einen Architerm F mit einem Architerm M.

Die Vorkommen dieser zwei Formen M und F als Architerme, im von den Kindern fast immer verwendeten Nominativ die Formen der und die, kann mit ihrer Frequenz im deutschen Artikelparadigma begründet werden.

Tabelle 20: Vorkommen von der und die im deutschen Artikelparadigma

	Singular			*Plural*
	maskulin	feminin	neutrum	
Nominativ	der	die	das	die
Akkusativ	den	die	das	die
Dativ	dem	der	dem	den
Genitiv	des	der	des	der

DER und DIE sind die einzigen Formen, die im deutschen Artikelparadigma jeweils viermal vertreten sind. DIE ist dabei prominent, da es innerhalb der Nominalphrase im Nominativ sowohl im Singular feminin als auch im Plural vorkommt (Wegener 1995a), DER, da es das häufigste, das maskuline Genus anzeigt. Dass ausschließlich DER und DIE als Architerme in den Daten (im vorliegenden Korpus wie auch in Wegener 1995a, Kaltenbacher/Klages 2006, Jeuk 2008) angetroffen werden, weist darauf hin, dass die Kinder sensitiv auf Verteilungen im Input reagieren.

---

200   Dieser Abschnitt geht auf eine Anregung von Prof. Dr. Dr. h.c. Konrad Ehlich zurück.

Die Verwendung eines Architerms für Markierungen zeigt die fortschreitende Aneignung von Kongruenz an, da gerade nicht beliebige Genusmarkierungen zur Referenz auf ein Relat verwendet werden.

6.5.5 Ausweitung der Begrenzung

Fünf Kinder, die zunächst nur Markierungen eines Paradigmas verwenden, weiten die geäußerten Formen im Verlauf des Beobachtungszeitraums aus.

Tabelle 21: Ausweitung der Präferenz

Name	Beobachtungsmonat I–IV	Beobachtungsmonat VIII–X
Antonio	m	m, f
Anna	f (III), m (IV)	m, f
Mehmet	M	m, n
Anastasia	F	f, m
Ayse	F	f, m

Damit beginnen die Kinder, die differenzierende Funktion der Markierungen zu erkennen und einzusetzen. Dieser Aneignungsfortschritt beinhaltet noch nicht, dass es sich um Klassen des Substantivs handelt.

Mit der Erweiterung der Formen von einem auf zwei Genusparadigmen als Fortschritt in der Genusaneignung geht einher, dass scheinbar fehlerhafte Genusmarkierungen zunehmen können. Bei ausschließlicher Verwendung von Markierungen eines Paradigmas, z.B. des femininen, erscheinen bei einer einfachen Zählung von Genusmarkierungen zwangsläufig alle femininen Substantive mit zielsprachlichem Genus. Da Feminina ca. 30 % der Substantive des Grundwortschatzes ausmachen, erscheinen folglich ungefähr 30 % der Markierungen als zielsprachlich. Bei Kindern, die das maskuline Paradigma als einziges verwenden, wirken sogar um die 50 % der Markierungen zielsprachlich.

Werden im weiteren Aneignungsverlauf Markierungen eines zweiten Genusparadigmas verwendet, so verschwindet dieser Effekt: Feminine Substantive können dann auch mit maskulinen Begleitern auftauchen. Bei der Beurteilung von Aneignung muss daher besonders darauf geachtet werden, dass der Aneignungserfolg einer Ausweitung der Formen mit einer scheinbaren quantitativen Abnahme zielsprachlicher Markierungen einhergeht – eine scheinbar sinkende Korrektheitsrate zeigt also in diesem Fall einen Fortschritt an.

6.5.6 Opposition

Zehn der 17 Kinder äußern von Aufnahmebeginn an vorwiegend Genusmarkierungen zweier Paradigmen, wobei acht Kinder das maskuline und das feminine Paradigma kombinieren, ein Kind (Ülkü) das neutrale und das maskuline Paradigma, ein Kind (Sina) das feminine und neutrale Paradigma; auch wenn Letzteres der seltenere Fall ist, so kommt er doch vor, entgegen der Annahme von Kaltenbacher/Klages (2006) einer grundsätzlichen Kombination von maskulinem und femininem Genus.

Tabelle 22: Opposition zweier Genera

	m	*f*	*n*
Boris	27	18	0
Ali	26	28	0
Mariana	43	35	1
Tomas	11	21	1
Elena	11	3	1
Ülkü	3	37[201]	30
Isabella	26	12	0
Kira	43	20	0
Jo	11	12	0
Sina	0	1	1

Die vollständige Bandbreite der drei Genera ist nur in vereinzelten Äußerungen zu finden.

<u>Das Neutrum</u>

Von fünf Kindern sind einzelne definite, und damit eindeutig neutrale Markierungen dokumentiert: Tomas, Mehmet, Ülkü, Elena und Ilaria (T344)–(T348).

	SF	Ja, und was passiert da? Schau dir die Bilder mal genau an.
(T344)	Ülkü	Die • Tiger will/will das Vogel ham.
	SF	Aha. Und was macht der?
	Ülkü	Die willten die fangen.[202]

---

201 Bis zum achten Beobachtungsmonat hatte Ülkü in ihren Erzählungen eine deutliche Präferenz für die mit der: 1, die: 26, das: 7 Nennungen.

202 ‚Die Katze wollte den Tiger fangen.' In dieser Äußerung ist auch einer der seltenen Numerusfehler am Verb zu beobachten.

(T345)   Die Tiger konnte nicht mehr von das Baum runtergehen.

                                              ÜlküHAVASD (5,8; IV)

(T346)   Dann musst ich hier so mit das Handtuch so ziehn.

                                              Tomaswehtun (6,1; VI)

(T347)   Da war des Sitze.

                                              Ilariawehtun (6,3; IX)

(T348)   Und dann is des Vogel • hinter, dann kommt des ähm Katze.

                                              ElenaHAVASD2 (6,9; X)

Die Aneignung der neutralen Form ist häufig, aber nicht immer, die letzte bei der Bearbeitung des Formenrepertoires; bei Ülkü z.b. nicht, die sich noch das maskuline Genusparadigma aneignen muss.
Insgesamt tauchen wenige eindeutige neutrale Genusformen auf, während der indefinite neutro-maskuline Artikel durchgängig genannt wird.

6.6 Genus und Prinzipien

In einer Reihe von Arbeiten (Karmiloff-Smith 1979; Levy 1983; Berman 1985, 1986,
2004; Mills 1986; Wegener 1995a; Müller 2000; Eisenbeiss 2003) wird davon ausgegangen, dass Zuweisungsprinzipien im Spracherwerb wirken bzw. dass Kinder phonologische und semantische Genusregelmäßigkeiten für den Erwerb nutzen, und für diese Annahme wurden in Daten Belege gefunden. Allerdings wurden die Evidenzen bei
Kindern gefunden, die Nomina bereits klassifizieren. Das ist hier bekanntlich nur bei
drei Kindern nachweisbar (Boris, Tomas und Mariana).
Es ist jedoch denkbar, dass auch Kinder, die Substantive noch nicht klassifizieren, sich
auf Zuweisungsprinzipien stützen. Das wäre nach den vorherigen Untersuchungen
insbesondere bei Prinzipien zu erwarten, die phonologisch basiert sind und bei einer
großen Anzahl von Substantiven wirken, sowie bei denjenigen, die semantisch besonders transparent sind (Corbett 1991). Diese Annahme wird an den Genusmarkierungen
in den Daten überprüft.
Daher wird im Folgenden das phonologisch gestützte Genus bei Substantiven mit [ə]-
Auslaut und bei Einsilbern betrachtet, außerdem wird als ein semantisch besonders
salientes und handlungspraktisch erfahrbares Prinzip Genus auf der Grundlage natürlichen Geschlechts erfasst sowie morphologisch an Suffixen erkennbares Genus untersucht.

6.6.1 Phonologische Regelmäßigkeiten

Feminines Genus bei [ə]-Auslaut

Von insgesamt genau 300 transkribierten Anadeixeis, Deixeis und Artikeln, die sich auf Nomen mit dem Auslaut [ə] beziehen, zeigen 196 bzw. 65 % feminine Markierungen.

Tabelle 23: Genusmarkierungen bei [ə]-Auslaut

Markierung	feminin	*feminin	maskulin	*maskulin	neutrum
Anzahl	195	1	26	78	0
Summe		196		104	0
Anteil		65 %		35 %	

Die übrigen 104 Anadeixeis, Deixeis und Artikel bzw. 35 % tragen maskuline Markierungen. Insbesondere im Vergleich zu der nahezu entgegengesetzten Tendenz der Markierungen im Umfeld von Einsilbern (siehe unten) ist diese Tendenz bemerkenswert.

Von Tomas und Boris sind ausschließlich zielsprachlich feminine Markierungen an Wörtern belegt, die sich auf Substantive mit [ə]-Auslaut beziehen.[203]

(T349)	ne Platzwunde	
(T350)	ne Wunde	
		Tomaswehtun (6,5; X)
(T351)	die Katze	
		TomasHAVASD1(5,11; IV), HAVASD2 (6,5; X)

Mariana verwendet feminine Markierungen bei Bezug auf die Wörter Katze, Falle (T352)(T355), Cousine (T356)(T358), Decke und Schule (T357) in den Erzählungen im letzten Drittel des Beobachtungszeitraums. Bei ihr sind neben 23 zielsprachlichen sechs abweichende Markierungen bei Wörtern mit Bezug auf Katze und eine maskuline Markierung in der Umgebung von Auge notiert.

(Gespräch über den Kosovo)

Mariana	Die Raben essen immer Schnee.
EM	Ja?

---

203 Von Tomas sind nur zwei Wörter mit dem Wortende [-ə] in den Daten vorhanden.

Mariana		Hm ̆. Ich hab mal einen Raben gefangen. Aber wieder losgelassen.
EM		Wie hast du das gemacht?
(T352)	Mariana	Einfach da eine Falle da gesetzt, da ein bißchen Schnee, wenn da zwei Raben waren, einer war weggeflogen,
(T353)		da/dann hab ich den Seil hochgezieht, dann war er schon gefangen. Hab ich den hochgezieht.
EM		Was war denn das für ne Falle, son/son Käfig, der runtergeht, oder wie?
(T354)	Mariana	Ne, da war ein Seil, hier so, da waren, vier/vier hängen so,
EM		Vier was denn?
Mariana		Vier Seile! Dann hab ich vier Seile gehochgezieht,
(T355)		dann war die Falle so, so aufgehängert. ...
EM		Ach, jetzt/Ach, is ja toll. Und wer hat die Falle gebaut?
Mariana		Ich.
EM		Ja?
Mariana		Mit meine Cousinen.
EM		Echt? Hat euch noch jemand geholfen, nen großer?
Mariana		Hmhm ̀.
(T356)		Nur eine große Cousine. Von mir.
EM		Aha.
Mariana		Da sind zwei große Cousinen,
(T357)		aber einer is in die Schule,
(T358)		die is noch groß, die/die is so wie du groß.

Marianaraben (6,8; VI)

Michael, Sina und Anastasia zeigen eine hohe Zielsprachlichkeit an den Markierungen zu den auf [ə] endenden Nomen, mit jeweils nur einer Abweichung. Bei ihnen ist es wahrscheinlich, dass sie bereits intensiv mit der Aneignung der femininen Markierung bei [ə]-Auslaut beschäftigt sind.

Bei Antonio, Ali, Anna, Elena, Isabella, Mehmet, Kira, Jo und Ayse gibt es keine Hinweise darauf, dass sie die Aneignung der Tendenz femininer Anzeigen bei [ə]-Auslaut des Nomens abgeschlossen hätten. Aber die Überzahl femininer Markierungen in der Gesamtverteilung zeigt, dass auch diese Kinder sensibel für phonologische Gesetzmäßigkeiten sind: Sie ziehen das Femininum bei [ə]-Auslaut vor. Trotzdem kann in einer benachbarten Äußerung eine maskuline Markierung stehen:

(T359) Isabella   Und ich geb/manchmal mach ich auch die Brille. (…)
(T360)   Der Brille.

Isabellateddy (5,9; VI)

Tabelle 24: Aneignung der Genuszuweisung bei [ə]-Auslaut

	Belege für Aneignung	*Keine Belege für Aneignung, aber Präferenz*
Name	Boris, Tomas, Mariana, Ilaria, Michael, Anastasia? Ülkü? Sina?[204]	Antonio, Ali, Anna, Elena, Isabella, Mehmet, Kira, Jo, Ayse
Anzahl	5 + 3 (?)	9

Die Regelmäßigkeit der überwiegend femininen Genuszuweisung bei [ə]-Auslaut des Substantivs ist von fast der Hälfte der Kinder bereits angeeignet bzw. die Aneignung ist weit vorangeschritten.

Maskuline Markierung bei Einsilbern

Nomen, die nur aus einer Silbe bestehen, sind in den kindlichen Erzählungen selten, sie kommen aber immerhin in 71 Tokens vor. Ungefähr 60 % der deutschen Einsilber sind maskulin (Wegener 1995a, Meinert 1989, Wegera 1995).
Die Auswertung wurde getrennt nach zwei Gruppen vorgenommen: Teilgruppe I bilden die klassifizierenden Kinder, bei denen bereits von Zuweisung ausgegangen wird: Boris, Tomas und Mariana. Teilgruppe II bilden die Kinder, die noch kein Genus markieren.
Boris, Tomas und Mariana (Gruppe I) zeigen an 96 % der Ana-/Deixeis und Artikel, die für Einsilber stehen oder sie begleiten, maskulines Genus an (43 Tokens, 12 Types). Zehn weitere Markierungen sind maskuline Überdehnungen.
Die Kinder der Teilgruppe II bevorzugen maskuline Formen bei Artikeln und Ana-/Deixeis: 72 % Markierungen, die sich auf monosyllabische Nomen beziehen, sind maskulin.[205] Die Kinder erreichen eine rechnerische Zielsprachlichkeit von 56 % bei den Tokens.[206] Types sind nicht feststellbar, so dass auf eine Aneignung eines Zuweisungsprinzips „maskulin bei Einsilbern" nicht geschlossen werden kann.

---

204 Bei Anastasia, Ülkü, Sina fraglich wegen geringer Häufigkeiten.
205 Allerdings sind die Häufigkeiten recht klein, zehn weitere Nennungen könnten das Bild schon verschieben.
206 Sie erreichen noch keine tatsächliche Zielsprachlichkeit, da sie noch kein Genus im Sine einer kongruenten Nominalklassifikation anzeigen.

Tabelle 25: Anzahl der Markierungen bei Einsilbern, Teilgruppe II

Genus	maskulin	*maskulin	feminin	*feminin	neutrum
Markierungen (Tokens)	33	18	4	13	3
Summen		51		20	
Anteile		72 %		28 %	

Abweichende feminine Markierungen in der Umgebung von Einsilbern kommen vor, auch bei frequenten Substantiven wie Fleck (m) (T362) und Fuß (m) (T363)(T364).[207]

(T361)	Ilaria	Ich kann deine Kopf/schlagen,
		ich kann dein/Arm verbrenn!
		Wenn du lachst noch immer,
(T362)		schlag ich dich eine blaue Fleck!
		In Auge! …
	Ilaria	Wo ich in Kinder/wo ich in Kindergarten war/wo ich in Kindergarten war, hab ich mich auch gestoßen, und die Vassilja, und die Sina, und/und/und die Anna hat mich voll – gelacht!
	Sina	Kann ich nochmal lachen! Dummkopf!
	Ilaria	Anastasia, lach nich so/lach nich so blöd.
	Lehrerin	Anastasia, wenn du dir die Ohren zuhältst, hörst du mich auch nicht.
	Sina	Haha! Hmhm` (äffend).
	Anastasia	Hähähä!
	Ilaria	Und ich komm niemals in die Schule.
	Ilaria	Wenn ich einmal bei dir,
		schlag ich dich blaue Fleck.Hier zwei Augen, und dein Nase. Und die/alle Zähne schlag ich, so mit meine/dis da/schlag ich dich voll die Zähne raus.
	Lehrerin	So Ilaria, wenn du dich beruhigt hast, kannst du gerne hier mitmachen. Ansonsten möchte ich, dass du jetzt mal ruhig bist. ICH MAG ES NICHT MEHR HÖREN!
	Ilaria	Ich mag nicht ruhig.

Ilariawehtun1 (6,3; IX)

---

207   Ebenso an der Possessivdeixis deine Kopf (T361).

(T363)	Die Fuß.
(T364)	Da war • eine Füß geblutet.

Aliwehtun2 (6,1; X)

Trotz der relativ kleinen Häufigkeiten ist es ein auffallendes Ergebnis, dass bei Einsilbern eine Mehrheit für maskuline Markierungen gefunden wird, die der Tendenz der Feminität bei [ə]-Auslaut fast spiegelbildlich gegenübersteht. Maskuline monosyllabische Tendenzen werden von den Kindern aufgenommen und zeigen sich in Präferenzen der Genusmarkierungen. Eine bereits erfolgte Aneignung eines Zuweisungsprinzips für Einsilber muss auf der Grundlage des Anteils zielsprachlicher Markierungen für alle Kinder zum Beobachtungszeitpunkt verneint werden, da kein Kind bei Einsilbern 90 % zielsprachlicher Anzeigen erreicht; drei Kinder, Tomas, Boris und Mariana, sind jedoch dabei, die Aneignung von Genus bei Einsilbern erfolgreich abzuschließen.

6.6.2 Morphologische Regelmäßigkeiten

Im Korpus sind nur wenige Wörter zu finden, deren Genus morphologisch sichtbar ist. Freundin mit dem genusanzeigenden Suffix -in ist als meine Freundin zweimal dokumentiert; abgesehen davon, dass in dieser Arbeit keine Possessivdeixis betrachtet werden, handelt es sich dabei möglicherweise um eine unanalysierte Form, die über den Genuserwerb wenig aussagt.

Das regelmäßig mit femininem Genus zusammenfallende Suffix -ung wird viermal in Substantiven von Kira geäußert; nur an einer Stelle kommt eines dieser Substantive, Zeitung, mehrmals vor, dann mit wechselnden Genusmarkierungen am Artikel: n (T365) und f (T366).

(T365) Kira	dann guck ich nit das Zeitung.
	Ich weiß nur,
(T366)	dass die Zeitung die immer guckt.

Kirazeitung (6,8; X)

Tabelle 26: Substantive mit morphologisch sichtbarem Genus

Vorkommen	Substantiv	Markierung	Sprecherin	Bemerkung
1	Wohnung	f	Kira	
1	Richtung	f	Kira	
2	Zeitung	f, n	Kira	
1	Mädchen	*f	Isabella	
2	Freundin	f	Ilaria	an Possessivdeixis

Die Anzahl der genannten Substantive mit genusanzeigendem Suffix ist zu gering, um Aussagen über morphologisch begründete Präferenzen treffen zu können.

Die Aneignung formaler Regelmäßigkeiten in der Anwendung

Die bereits in früheren Arbeiten festgestellte Sensibilität der Kinder für formale Genusregelmäßigkeiten bestätigt sich auch in diesen Daten.

In einer anwendungsorientierten Sicht sollten die frequenten phonologischen Genusregelmäßigkeiten intensiv mit den Lernern, Kindern wie Erwachsenen, thematisiert werden. Im Unterricht für Deutsch als Fremdsprache erfolgt der Hinweis auf phonologische Regelmäßigkeiten zuweilen (z.b. Diehl 1991; DUDEN 2005), aber nicht immer (z.b. nicht in Neuner et al. 1987; Bovermann et al. 2003; Lemcke et al. 2004). Im Bereich der institutionsgestützten kindlichen Aneignung des Deutschen sind keine Beispiele für eine didaktische Aufbereitung phonologischer Regeln bekannt. Es scheint sinnvoll und vielversprechend, phonologische Prinzipien kindgerecht didaktisch zu bearbeiten.

6.6.3 Semantische Regelmäßigkeiten

In den Erzählungen kommen die Personenbezeichungen Baby, Bruder, Chef, Cousine, Doktor, Feuerwehrmann, Frau, Junge, Kind, Mama, Mann, Mutter, Mutti, Nikolaus, Oma, Papa, Schwester, Vater, Weihnachtsmann vor.

Die Genusmarkierungen können in drei Gruppen eingeteilt werden:

  i.   Wechselnde Markierung von sexusbasiertem Genus,
  ii. erste Hinweise auf Aneignung,
  iii. keine Markierung von Genus auf der Grundlage natürlichen Geschlechts.

i. Wechselnde Markierung von sexusbasiertem Genus

Mariana gelingt in einigen Äußerungen die korrekte Markierung nach natürlichem Geschlecht (T367)(T368), in anderen Äußerungen der gleichen Erzählung nicht (T369); auch in (T370) steht eine maskuline Markierung neben zwei femininen, die sich auf dasselbe Substantiv Cousine beziehen.

(T367)   Und da is dann ne Frau. ...

(T368)   Der Papa is schwarz und die Mutter is weiß. ...

(T369)   Hm͞, so groß is der Papa, und der Mutter is so groß.

                                        Marianakosovo (6,8; VI)

(T370)   Da sind zwei große Cousinen, aber einer is in die Schule, die
                is noch groß, die/die is so wie du groß.

                                        Marianaraben (6,8; VI)

Tabelle 27: Genusmarkierungen bei natürlichem Geschlecht, Mariana

Name	Substantiv	Markierungen	zielsprachlich	abweichend
Mariana	Cousine	3 f, 2 m	3	2
	Feuerwehrmann	2 m, 1 f	2	1
	Mutter	1 f, 2 m	1	2
	Papa	3 m	3	
	Vater	1 m	1	
	Frau	1 f	1	
	Eigenname (f)	1 f, 1 m	1	1
	SUMME		12	6

Obwohl Mariana mehrheitlich den Substantiven eindeutiges Genus zuweist und das meist kontinuierlich anzeigt, verwendet sie für Wörter, die sich auf die Personenbezeichnungen Mutter, Cousine, Feuerwehrmann und Astrid beziehen, sowohl feminine als auch maskuline Markierungen. Insgesamt sind bei den Personenbenennungen zwölf zielsprachliche und sechs abweichende Markierungen bei sieben Substantiven belegt. Die Aneignung der Zuweisung nach natürlichem Geschlecht wird von ihr zum Erhebungszeitpunkt bereits auf der Äußerungsseite bearbeitet, ist jedoch noch nicht abgeschlossen.

Dagegen kennzeichnet Ilaria in den frühen Aufnahmen Jungen wie Mädchen mit feminin markiertem Artikel (T371).

(T371)   bei dem Elternabend *die Ouissam/und *die Ouissam/und *die Ouissam hat die voll/die/die/die Sina voll geboxt.

Ilariastuhlkreis (5,9; III)

In einer sechs Monate später entstandenen Aufnahme sind die Anadeixeis und Artikel, die sich auf Oma, Cousine, Anna und Tommi beziehen, zielsprachlich feminin markiert, neben einer neutro-maskulinen Markierung am indefiniten Artikel von Chef (T372). Damit wird erste Formendifferenzierung und eine fortschreitende Aneignung der Genusmarkierung nach natürlichem Geschlecht erkennbar. Allerdings sind die Häufigkeiten sehr gering.

(T372)   und dann/und dann war meine/meine Cousine, die/nicht die Mina, die große, Tommi, ja, von Oma, und die Oma hat/die Tommi war uns/hat mir die Oma abgeholt, und dann/und dann hat/da war so ein Chef.

Ilariawehtun2 (6,3; IX)

Bei einer weiteren Erzählung in dem gleichen Zeitraum berichtet das Mädchen von einer Feier mit vielen Personen, die jedoch ausschließlich Mädchen sind (Sina, Mona, Armina, Knabat), so dass eine Begrenzung auf feminine Markierungen schon vom natürlichen Geschlecht ihrer Geburtstagsgäste nahegelegt wird (T373)–(T376).

	EM	Wann hast du denn eigentlich Geburtstag?
	Ilaria	Weiß ich nich.
	EM	Wie haste denn deinen letzten Geburtstag gefeiert, weißte das noch? Wie war das?
	Ilaria	Schön.
	EM	Ja, was war denn da?
	Ilaria	Da war Kinder, hat mir was geschenkt, die haben mir Becher mir geschenkt, meine Mutter hat mir Becher geschenkt,
(T373)		die Sina hat mir diese große Barbie • haus (niest, niest) und
(T374)		die Mona, die von meim Kindergarten, hat mir ähm ein T-Shirt gegeben,
		und die A/Anna von meine Kindergarte auch, die hat mir
(T375)		eine Pulli/• eine Jacke so mit Pulli hm
		und die andere/die/der/eine habe ich noch/
(T376)		und dann/und dann hat mir noch die Eltern/da warn die Kinder weg, dann ham wir gefeiert mit meine Eltern, und/und meine Eltern haben dann mir/ähm/Torte gebastel/gemacht und/und meine Mutter hat mir viel Topiatorte gemacht.
	EM	Und was habt ihr dann noch gemacht, habt ihr dann die Torte gegessen?
	Ilaria	Ja.
	EM	Und danach?
	Ilaria	Und dann warn die nach Hause, die haben mir dann was geschenkt und danach/dann fahren die nach Hause.
	EM	Das warn schöner Geburtstag, he?
	Ilaria	Da war so viele Kinder bei mir nach Hause. Da war die Knabal aus die Kindergarte, und noch die andere, Kinder beiwo Eltern haben, die Ki/ooh/da war so viele Eltern!

Ilariageburtstag (6,4; X)

Da Ilaria keine grundsätzliche feminine Präferenz zeigt, werden die femininen Markierungen hier als Belege für zielsprachliche Markierung gewertet.

266

ii. Erste Hinweise auf Aneignung

Wenig eindeutig ist die Datenlage bei Jo, da er sich nur auf weibliche Personen bezieht. An diesen zeigt er jedoch weibliches Genus bei den kongruierenden Ausdrücken an. Das ist umso auffallender, als Jo bei anderen Substantiven keine nominalphrasen-übergreifende Kongruenz leistet.[208]

	Jo	So hat einmal mein Schwester ihre Zahn mit/ehm/Gummi-band gemacht und
(T377)		dann ist der Zahn rausgegangen, der.
	EM	Mit Gummiband?
	EM	Wie hat sie das gemacht?
(T378)	Jo	Sie hat erst äh Gummi/Gummi, dann mit Band,
(T379)		hat sie so die Wasser gemacht, dann hat sie so reingemacht, die Tür so gebindet und dann/
(T380)		und dann hat die ihren Zahn rausgezieht, mit Tür.
	EM	Mit der Tür?!
	Jo	Ja.
	EM	Hat die die Tür zugeworfen?
	Jo	Nein.
(T381)		Nicht ihre/nicht ihre Backe,
(T382)		ihr/so ihre Tür/
		mei Schwester war hier und die Tür war woanders,
(T383)		hat sie dann ihre Zahn rausgemacht.
	Kira	Au, tut das weh!

Jozahn (6,4; II)

In der Erzählung bezieht sich Jo konsequent mit femininen Anaphern, Anadeixeis und Possessivdeixeis auf die **Schwester** (T377)(T378)(T379)(T380)(T381)(T382)(T383). Eine stabile Datenbasis für eine Aussage zum Aneignungsgrad liegt auf Grund der wenigen Vorkommen noch nicht vor, jedoch sprechen die Daten eher für eine erste Aneignung.

In den Erzählungen von Ülkü sind die Genusanzeigen bei Personenbezeichnungen zielsprachlich. Es liegen allerdings geringe Häufigkeiten, unter zehn Nennungen, vor.

---

208 In dieser Aufnahme sind die ansonsten nicht berücksichtigten Anaphern interessant.

Tabelle 28: Genusmarkierung bei Personen

Name	Substantiv	Markierung	zielsprachlich	abweichend
Ülkü	Eigenname der	5f 1n	5	1
	Schwester (f)			
	Vater	1m	1	
	Bruder	2m	2	
	SUMME		8	0

Ülkü verwendet bei dem Bezug auf Tiger in benachbarten Äußerungen Markierungen aller drei Genera (T239); sie nimmt jedoch auf ihre Schwester Gülcin in allen Erzählungen fünfmal zielsprachlich feminin und nur einmal neutrum (T 384) Bezug.

	SF	Was macht ihr denn, wenn ihr sauer seid? ...
	Ülkü	Ich war schon mal sauer in Gülcin.
	SF	Echt? Warum warst du denn da sauer?
(T 384)	Ülkü	Weil/das mein Haare ziehen wollte.
	SF	Und was hast du dann gemacht, als sie dir an den Haaren gezogen hat?
	Ülkü	• Äh hab mein Mutter geholt.
	SF	Und dann?
(T385)	Ülkü	Dann hat die damit aufhören.
	SF	Warum, was hat die Mama denn gemacht?
	Ülkü	• • Schlaget.

Ülküschlägt (5,10; VI)

Ülküs Verwendung von Genusanzeigen bezüglich ihrer Schwester weist darauf hin, dass bedeutende Erwerbsschritte bei der Aneignung von Genus auf der Basis von Sexus erreicht wurden.

iii. Kein Genus auf der Basis natürlichen Geschlechts

In den Daten der Kinder Ali, Anna, Isabella, Mehmet, Kira, Ayse finden sich geringfügig mehr zielsprachliche als abweichende Markierungen bei sexusbasiertem Genus. Belege von Kira werden im nächsten Abschnitt analysiert (T415)(T429)–(T434); ein Beleg für fehlende semantische Genuszuweisung von Isabella folgt, bei dem die Markierungen, die sich auf Mama beziehen, besonders interessant sind (T392) (T396)(T397)(T398), sowie die Anapher (T389).

(Stuhlkreis: Die Kinder wurden gebeten, ein eigenes Spielzeug in die Kindertagesstätte mitzubringen. Isabella hält seit Beginn des Stuhlkreises einen Teddy im Arm.)

(T386)	SF	Hm⁻, Isabella, fang du doch mal an. Erzähl uns mal, was du mitgebracht hast.
	Isabella	Ein Teddybär.
	SF	Einn Teddybär. Wie heißt n der Teddybär, hat der einen Namen? Ne?
	Isabella	(schüttelt den Kopf.) Der heißt nur Teddybär.
	SF	Der heißt nur Teddybär. Das is doch auch schön. Und hast du den schon lange?
	Isabella	(nickt) Ja.
	SF	Ja? Und wo ist der denn bei dir zu Hause?
(T387)	Isabella	Die? (zeigt auf den Teddy) Ich hab jetzt ein Pferdchen. Und ich guck/und ich schlafe auch immer mit mein Teddybär.
	SF	Hm⁻. Ist der bei dir im Bett?
	Isabella	(nickt)
	SF	Und der guckt auch mit dir Fernsehen? Hast du den daheim immer dabei, wenn du irgendwo ...? Ja?
	Isabella	Und wenn ich frage: „Geht die mittag mit?"
(T388)		mit meiner Mama sagt, ich darf nicht mitmachen,
(T389)		sonst kauft er mich nix.²⁰⁹
	SF	Sonst wird er schmutzig, ne, wenn du ihn mit rausnimmst.
	Isabella	Ja.
	SF	Und spielst du manchmal auch mit dem?
	Isabella	(nickt)
	Isabella	Und ich geb/manchmal mach ich auch die Brille.
	SF	Und den hast du jetzt heute von daheim mitgebracht, Isabella?
(T390)	Isabella	Die ihm auch Brille. Von die. (Zeigt auf ihre Brille.)²¹⁰
(T391)	SF	Und heute jetzt hat die Mama des aber erlaubt, dass du den Teddybär mal mitnimmst in den Kindergarten?
	Isabella	(nickt)
	SF	Ja? Haste da nich/

---

209 ‚Wenn ich meine Mama frage: „Darf ich den Teddy mitnehmen?", dann antwortet sie, ich darf
   ihn nicht mitnehmen, sonst kauft sie mir nichts mehr.'
210 ‚Ich geb ihm auch die Brille. Meine.'

Isabella	(schüttelt den Kopf) Ich hab nich/
(T392)	der hat nich erlaubt,
	aber ich hab trotzdem genehmt.
(T393) SF	Oh! Ja, weiß die Mama des gar net, dass du den dabei hast?
Isabella	• Nein. Ich hab versteckt!
SF	Ehrlich?
Isabella	Bei Tasche!
(T394) SF	Na, da hoffe ich dann aber, dass die Mama nachher net
	schimpft, wennse den sieht.
Isabella	Nein, aber dann mach ich wieder in mein Tasche.
(T395) SF	Hm͞, und dann weiß se des gar nicht, dass du den dabei hast.
(T396) Isabella	Und der hat dann/und der hat dann gesagt:
	„Was hast du in der Tasche drin?",
(T397)	und dann/und der/der hat/der hat da gesagt:
	„Hast du Spielzeug?" Da hab ich „ja" gesagt, da hab ich/• •
	(lacht)
SF	Was hast du dann gesagt?
Isabella	Nix.
(T398)	Der hat/
	und da hat meine Mama gesagt, wir darfen nich
	Spielzeug mitbringen.
SF	Hm˅. Ich find es jedenfalls toll, dass du den mitgebracht hast.
	Ne? Aber es wär natürlich schön gewesen, wenn des deine
	Mama auch gewusst hätte.

Isabellateddy (5,9; VI)

Isabella verwendet vorwiegend maskulin anzeigende Anadeixeis mit Bezug auf Mama (T389)–(T398); femine Formen benutzt sie für den Teddy (m): (T387)(T390). Die grammatische Anzeige von natürlichem Geschlecht beherrscht sie noch nicht.

Aneignung von semantischen Regelmäßigkeiten

Es gibt sich damit bei keinem Kind tragfähige Hinweise darauf, dass die Aneignung der Genusmarkierung nach natürlichem Geschlecht bereits weit vorangeschritten oder abgeschlossen wäre. Die Anzeige von Genus auf der Basis des natürlichen Geschlechts zeigt sich in diesen Daten als ein Genuszuweisungsprinzip, das in der kindlichen Aneignung im zweitsprachlichen Erwerb in der Aneignung komplex ist und weder leicht noch schnell realisiert wird. Das ist jedenfalls in den Äußerungen nicht der Fall; um zu beurteilen, inwieweit die semantische Genuszuweisung bereits rezeptiv angeeignet ist, liegen hier kaum Daten vor, so dass noch Forschungsbedarf besteht.

Von sieben Kindern liegt nur jeweils eine Äußerung mit Personenbezeichnungen vor, die als Einzelnennungen nicht gewertet wurden.[211]

Tabelle 29: Aneignung von Genusmarkierung nach natürlichem Geschlecht

	Wechselnde Markierung	Erste Aneignung	Keine Aneignung	keine Angabe
Name	Mariana, Ilaria	Jo, Ülkü	Ali, Anna, Isabella, Mehmet, Kira, Ayse	Antonio, Boris, Tomas, Elena, Sina, Anastasia, Michael
Anzahl	2	2	6	7

6.7 Funktionale Markierung

Einige Kinder markieren nicht genus, sondern differenzieren zwischen pränominalen definiten Artikeln und Anadeixeis bzw. Deixeis. Für pränominale definite Artikel wird die präferiert, für singuläre Anadeixis und Deixis der. Mit diesem Vorgehen setzen die Sprecher die unterschiedlichen Markierungen nicht mit dem Nomen in Bezug, sondern mit den unterschiedlichen syntaktischen und pragmatischen Funktionen der Prozedur, an der markiert wird. Dieses Vorgehen nenne ich *funktionale Markierung*.

Tabelle 30: Funktionale Markierung

Funktion	präferierte Markierung
pränominaler definiter Artikel	die
Anadeixis, Deixis	der

In der folgenden Erzählung wurde bereits deutlich, dass keine Types enthalten sind. Antonio bevorzugt der/de'/da für Anadeixeis (T399)(T400)(T401)(T404) (T406)(T407), die für pränominale definite Artikel (T402)(T404)(T403). Die Präferenz ist nicht ausschließlich (T 405).

	Antonio	Da/da war ein Maus/
(T399)		da will meine/äh/wie heißt der wieder?
(T400)		Nico heißt der, aber
(T401)		de' is ein Kaninsche, da tot gemacht.

---

211 Possessiva werden nicht berücksichtigt.

	EM	Wer?
(T402)	Antonio	Die Maus, tot.
	EM	Wer hat die Maus tot gemacht?
(T403)	Antonio	Äh/Die Maus hat, äh, die Kaninsche tot gemacht.
	EM	Echt? Ach Mensch!
	Antonio	Mein Kaninsche is tot. Da war ein Baby. Und ein Mama, und ein Papa, und ein Schwester.
	EM	Von dem Kaninchen?
	Antonio	Eh! Und alle ist tot.
	EM	Ja? Und wie is das denn passiert?
	Antonio	Mi eine Maus, da war größer, so ein größer Maus. Habe in Garten ge/in/äh wo ist es, da, v/viele, viele Maus! Da auch esse ah/Ball geesse, Land. Ball, ein Ball.
	EM	Was ham die gegessen?
(T404)	Antonio	Und jetz habt der nich gegessen die Ball, aber da is sei Haus. Ich weiß sei Haus.
	EM	Ja? Ehrlich?
	Antonio	Hm´. Ve Nico.
	EM	Wessen Haus? Von wem ist das Haus?
(T 405)	Antonio	Der/Äh Mau/Mause/•Maus.
	EM	Ah, du weißt, wo das Haus von der Maus ist. Wo ist das?
	Antonio	In meine/draße, ich spiele immer draße, in meine Kaninche,
(T406)		aber der is tot kla/der is tot.
	EM	Hm⁻.
	Antonio	Ich hab immer draußen gebringe.
	EM	Die Kaninchen? Ah. Welche Farbe hatten die denn.
	Antonio	Braun und schwarz. Ich kaufe mir ein Hund.
		Eine Hund und eine • äh. Ich hab auch ein Maus,
(T407)		aber da/aber da/da beißt.
		Aber na hab ich gewerfen, psch!
	EM	Was hast du geworfen?
	Antonio	Ein Maus.
	EM	Ja? Hast du geworfen? Als sie dich gebissen hat? Und dann?
	Antonio	Gumma hier, wo is des. Hier guckma, zwei Punkte.
	EM	Echt?
	Antonio	Hä!

Antoniokaninchen (6,0; X)

Antonio gebraucht der grundsätzlich anadeiktisch oder deiktisch, mit nur einer pränominalen Verwendung als Artikel: In allen Erzählungen verwendet er für pränominale definite Artikel elfmal die, einmal den, einmal der. Weitere Vorkommen definiter Artikel sind nicht dokumentiert. Für Anadeixeis und Deixeis gebraucht er 33-mal der, keine anderen Formen.

Die Verwendung von Markierungen auf der Grundlage der Funktion der Prozedur findet sich auch bei Ilaria. Sie verwendet bei ihrer Erzählung der Bildgeschichte für pränominale definite Artikel durchweg die (T408)(T409)(T410)(T411) (T412), für Deixis der (T413)(T414); sie markiert also nach dem gleichen Schema wie Antonio.

(T408)	Ilaria	Die • Vogel macht Musik.
	EM	Und weiter?
(T409)	Ilaria	Äh, mm/die, die Katze will die/mm/die Vogel verschrecken.
	EM	Und weiter?
(T410)	Ilaria	Mm, die Vogel rennt weg.
	EM	Was macht der?
(T411)	Ilaria	Die Vogel rennt weg.
	EM	Und weiter? ...
(T412)	Ilaria	Die Vogel mach Musik, und die Katze/die Katzen/hm⁻weint.
	EM	Ja, und warum weint die Katze?
(T413)	Ilaria	Hm`, weil der macht Musik.
	EM	Warum muss man denn weinen, wenn jemand Musik macht?
(T414)	Ilaria	Hm`, weil vielleicht ist der laut.

IlariaHAVASD1 (5,10; IV)

Die funktionale Markierung zeigt auch das Mädchen Kira von Beginn der Beobachtung bis zum Ende; das folgende Beispiel ist aus dem zweiten Beobachtungsmonat.

	Meine Cousine,
(T415)	der ist groß.

Kirabayram (6,0; II)

Zu Beginn der folgenden ersten Erzählung nach Abbildungen aus dem vierten Beobachtungsmonat differenziert Kira in ihren ersten beiden Äußerungen maskuline (Vogel) und feminine (Katze) Markierungen. Von (T416)–(T418) kann sie Kongruenz bereits über drei Äußerungen aufrechterhalten. Im weiteren Verlauf verliert sich jedoch die Formendifferenzierung (T420); bis zum Ende der Erzählung äußert sie dann alle Deixeis nach der funktionalen Markierung als der (T419)–(T427).[212]

---

212 Auf einen insgesamt fortgeschrittenen Spracherwerb von Kira weisen die weitgehend zielsprachliche Nebensatzkonstruktion (T427) und die akkusativischen Markierungen hin (T420) (T421).

273

(T416)	Kira	Dieser Vogel singt,
(T417)		und die kommt,[213]
(T418)		die will den fressen,
(T419)		danach de/schreit der,
(T420)		und der will den essen,
		dann fliegt der und der springt,[214]
	EM	Hm.
	Kira	• Und dann noch ähm ist der hier,
		der glaubt,
(T421)		der kann den nit fressen,
(T422)		und der/der geht da hier,
(T423)		und der fliegt,[215]
(T424)		und der ist hier,
(T425)		der singt,
(T426)		und der weint,
(T427)		weil der nimmer runterkommt jetzt.[216]

KiraHAVASD1 (6,2; IV)

In einer weiteren späten Erzählung wird deutlich, dass Kira plurale Anadeixis von sin-
gulärer unterscheiden kann (T428), aber singuläre Anadeixis stets funktional markiert
als der äußert.

EM	Und jetzt wollt ich dich noch fragen, ob du dir mal wehgetan hast, und wie das war. Bist du mal hingefallen?
Kira	Ja.
EM	Wo denn?
Kira	In Knie.
EM	Ah. Und wi/
Kira	Und des is weggegangen, hier, des war so groß.
EM	Und wie is das passiert?
Kira	Ähm ich hab so gerannt, und danach bin ich runtergefallen.
EM	Und wo war das?
Kira	Das war ein Park.
EM	Und mit wem warst du dann da?
Kira	Mit meiner Mutter und meiner Oma.
EM	Und was ham die dann gemacht?

---

213 ‚Die Katze kommt.‘
214 ‚Die Katze will den Vogel fressen, der fliegt hoch, sie versucht, hoch zu springen.‘
215 ‚Die Katze klettert auf den Baum, der Vogel fliegt weg.‘
216 ‚Jetzt sitzt sie da, der Vogel singt, sie weint, weil sie nicht mehr herunterkommt.‘

(T428)	Kira	Dann ham die so Tempo drauf gemacht. Wir hatten keine m
		Kühlakku mitgebracht, da ham vergessen.
	EM	Haste da geweint?
	Kira	Shanga hatte auch jetzt/
(T429)		der ist auch runtergefallen,
(T430)		der war äh/geblutet,
(T431)		der hat auch geweint.
	EM	Ja? Wer is das, dein Bruder?
	Kira	Ja. Shanga? Nein,
		das is meine Freundin,
(T432)		der is hier, im Kindergarten.

Kirawehtun (6,8; X)

Für anadeiktische Prozeduren verwendet Kira der (T429)–(T432), auch bei weiblichen Sexus des Relats. Das tut sie auch in weiteren Belegen aus dem zehnten Beobachtungsmonat (T433)(T434):

	Kira	Ich hab eine Schwester und einn Bruder und noch eine
		Babyschwester. ...
	EM	Also – wie alt ist denn deine große Schwester?
(T433)	Kira	Der is fünfzehn. ...
		Und meine Schwester sagt immer: „Hallo, hörst du net zu?"
		Weil meine Mutter hat gesagt, sein Ohr ist noch net auf,
(T434)		der hört net.

Kirasprache (6,8; X)

Ali geht in einer späten Aufnahme gleichartig vor: In den späten Erzählungen setzt er die als pränominaler Artikel ein (T435)(T436)(T440). Nur vor Namen von männlichen Freunden und dem Nikolaus stellt er den zielsprachlichen maskulinen pränominalen Artikel (T173).
Als Deixis bevorzugt er der, (T437)–(T442) sowie (T444); einmal verwendet er die deiktisch, zweimal den. Der wird auch dann bevorzugt, wenn die zielsprachliche feminine Genusmarkierung in der Frage vorgegeben wird (T443)(T444).

	EM	Guck mal, die Geschichte kennst du schon, die hast du mir
		schon mal erzählt. Erzählst du mir die • noch mal bitte?
(T435)	Ali	Die Pfögel singt, singt,
(T436)		und die Katze will ihm fressen,
(T437)		• und jetz is der oben,
(T438)		und jetz fang der ihn.

EM	Na, und wie gehts weiter?
(T439) Ali	(seufzt) • • Der geht in Baum klettern,
(T440)	und der will den f/die K/die Vögel fangen,
(T441)	und der is jetzt geflogen.
(T442)	Dann ist der/singt der und der weint.
(T443) EM	Warum weint die Katze?
(T444) Ali	Weil der ihn net fangt.

AliHAVASD2 (6,1; X)

Vereinzelt macht Mariana noch Fehler bei der NP-übergreifenden Kongruenz, die auf eine nicht völlig überwundene funktionale Markierung hinweisen (T446):

(T445) Mariana	Und der •/die Katze geht auch zu dem Baum.
EM	Ja?
(T446) Mariana	Der fliegt runter.
EM	Wer fliegt runter?
(T447) Mariana	Die Katze.

MarianaHAVASD1 (6,6; IV)

Dass Mariana dabei ist, die funktionale Markierung abzulegen, zeigen zielsprachliche Deixeis (T448)(T450) und daneben Deixeis nach der funktionalen Markierung in demselben Erzählabschnitt (T449).

EM	Und warum weint die Katze?
(T448) Mariana	Weil die will wieder runter.
EM	Hm̄. Und warum macht se das nich?
(T449) Mariana	Weil der hat Angst, wieder runterzugehen.
EM	Glaub auch, ja.
Mariana	Muss der Feuerwehrmann gehen
(T450)	und dann die wieder holen.

MarianaHAVASD1 (6,6; IV)

Funktionale Markierung wird bei fünf der 17 Kinder beobachtet (Antonio, Ilaria, Ali, Kira, in wenigen Äußerungen bei Mariana). Diese Kinder verteilen sich auf alle drei Erhebungsorte, die in erheblicher räumlicher Distanz liegen; es handelt sich also nicht um einen Einfluss einer lokalen Varietät.

Funktionale Markierung steht im Gegensatz zu den Prinzipien der Genuszuweisung und zu Genus als par Kongruenz angezeigter Nominalklassifizierung. Mit funktionaler Markierung werden Funktionen der Prozeduren angezeigt; sie orientiert sich nicht an dem Substantiv. Dagegen zeichnet sich Genus sich gerade dadurch aus, dass es eine von Kasus und semantischer Rolle unabhängige Nominalklassifikation ist (Foley/Valin 1984). Funktionale Markierung ist kein Erwerbsfortschritt, etwa im Sinne der Erweiterung der Formenvielfalt, sondern Ausdruck einer Fehlannahme. Für den Genuserwerb muss sie als unzutreffend erkannt und überwunden werden.

6.8 Genus in der Interaktion

Abweichendes Genus wird in keiner Interaktion kommentiert, korrigiert oder in irgendeiner Weise angesprochen.

Kira	Dieser Vogel singt,
	und die kommt,
	die will den fressen,
	danach de/schreit der,
	und *der will den essen,[217]
	dann fliegt der und *der springt.
(T451) EM	Hm.

KiraHAVASD1 (6,2; IV)

Die Antworten auf Nominalphrasen mit Genusfehlern bestätigen den Inhalt der Äußerungen und kommunizieren das Verstehen und die Akzeptanz der gesamten Äußerung (T451), wie schon Pfaff (1987) berichtet. Da keine separaten Rückmeldungen zu sprachlicher Form und Inhalt der Äußerung erfolgen, erhalten die Kinder eine undifferenzierte Bestätigung der Gesamtäußerung, somit auch der abweichenden Genusmarkierung.

Zielsprachliche Genusanzeigen der erwachsenen Gesprächspartner beeinflussen die Markierungen in den Folgeäußerungen der Kinder nicht. Bei Erzählungen nach Abbildungen von Ülkü, Ilaria und Isabella kann beobachtet werden, wie sie zielsprachliches maskulines Genus aus der Voräußerung nicht in ihre Äußerungen einbeziehen und stattdessen feminines Genus anzeigen (T452)–(T455), siehe auch Ali (T443)/(T444), und das Gespräch mit Isabella über den Teddy: Darin verwendet die Sprachförderkraft Mama jedes Mal mit dem zielsprachlichen definiten femininen Artikel bzw. gebraucht feminine Anaphern, fünfmal (T391)(T393)(T394)(T395). Isabella berücksichtigt diese Vorgaben in ihren Antwortäußerungen nicht (T392)(T396).

SF	Und was macht der?
(T452) Ülkü	Die willten die fangen.[218]

---

217 ‚Dieser Vogel singt, die Katze kommt, sie will ihn fressen, da schreit der Vogel, die Katze will ihn fressen, da fliegt der Vogel weg und die Katze springt auf den Baum.‘

	SF	Hm. Und der Vogel?
(T453)	Ülkü	Die fliegt von die Tiger weg. …
	SF	Das ist der gleiche Tiger. Was ist passiert?
(T454)	Ülkü	Die Tiger können/konnte …

ÜlküHAVASD1 (5,8; IV)

	Ilaria	Mm, die Vogel rennt weg.
	EM	Was macht der?
(T455)	Ilaria	Die Vogel rennt weg.

Genusmarkierungen aus adjazenten zielsprachlichen Äußerungen werden auch bei Nachfragen nicht übernommen (T456):

	Michael	Die geht mm da/wie heißt des nochmal?
	SF	Eine Mauer.
(T456)	Michael	Ein Mauer.

MichaelHAVAS (6,6; IV)

6.9 Korrekturen

Genuskorrekturen durch die Kinder erfolgen in den Erzählungen nur selten. Insgesamt sind Korrekturen von drei Kindern an definiten und indefiniten Artikeln zu beobachten.
Von Tomas gibt es eine Korrektur:

(T457) Katze springt hoch auf den •/auf die Mauer.

TomasHAVASD1 (5,11; IV)

Mariana korrigiert sich dreimal in derselben Erzählung, jeweils bei dem gleichen Nomen.

(T458) Und der •/die Katze geht auch zu dem Baum.
(T459) Der/die Katze war hochgesprungen.
(T460) Und dann/der •/die Katze hat geweint.

MarianaHAVASD1 (6,6; IV)

---

218 ‚Der Tiger will den Vogel fangen.‘ Eine gestreifte Katze und ein Vogel sind auf den Abbildungen zu sehen.

Zwei weitere Genuskorrekturen nimmt Anastasia an definiten Artikeln vor (T257) (T259). Korrekturen liegen von denjenigen Kindern vor, die bereits weitgehend (Tomas und Mariana) oder beginnend Types verwenden (Anastasia), die also bereits erkannt haben, dass Substantive klassifiziert werden.

6.10 Genusaneignung in der Übersicht

Die Ergebnisse dieser Studie sind nur teilweise mit vorhergehenden Arbeiten im Einklang. Es bestätigt sich die grundlegende Schwierigkeit des Genuserwerbs, die für kindliche wie erwachsene Zweit- und Fremdsprachlerner bestätigt wurde (Wegener 1992, 1995a, 2000; Holmes/de la Batie 1999; Dewaele/Véronique 2001; Hoffmann 2006; Thoma/Tracy 2006; Kaltenbacher/Klages 2006; Grießhaber 2007a; Jeuk 2008). Schwierigkeiten zeigen jedoch auch diejenigen Kinder, die von Geburt an bilingual aufwachsen, entgegen der Ergebnisse von Müller (2000); Müller et al. (2001); Bewer (2004); Kupisch (2004, 2005, 2006, 2006a, b); Kuchenbrandt (2008). Insbesondere vermerkt Müller (2000) *types* der Nominalklassifikation bei allen Kindern, die in diesen Daten nur für eine kleine Gruppe der Kinder nachgewiesen werden können. Die Markierung von Funktionen der Prozeduren mit die als bevorzugt prämominalem Definitartikel und der als bevorzugt deiktischem Ausdruck, an Stelle einer Genusmarkierung, die hier bei fünf Kindern belegt ist, ist bisher noch nicht gefunden worden. Die Ursache für die deutlich von diesen Arbeiten abweichenden Ergebnisse wird in der Inputqualität gesehen: In dieser Arbeit ist der deutschsprachige familiäre Input zweitsprachlich auf niedrigem Niveau, während Müller (2000); Müller et al. (2001); Bewer (2004); Kupisch (2004, 2005, 2006, 2006a, b); Kuchenbrandt (2008) Konstellationen mit erstsprachlichem Input untersuchen. In dieser Arbeit wird Genus im Diskurs betrachtet. Auf diese Weise wird es möglich zu erkennen, ob die Kinder Substantive tatsächlich in Klassen einteilen und damit ein Genus, womöglich auch ein abweichendes, zuweisen. Dagegen weisen Genusmarkierungen, die für das gleiche Substantiv innerhalb eines Diskurses stark schwanken, darauf hin, dass eben diese Nominalklassifikation nicht vorgenommen wird. Somit wird auch kein Genus zugewiesen; es ist noch nicht erkannt worden, dass deutsche Substantive in Klassen organisiert werden. Damit wurde noch nicht erkannt, dass die zu erwerbende Sprache eine Genussprache ist. Nur drei der 17 beobachteten Kinder zeigen eine Nominalklassifikation kongruent an: Boris, Tomas und Mariana. 14 von 17 Kindern klassifizieren noch nicht, sie haben das Deutsche noch nicht als Genussprache erkannt. Das Erwerbskriterium von 90 %-iger Zielsprachlichkeit der Markierungen an Types wird von einem Kind erfüllt (Boris 100 %, Tomas 87,5 %, Mariana 80 %). Die anderen vierzehn Kinder sind zum Ende der Beobachtungszeit und somit kurz vor der Einschulung mit unterschiedlichen Teilproblemen der Genusaneignung befasst. Den zentralen Aspekt der nominalphrasenübergreifenden Kongruenz realisieren fünf Kinder für einzelne Substantive über mehrere Äußerungen hinweg. Diese Kinder sind dabei, sich Kongruenz von Markierungen anzueignen. Weitere zwei Kinder markieren abschnittsweise kongruent, aber unabhängig vom Substantiv. Diese Kinder haben bereits erkannt, welche Markierungen zu einem Paradigma gehören.

Tabelle 31: Klassifikation von Substantiven

	Alle Substantive sind klassifiziert	Die Mehrzahl der Substantive ist klassifiziert	Erste Substantive werden klassifiziert	Keine Klassifikation feststellbar
Anzahl	1	2	4	10
Namen	Boris	Tomas, Mariana	Kira, Jo, Ilaria, Anastasia	Elena, Antonio, Ali, Anna, Ülkü, Isabella, Mehmet, Michael, Sina, Ayse

Schwankender Umgang mit deutschen Genusanzeigen am Artikel wurde von Wegener (1995a), Kaltenbacher/Klages (2006) und Jeuk (2008) im Zweitspracherwerb beobachtet und als „freie Variation" bezeichnet, von Serra Borneto (2000) und Krohn/Krohn (2008) im Fremdspracherwerb des Deutschen beobachtet und als „Jonglieren" (Krohn/Krohn 2008) thematisiert. Müller (2000) beobachtete dieses Phänomen kurzzeitig im bilingualen Erstspracherwerb und interpretierte es so, dass der indefinite Artikel noch als Numeral begriffen würde. Wechselnde Genusmarkierungen an Substantiven beobachten auch Spinner/Juffs (2008) bei zwei Erwachsenen und nehmen es als „inconsistencies", Unstimmigkeiten wahr (ebd.: 337).

Damit wird die grundsätzliche Bedeutung konsistenter, d.h. klassifizierender Markierungen unterbewertet. Die Lerner jonglieren nicht mit Genus und variieren es auch nicht – sie klassifizieren keine Substantive, sondern setzen mögliche Formen ein. Lediglich auf der Ebene der Satzstruktur ist die *Position* der Genusmarkierung bereits erkannt.

Einige Arbeiten, die sich mit Genusmarkierungen an einzelnen Substantiven unter Betrachtung isolierter Nominalphrasen befassen, kommen zu Quoten der Korrektheit (Wegener 1992, 1995a, 2000; Kaltenbacher/Klages 2006; Jeuk 2008); dagegen wurden in dieser Arbeit gerade dann keine Quoten berechnet, wenn nicht von Nominalklassifikation ausgegangen werden kann, da in diesen Fällen auf der Grundlage der Definition kein Genus angezeigt wird.

Tabelle 32: Übersicht der Genusaneignung

Name	Types	Markierungen	Zielsprachlichkeit Tokens/Types in %	Kommentar
Boris	stets (8)	m, f, m/n	96/100	Stets phraseninterne und -übergreifende Kongruenz; kein eindeutiges Neutrum
Tomas	meist (7:2[219])	m, f, m/n	89/87,5	Phrasenintern Kongruenz in Einzelnennungen, meist auch phrasenübergreifende Kongruenz, kein eindeutiges Neutrum
Mariana	meist (9:4)	m, f, m/n	80/80	Meist phraseninterne und -übergreifende Kongruenz, kein eindeutiges Neutrum, selten funktionale Markierung (FM)
Jo	einzelne (3:11)	m, f, m/n	–	Keine phraseninterne Kongruenz; in Jos Daten finden sich drei Types – Vogel m, Schwester f, Zahn m, neben elf anderen Substantiven, die er nicht klassifiziert
Anastasia	1 Type (1:7)	m, f, m/n	–	Erste phrasenübergreifende Kongruenz; bei Anastasia ist Katze immer feminin angezeigt, insgesamt 21-mal; andere Substantive klassifiziert sie nicht, so nennt sie Vogel 20-mal mit maskuliner, 17-mal mit femininer Markierung
Ilaria	1 Type (1:20)	m, f, m/n, n	–	Bei einem Substantiv, Oma, ist ein erstes Type zu beobachten; in den späten Aufnahmen werden Substantive wie Vogel und Katze wieder ohne Types verwendet; FM
Elena	nein	m, f, m/n, n	–	In den frühen Aufnahmen lediglich maskuline Markierungen (Architerm M), in späten Aufnahmen maskuline, feminine und neutrale Markierungen; wechselt bei einem Substantiv die Anzeigen und markiert z.B. Katze, ebenso wie Vogel, dreimal feminin, zweimal maskulin, einmal neutrum in der gleichen Erzählung

---

219 Damit ist gemeint: Sieben Substantive sind in Types klassifiziert, zwei Substantive sind es nicht, werden also mit schwankendem Genus verwendet; siehe auch Mariana, Jo, Anastasia, Ilaria.

Name	Types	Markierungen	Zielsprachlichkeit Types	Kommentar
Kira	nein	m, f, m/n	–	Phrasenintern erste Kongruenz, phrasenübergreifend keine Kongruenz, kein eindeutiges Neutrum, FM
Ülkü	nein	m, f, m/n, n	–	Phrasenintern Kongruenz in Einzelnennungen, nominalphrasenübergreifende Kongruenz über Diskursabschnitte; schwankende Markierungen für dasselbe Substantiv in einer Erzählung; vereinzelte neutrale Markierungen
Michael	nein	m, m/n, f	–	Phrasenintern erste Kongruenz, nominalphrasenübergreifende Kongruenz über Diskursabschnitte, Architerm F; bei Michael ist die Datenlage etwas dünner als bei den anderen Kindern; nur maskulin-neutrale indefinite Artikel und definite feminine Artikel
Mehmet	nein	m, m/n, n	–	Phrasenintern erste Kongruenz, nominalphrasenübergreifende Kongruenz über Diskursabschnitte, Architerm M; Präferenz für maskuline Markierungen; lediglich vereinzelt neutrale Markierungen
Sina	nein	f	–	Bis auf eine Ausnahme nur feminine Markierungen
Ayse	nein	f, m	–	Architerm F; in den frühen Erzählungen ausschließlich feminine Markierungen
Isabella	nein	m, f, m/n	–	Keine nominalphrasenübergreifende Kongruenz
Ali	nein	m, f, m/n, n	–	Phrasenintern Kongruenz in Einzelnennungen, variiert sehr stark, ähnlich wie Antonio; vereinzelte neutrale Markierungen; FM
Antonio	nein	m, f, m/n	–	Keine phraseninterne und -übergreifende Kongruenz; FM

Kein Kind verwendet bereits alle der drei deutschen Nominalklassen. Darin liegt ein grundsätzlicher Unterschied zur Aneignung des Deutschen im institutionell vermittelten DaF-Erwerb, bei dem die Lerner in den ersten Lektionen davon in Kenntnis gesetzt werden, dass im Deutschen drei Genera angeeignet werden müssen (z.B. Meinert 1989; Diehl 1991, 2000; Jenkins 2002; Aufderstraße et al. 2003; Krüger 2004; Lemcke 2004, Funk 2005).

Fünf Kinder verwenden zeitweise einen Architerm für Genusmarkierungen, den sie im Laufe des letzten Kindergartenjahres überwinden. Die Verwendung eines Architerms stellt dabei nicht nur eine Beschränkung und ein Absehen von Differenzierung dar; sie zeigt auch eine Kenntnis davon an, welche Markierungen zu einem Markierungsparadigma gehören und welche nicht. Die Verwendung eines Architerms zeigt also ein Formenbewusstsein an. Alle Kinder unterscheiden zum Ende des Beobachtungszeitraums Markierungen zweier Genusparadigmen.

Alle Kinder zeigen eine Sensibilität gegenüber phonologischen Tendenzen des Deutchen, was sich an einer Bevorzugung femininer Markierungen bei [ə]-Auslaut und maskuliner Markierung bei Einsilbern zeigt. Dieses Ergebnis steht in Einklang mit anderen Arbeiten (Karmiloff-Smith 1979; Levy 1983; Berman 1985, 1986, 2004; Mills 1986; Wegener 1995a; Müller 2000; Eisenbeiss 2003).

Dagegen zeigt sich die Genuszuweisung auf semantischer Grundlage als noch nicht bewältigt. Dies bestätigt die Ergebnisse von Karmiloff-Smith (1979), die für das Französische späte semantische Genuszuweisung feststellte.

In ihren didaktischen Angeboten wurden die Kinder unterschiedlich lange gefördert: Die Kinder in der Grundschule erhielten werktäglich 90 Minuten Förderung, die Kinder in den Kindertagesstätten zweimal 90 Minuten pro Woche, zusätzlich zum regelmäßigen Sprachkontakt in der Kindertagesstätte, die alle Kinder besuchen. Von den drei stärksten Kindern besucht eines die Sprachförderung in der Grundschule (Boris), zwei die in der Kindertagesstätte. Die drei schwächsten Kinder besuchen die Sprachförderung in der Kindertagesstätte, Ayse jedoch die in der Grundschule. Ein Einfluss des Faktors Stundenanzahl allein auf die Genusaneignung konnte nicht festgestellt werden. Daraus folgt allerdings nicht, dass die Förderdauer nicht ein wichtiger Erfolgsfaktor wäre, sondern nur, dass sie nicht allein über den Erfolg der Förderung bestimmt (siehe auch Montanari 2006).

Von fortgeschrittenen Lernern zeigt sich Genus besser beherrscht als von weniger fortgeschrittenen (Dewaele/Véronique 2000; Bartning 2000; White et al. 2004, für Erwachsene). In weiteren Arbeiten kann daher der Frage nachgegangen werden, wie eng der Zusammenhang von Genus mit der gesamten Sprachaneignung verflochten ist.

6.11 Spracheneinfluss

Hat die Erstsprache der Kinder ihren Genuserwerb beeinflusst? Diese Frage soll unter zwei Gesichtspunkten angegangen werden: Genuseigenschaften und Qualität des Inputs.

Genus in der Erstsprache

Die Familiensprachen der drei Kinder, deren Genuserwerb am weitesten vorangeschritten ist – Boris, Tomas und Mariana – sind Genussprachen (Pandjabi/Urdu, Polnisch, Albanisch).

Die drei schwächsten Kinder sind Antonio, Ali, Isabella, sowie Ülkü und Mehmet in geringerem Maße. Sie zeigen kaum Kongruenz, und Genusmarkierungen schwanken bei ihnen stark. Drei der Kinder mit großen Schwierigkeiten, Antonio, Isabella und Ülkü, sprechen Genussprachen in der Familie (Italienisch/Sizilianisch, Englisch und Kurmanjî). Zwei Kinder, Ali und Mehmet, sprechen zu Hause eine genuslose Sprache (Türkisch).

Sowohl die Kinder, deren Genuserwerb bereits fortgeschritten ist, wie auch diejenigen, die in diesem Bereich weniger fortgeschritten sind, wachsen neben der deutschen Sprache mit Genussprachen auf. Das Vorhandensein einer genusklassifizierenden Erstsprache allein reicht nicht aus, um einen unproblematischen Genuserwerb im Deutschen vorherzusagen. Dieses Ergebnis wird auch von Spinner/Juffs (2008) in Bezug auf die Erstsprachen Türkisch und Italienisch bestätigt.

Eine wichtige Voraussetzung für Erwerb ist der kontinuierliche Sprachkontakt mit erstsprachlichen Sprechern des Deutschen, z.B. durch den mehrjährigen und regelmäßigen Besuch einer Kindertagesstätte mit guter pädagogischer Qualität. Diese Voraussetzung liegt bei sämtlichen beobachteten Kindern vor.

Inputqualität

Die drei klassifizierenden Kinder sind mit einem erstsprachlichen Input aufgewachsen: Boris und Mariana hatten in den ersten drei Lebensjahren ausschließlich erstsprachlichen Input; Tomas hatte von Geburt an neben dem erstsprachlichen polnischen Input auch zweitsprachlichen deutschen Input auf einem mittleren Lernerniveau.

Antonio, Ali, Isabella, die Kinder mit den stärksten Schwierigkeiten, teilen die Gemeinsamkeit, dass sich ihre Eltern von Beginn an in einer Lernervarietät des Deutschen auf niedrigem Lernerniveau an sie gewendet haben; diese Lernervarietät nimmt einen kontinuierlichen und hohen Anteil in der familiären Kommunikation ein. Ülkü und Mehmet hören ebenfalls von Geburt an häufig eine deutsche Lernervarietät auf niedrigem Lernniveau von ihren Eltern, erhalten jedoch gleichzeitig von ihren Müttern einen kontinuierlichen erstsprachlichen Input, da beide Mütter kaum bzw. nicht in der Lage sind, ein Alltagsgespräch auf Deutsch zu führen.[220]

Der Input einer Zweitsprache auf niedrigem Lernerniveau geht bei den hier untersuchten Kindern mit einem problematischen Aneignungsverlauf einher. Das gilt insbesondere dann, wenn den Kindern vorwiegend bzw. ausschließlich lernersprachlicher Input von allen Bezugspersonen für ihre eigene Aneignung zur Verfügung steht.

Die Ergebnisse stehen in scheinbarem Gegensatz zu den Ergebnissen von Gathercole (2007), bei denen walisisch-englisch und spanisch-englisch bilinguale Kinder walisisches bzw. spanisches Genus besser beherrschten, wenn die jeweilige Sprache zu Hause gesprochen wurde. Betrachtet man nur die Sprachen an sich, so wäre nach Gathercole (2007) zu erwarten, dass die Kinder, die zu Hause auf Deutsch angesprochen werden, im deutschen Genuserwerb weiter vorangeschritten sind. Das ist hier jedoch nicht der Fall. Allerdings ist bei Gathercole (2007) zu überlegen, ob nicht nur die Quantität, sondern die erstsprachliche Qualität des Inputs (im Gegensatz zur hier vorliegenden zweitsprachlichen Qualität) einen wichtigen Faktor für die erzielten Ergebnisse darstellt.

Besonders interessant ist der Fall von Tomas, der nahelegt, dass möglicherweise nicht ein Gegensatz erst- versus zweitsprachlich entscheidend ist, sondern der Grad der zweitsprachlichen Beherrschung das zentrale Kriterium darstellt. Dieses Ergebnis ist in Einklang mit der klassischen Fallstudie von Saunders (1988), der sich selbst sehr kritisch über den Erfolg seiner bilingualen Erziehung äußert.

Die vorteilhaftesten Bedingungen für die Aneignung von Genus bietet nach diesen Ergebnissen die Kombination der Faktoren erstsprachlicher Input und Genussprache als Familiensprache.

---

220 Das wurde in Elterngesprächen abgesichert.

7. Schlussfolgerungen

7.1 Institutionen der Bildung

Die hier betrachteten Kinder besuchten Kindertagesstätten mit qualifizierten und engagierten Mitarbeiterinnen, was an der Anzahl der besuchten Fortbildungen, der Berufserfahrung und des pädagogischen Vorgehens dokumentiert ist. Die Kinder erhielten eine intensive Förderung in Kleingruppen an mehreren Tagen in der Woche und besuchten die Kindertagesstätte seit Jahren regelmäßig. Sowohl der alltägliche Umgang mit der deutschen Sprache wie die besonderen Kommunikationsbedingungen in der Kleingruppe im letzten Kindertagesstättenjahr eröffnet den jungen Menschen vielfältige Möglichkeiten der Aneignung des Deutschen, von denen sie in allen Basisqualifikationen erheblich profitiert haben. Damit konnte jedoch keine Beherrschung des Deutschen erreicht werden, die der der monoligualen deutschen Kinder altersentsprechend wäre.

Daraus ergibt sich eine zentrale Folgerung: Die Aneignung der deutschen Sprache ist eine Aufgabe, die von vorschulischen Institutionen begonnen und von schulischen Institutionen als Kernaufgabe bis zu allen Schulabschlüssen weitergeführt werden muss. Damit sind auch die hochqualifizierten Abschlüsse gemeint, für die Schüler ein kontinuierliches Forum brauchen, indem Sprachaneignungsfragen aufgegriffen werden. Zu der Bearbeitung dieser Aufgabe durch die Bildungseinrichtungen gibt es keine Alternative; insbesondere kann sie nicht an die Familien weiter gereicht werden, gerade wenn diese weder über die finanziellen noch die kulturellen Ressourcen für eine derart komplexe Aufgabe verfügen. Nicht weniger als ein Perspektivenwechsel des Sprachunterrichts ist dafür notwendig, der die Beherrschung des Unterrichtsmediums Sprache nicht voraussetzt, sondern sichert.

Zu einer neuen Sicht auf Kinder, die das Deutsche als zweite oder dritte Sprache erwerben, gehört es, Aneignungserfolge in gleicher Weise zu bemerken wie Abweichungen von der Zielsprache – vorwiegend Aneignungsprobleme zu vermerken und zu benoten, dafür aber Erfolge als sogenannten „Normalfall" unberücksichtigt zu lassen, befördert strukturelle Diskriminierung. Aneignungserfolge müssen systematisch aufgespürt werden; dafür ist linguistische Forschung nötig, profunde theoretische Kenntnisse von Lehrenden über Spracherwerb unter den Bedingungen der Mehrsprachigkeit sind unverzichtbar.[221]

---

221 Kritisch zum Verhältnis von Linguistik und Unterricht Bertele (2004), (2009).

7.2 Determination

Die Aneignung der Determination ist im Wesentlichen allen Kindern gelungen; für diesen Erfolg könnten alle Kinder bestärkt werden. Eine derartige Wertschätzung geleisteter Determination konnte aber in keiner Aufnahme beobachtet werden. Somit ist Determination ein Beispiel dafür, wie komplexe Aneignungserfolge nicht beachtet werden und damit Chancen ungenutzt bleiben, den Lernprozess positiv zu thematisieren und durch Rückmeldung zu bestärken.

Die Einschätzung des Hörerwissens ist für die Kinder noch schwierig; hier wäre es sinnvoll, in einer gesprächsunterstützenden Weise nachzufragen, wenn Relate, die als bekannt angezeigt werden, das im Hörerwissen nicht sind. Das sollte allerdings in einer Weise geschehen, die das Gespräch fortführt und nicht abbricht.

Im Rahmen der Weiterführung der Erzählfähigkeit in der Schule sollten die Kinder ermutigt werden, indefinite Erzählanfänge auszuprobieren. Die Einbeziehung definiter Erzählanfänge sollte Lehrenden und Schülern als gleichrangiges Stilmittel vertraut sein.

Die zuweilen sehr enge Kooperation von Sprecher und Hörer in Bezug auf Determination zeigt, dass bei Kindern, die noch nicht ganz sicher sind, der Gesprächsbeitrag des Erwachsenen bzw. Pädagogen kritisch beobachtet werden muss, um nicht zu viel an Determinationsleistung durch Fragen, eigene Vermutungen etc. herzustellen und damit Lerngelegenheiten wegzunehmen.

7.3 Genus

Genus stellt eine erhebliche und komplexe Aneignungsaufgabe dar. Dass diese Aufgabe im erstsprachlichen Erwerb so effizient und schnell gelöst wird, macht es besonders schwierig, die Komplexität wahrzunehmen. Ein großer Teil der beobachteten Kinder, 14 der 17 Kinder, hat Genus als wesentliche Struktur des Deutschen noch nicht erkannt und klassifiziert keine Nomina. Diese Kinder zeigen also nicht ein falsches Genus an, sondern keines.

Dieser Befund erfordert, dass nicht nur die Forschung, sondern auch in der Perspektive der Anwendung neue Überlegungen aufgebracht werden, die die Erklärbarkeit von Genus verbessern und neue, effizientere und sinnvollere Umsetzungen für Anwender ermöglichen. Hierfür sollen einige Vorschläge erfolgen.

Um den Zusammenhang eines Substantivs und seines Genus zu erklären, wurde in einer in der griechischen Antike beginnenden Tradition eine Vielzahl von Hypothesen und Prinzipien aufgestellt. In ihrer Unübersichtlichkeit erreichen sie jedoch weder Erklärungskraft noch Zuverlässigkeit oder Einfachheit in einem erklärungstheoretischen Sinn – und leider auch nicht in einer didaktischen Perspektive.

Eines der größten Hindernisse, Genus zu verstehen, liegt in der Abstraktion, zuweilen Negation von seiner Funktion. In der Tat ist es bei Betrachtung isolierter Nominalphrasen nicht einsichtig, wozu eine solch komplexe Klassifikation dienen könnte. Dagegen kann Genus über seine Funktion im Diskurs verstanden werden; als die Struktur, die Referenz wesentlich unterstützt.

Die Bestimmung des Genus eines Substantivs ist erst im Diskurszusammenhang zuverlässig über die kongruenten Genusmarkierungen, unter Berücksichtigung der vorliegenden Numerus- und Kasusinformationen, möglich. Die Genusmarkierungen selbst zeigen das Genus an. Dass ein Substantiv neutrales Genus trägt, wird also nicht an dessen Auslaut oder der Gestalt des Relats deutlich, sondern weil das Substantiv im Diskurs/Text mit dem Artikel das in Subjektposition auftaucht und darauf anaphorisch mit es Bezug genommen wird.[222] Formale und semantsiche Merkmale des Substantivs wirken unterstützend, leisten aber allein keine reliable Bestimmung.

Innerhalb der sprachlichen Handlung wird unter Einbeziehung der Kongruenz deutlich, wie viele Hinweise auf das Genus eines Substantivs in Diskurs und Text erfolgen; sie sind nicht redundant, sondern ermöglichen in ihrer Wiederholung und Vielgestalt die Aneignung. Für die Aneignung wie für das Lernen einer Fremdsprache gilt es daher, den Kongruenzzusammenhang der jeweiligen Makierungen untereinander und zu dem Substantiv herzustellen, auf das sie sich beziehen. Für eine kongruenzbasierte Bestimmung des Genus eines Substantivs im Deutschen sind damit folgende Kriterien relevant:

i. Der Bezugsrahmen

Der sprachliche Rahmen, in dem Genus erkennbar wird, ist der Diskurs bzw. der Text – nicht das Wort, die Nominalphrase oder der Satz. Um Genus eindeutig zu erkennen, müssen auch die numeruskongruenten Markierungen am Verb und der Kasus einbezogen werden.

ii. Die Genuserkennung an den Markierungen

a. Feminines Genus tragen alle Nomen, die von den Wörtern begleitet werden oder auf die sich die Wörter beziehen, die im femininen Genusparadigma stehen:

die (in Verbindung mit Singularität am Nomen und am Verb), eine im Nominativ und im Akkusativ,

einer, der, im Genitiv Singular und im Dativ Singular,

sie, ihr-, als Possessivdeixis wie auch als Personendeixis im Dativ, im Singular, etc.

---

222   Unter Bezug auf H. Paul (1886), Weinrich (1993), Aronoff (1994), Berkum (1996), Matthews (1997).

b. Maskulines Genus tragen alle Nomen, die von den folgenden Wörtern begleitet werden oder auf die sich die folgenden Wörter beziehen, die im maskulinen Genusparadigma stehen:

Ein, der, dieser im Nominativ,

eines, des, dieses im Genitiv,

einem, dem, diesem, ihm im Dativ

einen, den, diesen, ihn im Akkusativ,

er, sein-, etc.

c. Neutrales Genus tragen alle Nomen, die von den folgenden Wörtern begleitet werden oder auf die sich die folgenden Wörter beziehen, die im neutralen Genusparadigma stehen:

das, ein, dieses im Nominativ und Akkusativ,

des, eines, dieses im Genitiv,

dem, einem, diesem, ihm im Dativ,

es, sein- etc.

Eine kongruenzbasierte Genusbestimmung ist, wenn die Genusmarkierungen eingebettet in die gesamte Äußerung und über mehrere Äußerungen hinweg betrachtet werden, verlässlich und eindeutig. Kongruenz ist dabei eine Art „Faden, an dem die einzelnen Perlen der Genusmarkierungen zu einer Kette aufgezogen werden". Eine Genusbestimmung auf der Grundlage der kongruenten Markierungen ist auch dann möglich, wenn dativische und genitivische Genusmarkierungen noch nicht verarbeitet werden können, da sie sich auf eine Vielzahl von Markierungen stützt. Genusaneignung ist in dieser Sicht als Aneignung von Kongruenz im Diskurs begreifbar, die erst in einem weiteren Schritt zu der Klassifikation von Substantiven führt. Der Aneignungsstand von Genus kann nicht sinnvoll durch numerische Auszählungen zielsprachlicher versus abweichender Markierungen erfolgen, so lange noch keine Klassifikation vorliegt; für die Einschätzung der Aneignung werden komplexe Aneignungskriterien, im Einzelnen Nominalklassifikation, Zielsprachlichkeit, Kongruenz und Differenzierung vorgeschlagen.

Eine didaktische Operationalisierung ist nötig, die Genus in seiner Verwendung in der sprachlichen Handlung thematisiert und von einem elizitierenden Vorgehen isolierter Benennungen absieht. Genus muss als Kategorie der Sprache – nicht der außersprachlichen Welt – und als Organisationsmittel der Kommunikation erkannt werden. Es gilt, Genus als formale Klassifikation sprachlicher Entitäten zu begreifen und die handlungspraktische Funktion dieser Klassifikation erlebbar zu machen.[223]

---

223 Die verbreitete Genusarbeit mit Bildkarten suggeriert das Gegenteil, als bestimme das abgebildete Relat – und nicht das Wort, mit dem es benannt werden kann – das grammatische Geschlecht. Sie führt damit die Lerner auf eine falsche Spur.

Angebote, die das leisten können, sind in der kommmunikativen Bearbeitung von Erzählungen denkbar. Dabei könnte zunächst nur ein Genus bearbeitet werden, das sich über die vielfältigen Formen über eine gesamte Erzählung hinzieht. In der Folge könnten Genusmarkierungen zweier Genera kontrastiert werden, z.b. in den Protagonisten, so dass für die Sinnerschließung über Genus reflektiert und diskutiert werden muss. Erste Anwendungen dieser Ideen erwiesen sich als möglich und vielversprechend. Im Rahmen von Fortbildungen und universitären Lehrveranstaltungen haben ErzieherInnen und angehende LehrerInnen solche Projekte entworfen, die im kindlichen Alltag Gelegenheiten dafür suchen, Kongruenz zu entdecken. Eine Anwendung bestand in einem mehrwöchig angelegten Projekt in einer Kindertagesstätte zum Thema „Natur am Wasser".[224] Zunächst stand der Frosch im Mittelpunkt, der unter phonologischen Genusgesichtspunkten als maskuliner Einsilber glücklich gewählt war. In vielfältigen Aktivitäten wie Spielen, Naturausflügen, Geschichten und Lückenerzählungen wurden den Kindern die Markierungen des maskulinen Genusparadigmas besonders intensiv angeboten. Im weiteren Verlauf wurde die Kaulquappe als zweiter Protagonist hinzugenommen, auch sie phonologisch gesehen ein gelungenes Beispiel für Genus, da sie auf [ə] auslautet und feminines Genus trägt. Es wurden dann viele Sprachanlässe hergestellt, in denen die Kinder für gelingende Referenz feminines und maskulines Genus differenzieren mussten: bei einem Ausflug zu einem Teich, bei einer dialogischen Bilderbuchbetrachtung, bei der Recherche zur Entwicklung eines Frosches und bei kreativen Angeboten. Bei der Erstellung eines Fotoposters von der Entwicklung vom Ei (n) zur Kaulquappe (f) bis zum Frosch (m) kam das neutrale Genus als drittes hinzu. Dieses Projekt wurde in zwei Kindertagesstätten durchgeführt und in seinen Impulsen jeweils den Stärken und Erfordernissen der dort anwesenden Kinder angepasst.

Aktivitäten dieser Art können und müssen langfristig aufgegriffen und weiter geführt werden. Spannend war im weiteren Verlauf, dass die Kinder begannen, auch bei anderen Gelegenheiten das Genus zu erfragen und also diese Kategorie als wichtige zu thematisieren.

Bisher handelt es sich eher um Skizzen als um bereits erprobte Aktivitäten. Vielleicht stellen sie jedoch einen Anfang dafür dar, einen Zugang zu der Aneignung von Genus zu finden, der Lehrenden und Lernenden unterschiedlichen Alters Spaß verspricht und neue Einsichten ermöglicht.

---

224 Abschlussprojekt im Rahmen der „Qualifizierung für Sprachförderkräfte" des Landes Rheinland-Pfalz, Veranstalter: SPFZ Rheinland-Pfalz, Frühjahr 2009.

Literatur

Abott, B. (2003): The Difference between Definite and Indefinite Descriptions. LSA Meeting. Atlanta: http://www.msu.edu/~abbottb/lsa2003.htm.

Abott, B. (2006): Definite and Indefinite. In: Brown, K. (Hg.), Encyclopedia of Language and Linguistics. Amsterdam: Elsevier.

Abrahamsson, N. und Hyltenstam, K. (2008): The Robustness of Aptitude Effects in Near-Native Second Language Acquisition. Studies in Second Language Acquisition, 30, 481–509.

Abrahamsson, N. und Hyltenstam, K. (2009): Age of Acquisition and Nativelikeness in a Second Language – Listener Perception vs. Linguistic Scrutiny. Language Learning, 58, 249–306. http://www.diva-portal.org/su/opus/publication.xml?id=13894.

Adelung, J.C. (1782): Umständliches Lehrgebäude der Deutschen Sprache zur Erläuterung der Deutschen Sprachlehre für Schulen. Leipzig.

Adger, D. (2003): Core Syntax. A Minimalist Approach. Oxford: Oxford University Press.

Afshar, K. (1998): Zweisprachigkeit oder Zweitsprachigkeit? Zur Entwicklung einer schwachen Sprache in der deutsch-persischen Familienkommunikation, untersucht an zwei Kindern im Alter von 2–4 Jahren. Münster u.a.: Waxmann.

Ahrenholz, B. (2005): Reference to Persons and Objects in the Function of Subject in Learner Varieties. In: Hendriks (Hg.), 19–64.

Ahrenholz, B. (Hg.) (2006): Kinder mit Migrationshintergrund. Spracherwerb mit Fördermöglichkeiten. Freiburg i.Br. : Fillibach.

Ahrenholz, B. (Hg.) (2008): Zweitspracherwerb. Freiburg i.Br.: Fillibach.

Aichinger, C.F. (1754): Versuch einer teutschen Sprachlehre. Frankfurt: Kraus. Rössing-Hager, 1972: Documenta Linguistica, Hildesheim, Olms http://books.google.com/books?id=1wEatM0CYCMC&pg=PA126&vq=genus&hl=de&source=gbs_search_r&cad=0_1#PPA127,M1.

AKI – Arbeitskreis Interkulturelle Konflikte und gesellschaftliche Integration (2005): Migrationshintergrund von Kindern und Jugendlichen: Wege zur Weiterentwicklung der amtlichen Statistik. Berlin: BMBF.

Akinci, M.-A. (2002): Développement des compétences narratives des enfants bilingues turc-français en France âgés de 5 à 10 ans. München: Lincom Europa.

Akinci, M.-A. (2004): Errors and Repairs in French Language – Use of Turkish-French Bilingual Children and Teenagers. In: Lorenzo Suarez, M.A., Ramallo, F. und Rodriguez-Yanez, X.P. (Hgg.), Bilingual Socialization and Bilingual Language Acquisition: Proceedings from the 2nd International Symposium of Bilingualism. Vigo: Servizio de Publications da Universidade de Vigo.

Akinci, M.-A., Jisa, H. und Kern, S. (2001): Influence of L1 Turkish on L2 French Narratives. In: Verhoeven/Strömqvist, 189–208.

Akinci, M.-A. und Yağmur, K. (2003): Language Use and Attitudes of Turkish Immigrants in France and Their Subjective Ethnolinguistic Vitality Perceptions. Istanbul: Boğaziçi University Press.

Alario, F.-X. und Camarazza, A. (2002): The Production of Determiners: Evidence from French. Cognition, 82, 179–223.

Albertus, L. (1573): Teutsch Grammatick oder Sprachkunst. Augsburg. Nachdruck: Müller-Fraureuth, C. (Hg.) (1895): Die deutsche Grammatik des Laurentius Albertus, Straßburg.

Altmann, G. und Raettig, V. (1973): Genus und Wortauslaut im Deutschen. Zeitschrift für Phonetik, Sprachwissenschaft und Kommunikationsforschung, 26, 297–303.

Andresen, H. (1985): Schriftspracherwerb und die Entstehung von Sprachbewusstheit. Opladen: Westdeutscher Verlag.

Andresen, H. (2005): Vom Sprechen zum Schreiben: Sprachentwicklung zwischen dem vierten und siebten Lebensjahr. Stuttgart u.a.: Klett-Cotta.

Apeltauer, E. (1987): Gesteuerter Zweitspracherwerb: Voraussetzungen und Konsequenzen für den Unterricht. München: Hueber.

Apeltauer, E. (1997): Grundlagen des Erst- und Fremdsprachenerwerbs. München: Langenscheidt.

Apeltauer, E. (2001): Bilingualismus – Mehrsprachigkeit. In: Helbig/Götze et al., 628–638.

Apeltauer, E. (2003): Literalität und Spracherwerb. Flensburger Papiere zur Mehrsprachigkeit und Kulturenvielfalt, 32. Flensburg: Universität.

Apeltauer, E. (2004): Sprachliche Frühförderung von zweisprachig aufwachsenden türkischen Vorschulkindern. Flensburger Papiere zur Mehrsprachigkeit und Kulturenvielfalt, Sonderheft 1. Flensburg: Universität.

Arens, H. (1969): Sprachwissenschaft. Der Gang ihrer Entwicklung von der Antike bis zur Gegenwart. Freiburg i.Br. u.a.: Karl Alber.

Aristophanes: Die Wolken. Nachdruck: Aristophanes (1952/1953): Sämtliche Komödien. Übertragen von Ludwig Seeger. Einleitungen zur Geschichte und zum Nachleben der Griechischen Komödie nebst Übertragungen von Fragmenten der alten und mittleren Komödie von Otto Weinreich, 2 Bände, Zürich: Artemis. http://www.zeno.org/Literatur/M/Aristophanes/Komödien/Die+Wolken/1.+Szene.

Aristoteles: Analytik. Griechisch–Deutsch. Herausgegeben und übersetzt von Zekl, H.G. Hamburg: Meiner (1998).

Aristoteles: Lehre vom Satz, Peri hermenias. In: Organon I/II. Nachdruck: ders. (1962), Übersetzung E. Rolfes, Leipzig: Meiner.

Aristoteles: Poetics. In.: Pegasus Project Erstveröffentlicht: Kassel, R. (Hg.) (1966): Aristotle. Aristotle's Ars Poetica. Oxford: Clarendon Press. Nachdruck: (1932): Aristotle in 23 Volumes, Vol. 23, Übersetzung W.H. Fyfe. Cambridge, MA: Harvard University Press und London, William Heinemann Ltd. http://www.perseus.tufts.edu/cgibin/ptext?doc=Perseus:text:1999.01.0055:section=1458a.

Aristoteles: Poetics. In: MIT (Hg.). http://classics.mit.edu/Aristotle/poetics.3.3.html.

Aristoteles: Poetik. In: Reclam (Hg.) (1982), Ecce Opera, übersetzt von Fuhrmann, M., Reclam-Heft 7828, Stuttgart: Reclam.

Aristoteles: Rhetoric. Greek/English. In: Perseus Project. Erstveröffentlichung: Ross, W. D. (1959): Aristotle. Ars Rhetorica. Oxford: Clarendon Press.http://www.perseus.tufts. edu/cgibin/vor?lookup=aristotle;collection=Perseus%3Acollection%3AGrecoRoman;grou p=fieldcat;target=en%2C0;alts=1;extern=1;doctype=Text;detail=Creator#Creator.

Aristoteles: Rhetorik. In: V. Flashar, H. (Hg.) (2002): Werke in deutscher Übersetzung. Übersetzung und Kommentar: C. Rapp. Berlin: Akademie Verlag.

Aronoff, M. (1994): Morphology by Itself. Cambridge: MIT Press.

Aronoff, M. und Rees-Miller, J. (Hgg.) (2001): The Handbook of Linguistics. Malden: Blackwell.

Aufderstraße, H. und Bock, H. (2003): Themen aktuell – dreibändige Ausgabe. München: Hueber.

Augst, G. (1975): Untersuchungen zum Morpheminventar der deutschen Gegenwartssprache. Tübingen: Narr.

Augst, G. (1979): Neuere Forschungen zur Substantivflexion. Zeitschrift für Germanistische Linguistik, 7(79), 220–232.

Austin, J.L. (1962): How to Do Things With Words. Cambridge, Mass.: Harvard University Press. Deutsche Ausgabe (1972): Stuttgart: Reclam.

Ax, W. (1978): Lógos, phōnē und diálektos. Glotta, 56, 245–271.

Ax, W. (1996): Pragmatics Arguments in Morphology. Varro's Defence of Analogy in Book 9 of His De Lingua Latina. In: Swiggers, P. und Wouters, A. (Hgg.), Ancient Grammar: Content and Context. Leuven u.a.: Peeters, 105–119.

Ax, W. (2000): Lexis und Logos: Studien zur antiken Grammatik und Rhetorik. Stuttgart: Franz Steiner.

Ax, W. (i. V.): Aelius Donatus, Ars grammatica, Text, Übersetzung und Kommentar.

Babur, E., Chilla, S. und Meyer, B. (2008): Aspekte der Kommunikation in der logopädischen Diagnostik mit ein- und mehrsprachigen Kindern. Hamburg: Universität, Sonderforschungsbereich Mehrsprachigkeit.

Bacon, R.: The Greek Grammar of Roger Bacon and A Fragment of his Hebrew Grammar. Cambridge u.a.: Cambridge University Press.

Bacon, R.: Greek Grammar. In: Noland, E. und Hirsch, S.A. (Hgg.). Cambridge: Cambridge University Press, Nachdruck 1902.
http://www.archive.org/stream/greekgrammarofro00bacouoft.

Bakker, P. (2001): Romani in Europe. In: Extra/Gorter (Hgg.), 293–313.

Bamberg, M. (1994): Development of Linguistic Forms: German. In: Berman/Slobin, 189–238.

Barkowski, H. (1993): Deutsch als Zweitsprache aus bilingualer und interkultureller Perspektive. Deutsch als Fremdsprache, 2. Leipzig: Universität.

Barkowski, H. (2007): Ein Text ist (k)ein Text ist (k)ein Text... Anmerkungen zum Textbegriff im Kontext des Lehrens und Lernens fremder Sprachen und zur Erfassung der Kulturhaftigkeit von Texten. In: Bausch, K.-R. et al. (Hgg.): Textkompetenzen: Arbeitspapiere der 27. Frühjahrskonferenz zur Erforschung des Fremdsprachenunterrichts, Giessener Beiträge zur Fremdsprachendidaktik, Narr, Tübingen, 21–27.

Barkowski, H., Harnisch, U. und Kumm, S. (1978): Thesen zum ungesteuerten Spracherwerb ausländischer Arbeiter. Deutsch lernen, 3, 7–20.

Bartning, I. (2000): Gender Agreement in L2-French: Pre-Advanced vs. Advanced Learners. Studia Linguistica, 54, 225–237.

Bartnitzky, H. und Speck-Hamdan, A. (2005): Sprachförderung als Herausforderung. In: Bartnitzky/Speck-Hamdan (Hgg.), 8–18.

Bartnitzky, H. und Speck-Hamdan, A. (Hgg.) (2005): Deutsch als Zweitsprache lernen. Frankfurt M.: Grundschulverband-Arbeitskreis Grundschule.

Bartsch, R. und Vennemann, T. (1982): Grundzüge der Sprachtheorie. Eine linguistische Einführung. Tübingen u.a.: Niemeyer.

Bassetti, B. (2007): Bilingualism and Thought: Grammatical Gender and Concepts of Objects in Italian-German Bilingual Children. International Journal of Bilingualism, 11 (3), 251–273.

Bast, C. (2003): Der Altersfaktor im Zweitspracherwerb. Köln: Universität.

Bates, E. und Goodman, J.C. (1999): On the Emergence of Grammar from the Lexicon. In: MacWhinney, B. (Hg.), 29–80.

Bates, E. und MacWhinney, B. (1989): Functionalism and the Competition Model. In: dies. (Hgg.), The Crosslinguistic Study of Sentence Processing: Functionalism and the Competition Model. New York: Cambridge University Press, 3_73.

Bates, E., Marchman, V., Thal, D., Fenson, L., Dale, P. et al. (1994): Developmental and Stylistic Variation in the Composition of Early Vocabulary. Journal of Child Language, 21, 85–121.

Bauch, H.-J. (1971): Zum Informationsgehalt der Kategorie Genus im Deutschen, Englischen und Polnischen. Wissenschaftliche Zeitschrift der Universität Rostock, 20, 411–419.

Baur, S., Carli, A. und Larcher, D. (Hgg.) (1995): Interkulturelles Handeln. Neue Perspektiven des Zweitsprachlernens. Agire tra le culture. Nuovo prospettive nell'apprendimento della lingua seconda. Meran/Merano: Edizioni Alpha & Beta Verlag.

Bausch, R. und Königs F.G. (1983): ‚Lernt‘ oder ‚erwirbt‘ man Fremdsprachen im Unterricht? Zum Verhältnis von Sprachlehrforschung und Zweitsprachenerwerbsforschung. Die Neueren Sprachen, 4, 308–336.

Beck, M.-L. (1998): L2 Acquisition and Obligatory Head Movement: English-speaking Learners of German and the Local Impairment Hypothesis. Studies in Second Language Acquisition, 20, 311–348.

Becker, K.F. (1824): Die deutsche Wortbildung oder die organische Entwickelung der Sprache in der Ableitung. Frankfurt M. Nachdruck: ders. (1990), Documenta Linguistica, V, Hildesheim: Solms.

Becker, K.F. (1836): Ausführliche deutsche Grammatik als Kommentar der Schulgrammatik. Prag. Nachdruck: ders. (1969), Documenta Linguistica, V, Hildesheim: Solms.

Becker, T. (2005): The Role of Narrative Interaction in Narrative Development. In: Quasthoff, U. und Becker, T. (Hgg.), Narrative Interaction. Amsterdam u.a.: Benjamins, 93–112.

Becker-Mrotzek, M. (1989): Schüler erzählen aus ihrer Schulzeit. Frankfurt M.: Lang.

Becker-Mrotzek, M. (2002): Funktional-pragmatische Unterrichtsanalyse. In: Kammler, C. und Knapp, W. (Hgg.), Empirische Unterrichtsforschung und Deutschdidaktik. Baltmannsweiler: Schneider, 58–78.

Behaghel, O. (1923): Deutsche Syntax: eine geschichtliche Darstellung. Heidelberg: Carl Winters Verlagsbuchhandlung.

Behaghel, O. (1968): Die deutsche Sprache. Halle: VEB Niemeyer.

Ben-Zeev, S. (1977): The Influence of Bilingualism on Cognitive Strategy and Cognitive Development. Child Development, 48, 1008–1018.

Berend, N. (1998): Sprachliche Anpassung. Eine soziolinguistisch-dialektologische Untersuchung zum Russlanddeutschen. Tübingen u.a.: Narr.

Berkemeier, A. (2007): Perspektiven der Weiterentwicklung einer DaZ-spezifischen Schreibdidaktik. In: Redder (Hg.), 401–410.

Berkum, J.J.A. v. (1996): The Psycholinguistics of Grammatical Gender: Studies in Language Comprehension and Production. In: M.P.I. for Psycholinguistics (Hg.), Nijmegen: Nijmegen University Press. Kapitel 2 : http://www.mpi.nl/world/persons/private/josber/vanberkum-dissertation-ch3.pdf.

Berman, R.A. (1985): The Acquisition of Hebrew. In: Slobin (Hg.), 255–371.

Berman, R.A. (1986): A Crosslinguistic Perspective: Morphology and Syntax. In: Fletcher/Garman (Hgg.), 429–448.

Berman, R.A. (2004): The Role of Context in Developing Narrative Abilities. In: Strömqvist/ Verhoeven, L. (Hgg.), II, 261–280.

Berman, R.A. und Slobin, D.I. (Hgg.) (1994): Relating Events in Narrative: A Crosslinguistic Developmental Study. Hillsdale, New Jersey: Erlbaum.

Bernadini, P. und Schlyter, S. (2004): Growing Syntactic Structure and Code-Mixing in the Weaker Language: The Ivy-Hypothesis. Bilingualism: Language and Cognition, 7, 49–69.

Berthele, R. (2004): Zwischen Traualtar und Scheidungsanwalt. Zum Verhältnis von Linguistik und DaF. Bulletin suisse de linguistique appliquée, 79, 47–68.

Berthele, R. (2009): Überlegungen zur quasi totalen aber vollkommen normalen Nutzlosigkeit sprachwissenschaftlicher Forschung für die Unterrichtspraxis. Zeitschrift für Literaturwissenschaft und Linguistik, 10–25.

Bertolet, R. (1999): Theory of Descriptions. In: The Cambridge Dictionary of Philosophy. New York: Cambridge University Press.

Bewer, F. (2004): Der Erwerb des Artikels als Genus-Anzeiger im deutschen Erstspracherwerb. ZAS Papers in Linguistics, 33, 87–140.

Bhardwaj, M.R. (1995): Colloquial Panjabi: A Complete Language Course. New York: Routledge. http://books.google.com/books?id=lDMi8BUddEC&dq=bhardwaj+Colloquial+Panjabi:+a +complete+language+course&printsec=frontcover&source=bl&ots=iiI649QaWf&sig=Su 1fv4_xe7zQBOfSnmiG1CtjCB8&hl=de&ei=uSSwSbGmJI3I0AXY2oCQAQ&sa=X&oi= book_result&resnum=7&ct=result#PPA220,M1.

Bierbach, C. und Birken-Silverman, G. (2004): Italienische und spanische Migranten in Südwestdeutschland: „Vicini, ma diferentes". http://www.ids-mannheim.de/prag/ sprachvariation/publik.htm.

Bierbach, C. und Birken-Silverman, G. (2004 a): Sprache italienischer Migranten in der Bundesrepublik Deutschland. In: Moraldo und Soffritti (Hgg.), 60–80.

Birmele, K., Graßer, B., Guckelsberger, S., Komor, A. und Trautmann, C. (2007): Sprachliche Kooperation im kindlichen Requisitenspiel. In: Redder (Hg.), 459–472.

Bittner, A., Bittner, D. und Köpcke, K.-M. (Hgg.) (2000): Angemessene Strukturen: Systemorganisation in Phonologie, Morphologie und Syntax. Hildesheim: Olms.

Bittner, D. (1994): Die Bedeutung der Genusklassifikation für die Organisation der deutschen Substantivflexion. In: Köpcke (Hg.), 65–80.

Bittner, D. (2000): Gender Classification and the Inflectional System of German Nouns. In: Unterbeck/Rissanen et al. (Hgg.), Gender in Grammar and Cognition,1–24.

Bittner, D. (2000 a): Sprachwandel durch Spracherwerb? – Pluralerwerb. In: Bittner/Bittner/Köpcke (Hgg.), 123–140.

Bittner, D., Dressler, W.U. und Kilani-Schoch, M. (Hgg.) (2003): Development of Verb Inflection in First Language Acquisition: A Cross-Linguistic Perspective. Berlin u.a.: De Gruyter.

Bley-Vroman, R. (1989): What is the Logical Problem of Foreign Language Learning? In: Gass, S. und Schachter, J. (Hgg.), Linguistic Perspectives on Second Language Acquisition, Cambridge: Cambridge University Press, 41–68.

Blom, E., Polisenská, D. und Weerman, F. (2008): Articles, Adjectives and Age of Onset: The Acquisition of Dutch Grammatical Gender. Second Language Research, 24 (3), 297–331.

Bloomfield, L. (1933): Language. Chicago: The University of Chicago Press

BMI (Hg.) (2001): Bericht der Unabhängigen Kommission „Zuwanderung". Berlin: Bundesministerium des Innern.

Bock, K., Nicol, J. und Cutting, J.C. (1999): The Ties That Bind: Creating Number Agreement in Speech. Journal of Memory and Language, 40, 330–346.

Boeckx, C. (Hg.) (2006): Agreement Systems. Amsterdam u.a.: Benjamins.

Boeckx, C. (2006): Introduction. In: Boeckx (Hg.), 1–12.

Bödiker, J. (1698): Grund-Sätze der Teutschen Sprache. Berlin.

Bogaerde van den, B., Knoors, H. und Verrips, M. (1994): Language Acquisition with Non-Native Input. Amsterdam: Universiteit.

Bongaerts, T., Planken, B. und Schils, E. (1995): Can Late Learners Attain a Native Accent in a Foreign Language? A Test of the Critical Period Hypothesis. In: Singleton/Lengyel (Hgg.), 30–50.

Booij, G. (2005): The Grammar of Words. New York: Oxford University Press.

Boos-Nünning, U. (1976): Lernprobleme und Schulerfolg. In: Hohmann, M. (Hg.), Unterricht mit ausländischen Kindern. Düsseldorf: Schwann, 57–88.

Bovermann, M., Penning, S., Specht, F. und Wagner, D. (2003): Schritte. München: Hueber.

Bredel, U. und Günther, H. (2006): Orthographie und Rechtschreibunterricht. In: Bredel/Günther (Hgg.), 197–215.

Bredel, U. (2007): Sprachbetrachtung und Grammatikunterricht. Paderborn u.a.: Schöningh.

Bredel, U. (2008): Die Interpunktion des Deutschen: ein kompositionelles System zur Online-Steuerung des Lesens. Tübingen u.a.: Niemeyer.

Bredel, U., Günther, H., Klotz, P., Ossner, J. und Siebert-Ott, G. (Hgg.) (2003): Didaktik der deutschen Sprache. Paderborn u.a.: Schöningh.

Bredel, U. und Reich, H.H. (2008): Literale Basisqualifikationen I und II. In: Ehlich/Bredel/Reich (Hgg.), 95–104.

Brinkmann, H. (1962): Die deutsche Sprache. Düsseldorf: Schwann.

Brown, R. (1973): A First Language: The Early Stages. Cambridge, Mass.: Harvard University Press.

Brugmann, K. (1889): Das Nominalgeschlecht in den indogermanischen Sprachen. Techmers Internationale Zeitschrift für Allgemeine Sprachwissenschaft, 4, 100–109.

Bruner, J. (1983): Child's Talk: Learning to Use Language. New York: Norton.

Bruner, J. (1987): Wie das Kind sprechen lernt. Bern: Huber.

Brünner, G. und Graefen, G. (1994): Zur Konzeption einer Funktionalen Pragmatik. In: Brünner/Graefen (Hgg.), 7–24.

Brünner, G. und Graefen, G. (Hgg.) (1994): Texte und Diskurse. Methoden und Forschungsergebnisse der Funktionalen Pragmatik. Opladen: Westdeutscher Verlag.

Buchholz, O. und Fiedler, W. (1987): Albanische Grammatik. Leipzig: Verlag Enzyklopädie.

Bühler, K. (1934): Sprachtheorie. Die Darstellungsfunktion der Sprache. Nachdruck ders. (1999), Stuttgart: Lucius & Lucius, UTB.

Bührig, K. und Matras, Y. (Hgg.) (1999): Sprachtheorie und sprachliches Handeln. Festschrift für Jochen Rehbein zum 60. Geburtstag. Tübingen u.a.: Stauffenburg.

Bußmann, H. (2002): Lexikon der Sprachwissenschaft. Stuttgart: Kröner.

Butt, M. (1995): The Structure of Complex Predicates in Urdu. Stanford, CA: Center for the Study of Language (CSLI).

Camarazza, A., Miozzo, M., Costa, A., Schiller, N., Alario, F.X. (2001): A Crosslinguistic Investigation of Determiner Production. In: Dupoux, E. (Hg.), Language, Brain, and Cognitive Development: Essays in Honor of Jaques Mehler. Cambridge, MA: MIT Press, 209–226.

Carlson, G. (1977): Reference to Kinds in English. Massachusetts: University of Massachusetts.

Carlson, G. und Pelletier, F.J. (Hgg.) (1995): The Generic Book. Chicago: The University of Chicago Press.

Cech, P. und Heinschink, M.F. (1999): Basisgrammatik. Arbeitsbericht 1a des Projekts „Kodifizierung der Romanes-Variante der Österreichischen Lovara". Wien: Verein Romano Centro.

Cenoz, J. und Genesee, F. (1998): Psycholinguistic Perspectives on Multilingualism and Multilingual Education. In: Cenoz, J. und Genesee, F. (Hgg.), Beyond Bilingualism. Multilingualism and Multilingual Education. Clevedon: Multilingual Matters, 16–34.

Cenoz, J. und Genesee, F. (Hgg.) (2001): Trends in Bilingual Acquisition. Amsterdam u.a.: Benjamins.

Cenoz, J., Hufeisen, B. und Jessner, U. (Hgg.) (2001a): Looking Beyond Second Language Acquisition. Studies in Tri- and Multilingualism. Tübingen: Stauffenburg.

Chierchia, G. (1995): Individual Level-Predicates as Inherent Generics. In: Carlson/Pelletier (Hg.), 176–223.

Chierchia, G. (1996): Plurality of Mass Nouns: On the Notion of ‚Semantic Parameter'. Milano: Università di Milano.

Chierchia, G. (1998): Reference to Kinds Across Languages. Natural Language Semantics, 6, 339–405.

Chilla, S. (2008): Erstsprache, Zweitsprache, Spezifische Sprachentwicklungsstörung? Eine Untersuchung des Erwerbs der deutschen Hauptsatzstruktur durch sukzessiv-bilinguale Kinder mit türkischer Erstsprache. Hamburg: Dr. Kovač.

Chlosta, C. und Ostermann, T. (2005): Warum fragt man nach der Herkunft, wenn man Sprache meint? Ein Plädoyer für eine Aufnahme sprachbezogener Fragen in demographische Untersuchungen. In: AKI (Hg.), 55–66.

Chlosta, C., Ostermann, T. und Schroeder, C. (2004): Ergebnisse und Dokumentation des Projekts Sprachenerhebung Essener Grundschulen (SPREEG). Essen: Stadt.

Chomsky, N. (1965): Aspects of the Theory of Syntax. Cambridge: Mass.: MIT Press.

Chomsky, N. (1981): Lectures on Government and Binding: The Pisa Lectures. Berlin u.a.: De Gruyter.

Christophersen, P. (1939): The Articles: A Study of Their Theory and Use in English. Kopenhagen: Munksgaard.

Citogroup (2005): Cito Sprachtest. Butzbach: Cito Deutschland.

Clahsen, H. (1988): Normale und gestörte Kindersprache: Linguistische Untersuchungen zum Erwerb von Syntax und Morphologie. Amsterdam u.a.: Benjamins.

Clahsen, H., Meisel, J.M. und Pienemann, M. (1983): Deutsch als Zweitsprache. Der Spracherwerb ausländischer Arbeitnehmer. Tübingen u.a.: Narr.

Clahsen, H. und Muysken, P. (1986): The Availability of Universal Grammar to Adult and Child Learners: A Study of The Acquisition of German Word Order. Second Language Research, 2 (2), 93–119.

Clajus, J. (1578): Grammatica germanicae linguae ex optimis quibusque autoribus collecta. In: Weidling (Hg.), 1894.

Clark, E. (1974): „Performing without Competence." Journal of Child Language, 1, 1–10.

Clark, E. (1993): The Lexicon in Acquisition. Cambridge u.a.: Cambridge University Press.

Clyne, M. (1968): Zum Pidgin-Deutsch der Gastarbeiter. Zeitschrift für Mundartforschung, 35, 130–139.

Clyne, M. (1991): Community Languages. The Australian Experience. Cambridge u.a.: Cambridge University Press.

Clyne, M. (1992): Introduction. In: Clyne (Hg.), 1–8.

Clyne, M. (Hg.) (1992): Pluricentric Languages: Differing Norms in Different Nations. Berlin u.a.: De Gruyter.

Clyne, M. (1992 a): Linguistic and Sociolinguistic Aspects of Language Contact, Maintenance and Loss: Towards a Typological Multifacet Theory. In: Fase, W., Jaspaert, K., und Kroon, S. (Hgg.), Maintenance and Loss of Minority Languages. Amsterdam u.a.: Benjamins, 17–36.

Clyne, M. und Kipp, S. (2006): Tiles in a Multilingual Mosaic. Macedonian, Filipino and Somali in Melbourne. Canberra, Australien: Australian National University.

Clyne, M. und Mocnay, E. (1999): Zur ungarisch-deutsch-englischen Dreisprachigkeit in Australien. In: Bührig und Matras (Hgg.), 159–170.

Cole, P. (1974): Indefiniteness and Anaphoricity. Language, 50, 665–674.

Coppola, C. (1972): Some Cultural and Grammatical Aspects of Gender in Hindi and Urdu. In: American Conference of Teachers of Uncommon Asian Languages. Atlanta, Georgia: eric – Education Resources Information Center.

Corbett, G.G. (1983). The Number of Genders in Polish. Papers and Studies in Contrastive Linguistics, 16, 83–89. http://eric.ed.gov:80/ERICDocs/data/ericdocs2sql/content_storage_01/0000019b/80/39/3b/9e.pdf.

Corbett, G.G. (1991): Gender. Cambridge u.a.: Cambridge University Press.

Corbett, G.G. (2006): Agreement. Cambridge u.a.: Cambridge University Press.

Corbett, G.G. (2008): Sex-based and Non-sex-based Gender Systems. In: Haspelmath, M., Dryer, M.S., Gil, D. und Comrie, B. (Hgg.), The World Atlas of Language Structures Online. München: Max Planck Digital Library, Kap. 31. http://wals.info/feature/description/31.

Corbett, G.G. und Fraser, N.M. (2000): Default Genders. In: Unterbeck et al. (Hgg.), 55–98.

Coseriu, E. (1956): Determinación y entorno. Dos problemas de una lingüística del hablar. Romanistisches Jahrbuch, VII, 29–54.

Coseriu, E. (1975): Determination und Umfeld. Zwei Probleme einer Linguistik des Sprechens. In: Coseriu, E. (Hg.), Sprachtheorie und Allgemeine Sprachwissenschaft. 5 Studien. München: Fink, 253–290.

Coseriu, E. (1979): Sprache. Strukturen und Funktionen. Tübingen u.a.: Narr.

Costa, A., Kovacic, D., Fedorenko, E. und Caramazza, A. (2003): The Gender Congruency Effect and the Selection of Freestanding and Bound Morphemes: Evidence from Croatian. Journal of Experimental Psychology, 29 (6), 1270–1282. Online: http://www.wjh.harvard.edu/ ~caram/PDFs/2003_Costa_Kovacic_et_al.pdf

Costa, A., Sebastian-Galles, N., Miozzo, M. und Camarazza, A. (1999): The Gender Congruity Effect: Evidence from Spanish and Catalan. Language and Cognitive Processes, 14, 381–391.

Craig, C. (Hg.) (1986): Noun Classes and Categorization. Amsterdam u.a.: Benjamins.

Crystal, D. (2003): A Dictionary of Linguistics and Phonetics. Oxford: Blackwell.

Cummins, J. (1979): Linguistic Interdependence and the Educational Development of Bilingual Children. Review of Educational Research, 49 (79), 222–251.

Cummins, J. (1980): The Construct of Language Proficiency in Bilingual Education. In: Alatis, J.E. (Hg.), Current Issues in Bilingual Education. Washington: Georgetown University Press, 81–103.

Cummins, J. (1991): Conversational and Academic Language Proficiency in Bilingual Contexts. In: Hulstijn, J.H. und Matter, J.F. (Hgg.), Reading in Two Languages. AILA-Review, 75–89.

Cummins, J. (2000): Language, Power, and Pedagogy: Bilingual Children in the Crossfire. New York: Multilingual Matters.

Dahl, Ö. (2000): Animacy and the Notion of Semantic Gender. In: Unterbeck et al. (Hgg.), 99–116.

Dayal, V. (2002): Number Marking and (In)Definiteness in Kind Terms. Linguistics and Philosophy, 27, 393–405.

Dewaele, J.-M. und Véronique, D. (2000): Relating Gender Errors to Morphosyntax and Lexicon in Advanced French Interlanguage. Studia Linguistica, 54, 212–224.

Dewaele, J.-M. und Véronique, D. (2001): Gender Assignment and Gender Agreement in Advanced French Interlanguage: A Cross-Sectional Study. Bilingualism: Language and Cognition, 4, 275–297.

De Coster, S., De Houwer, A. und Borsel, J.v. (2006): Assessing the Lexical Development of Infant Bilinguals: A New Diagnostic Method Based on Existing Tools. Logopeda, 2 (3), 186ff.

De Houwer, A. (1990): The Acquisition of Two Languages from Birth: A Case Study. Cambridge u.a.: Cambridge University Press.

De Villiers, P.A. (1974): An Effect of the Article on the Salience of a Noun. Language and Speech, 17 (2), 135–141.

Deutschbein, M. (1917): System der neuenglischen Syntax. Cöthen: Schulze.

Dewaele, J.-M. und Véronique, D. (2001): Gender Assignment and Gender Agreement in Advanced French Interlanguage: A Cross-Sectional Study. Bilingualism: Language and Cognition, 4 (3), 275–297.

Diehl, E. (1991): Das ewige Ärger mit die deutsche Deklination. In: Diehl, E., Albrecht, H. und Zoch, I. (Hgg.), Lernerstrategien im Fremdspracherwerb. Untersuchungen zum Erwerb des deutschen Deklinationssystems. Tübingen u.a.: Niemeyer.

Diehl, E. (2000): Grammatikunterricht: alles für der Katz? Untersuchungen zum Zweitsprachenerwerb Deutsch. Tübingen u.a.: Niemeyer.

Dionysius Thrax: Téchnē grammatikē. Nachdruck: Swiggers, P. und Wouters, A. (Hgg.), Ancient Grammar: Content and Context. Übersetzung: W. Kürschner. Leuven u.a.: Peeters.

Dirim, I. und Auer, P. (2004): Türkisch sprechen nicht nur die Türken. Über die Unschärfebeziehungen zwischen Sprache und Ethnie in Deutschland. Berlin u.a.: De Gruyter.

Dittmar, N. und Rost-Roth, M. (Hgg.) (1995): Deutsch als Zweit- und Fremdsprache. Methoden und Perspektiven einer akademischen Disziplin. Frankfurt M.: Lang.

Dixon, R.M.W. (1986): Noun Classes and Noun Classification in a Typological Perspective. In: Craig (Hg.), 105–112.

Doleschal, U. (2002): Das generische Maskulinum im Deutschen. Ein historischer Spaziergang durch die deutsche Grammatikschreibung von der Renaissance bis zur Postmoderne. Linguistik online, 11. http://www.linguistik-online.de/11_02/doleschal.html.

Donatus, A. Ars maior. Nachdruck: Holtz, L. (Hg.), Paris: Centre National de la Recherche Scientifique http://kaali.linguist.jussieu.fr/CGL/index.jsp.

Döpke, S. (1992): One Parent, One Language: An International Approach. Amsterdam u.a.: Benjamins.

Doyle, A., Champagne, M. und Segalowitz, N. (1978): Some Issues in the Assessment of Linguistic Consequences of Early Bilingualism. In: Paradis, M. (Hg.), Aspects of Bilingualism. Columbia S.C.: Hornbeam Press.

DUDEN (Hg.) (2005): DUDEN. Die Grammatik. Mannheim u.a.: Dudenverlag.

Durrani, N. (2006): System for Grammatical Relations in Urdu. Lahore. http://www.crulp.org/Publication/papers/2006/system_grammatical_relations.pdf.

Edmondson, W.J. und House, J. (2000): Einführung in die Sprachlehrforschung. Tübingen u.a.: Francke (UTB).

Ehlich, K. (1978): Deixis und Anapher. In: Rauh, G. (Hg.), Essays on Deixis. Tübingen u.a.: Narr, 79–97.

Ehlich, K. (1979): Verwendungen der Deixis beim sprachlichen Handeln. Linguistisch-philologische Untersuchungen zum hebräischen deiktischen System. Frankfurt M.: Lang.

Ehlich, K. (1980): Der Alltag des Erzählens. In: Ehlich (Hg.), 11–27.

Ehlich, K. (Hg.) (1980): Erzählen im Alltag. Frankfurt M. u.a.: Suhrkamp.

Ehlich, K. (1980 a): Fremdsprachlich Handeln: Zur Pragmatik des Zweitspracherwerbs ausländischer Arbeiter. Deutsch lernen, 1, 21–37.

Ehlich, K. (1981): Schulischer Diskurs als Dialog? In: Schröder, P. und Steger, H. (Hgg.), Dialogforschung. Düsseldorf: Schwann, 334–369.

Ehlich, K. (1981 a): Spracherfahrungen. Zu Spracherwerbsmöglichkeiten und -bedürfnissen ausländischer Arbeiter. In: Nelde, P.H., Guus, E., Hartig, M. und De Vriendt, M. (Hgg.), Sprachprobleme bei Gastarbeiterkindern. Tübingen u.a.: Narr, 23–40. Nachdruck: Ehlich (2007d), 197–213.

Ehlich, K. (1983): Alltägliches Erzählen. Stuttgart u.a.: Kohlhammer. Nachdruck: Ehlich (2007), 371–394.

Ehlich, K. (1986): Funktional-pragmatische Kommunikationsanalyse. Ziele und Verfahren. In: Hartung, W. (Hg.), Untersuchungen zur Kommunikation – Ergebnisse und Perspektiven Reihe A ed. Internationale Arbeitstagung in Bad Stuer: Berlin: Akademie der Wissenschaften der DDR, Zentralinstitut für Sprachwissenschaft.

Ehlich, K. (1986 a): Interjektionen. Tübingen u.a.: Niemeyer.

Ehlich, K. (1986 b): Xenismen und die bleibende Fremdheit des Fremdsprachensprechers. In: Hess-Lüttich, E.W.B. (Hg.), Integration und Identität. Tübingen u.a.: Narr, 43–54.

Ehlich, K. (1994): Verweisungen und Kohärenz in Bedienungsanleitungen. Einige Aspekte der Verständlichkeit von Texten. In: Ehlich, K., Noack, C. und Scheiter, S. (Hgg.), Instruktion durch Text und Diskurs. Zur Linguistik „Technischer Texte". Opladen: Westdeutscher Verlag, 116–149.

Ehlich, K. (1995): Sprachdidaktik zwischen Muttersprache, Fremdsprache und Zweitsprache – Dilemma oder Chance? In: Baur/Carli/Larcher (Hgg.), 109–120.

Ehlich, K. (1995 a): Zur Philosophie von Unterschied und Gleichheit. In: Baur/Carli/Larcher (Hgg.), 228–231.

Ehlich, K. (Hg.) (1996): Kindliche Sprachentwicklung. Konzepte und Empirie. Opladen: Westdeutscher Verlag.

Ehlich, K. (1996 a): Sprache als System versus Sprache als Handlung. In: Dascal, M., Lorenz, K., Meggle, G. (Hgg.), Sprachphilosophie. Philosphy of Language. Berlin u.a.: De Gruyter, 952–963.

Ehlich, K. (1999): Der Satz. Beiträge zu einer pragmatischen Rekonstruktion. In: Redder/Rehbein (Hgg.), 55–68.

Ehlich, K. (1999 a): Funktionale Pragmatik – Terme, Themen und Methoden. Deutschunterricht in Japan, 4, 4–24.

Ehlich, K. (2000): „Sprach"-Entstehung – sieben Thesen. Der Deutschunterricht, 52, 9–16.

Ehlich, K. (2001): Das Verhältnis von Sprachwissenschaft und Sprachvermittlung – prekär, unabdingbar, nützlich. Einige Konzeptionsüberlegungen am Beispiel Deutsch als Fremdsprache. In: Zickfeldt, W., Issel, B. und Ehlich, K. (Hgg.), Deutsch in Norwegen. Neue Beiträge zum Gespräch zwischen Germanistik, Lehrerausbildung und Schule. Regensburg: Fachverband Deutsch als Fremdsprache, 137–156.

Ehlich, K. (2003): Determination – eine funktional-pragmatische Analyse am Beispiel hebräischer Strukturen. In: Hoffmann, L. (Hg.), Funktionale Syntax. Die pragmatische Perspektive. Berlin u.a.: De Gruyter, 307–333. Nachdruck: Ehlich (2007c), 197–228.

Ehlich, K. (2003 a): Grammatik als Text. Ein Gattungsexkurs. In: Thurmair, M. und Willkop, E.-M. (Hgg.), Am Anfang war der Text. 10 Jahre „Textgrammatik der deutschen Sprache". München: Iudicium, 33–46.

Ehlich, K. (2005): Eine Expertise zu „Anforderungen an Verfahren der regelmäßigen Sprachstandsfeststellung als Grundlage für die frühe und individuelle Sprachförderung von Kindern mit und ohne Migrationshintergrund". In: Gogolin/Neumann/Roth (Hgg.), 33–50.

Ehlich, K. (2005 a): Hermeneutik als interkulturelle Alltagskompetenz. In: Maas, U. (Hg.), Sprache und Migration. IMIS-Beiträge. Osnabrück: Universität, Institut für Migrationsforschung und interkulturelle Studien. Nachdruck: Ehlich (2007d), 157–174.

Ehlich, K. (2005 b): Radio-Baby – oder von kindlicher Erzählfähigkeit. In: Butulussi, E., Karagiannidou, E. und Zachu, K. (Hgg.), Sprache und Multikulturalität. Festschrift für Prof. Käthi Dorfmüller-Karpusa. Thessaloniki: University Studio Press, 117–133.

Ehlich, K. (2005 c): Spracheignung und deren Feststellung bei Kindern mit und ohne Migrationshintergrund: Was man weiß, was man braucht, was man erwarten kann. In: Ehlich/Bredel et al. (Hgg.), 11–64.

Ehlich, K. (2007): Anadeixis und Anapher. Vortrag. In: Ehlich (2007c), 1, 25–44.

Ehlich, K. (2007 a): Interjektion und Responsiv. In: Hoffmann (Hg.), 423–442.

Ehlich, K. (2007 b): Modellierungen der Spracheignung und ihre Konsequenzen für die Sprachförderung. Vortrag. Internationaler Kongress „Sprachenentwicklung, Sprachförderung und Sprachdiagnostik". Bressanone/Brixen: http://www.ehlich-berlin.de/KE_Vortraege.htm.

Ehlich, K. (Hg.) (2007 c): Sprache und sprachliches Handeln. 3 Bände. Berlin u.a.: De Gruyter.

Ehlich, K. (Hg.) (2007 d): Transnationale Germanistik. München: Iudicium.

Ehlich, K. (2007 e): Zur Geschichte der Wortarten. In: Hoffmann (Hg.), 51–94.

Ehlich, K., Bredel, U., Garme, B., Komor, A., Krumm, H.-J., et al. (2005): Anforderungen an Verfahren der regelmäßigen Sprachstandsfeststellung als Grundlage für die frühe und individuelle Förderung von Kindern mit und ohne Migrationshintergrund. Berlin: BMBF.

Ehlich, K., Bredel, U. und Reich, H.H. (2008): Spracheignung – Prozesse und Modelle. In: dies. (Hgg.), 9–34.

Ehlich, K., Bredel, U. und Reich, H.H. (Hgg.) (2008): Referenzrahmen zur altersspezifischen Spracheignung. Bonn/Berlin: BMBF.

Ehlich, K. und Hornung, A. (2006): Zur Einführung. In: Ehlich/Hornung (Hgg.), 7–11.

Ehlich, K. und Hornung, A. (Hgg.) (2006): Praxen der Mehrsprachigkeit. Münster u.a.: Waxmann.

Ehlich, K. und Rehbein, J. (1976): Halbinterpretative Arbeitstranskriptionen (HIAT). Linguistische Berichte, 45, 21–41.

Ehlich, K. und Rehbein, J. (1977): Wissen, kommunikatives Handeln und die Schule. In: Goeppert, H.C. (Hg.), Sprachverhalten im Unterricht. Zur Kommunikation von Lehrer und Schüler in der Unterrichtssituation. München u.a.: Fink (UTB), 36–114.

Ehlich, K. und Rehbein, J. (1979): Handlungsmuster im Unterricht. In: Mackensen, R. und Sagebiel, F. (Hgg.), Soziologische Analysen. Berlin: Technische Universität, 535–562.

Ehlich, K. und Rehbein, J. (1979 a): Sprachliche Handlungsmuster. In: Soeffner, H.-G. (Hg.), Interpretative Verfahren in den Sozial- und Textwissenschaften. Stuttgart u.a.: Metzler, 243–274.

Ehlich, K. und Rehbein, J. (1986): Muster und Institution. Untersuchungen zur schulischen Kommunikation. Tübingen u.a.: Narr.

Ehlich, K. und Rehbein, J. (1994): Institutionsanalyse. Prolegomena zur Untersuchung von Kommunikation in Institutionen. In: Brünner/Graefen (Hgg.), 287–327.

Ehlich, K. und Trautmann, C. (2005): Sprachaneignung beobachten, Sprachstand erheben: linguistische Sicht. In: Bartnitzky/Speck-Hamdan (Hgg.), 44–52.

Ehlich, K. und Wagner, K.R. (Hgg.) (1989): Erzähl-Erwerb. Bern u.a.: Lang.

Eisenbeiss, S. (2003): Merkmalsgesteuerter Grammatikerwerb. Eine Untersuchung zum Erwerb der Struktur und Flexion von Nominalphrasen. Düsseldorf: Universität.

Eisenberg, P. (2000): Das vierte Genus? Über die natürliche Kategorisation der deutschen Substantive. In: Bittner/Bittner/Köpcke (Hgg.), 91–106.

Eisenberg, P. (2006): Grundriss der deutschen Grammatik. Band 1: Das Wort. Stuttgart u.a.: Metzler.

Eisenberg, P. (2006 a): Grundriss der deutschen Grammatik. Band 2: Der Satz. Stuttgart Metzler.

Eisler, R. (1904): Wörterbuch der philosophischen Begriffe. http://www.textlog.de/eisler_ woerterbuch.html.

Emslie, H.C. und Stevenson, R.J. (1981): Pre-school Children's Use of the Articles in Definite and Indefinite Referring Expressions. Journal of Child Language, 8 (2), 313–328.

Engel, U. (1988): Deutsche Grammatik. Heidelberg: Groos.

Engel, U., Rytel-Kuc, D., Cirko, L. und Debski, A. (1999): Deutsch-polnische kontrastive Grammatik. Heidelberg: Groos.

Engelen, B. (1991): Über das Verhältnis von Auslautkonsonanz und Pluralumlaut bei den einsilbigen Nomina. Zielsprache Deutsch, 1, 25–37.

Engelen, B. (2007): Beobachtungen und Überlegungen zur Genuszuweisung bei den Abstrakta. In: Redder (Hg.), 345–347.

Erben, J. (1980): Deutsche Grammatik. Ein Abriss. München: Hueber.

Erfurt, J. und Redder, A. (1997): Editorial zu den Osnabrücker Beiträgen zur Sprachtheorie: Spracherwerb in Minderheitensituationen. In: Erfurt und Redder (Hgg.), Osnabrücker Beiträge zur Sprachwissenschaft OBST. Oldenburg, 5–10.

Erfurt, J. und Redder, A. (Hgg.) (1997): Spracherwerb in Minderheitensituationen. Oldenburg.

Extra, G. und Gorter, D. (Hgg.) (2001): The Other Languages of Europe (Demographic, Sociolinguistic and Educational Perspectives). Clevedon: Multilingual Matters.

Extra, G. und Verhoeven, L. (1999): Immigrant Minority Groups and Immigrant Minority Languages in Europe. In: Extra und Verhoeven (Hgg.), 3–28.

Extra, G. und Verhoeven, L. (Hgg.) (1999): Bilingualism and Migration. Berlin u.a.: De Gruyter.

Fabricius-Hansen, C. (1999): Grammatik und Verstehen. In: Redder und Rehbein (Hgg.), 15–30.

Falk, S., Bredel, U. und Reich, H.H. (2008): Phonische Basisqualifikation. In: Ehlich, Bredel und Reich (Hgg.), 35–40.

Faulkner, W. (1932): Light in August. New York: Vintage.

Feldstein, R.F. und Franks, S.L. (2002): Polish. München: Lincom Europa.

Felix, S. (1987): Cognition and Language Growth. Dordrecht: Foris Pub.

Finocchiaro, C. (2008): The Syntagmatic Congruency Effect: Evidence from Clitic Production in Italian. Lingue e linguaggio, 2, 187–208.

Fishman, J. (1965): Who speaks What Language to Whom and When? La Linguistique, 2, 67–88.

Fletcher, P. und Garman, M. (Hgg.) (1986): Language Acquisition. Cambridge u.a.: Cambridge University Press.

Foley, W. und Valin, R.J.v. (1984): Functional Syntax and Universal Grammar. Cambridge u.a.: Cambridge University Press.

Franceschina, F. (2005): Fossilized Second Language Grammars. The Acquisition of Grammatical Gender. Amsterdam u.a.: Benjamins.

Franceschini, R. (2004): „Mami, pettinare ist auf italienisch, kämmen ist in deutsch: Das Pendel „function-to-form" und „form-to-function" im gelenkten Fremdsprachenfrüherwerb (GeFFE). Erfahrungsberichte und Analysen anhand des Frühbeginns im Saarland". In: Altmayer, C. (Hg.), Deutsch als Fremdsprache: Arbeitsfelder und Perspektiven. Festschrift für Lutz Götze zum 60. Geburtstag. Frankfurt M.: Lang.

Franceschini, R. (2004a): Sprachbiografien: Das Basel-Prag-Projekt und einige mögliche Generalisierungen bezüglich Emotion und Spracherwerb. In: Franceschini, R. und Miecznikowski, J. (Hgg.), Leben mit mehreren Sprachen – vivre avec plusieurs langues. Sprachbiografien – biographies langagières. Bern u.a.: Lang, 121–146.

Frege, G. (1891): Funktion und Begriff. In: Patzig, G. (Hg.), Funktion, Begriff, Bedeutung. Göttingen: Vandenhoeck und Ruprecht, 17–39.

Frege, G. (1892): Über Begriff und Gegenstand. In: Patzig, G. (Hg.), Funktion, Begriff, Bedeutung. Göttingen: Vandenhoeck und Ruprecht, 66–80.

Fried, L. und Briedigkeit, E. (2007): Delfin 4 – Hintergründe und Einblicke zum neuen System der Sprachstandsfeststellung und -förderung. Kompakt Spezial, 5, 10–11.

Fthenakis, W.E., Sonner, A., Thrul, R. und Walbiner, W. (1985): Bilingual-bikulturelle Entwicklung des Kindes. München: Hueber.

Funk, H., Kuhn, C. und Demme, S. (2005): Studio d – Deutsch als Fremdsprache. Berlin u.a.: Cornelsen.

Füssenich, I. (1981): Disziplinierende Äußerungen im Unterricht. Eine sprachwissenschaftliche Untersuchung. Düsseldorf: Universität.

Galante, P. (1969): Grammatica storica della lingua Siciliana (sulla base della parlata di Castellammare del Golfo). Castellammare del Golfo: Pigal.

Garlin, E. (2000): Bilingualer Erstspracherwerb. Sprachlich Handeln, Sprachprobieren, Sprachreflexion. München: Verlag für Sprache und Sprachen.

Gathercole, V. (2007): Miami and North Wales, so Far and Yet so Near: Constructivist Account of Morphosyntactic Development in Bilingual Children. International Journal of Bilingual Education and Bilingualism, 10, 224–247.

Genesee, F. (2003): Rethinking Bilingual Acquisition. In: deWaele, J.M. (Hg.), Bilingualism: Challenges and Directions for Future Research. Clevedon: Multilingual Matters, 158–182.

Genesee, F. (2008): Dual Language Development in Preschool Children. NIEER – National Institute for Early Education Research.

Genesee, F., Nicoladis, E. und Paradis, J. (1995): Language Differentiation in Early Bilingual Development. Journal of Child Language, 22, 611–631.

Gerstner-Link, C. und Krifka, M. (1993): Genericity. In: Jacobs, J. et al (Hgg.) Handbuch der Syntax. Berlin u.a.: De Gruyter, 966–978.

Glück, H. und Schmöe, F. (2005): Metzler Lexikon Sprache. Stuttgart u.a.: Metzler.

Gogolin, I., Neumann, U. und Roth, H.-J. (Hgg.) (2005): Sprachdiagnostik bei Kindern und Jugendlichen mit Migrationshintergrund. Münster u.a.: Waxmann.

Gogolin, I. und Reich, H.H. (2001): Immigrant Languages in Federal Germany. In: Extra/Gorter (Hg.), 193–214.

Gottsched, J.C. (1749): Grundlegung einer deutschen Sprachkunst. Leipzig.

Gottsched, J.C. (1762): Vollständigere und Neuerläuterte Deutsche Sprachkunst. Leipzig.

Gottsched,J.C. (1975-1989): Ausgewählte Werke. Mitchell, P.M. (Hg.), Berlin u.a.: De Gruyter.

Grewendorf, G. (2002): Minimalistische Syntax. Tübingen u.a.: Francke UTB.

Grießhaber, W. (2005): Sprachstandsdiagnose im kindlichen Zweitspracherwerb: funktional-pragmatische Fundierung der Profilanalyse. In.: http://spzwww.uni-muenster.de/ ~griesha/ pub/tprofilanalyse-azm-05.pdf.

Grießhaber, W. (2006): Die Entwicklung der Grammatik in Texten vom 1. bis zum 4. Schuljahr. In: Ahrenholz, B. (Hg.), 150–167.

Grießhaber, W. (2007): Deutsch im Umbruch: zu einigen Aspekten von Sprachwandel im Sprachkontakt. In: Redder (Hg.), 339–344.

Grießhaber, W. (2007 a): Grammatik und Sprachstandsermittlung im Zweitspracherwerb. In: Köpcke/Ziegler (Hgg.), 185–198.

Grimm, J. (1837): Deutsche Grammatik. Göttingen: Dieterichsche Buchhandlung. Nachdruck: ders. (1999), London: Routledge.

Grosjean, F. (1989): Neurolinguists, beware! The Bilingual is not Two Monolinguals in One Person. Brain and Language, 36, 3–15.

Grosjean, F. (1998): Studying Bilinguals: Methodological and Conceptual Issues. Bilingualism: Language and Cognition, 1, 131–149.

Grosjean, F. (2001): The Bilingual's Language Modes. In: Nicol, J. (Hg.), One Mind, Two Languages. Oxford: Blackwell, 1–22.

Grotz, S. (1998): Die Bedeutungslehre des Thomas von Erfurt. In: Thomas von Erfurt und Grotz, S., xvi-xlv.

Gueintz, C. (1641): Deutsche Sprachlehre. Entwurf. Cöthen.

Guillaume, G. (1944): Das Zugehen-auf-den-Einzelfall und das Zugehen-auf-das-Allgemeine am französischen Artikel. Nachdruck: Guillaume, G. (2006), Vier Aufsätze für eine neue Linguistik, Hamburg: Kovac, 57–88.

Guilliaume, G. (1919): Le problème de l'article et sa solution dans la langue francaise. Paris: Hachette et Cie.

Haas, B. (1993): Universalgrammatik und gesteuerter Zweitspracherwerb. Tübingen u.a.: Niemeyer.

Haberzettl, S. (2005): Der Erwerb der Verbstellungsregeln in der Zweitsprache Deutsch durch Kinder mit russischer und türkischer Muttersprache. Tübingen u.a.: Niemeyer.

Haberzettl, S. (2006): Progression im gesteuerten und ungesteuerten Erwerb. In: Ahrenholz (Hg.), 203–220.

Haberzettl, S. und Naumann, U. (2003): Zur Grammatikalisierung von Verb-Argument-Strukturen im Zweitspracherwerb. In: Haberzettl/Wegener (Hgg.), 183–208.

Haberzettl, S. und Wegener, H. (Hgg.) (2003): Spracherwerb und Konzeptualisierung. Frankfurt M.: Lang.

Haig, G. (2002): Noun-plus-Verb Complex Predicates in Kurmanjî Kurdish: Argument Sharing, Argument Incorporation, or What? In: Haig/Matras (Hgg.), 15–48.

Haig, G. und Matras, Y. (2002): Kurdish Linguistics: A Brief Overview. In: Haig/Matras (Hgg.), 3–14.

Haig, G. und Matras, Y. (Hgg.) (2002): Focus on: Kurdish Linguistics. Berlin: Akademie Verlag.

Hall, K. (2002): „Unnatural" Gender in Hindi. In: Hellinger/Bußmann (Hgg), 2, 133–163.

Hampe, M. und Schnepf, R. (Hg.) (2006): Baruch de Spinoza. Ethik in geometrischer Ordnung dargestellt. Berlin: Akademie Verlag.

Hansen, B. (1995): Die deutschen Artikel und ihre Wiedergabe im Türkischen. Arbeiten zur Mehrsprachigkeit, 53, Hamburg: Universität.

Hansen, B. (2004): Eine korpuslinguistische Studie zum Gebrauch der Adjektivdeklination im Bosnischen/Serbischen, Kroatischen. In: Hansen, B. (Hg.), Linguistische Beiträge zur Slawistik. München: Sagner.

Haspelmath, M. (1997): Indefinite Pronouns. Oxford Studies in Typology and Linguistic Theory. Oxford: Oxford University Press.

Hausendorf, H. und Quasthoff, U. (1989): Ein Modell zur Beschreibung von Erzählerwerb bei Kindern. In: Ehlich/Wagner (Hgg.), 89–112.

Hausendorf, H. und Quasthoff, U. (1996): Sprachentwicklung und Interaktion. Eine linguistische Studie zum Erwerb von Diskursfähigkeit. Opladen: Westdeutscher Verlag.

Haskell, T.R. und MacDonald, M.C. (2003): Conflicting Cues and Competition in Subject-Verb-Agreement. Journal of Memory and Language, 48, 760–778.

Hawkins, J.A. (1978): Definiteness and Indefiniteness: A Study in Reference and Grammaticality Prediction. London: Croom Helm.

Haznedar, B. und Schwartz, B. (1997): Are there Optional Infinitives in Child L2 Acquisition? In: Hughes, E., Hughes, M./Greenhill, A. (Hgg.), Proceedings of the Annual Boston University Conference on Language Development 21, Sommerville, MA: Cascadilla Press, 257–268.

Hegel, G.W.F. (1970): Werke. Frankfurt M. u.a. : Suhrkamp.

Heim, I. (1982): The Semantics of Definite and Indefinite Noun Phrases. Dissertation. Konstanz: Universität.

Heim, I. (1988): The Semantics of Definite and Indefinite Noun Phrases. New York: Garland.

Heim, I. (1991): Artikel und Definitheit. In: von Stechow, A. und Wunderlich, D. (Hgg.), Semantik. Ein internationales Handbuch der zeitgenössischen Forschung. Berlin u.a.: De Gruyter, 487–535.

Helbig, G. und Buscha, J. (1991): Deutsche Grammatik: Ein Handbuch für den Ausländerunterricht. Berlin u.a.: Langenscheidt.

Helbig, G., Götze, L., Henrici, G. und Krumm, H.-J. (Hgg.) (2001): Deutsch als Fremdsprache. Ein internationales Handbuch, Handbücher zur Sprach- und Kommunikationswissenschaft. Berlin u.a.: De Gruyter.

Heller, M. (1995): Code-switching and the Politics of Language. In: Milroy, L./Muysken, P. (Hgg.), One Speaker Two Languages. Cambridge u.a.: Cambridge University Press.

Heller, M. (1999): Linguistic Minorities and Identity: A Sociolinguistic Ethnography. London u.a.: Longman.

Hellinger, M. (1990): Kontrastive feministische Linguistik. Mechanismen sprachlicher Diskriminierung im Englischen und Deutschen. München: Hueber.

Hellinger, M. (2001): English – Gender in a Global Language. In: Hellinger/Bußmann (Hgg.), 1, 105–114.

Hellinger, M. und Bußmann, H. (Hgg.) (2001–2003): Gender Across Languages. The Linguistic Representations of Women and Men. Amsterdam u.a.: Benjamins.

Hendriks, H. (2005): The Structure of Learner Varieties: Introduction to the Volume. In: dies. (Hg.), 1–18.

Hendriks, H. (Hg.) (2005): The Structure of Learner Varieties. Studies on Language Acquisition. Berlin u.a.: De Gruyter.

Hentschel, E. (2003): The Expression of Gender in Serbian. In: Hellinger/Bußmann (Hgg.), 3, 287–310.

Hentschel, E. und Weydt, H. (2003): Handbuch der deutschen Grammatik. Berlin u.a.: De Gruyter.

Heusinger, K.v. und Wespel, J. (2009): Indefinite Eigennamen in generischen Sätzen: Quantifikationen über Manifestationen von Individuen. Linguistische Berichte, 217, 3–36.

Heyer, G. (1987): Generische Kennzeichnungen. Zur Logik und Ontologie generischer Bedeutung. Wien: Philosophia.

Hickman, M. (2004): Coherence, Cohesion, and Context. Some Comparative Perspectives in Narrative Development. In: Strömquist/Verhoeven (Hgg.), 281–306.

Hjelmslev, L. (1928): Principles de grammaire générale. Kopenhagen.

HKM (2008): Der Bildungs- und Erziehungsplan. In.: http://www.hessisches-kultusministerium. de/irj/HKM_Internet?uid=422503e0-cf26-2901-be592697ccf4e69f.

Hockett, C.F. (1958): A Course in Modern Linguistics. New York: Macmillan Pub.

Höhle, B., Weissenborn, J., Kiefer, D., Schulz, A. und Schmitz, M. (2004): Functional Elements in Infants' Speech Processing: The Role of Determiners in the Syntactic Categorization of Lexical Elements. Infancy. 341–353.

Hoekstra, T. und Schwartz, B.D. (Hgg.) (1994): Language Acquisition Studies in Generative Grammar. Amsterdam u.a.: Benjamins.

Hoffmann, Ch. (2001): The Status of Trilingualism in Bilingualism Studies. In: Cenoz et. al. (Hgg.) 2001 a, 13–28.

Hoffmann, L. (1989): Zur Bestimmung von Erzählfähigkeit am Beispiel zweitsprachlichen Lernens. In: Ehlich/Wagner (Hgg.), 63–88.

Hoffmann, L. (1992): Thema und Rhema. Folia Linguistica XXVI/1-2, XXVI, 29–46.

Hoffmann, L. (1993): Thema und Rhema in einer funktionalen Grammatik. In: Eisenberg/ Klotz (Hgg.): Sprache gebrauchen – Sprachwissen erwerben. Stuttgart: Ernst Klett Schulbuch, 135–148.

Hoffmann, L. (1999): Eigennamen im sprachlichen Handeln. In: Bührig/Matras (Hgg.), 213–234.

Hoffmann, L. (2003 a): Eigennamen im sprachlichen Handeln. http://home.edo.uni-dortmund.de/ ~hoffmann/ PDF/Eigenname.pdf.

Hoffmann, L. (2003 b): Funktionale Syntax: Prinzipien und Prozeduren. In: Hoffmann (Hg.), 18–121.

Hoffmann, L. (2006): Funktionaler Grammatikunterricht. In: Becker, T. und Peschel, C. (Hgg.), Gesteuerter und ungesteuerter Grammatikerwerb. Hohengehren: Schneider, 20–44.

Hoffmann, L. (2007): Determinativ. In: Hoffmann (Hg.), 293–356.

Hoffmann, L. (Hg.) (1996): Sprachwissenschaft. Ein Reader. Berlin u.a.: De Gruyter.

Hoffmann, L. (Hg.) (2003): Funktionale Syntax. Die pragmatische Perspektive. Berlin u.a.: De Gruyter.

Hoffmann, L. (Hg.) (2007): Handbuch der deutschen Wortarten. Berlin u.a.: De Gruyter.

Hohenberger, A. (2002): Functional Categories in Language Acquisition: Self-Organization of a Dynamical System. Tübingen u.a.: Niemeyer.

Hohmann, M. (1971): Spanische Gastarbeiterkinder in niederrheinischen Industriestädten. Unsere Jugend, 11, 493–511.

Hohmann, M. und Reich, H.H. (Hgg.) (1989): Ein Europa für Mehrheiten und Minderheiten. Diskussionen um interkulturelle Erziehung. Münster u.a.: Waxmann.

Holmes, V. und de la Batie, B.D. (1999): Assignment of Grammatical Gender by Native Speakers and Foreign Language Learners. Applied Psycholinguistics, 20, 479–506.

Honderich, T. (1995): The Oxford Companion to Philosophy. Oxford: Oxford University Press.

Hornung, A. (2006): Erschwerte Mehrsprachigkeit. Fallvignette über den Schriftspracherwerb von Migrantenkindern in diglossischem Umfeld. In: Ehlich/Hornung (Hgg.), 31–87.

House, J. und Rehbein, J. (2004): What is ‚Multilingual Communication‘? In: House/Rehbein (Hgg.), 1–18.

House, J. und Rehbein, J. (Hgg.) (2004): Multilingual Communication. Amsterdam u.a.: Benjamins.

Householder, F.W. (1981): The Syntax of Apollonius Dyscolus. Amsterdam u.a.: Benjamins.

Hulk, A. und Cornips, L. (2006): Between 2L1 and Child L2-Acquisition of Dutch. An Experimental Study of Bilingual Dutch. In: Lleó (Hg.), 115–138.

Hulk, A. und Müller, N. (2000): Crosslinguistic Influence at the Interface between Syntactics and Pragmatics. Bilingualism: Language and Cognition, 3 (3), 227–244.

Jaeger, C. (1992): Probleme der syntaktischen Kongruenz. Tübingen u.a.: Niemeyer.

Jampert, K., Best, P., Guadatiello, A., Holler, D. und Zehnbauer, A. (2007): Schlüsselkompetenz Sprache. Sprachliche Bildung und Förderung im Kindergarten. Konzepte – Projekte – Maßnahmen. Weimar/Berlin: Verlag das Netz.

Jenkins, E.-M. (2002): Dimensionen. München: Hueber.

Jespersen, O. (1924): The Philosophy of Grammar. London: Allen /Unwin.

Jespersen, O. (1943): A Modern English Grammar on Historical Principles. Syntax. Kopenhagen: Mungskaard.

Jeuk, S. (2006): Zweitspracherwerb im Anfangsunterricht – erste Ergebnisse. In: Ahrenholz (Hg.), 186–202.

Jeuk, S. (2007): Schriftaneignung und Grammatisierung bei mehrsprachigen Kindern im Anfangsunterricht. Osnabrücker Beiträge zur Sprachtheorie OBST, 73, 35–55.

Jeuk, S. (2008): „Der Katze jagt den Vogel." Aspekte von Genus und Kasus im Grundschulalter. In: Ahrenholz (Hg.), 135–150.

Kabatek, J. (2009): Determinierung und Umfeld. http://www.uni-tuebingen.de/kabatek/coseriu /detyent.html.

Kafka, F. (1909): Gespräch mit dem Beter. Hyperion. Eine Zweimonatsschrift, 2. Folge, 1. Bd., 126–133. http://www.geo.uni-bonn.de/cgi-bin/kafka?Rubrik= werke&Punkt =erzaehlungen&Unterpunkt=beter.

Kallmeyer, W., Keim, I. (2004): Deutsch-türkische Kontaktvarietäten. Am Beispiel der Sprache von deutsch-türkischen Jugendlichen. In: Moraldo/Soffritti (Hgg.), 49–59.

Kaltenbacher, E. und Klages, H. (2006): Sprachprofil und Sprachförderung bei Vorschulkindern mit Migrationshintergrund. In: Ahrenholz (Hg.), 80–97.

Kameyama, S. (2007): Personendeixis, Objektdeixis. In: Hoffmann, L. (Hg.), 577–600.

Kant, I.: Gesammelte Werke. In.: http://www.korpora.org/Kant/verzeichnisse-gesamt.html.

Karmiloff-Smith, A. (1979): A Functional Approach to Child Language. A Study of Determiners and Reference. Cambridge u.a.: Cambridge University Press.

Karmiloff-Smith, A. (1985): Language and Cognitive Processes From a Developmental Perspective. Language and Cognitive Processes, 1, 61–85.

Karmiloff-Smith, A. (1986): Some Fundamental Aspects of Language Development after Age 5. In: Fletcher/Garman (Hgg.), 455–474.

Karttunen, L. (1969): Pronouns and Variables. Chicago: Chicago Linguistic Society.

Karttunen, L. (1976): Discourse Referents. In: McCawley, J.D. (Hg.), Syntax and Semantics. New York: Academic Press, 363–385.

Kegel, G. (1987): Sprache und Sprechen des Kindes. Opladen: Westdeutscher Verlag.

Kegel, G. und Tramitz, C. (1991): Olaf – Kind ohne Sprache. Die Geschichte einer erfolgreichen Therapie. Opladen: Westdeutscher Verlag.

Kemp, R.F., Bredel, U. und Reich, H.H. (2008): Morphologisch-syntaktische Basisqualifikation. In: Ehlich/Bredel/Reich (Hgg.), 63–80.

Kern, F. (2003): Bedeutung und Interaktion: Spielerklärungen bei Kindern. In: Haberzettl/Wegener, 257–273.

Kielhöfer, B. und Jonekeit, S. (1983): Zweisprachige Kindererziehung. Tübingen u.a.: Stauffenburg.

Klann-Delius, G. (1996): Langzeituntersuchungen. In: Ehlich (Hg.), 17–30.

Klann-Delius, G. (1999): Spracherwerb. Stuttgart u.a.: Metzler.

Klann-Delius, G. (2005): Sprache und Geschlecht. Eine Einführung. Stuttgart u.a.: Metzler.

Klein, M. und Krause, U. (2009): Rita das Raubschaf. Berlin: Tulipan.

Klein, W. (1984): Zweitspracherwerb. Frankfurt: Athenäum.

Klein, W. (1997): Leaner Varieties are the Normal Case. The Clarion. Magazine of European Second Language Association, 3 (1), 4–6.

Klein, W. (2000): Prozesse des Zweitspracherwerbs. In: Grimm, H. (Hg.), Sprachentwicklung. Enzyklopädie der Psychologie. Göttingen u.a.: Hogrefe.

Klein, W. (2001): Typen und Konzepte des Spracherwerbs. In: Helbig, Götze, Henrici und Krumm (Hgg.).

Kniffka, G. und Siebert-Ott, G.M. (2007): Deutsch als Zweitsprache lehren und lernen. Paderborn: Schöningh.

Knobloch, C. (2007): Grammatikalisierung in der Interaktion. Eine Problemskizze. Osnabrücker Beiträge zur Sprachtheorie, 13, 119–144.

Knobloch, C. und Schaeder, B. (1992): Wortarten – Beiträge zur Geschichte eines grammatischen Problems. In: Schaeder/Knobloch (Hg.), 1–44.

Knobloch, J. (1986): Sprachwissenschaftliches Wörterbuch. Heidelberg: Carl Winter Universitätsverlag.

Koch, H.R. (1970): Gastarbeiterkinder in deutschen Schulen. Königswinter: Verlag für Sprachmethodik.

Koch, R. (2006): Gastbeitrag des Hessischen Ministerpräsidenten Roland Koch. Tageszeitung „Die Welt" 07.04.2006.

Köpcke, K.-M. (1982): Untersuchungen zum Genussystem der deutschen Gegenwartssprache. Linguistische Arbeiten 122. Tübingen u.a.: Niemeyer.

Köpcke, K.-M. (1994): Zur Rolle von Schemata bei der Pluralbildung monosyllabischer Maskulina. In: Köpcke (Hg.), 81–95.

Köpcke, K.-M. (Hg.) (1994): Funktionale Untersuchungen zur deutschen Nominal- und Verbalmorphologie. Tübingen u.a.: Niemeyer.

Köpcke, K.-M. und Ziegler, A. (2007): Zur Einleitung. In: Köpcke/Ziegler (Hgg.), 1–6.

Köpcke, K.-M. und Ziegler, A. (Hgg.) (2007): Grammatik in der Universität und für die Schule. Theorie, Empirie und Modellbildung. Tübingen u.a.: Niemeyer.

Köpcke, K.-M. und Zubin, D.A. (1983): Die kognitive Organisation der Genuszuweisung zu den einsilbigen Nomen der deutschen Gegenwartssprache. Zeitschrift für germanistische Linguistik, 11, 166–182.

Köpcke, K.-M. und Zubin, D.A. (1984): Sechs Prinzipien für die Genuszuweisung im Deutschen: Ein Beitrag zur natürlichen Klassifikation. Linguistische Berichte, 93, 26–50.

Kolde, G. (1996): Nominaldetermination. Eine systematische und kommentierte Bibliographie unter besonderer Berücksichtigung des Deutschen, Englischen und Französischen. Tübingen u.a.: Niemeyer.

Komor, A. (2009): Kommunikation im Kinderzimmer – eine funktional-pragmatische Analyse zum Kind-Kind-Diskurs. Dissertation. München: Ludwig-Maximilians-Universität.

Komor, A. und Reich, H.H. (2008): Semantische Basisqualifikation. In: Ehlich/Bredel/Reich (Hgg.), 49–62.

Koniuszaniec, G. und Błazkowa, H. (2003): Language and Gender in Polish. In: Hellinger/Bußmann (Hgg.), 3, 259–286.

Kordić, S. (1997): Serbo-Croatian. München: Lincom.

Kracht, A. (2000): Migration und kindliche Zweisprachigkeit: Interdisziplinarität und Professionalität sprachpädagogischer und sprachbehindertenpädagogischer Praxis. Münster u.a.: Waxmann.

Kraft, B. (1996): Das Konzept der Sprechhandlung als Analysekategorie in entwicklungspragmatischen Untersuchungen.

Kraft, B. und Meng, K. (2007): Streit im Kindergarten – eine Diskursanalyse. In: Redder (Hg.), 439–457.

Krámský, J. (1972): The Article and the Concept of Definiteness in Language. The Hague u.a.: Mouton.

Krashen, S. (1981): Second Language Acquisition and Second Language Learning. Oxford: Pergamom Press.

Krashen, S. (2003): Explorations in Language Acquisition and Use. The Taipeh Lectures. Portsmouth: Heinemann.

Krefeld, T. (2002): La dissociazione dello spazio comunicativo in ambito migratorio (e come viene percepita dai parlanti): i meridionali in Baviera. In: D'Agostino, M. (Hg.), Percezione dello spazio, spazio della percezione. La variazione linguistica fra nuovi e vecchi strumenti di analisi. Palermo: Centro Studi Filologici e Linguistici Siciliani.

Krefeld, T. (2004): Einführung in die Migrationslinguistik. Tübingen u.a.: Narr.

Krefeld, T. (Hg.) (2006): Modellando lo spazio in prospettiva linguistica. Frankfurt M.: Lang.

Krifka, M. (1989): Nominalreferenz und Zeitkonstitution. München u.a.: Fink.

Krifka, M. (2004): Bare NP's: Kind-referring, Indefinites, Both, or Either? In: Bonami, O. und Cabredo Hofherr, P. (Hgg.), Empirical Issues in Formal Syntax and Semantics, 111–132. http://www.cssp.cnrs.fr/eiss5/index_en.html.

Kroffke, S. und Rothweiler, M. (2006): Variation im frühen Zweitspracherwerb des Deutschen durch Kinder mit türkischer Erstsprache. In: Vliegen, M. (Hg.), 39. Linguistisches Kolloquium. Amsterdam: Lang, 145–154.

Krohn, D./Krohn, K. (2008): Der, das, die – oder wie? Studien zum Genuserwerb schwedischer Deutschlerner. Frankfurt et al.: Peter Lang.

Kryk-Kastovsky, B. (2000): Norm versus Use: On Gender in Polish. In: Unterbeck et al. (Hgg.), 729–748.

Kubanek-German, A. (2003): Kindgemäßer Fremdsprachenunterricht. Didaktik der Gegenwart. Münster: Waxmann.

Kuchenbrandt, I. (2008): Cross-linguistic Influence in the Acquisition of Grammatical Gender? Hamburg: Universität, Sonderforschungsbereich Mehrsprachigkeit.

Kuchenbrandt, I., Lleó, C., Rakow, M. und Arias Navarro, J. (2007): Große Tests für kleine Datenbasen? Hamburg: Universität, Sonderforschungsbereich Mehrsprachigkeit.

Kürschner, W. (1996): Questions of Terminology in a German Translation of the Tékhne grammatiké of Dionysius Thrax. In: Dionysius Thrax, 163–175.

Kupisch, T. (2004): The Acquisition of Determiners in Bilingual German-Italian and German-French Children. Hamburg: Universität.

Kupisch, T. (2005): Acceleration in Bilingual First Language Acquisition. In: Gaerts, T., v. Ginneken, I. und Jacobs, H. (Hgg.), Languages and Linguistic Theory. Selected Papers from Going Romance, 183–203.

311

Kupisch, T. (2006): Testing the Effect of Frequency on the Rate of Learning: Determiner Use in Early French, German and Italian. Frequency Effects in the Evolution of Determiners in Monolingual and Bilingual children: Correlation and Causality. DGFS Jahrestagung 2005 (Hg.), Proceedings of the Workshop on Input Frequency in Acquisition: SOLA SERIE.

Kupisch, T. (2006 a): The Acquisition of Determiners in Bilingual German-Italian and German-French Children. München: Lincom.

Kupisch, T. (2006 b): The Emergence of Article Forms and Functions in the Language Acquisition of a Bilingual German-Italian Child. In: Lleó (Hg.), 139–178.

Kupisch, T. (2007): Determiners in Bilingual German-Italian Children: What They Tell Us About the Relation Between Language Influence and Language Dominance. Bilingualism: Language and Cognition, 10, 57–78.

Kupisch, T. (2008): Determinative, Individual- und Massennomen im Spracherwerb des Deutschen. Diskussion des Nominal Mapping Parameters. Linguistische Berichte. Hamburg: Buske.

La Heij, W., Mak, P., Sander, J. und Willebordse, E. (1998): The Gender Congruency Effect in Picture-Word Tasks. Psychological Research, 61, 209–219.

Lakoff, G. (1990): Women, Fire, and Dangerous Things: What Categories Reveal About the Mind. Chicago: University of Chicago Press.

Langer, S. (2004): Schriftsprachentwicklung von Kindern aus sozial benachteiligten Familien in der Zeit des Übergangs vom Kindergarten in die Grundschule – eine qualitative Längsschnittstudie und ihre ersten Ergebnisse. In: Panagiotopoulou/Carle (Hgg.), 95–103.

Lardiere, D. (1998): Case and Tense in the ‚Fossilized‘ Steady State. Second Language Research, 14, 1–26.

Lardiere, D. (1998a): Dissociating Syntax from Morphology in a Divergent L2 End-State Grammar. In: Second Language Research, 14, 359–375.

Lehmann, C. (2002): Thomas von Erfurt. In: Pfordten von der, D. (Hg.), Große Denker Erfurts und der Erfurter Universität. Göttingen: Wallstein, 45–73.

Lemcke, C., Rohrmann, L. und Scherling, T. (2004): Berliner Platz. München u.a.: Langenscheidt.

Leiss, E. (1994): Genus und Sexus. Kritische Anmerkungen zur Sexualisierung von Grammatik. Linguistische Berichte, 152, 281–300.

Leiss, E. (2000): Artikel und Aspekt. Die grammatischen Muster von Definitheit. Berlin u.a.: De Gruyter.

Leiss, E. (2000a): Gender in Old High German. In: Unterbeck et al. (Hgg.), 237–258.

Leist-Villis, A. (2004): Zweisprachigkeit im Kontext sozialer Netzwerke. Unterstützende Rahmenbedingungen zweisprachiger Entwicklung und Erziehung am Beispiel griechisch-deutsch. Münster u.a.: Waxmann.

Lenneberg, E.H. (1967): Biological Foundations of Language. New York: Wiley.

Lemcke, C., Rohrmann, L. und Scherling, T. (2004): Berliner Platz. Deutsch im Alltag für Erwachsene. Berlin u.a.: Langenscheidt.

Leont'ev, A.N. (1973): Probleme der Entwicklung des Psychischen. Frankfurt M.: Athenäum.

Leuninger, H. (2000): Kognitive Linguistik: Spracherwerb, Sprachkenntnis, Sprachverarbeitung. In: Niebel, W., Horn, A. und Schnädelbach, H. (Hgg.), Descartes im Diskurs der Neuzeit. Frankfurt M. u.a.: Suhrkamp, 303–328.

Leuninger, H. (2006): Sign Languages. Representation, Processing, and Interface Conditions. In: Lleó (Hg.), 231–260.

Levy, Y. (1983): It's Frogs all the Way Down. Cognition, 15, 75–93.

Lippert, E. (2005): Probleme von Nicht-Muttersprachlern mit der Definitheit von Nominalphrasen. Institut für Deutsche Sprache und Linguistik. Berlin: Humboldt Universität.

Lleó, C. (Hg.) (2006): Interfaces in Multilingualism. Acquisition and Representation. Amsterdam u.a.: Benjamins.

Löbner, S. (1985): Definites. Journal of Semantics, 4, 279–326.

Löbner, S. (1986): In Sachen Nullartikel. Linguistische Berichte, 101, 64–65.

Löbner, S. (2005): Quantoren im GWDS. In: Wiegand, H. E. (Hg.), Untersuchungen zur kommerziellen Lexikographie der deutschen Gegenwartssprache II. Tübingen: Niemeyer, 171–192.

Lüdi, G. und Py, B. (1986): Etre bilingue. Bern u.a.: Lang.

Lust, B. (1999): Universal Grammar: The Strong Continuity Hypothesis in First Language Acquisition. In: Ritchie, W.C. und Bhatia, T.K. (Hgg.), Handbook of Child Language Acquisition, Oxford: Blackwell, 111–155.

Lyons, C. (1999): Definiteness. Cambridge u.a.: Cambridge University Press.

Lyons, J. (1977): Semantics. Cambridge u.a.: Cambridge University Press.

MacWhinney, B. (1999): The Emergence of Language. Mahwah, New Jersey: Erlbaum

MacWhinney, B. (2001): First Language Acquisition. In: Rees-Miller (Hg.), 466–487.

MacWhinney, B. (2005): A Unified Model of Language Acquisitition. International Journal of Bilingualism. http://psyling.psy.cmu.edu/papers/CM-general/unified.pdf.

Mahlstedt, S. (1996): Zweisprachigkeitserziehung in gemischtsprachigen Familien. Eine Analyse der erfolgsbedingenden Merkmale. Bern u.a.: Lang.

Mann, T. (1901/2002): Buddenbrooks. Große kommentierte Frankfurter Ausgabe, Band 1/1–2. Frankfurt a.M.: Fischer.

Maratsos, M. (1976): The Use of Definite and Indefinite Reference in Young Children. An Experimental Study of Semantic Acquisition. Cambridge u.a.: Cambridge University Press.

Maratsos, M. (1981): Learning How and When to Use Pronouns and Determiners. In: Fletcher/Garman (Hgg.), 225–240.

Marcato, G. und Thüne, E.-M. (2002): Gender and Female Visibility in Italian. In: Hellinger/Bußmann (Hgg.), 2, 187–218.

Matras, Y. (2002): Romani: A Linguistic Introduction. Cambridge u.a.: Cambridge University Press.

Matthews, P.H. (1997): The Concise Oxford Dictionary of Linguistics. Oxford: Oxford University Press.

Mayer, M. (1969): Frog, Where are You? New York: Dial Press.

313

MBFJ Ministerium für Bildung Frauen und Jugend Rheinland-Pfalz (2004): Bildungs- und Erziehungsempfehlungen für Kindertagesstätten in Rheinland-Pfalz. Weinheim: Beltz.

McLaughlin, B. (1978): Second-Language Acquisition in Childhood. Hillsdale, New Jersey: Erlbaum.

Meibauer, J., Demske, U., Geilfuß-Wolfgang, J., Pafel, J., Ramers, K.H. et al. (2007): Einführung in die germanistische Linguistik. Stuttgart u.a.: Metzler.

Meibauer, J. und Rothweiler, M. (Hg.) (1999): Das Lexikon im Spracherwerb. Tübingen u.a.: Francke.

Meier, H. (1967): Deutsche Sprachstatistik. Hildesheim: Olms.

Meinert, R. (1989): Die deutsche Deklination und ihre didaktischen Probleme. München: Iudicium.

Meinert, R. (1989a): Flexionsmorphologie und Psycholinguistik. Tübingen u.a.: Narr.

Meisel, J.M. (2001): The Simultaneous Acquisition of Two First Languages. Early Differentiation and Subsequent Development of Grammars. In: Cenoz/Genesee (Hgg.), 11–42.

Meisel, J.M. (2002): Mehrsprachig aufwachsen. In: Montanari, 1–12.

Meisel, J.M. (2004): The Bilingual Child. In: Bhatia, T.K. und Ritchie, W.C. (Hgg.), The Handbook of Bilingualism. Malden: Blackwell Publishing, 91–113.

Meisel, J.M. (2007): Exploring the Limits of the LAD. A Collection of Four Papers. Arbeiten zur Mehrsprachigkeit. Hamburg: Universität.

Mendoza, I. (2004): Nominaldetermination im Polnischen. Die primären Ausdrucksmittel. München: Universität. http://www.uni-salzburg.at/portal/page?_pageid =625,740063&_dad= portal&_schema =PORTAL

Meng, K. und Borovkova, E. (1999): Das Märchen vom goldenen Fischchen – russisch und russlanddeutsch. In: Bührig/Matras (Hgg.), 113–130.

Meng, K. und Rehbein, J. (Hg.) (2007): Kindliche Kommunikation – einsprachig und mehrsprachig. Münster u.a.: Waxmann.

Meng, K. und Schrabback, S. (1994): Interjektionen im Erwachsenen-Kind-Diskurs. In: Brünner und Graefen (Hgg.), 199–217.

Menzel, B. (2004): Genuszuweisung im DaF-Erwerb. Psycholinguistische Prozesse und didaktische Implikationen. Berlin: Weißensee.

Menzel, B. und Tamaoka, K. (1994): Der? Die?? Das??? – Genuszuweisung bei Anfängern: Zufall, Pauken oder Strategie? Deutsch als Fremdsprache, 31, 12–21.

Meyer, A.S. und Bock, K. (1999): Representations and Processes in the Production of Pronouns: Some Perspectives from Dutch. Journal of Memory and Language, 41, 281–301.

Michael, I. (1970): English Grammatical Categories and the Tradition to 1800. Cambridge u.a.: Cambridge University Press.

Miertsch, B. (2008): The Acquisition of Gender Markings by Early Second Language Learners of French. Hamburger Arbeiten zur Mehrsprachigkeit. Hamburg: Universität, Sonderforschungsbereich Mehrsprachigkeit.

Mills, A.E. (1985): The Acquisition of German. In: Slobin (Hg.), 141–254.

Mills, A.E. (1986): The Acquisition of Gender. Berlin u.a.: Springer.

Miozzo, M. und Camarazza, A. (1999): The Selection of Determiners in Noun Phrase Production. Journal of Experimental Psychology: Learning, Memory and Cognition, 25, 907–922.

Miozzo, M., Costa, A. und Camarazza, A. (2002): The Absence of a Gender Congruency Effect in Romance Languages: A Matter of Stimulus Onset Asynchrony? Journal of Experimental Psychology: Learning, Memory and Cognition, 28, 388–391.

Montanari, E. (2002): Mit zwei Sprachen groß werden. Mehrsprachige Erziehung in Familie, Kindergarten und Schule. München: Kösel.

Montanari, E. (2006): Spiel mit Deutsch. Kinder als Sprachforscher und Entdecker. Freiburg i.Br.: Herder.

Montanari, E. (2007): Begleitstudie zu den Sprachfördermaßnahmen in Rheinland-Pfalz. Bericht an das Ministerium für Bildung, Wissenschaft, Jugend und Kultur (MBWJK) in Rheinland-Pfalz. http://kita.bildungrp.de/fileadmin/downloads/Studie_260607.pdf.

Moraldo, S.M. und Soffritti, M. (Hgg.) (2004): Deutsch aktuell. Einführung in die Tendenzen der deutschen Gegenwartssprache. Roma: Carocci.

Müller, N. (1990): Developing two Gender Assignment Systems Simultaneously. In: Meisel, J.M. (Hg.), Two First Languages – Early Grammatical Development in Bilingual Children. Dordrecht: Foris, 193–236.

Müller, N. (2000): Gender and Number in Acquisition. In: Unterbeck et al. (Hgg.), 351–400.

Müller, N., Cantone, K., Kupisch, T. und Schmitz, K. (2001): Das mehrsprachige Kind: Italienisch–Deutsch. Arbeiten zur Mehrsprachigkeit. Hamburg: Universität.

Müller, N. und Hulk, A. (2001): Crosslinguistic Influence in Bilingual Language Acquisition: Italian and French as Recipient Languages. Bilingualism: Language and Cognition, 4, 1–21.

Müller, N., Kupisch, T., Schmitz, K. und Cantone, K. (2006): Einführung in die Mehrsprachigkeitsforschung. Tübingen u.a.: Narr.

Müller-Jacquier, B. (2007): Xenismen als Verfremdungen. In: Redder (Hg.), 585–598.

Mueller-Reichau, O. (2008): Genuswechsel in Kopulasätzen. Zeitschrift für Sprachwissenschaft, 27, (1), 73–98.

Naglo, K. (2007): Rollen von Sprache in Identitätsbildungsprozessen multilingualer Gesellschaften in Europa: eine vergleichende Betrachtung Luxemburgs, Südtirols und des Baskenlands. Frankfurt M. u.a.: Lang.

Naglo, K. (2008): Sprachpolitik und gesellschaftliche Heterogenität in Europa: das Beispiel des mehrsprachigen Raums Luxemburg. Österreichische Zeitschrift für Soziologie. Wiesbaden: VS Verlag für Sozialwissenschaften.

Neef, M. und Vater, H. (2006): Concepts of the Lexicon in Theoretical Linguistics. In: Wunderlich (Hg.), 27–56.

Neumann, A. (2001): Sprachverarbeitung, Genus und Aphasie. Der Einfluss von Genustransparenz auf den Abruf von Genusinformation. Berlin: Humboldt-Universität.

Neuner, G., Scherling, T. und Schmidt, R. (1987): Deutsch aktiv NEU. Berlin u.a.: Langenscheidt.

Nichols, J. (1992): Linguistic Diversity in Space and Time. Chicago, IL: University of Chicago Press.

Nicoladis, E. (2001): Finding Forst Words in the Input. In: Cenoz/Genesee (Hgg.), 131–148.

Oelinger, A. (1574): Underricht der Hoch Teutschen Spraach: Grammatica. Straßburg.

Öhler, H. (Hg.) (1966): Grundwortschatz Deutsch. Stuttgart: Klett.

Öztürk, B. (2005): Case, Rerentiality and Case Structure. Amsterdam u.a.: Benjamins.

Oksaar, E. (1977): Spracherwerb im Vorschulalter: Einführung in die Pädolinguistik Stuttgart u.a.: Kohlhammer.

Olsen, S. (1987): Zum „substantivierten" Adjektiv im Deutschen: Deutsch als eine pro-drop-Sprache. Studium Linguistik, 21, 1–35.

Olsen, S. (1991): Nominalphrase als Determinansphrase. In: Olsen/Fanselow (Hgg.), 35–56.

Olsen, S. und Fanselow, G. (Hgg.) (1991): DET, COMP und INFL. Zur Syntax funktionaler Kategorien und grammatischer Funktionen. Tübingen u.a.: Niemeyer.

Panagiotopoulou, A. und Carle, U. (Hgg.) (2004): Sprachentwicklung und Schriftspracherwerb. Beobachtungs- und Fördermöglichkeiten in Familie, Kindergarten und Grundschule. Hohengehren: Schneider.

Paradis, J. und Genesee, F. (1996): Syntactic Acquisition in Bilingual Children: Autonomous or Independent? Studies of Second Language Acquisition, 18, 1–15.

Paradis, J. und Navarro, S. (2003): Subject Realization and Cross-Linguistic Influence in Bilingual Acquisition of Spanish and English: What is the Role of the Input? Journal of Child Language, 30, 1–23.

Patterson, J.L. und Pearson, B.Z. (2004): Bilingual Lexical Development: Influences, Contexts, and Processes. In: Goldstein, B.A. (Hg.), Bilingual Language Development and Disorders in Spanish-English Speakers. Baltimore: Paul H. Brookes, 77–104.

Paul, H. (1886): Principien der Sprachgeschichte. Halle.

Paul, L. (1978): Geschichte der Grammatik im Grundriß. Sprachdidaktik als angewandte Erkenntnistheorie und Wissenschaftskritik. Weinheim u.a.: Beltz.

Penfield, W. und Roberts, L. (1959): Speech and Brain-Mechanisms. Princeton, New Jersey Princeton University Press.

Penner, Z. und Weissenborn, J. (1996): Strong Continuity, Parameter Setting and the Trigger Hierarchy. On the Acquisition of the DP in Bernese Swiss German and High German. In: Clahsen, H. (Hg.), Generative Perspectives on Language Acquisition: Empirical Findings, Theoretical Considerations, Crosslinguistic Comparisons. Amsterdam u.a.: Benjamins, 161–200.

Penner, Z., Weissenborn, J. und Wymann, K. (2001): On the Prosody/Lexicon Interface in Learning Word Order. A Study of Normally Developing and Language Impaired Children. In: Weissenborn, J. und Höhle, B. (Hgg.), Approaches to Bootstrapping: Phonological, Lexical, Syntactic, and Neurophysiological Aspects of Early Language Acquisition. Amsterdam u.a: Benjamins, 269–294.

Penzl, H. (1955): A Grammar of Pashto: A Descriptive Study of the Dialect of Kandahar, Afghanistan. Washington, DC: American Council of Learned Societies.

Perlmutter, D.M. (1970): On The Article in English. In: Bierwisch, M. und Heidolph, K. E. (Hgg.), Progress in Linguistics. A Collection of Papers. The Hague, Paris: Mouton.

Pfaff, C.W. (2001): The Development of Co-Constructed Narratives by Turkish Children in Germany. In: Strömqvist, V. (Hg.), 153–188.

Pfaff, C.W. (1994): Early Bilingual Development of Turkish Children in Berlin. In: Extra, G. und Verhoeven, L. (Hgg.), The Cross-Linguistic Study of Bilingual Development. Amsterdam u.a.: Koninklijke Nederlandse Akademie van Wetenschappen. 75–97.

Pfaff, C.W. (Hg.) (1987): First and Second Language Acquisition Processes. Cambridge: Newbury House.

Piaget, J. (1954): La langage et la pensée du point de vue génétique. Amsterdam.

Piaget, J. (1955): The Language and Thought of the Child. Cleveland: Meridian Books.

Piaget, J. (1980): Psychologie der Intelligenz. Stuttgart u.a.: Klett-Cotta.

Pienemann, M. (1981): Der Zweitspracherwerb ausländischer Arbeiterkinder. Bonn: Bouvier.

Pisarek, K. (1968): Zaimek w polskim zdaniu. 2. Obserwacje przydawki zaimkowej. Język Polski, 13, 12–33.

Pittàno, G. (1983): Lingua, espressione, comunicazione. Milano: Mondadori.

Poplack, S. (1980): Sometimes I'll start in Spanish y termino en Español. Toward a Typology of Code-Switching. Linguistics, 18, 581–616.

Pottier, B. (1963): Recherches sur l'analyse sémantique en linguistique et en traduction mécanique. Nancy: Université: Faculté des lettres et sciences.

Priscian: Prisciani operum minorum grammaticalium: indices et concordantiae. In: García Román, C. und Gutiérrez Galindo, M. A. (Hgg.). Hildesheim: Olms-Weidmann.

Priscian (5. Jhd. n. Chr.): Institutiones grammaticae. Hrsg. Von Keil, H., Leipzig: Teubner.

Pusch, L.F. (1984): Das Deutsche als Männersprache. Aufsätze und Glossen zur feministischen Linguistik. Frankfurt am Main: Suhrkamp.

Pusch, L.F. (1999): Die Frau ist nicht der Rede wert. Frankfurt am Main: Suhrkamp.

Ramge, H. (1976): Spracherwerb und sprachliches Handeln. Studien zum Sprechen eines Kindes im dritten Lebensjahr. Düsseldorf: Schwann.

Redder, A. (1983): Kommunikation in der Schule – zum Forschungsstand seit Mitte der siebziger Jahre. In: Redder (Hg.), 118–144.

Redder, A. (Hg.) (1983): Kommunikation in Institutionen.

Redder, A. (1984): Modalverben im Unterrichtsdiskurs. Pragmatik der Modalverben am Beispiel eines institutionellen Diskurses. Tübingen u.a.: Niemeyer.

Redder, A. (1985): Beschreibungsverfahren türkischer Kinder auf Deutsch: eine einfache Bilderfolge. In: Rehbein, J. (Hg.), Interkulturelle Kommunikation. Tübingen u.a.: Narr.

Redder, A. (1987): Modalverben im kindlichen Diskurs. Überlegungen zu ihrer Aneignung. In: Wagner, K. (Hg.), Wortschatzerwerb. Bern u.a.: Lang, 30–58.

Redder, A. (1990): Grammatiktheorie und sprachliches Handeln: „denn" und „da". Tübingen u.a.: Niemeyer.

Redder, A. (1994): „Bergungsunternehmen". Prozeduren des Malfelds beim Erzählen. In: Brünner und Graefen (Hgg.), 239–264.

Redder, A. (1994a): Diskursanalysen in praktischer Absicht – Forschungszusammenhang und Zielsetzung. In: Redder, A. (Hg.), Diskursanalysen in praktischer Absicht. Osnabrücker Beiträge zur Sprachtheorie OBST, 5–15.

Redder, A. (1999): Mann, oh Mann. In: Bührig und Matras (Hgg.), 235–246.

Redder, A. (2003): Partikulares sprachliches Handeln in Text und Diskurs - z.B. Partizipialkonstruktionen. In: Hoffmann, L. (Hg.), 155-188.

Redder, A. (2004): Von der Grammatik zum sprachlichen Handeln. Weil – das interessiert halt viele. Der Deutschunterricht, 5, 50–58.

Redder, A. (2005): Wortarten oder sprachliche Felder, Wortartenwechsel oder Feldtransposition? In: Knobloch/Schaeder (Hgg.), 43–66.

Redder, A. (2007): Wortarten als Grundlage der Grammatikvermittlung? In: Köpcke/Ziegler (Hgg.), 129–146.

Redder, A. (Hg.) (2007): Diskurse und Texte. Festschrift für Konrad Ehlich zum 65. Geburtstag. Tübingen u.a.: Stauffenburg.

Redder, A. und Martens, K. (1983): Modalverben ausprobieren. Wie Kinder mit Modalverben handeln. In: Boueke, W. und Klein, W. (Hgg.), Untersuchungen zur Dialogfähigkeit von Kindern. Tübingen: Narr, 163–181.

Redder, A. und Rehbein, J. (1999): Zusammenhänge zwischen Grammatik und mentalen Prozessen. In: Redder/Rehbein (Hgg.), 1–12.

Redder, A. und Rehbein, J. (Hgg.) (1999): Grammatik und mentale Prozesse. Tübingen u.a.: Stauffenburg.

Rehbein, J. (1981): Zu begrifflichen Prozeduren in der zweiten Sprache Deutsch. Die Wiedergaben eines Fernsehausschnitts bei türkischen und deutschen Kindern. In: Bausch, K.-H. (Hg.), Mehrsprachigkeit in der Stadtregion. Jahrbuch 1981 des Instituts für deutsche Sprache. Düsseldorf: Schwann.

Rehbein, J. (1984): Beschreiben, Berichten und Erzählen. In: Ehlich, K. (Hg.), Erzählen in der Schule. Tübingen u.a.: Narr, 67–125.

Rehbein, J. (1987): Diskurs und Verstehen. Zur Rolle der Muttersprache bei der Textverarbeitung in der Zweitsprache. In: Apeltauer, E. (Hg.), 113–172.

Rehbein, J. (2001): Turkish in European Societies. Arbeiten zur Mehrsprachigkeit. Arbeiten zur Mehrsprachigkeit. Hamburg: Universität.

Rehbein, J. (2007): Erzählen in zwei Sprachen – auf Anforderung. In: Meng/Rehbein (Hgg.), 393–460.

Rehbein, J. und Grießhaber, W. (1994): Erwerbskonstellationen. http://spzwww.uni-muenster. de/~griesha/sla/gri/sla-erwerbs-konst-a.html.

Rehbein, J. und Grießhaber, W. (1996): L2-Erwerb versus L1-Erwerb: Methodologische Aspekte ihrer Erforschung. In: Ehlich (Hg.), 67–120.

Rehbein, J. und Meng, K. (2007): Kindliche Kommunikation als Gegenstand wissenschaftlicher Forschung (Einleitung). In: Meng/Rehbein (Hgg.), 1–39.

Rehbein, J. und Redder, A. (Hgg.) (1987): Arbeiten zur interkulturellen Kommunikation. Osnabrücker Beiträge zur Sprachtheorie, OBST, 38.

Reich, H.H. und Neumann, U. (1977): Türkische Kinder – deutsche Lehrer. Düsseldorf: Schwann.

Reich, H.H. und Roth, H.-J. (2004): HAVAS 5 – Hamburger Verfahren zur Analyse des Sprachstandes bei 5-Jährigen. Hamburg: Behörde für Bildung und Sport.

Reich, H.H. und Roth, H.-J. (2007): Sprachdiagnostik im Lernprozess. Münster u.a.: Waxmann.

Robins, R. H. (1967): A Short History of Linguistics. London u.a.: Longman.

Robins, R.H. (1973): Ideen- und Problemgeschichte der Sprachwissenschaft. Frankfurt M.: Athenäum.

Rogers, M. (1987): Learners' Difficulties with Grammatical Gender in German as a Foreign Language. Applied Linguistics, 8 (1), 48–73.

Romaine, S. (1999): Early Bilingual Development: From Elite to Folk. In: Extra/Verhoeven (Hgg.), 61–74.

Romaine, S. (2001): Multilingualism. In: Miller (Hg.), 512–532.

Ronjat, J. (1913): Le développement du langue observé chez un infant bilingue. Paris: Champion.

Rosch, E. (1978): Principles of Categorization. In: Rosch/Lloyd (Hgg.), 27–48.

Rosch, E. und Lloyd, B.B. (Hgg.)(1978): Cognition and Categorization. Hillsdale, New Jersey: Erlbaum.

Rosenblum, T. und Pinker, SIEHE AUCH (1983): Word Magic Revisited: Monolingual and Bilingual Children's Understanding of the World-Object Relationship. Child Development, 54, 587–599.

Rothweiler, M. und Meibauer, J. (1999): Das Lexikon im Spracherwerb – ein Überblick. In: Meibauer/Rothweiler (Hgg.), 9–31.

Russell, B. (1905): On Denoting. Mind, new series, 14, 479–493. http://www.cscs.umich.edu/~crshalizi/Russell/denoting.

Russell, B. (1971): Über das Kennzeichnen. In: Russel, B. (Hg.), Philosophische und politische Aufsätze. Stuttgart: Reclam, 3–22.

Salminger, I. (2006): Gender e l'atteggiamento linguistico locale in contesto migratorio. In: Krefeld (Hg.), 139–156.

Saunders, G. (1988): Bilingual Children: From Birth to Teens. Clevedon: Multilingual Matters.

Schaaik, G.v. (1996): Studies in Turkish Grammar. Wiesbaden: Harrassowitz.

Schaeder, B. und Knobloch, C. (Hgg.) (1992): Wortarten. Beiträge zur Geschichte eines grammatischen Problems. Tübingen u.a.: Niemeyer.

Schiller, N.O. und Camarazza, A. (2003): Mechanisms of Determiner Selection: Evidence from Noun Phrase Production in German and Dutch. Journal of Memory and Language, 48, 168–194.

Schmidt, T. (2002): EXMARaLDA – ein System zur Diskurstranskription auf dem Computer. Arbeiten zur Mehrsprachigkeit. Hamburg: Universität

Schottel, J.G. (1663): Ausführliche Arbeit von der teutschen Haubtsprache. Braunschweig.

Schramm, K. (2007): Grammatikerwerb beim zweitsprachlichen Erzählen in der Grundschule. In: Köpcke/Ziegler (Hgg.), 199–221.

Schröder, W. (1987): Spinoza in der deutschen Frühaufklärung. Würzburg: Königshausen & Neumann.

Schulz, P., Tracy, R. und Wenzel, R. (2008): Entwicklung eines Instruments zur Sprachstandsdiagnose von Kindern mit Deutsch als Zweitsprache: Theoretische Grundlagen und erste Ergebnisse. In: Ahrenholz (Hg.), 9–33.

Searle, J.R. (1969): Sprechakte. Ein sprachphilosophischer Essay. Frankfurt M. u.a.: Suhrkamp.

Serra Borneto, C. (2000): Introspektion und Grammatik. Fremdsprachen lehren und lernen, 29, 54–70.

Serratrice, L., Sorace, A., Filiaci, F. und Baldo, M. (2009): Bilingual Children's Sensivity to Specificity and Genericity: Evidence from Metalinguistic Awareness. Bilingualism: Language and Cognition, 12 (2), 239–257.

Serratrice, L., Sorace, A. und Paoli, S. (2004): Cross-Linguistic Influence at the Syntax-Pragmatics Interface: Subjects and Objects in English-Italian Bilingual and Monolingual Acquisition. Bilingualism: Language and Cognition, 10, 225–238.

Siebert-Ott, G.M. (2001): Frühe Mehrsprachigkeit: Probleme des Grammatikerwerbs in multilingualen und multikulturellen Kontexten. Tübingen u.a.: Niemeyer.

Sieburg, H. (Hg.) (1997): Sprache – Genus/Sexus. Frankfurt M.: Lang.

Siewierska, A. (1999): From Anaphoric Pronoun to Grammatical Agreement Marker: Why Objects Don't Make It. In: Corbett (Hg.), 225–251.

Singh, M. (1993): Thematic Roles, Word Order, and Definiteness. Austin: University of Texas. http://citeseerx.ist.psu.edu/viewdoc/summary?doi=10.1.1.52.6518.

Singleton, D.M. und Lenguel, Z. (Hgg.) (1995): The Age Factor: Second Language Acquisition. Clevedon: Multilingual Matters.

Singleton, D.M. und Ryan, L. (2004): Language Acquisition: The Age Factor. Clevedon: Multilingual Matters.

Skutnabb-Kangas, T. und Toukomaa, P. (1976): Teaching Migrants Children's Mother Tongue and Learning the Language of the Host Country in the Context of the Sociocultural Situation of the Migrant Family. Helsinki: The Finnish National Commission for UNESCO 1976.

Slobin, D.I. (Hg.) (1985): The Crosslinguistic Study of Language Acquisition. Hillsdale, New Jersey: Erlbaum.

Smoczyńska, M. (1985): The Acquisition of Polish. In: Slobin (Hg.), 595–686.

Snow, C. (1999): Social Perspectives on the Emergence of Language. In: MacWhinney (Hg.), 257–276.

Snow, C.E. und Ferguson, C.A. (Hgg.) (1977): Talking to Children: Language Input and Acquisition. Cambridge u.a.: Cambridge University Press.

Sobrero, A. (2006): La crisi della geografia linguistica al tempo del mistilinguismo, dell'interculturalità, della globalizzazione. In: Krefeld (Hg.), 11–18.

Speck-Hamdan, A. (1998): Individuelle Zugänge zur Schrift. In: Huber, L., Kegel, G. und Speck-Hamdan, A. (Hgg.), Einblicke in den Schriftspracherwerb. Braunschweig: Westermann, 101–109.

Speck-Hamdan, A. (2001): Schreiben- und Lesenlernen beginnt nicht in der Schule. Grundschule, 33–34.

Speck-Hamdan, A. (2005): Mehr Chancen durch Sprachförderung – Deutsch als Zweitsprache (DaZ) im Fokus. Grundschulverband aktuell, 92, 3–7.

Spencer, A. (1991): Morphological Theory. Oxford: Blackwell.

Spinner, P. und Juffs, A. (2008): L2 Grammatical Gender in a Complex Morphological System: The Case of German. IRAL, 46, 315–348.

Spinoza, B. (1674): Werke in drei Bänden. Nachdruck (2006), Hamburg: Meiner.

Stanat, P. und Müller, A.G. (2005): Förderung von Schülerinnen und Schülern mit Migrationshintergrund. In: Speck-Hamdan (Hg.), 20–32.

Statistisches Bundesamt (2005): Bevölkerung mit Migrationshintergrund – Ergebnisse des Mikrozensus 2005. Reihe 2.2. Berlin: Stat. Bundesamt.

Steele, S. (1978): Word Order Variation: A Typological Study. In: Greenberg, J. H., Ferguson, C. A. und Moavcsik, E. A. (Hgg.), Universals of Human Language IV: Syntax. Stanford: Stanford University Press, 585–623.

Steinthal, H. (1890/1981): Geschichte der Sprachwissenschaft bei den Griechen und Römern, mit besonderer Rücksicht auf die Logik In: Hildesheim: Olms.

Stieler, K.v. (1691): Der teutschen Sprache Stammbaum und Fortwachs oder teutscher Sprachschatz. Nürnberg.

Strawson, P.F. (1950): On Referring. Mind, New Series, 59, 320–344.

Strömqvist, S. und Verhoeven, L. (Hgg.) (2004): Relating Events in Narrative. Mahwah, New Jersey: Erlbaum.

Szagun, G. (1983): Sprachentwicklung beim Kind. Eine Einführung. München: Urban und Schwarzenberg.

Szwedek, A. (1973): Some Aspects of Definiteness and Indefiniteness of Nouns in Polish. Papers and Studies in Contrastive Linguistics. http://ifa.amu.edu.pl/psicl/files/2/16_Szwedek.pdf.

Szwedek, A. (1976): Word Order, Sentence Stress and Reference in English and Polish. Edmonton/Alberta.

Tegey, H. und Robson, B. (1996): A Reference Grammar of Pashto. http://www.eric.ed.gov.

Templin, M.C. (1957): Certain Language Skills in Children: Their Development and Interrelationships. Minneapolis: University of Minnesota Press.

Thoma, D. und Tracy, R. (2006): Deutsch als frühe Zweitsprache: Zweite Erstsprache? In: Ahrenholz (Hg.), 58–79.

Thomas von Erfurt und Grotz, S.: Tractatus de modis significandi. Abhandlung über die bedeutsamen Verhaltensweisen der Sprache = (Tractatus de modis significandi) (1998): Bochumer Studien zur Philosophie, 27. Übersetzt von Grotz, S. Amsterdam u.a.: Benjamins.

Tomasello, M. (2005): Constructing a Language: A Usage-Based Theory of Language Acquisition. Cambridge, Mass.: Harvard University Press.

Tomasello, M. (2006): Construction Grammar for Kids. Constructions SV1–11/2006. http://www.constructions-online.de.

Tosi, A. (1984): Immigration and Bilingual Education. Oxford: Pergamon Press.

Tosi, A. (1999): The Notion of ‚Community‘ in Language Maintenance. In: Extra/Verhoeven (Hgg.), 325–344.

Tracy, R. (1995): Child Languages in Contact: Bilingual Language Acquisition (English/German) in Early Childhood. Tübingen: Universität.

Tracy, R. (2000): Sprache und Sprachentwicklung: Was wird erworben? In: Grimm (Hg.), Enzyklopädie der Psychologie. Göttingen: Hogrefe.

Tracy, R. und Gawlitzek-Maiwald, I. (2000): Bilingualismus in der frühen Kindheit. In: Grimm, H. (Hg.), Enzyklopädie der Psychologie. Göttingen: Hogrefe.

Tramsen, G. (1973): Gastarbeiterin im Schuldienst – Türkenklasse. Wuppertal: Jugenddienst-Verlag.

Trautmann, C. und Reich, H.H. (2008): Pragmatische Basisqualifikationen I und II. In: Ehlich/ Bredel/Reich (Hgg.), 41–48.

Trömel-Plötz, S. (1983): Feminismus und Linguistik. In: Pusch, L.F. (Hg.): Feminismus. Inspektion der Herrenkultur. Ein Handbuch. Frankfurt/Main: Surkamp, 33–51.

Trubetzkoy, N.S. (1939): Grundzüge der Phonologie. Göttingen: Vandenhoeck und Ruprecht. Nachdruck (Auszüge) in: Hoffmann (Hg.), (2000), 290–306.

Trubetzkoy, N.S. (1939a): Le rapport entre le déterminé, le déterminant et le défini. Mélanges de linguistiques.

Trubetzkoy, N.S. (2001): Studies in General Linguistics and Language Structure. Übersetzt von Taylor, M. und Liberman, A. Durham u.a.: Duke University Press.

Twain, M. (2000): The Awful German Language. Waltrop, Leipzig: Manuscriptum Verlagsbuchhandlung.

Ulich, M. und Mayr, T. (2003): SISMiK. Sprachverhalten und Interesse an Sprache bei Migrantenkindern in Kindertageseinrichtungen (Beobachtungsbogen und Begleitheft). Freiburg i.Br.: Herder.

Ulrich, W. (2002): Linguistische Grundbegriffe. Berlin u.a.: Gebrüder Bornträger Verlagsgroßhandlung.

Unterbeck, B., Rissanen, M., Nevalainen, T. und Saari, M. (Hgg.) (2000): Gender in Grammar and Cognition. Berlin u.a.: De Gruyter.

Varro: De Lingua Latina. In.: Dahlmann, H. (Hg.), (1940): Berlin, Weidmannsche Verlagsgesellschaft.

Varro: De Lingua Latina. In.: http://www.thelatinlibrary.com/varro.ll9.html.

Vater, H. (1963): Das System der Artikelformen im gegenwärtigen Deutsch. Tübingen u.a.: Niemeyer.

Vater, H. (1982): Der „unbestimmte Artikel" als Quantor. In: Welte, W. (Hg.), Sprachtheorie und Angewandte Linguistik. Festschrift für Alfred Wollmann zum 60. Geburtstag. Tübingen u.a.: Narr, 67–74.

Vater, H. (1984): Determinantien und Quantoren im Deutschen. Zeitschrift für Sprachwissenschaft, 3, 1, 19–41.

Vater, H. (1985): Determinantien und Pronomina. In: Redder, A. (Hg.), Deutsche Grammatik II, Osnabrücker Beiträge zur Sprachtheorie OBST. 107–126.

Vater, H. (1986): Zur Abgrenzung der Determinantien und Quantoren. In: Vater, H. (Hg.), Zur Syntax der Determinantien. Tübingen u.a.: Narr, 13–31.

Vater, H. (1991): Determinantien in der DP. In: Fanselow (Hg.), 15–34.

Verhoeven, L. (2004): Bilingualism and Narrative Construction. In: Strömqvist/Verhoeven (Hgg.), 435–454.

Verhoeven, L. und Strömqvist, S. (Hgg.) (2001): Narrative Development in a Multilingual Context. Amsterdam u.a.: Benjamins.

Vigliocco, G. und Franck, J. (1999): When Sex and Syntax Go Hand in Hand: Gender Agreement in Language Production. Journal of Memory and Language, 40, 455–478.

Vygotskij, L.S. (2002): Denken und Sprechen. Psychologische Untersuchungen. Weinheim: Beltz.

Wagner, K.R. und Steinsträter, C. (1989): Der Einfluss von Erzählsituationen auf die Erzählproduktion. In: Wagner (Hg.), 113–122.

Weber, D. (2001): Genus. Zur Funktion einer Nominalkategorie exemplarisch dargestellt am Deutschen. Frankfurt M.: Lang.

Wegener, H. (1992): Kindlicher Zweitspracherwerb. Untersuchungen zur Morphologie des Deutschen und ihrem Erwerb durch Kinder mit polnischer, russischer und türkischer Erstsprache. Eine Längsschnittuntersuchung. Augsburg: Universität.

Wegener, H. (1995): Das Genus im DaZ-Erwerb. Beobachtungen an Kindern aus Polen, Russland und der Türkei. In: Handwerker, B. (Hg.), Fremde Sprache Deutsch. Tübingen u.a.: Narr, 1–24.

Wegener, H. (1995a): Die Nominalflexion des Deutschen – verstanden als Lerngegenstand. Tübingen u.a.: Niemeyer.

Wegener, H. (2000): German Gender in Children's Second Language Acquisition. In: Unterbeck et al. (Hgg.), 511–544.

Wegera, K. (1997): Das Genus. Ein Beitrag zur Didaktik des DaF-Unterrichts. München: Iudicium.

Wei, L. (1997): Who Maintains/Relinquishes which Language How and Why? Current Issues in Language and Society, 4 (2), 148–152.

Wei, L. (2007): Dimensions of Bilingualism. In: Wei (Hg.), 3–22.

Wei, L. (2007) (Hg.): The Bilingualism Reader. London: Routledge.

Weidling, F. (Hg.) (1894): Die deutsche Grammatik des Johannes Clajus nach dem ältesten Druck von 1578 mit den Varianten der übrigen Ausgaben. Straßburg.

Weinrich, H. (1969): Textlinguistik: Zur Syntax des Artikels in der deutschen Sprache. Jahrbuch für Internationale Germanistik. Bern u.a.: Lang.

Weinrich, H. (1993/2003): Textgrammatik der deutschen Sprache. Mannheim: Bibliographisches Institut.

Weissenborn, J., Goodluck, H. und Roeper, T. (Hgg.) (1992): Theoretical Issues in Language Acquisition. Continuity and Change in Development. Hillsdale, N.J.: Erlbaum.

Weissenborn, J., Goodluck, H. und Roeper, T. (1992): Introduction: Old and New Problems in the Study of Language Acquisition. In: Weissenborn/Goodluck/Roeper (Hgg.), 1–24.

White, L., Valenzuela, E., Kozlowska-MacGregor, M., Leung, Y.-K. I. (2004): Gender and Number Agreement in Nonnative Spanish. Applied Psycholinguistics, 25, 105–133.

Wieler, P. (2006): Mündliches Erzählen zu Neuen Medien in einer vielsprachigen Klasse. In: Ahrenholz (Hg.), 132–149.

Wilkinson, K. (1991): Studies in the Semantics of Generic Noun Phrases. Amherst: University of Massachusetts at Amherst.

Wode, H. (1985): Die Revolution frißt ihre Eltern: Eine Erwiderung auf Bausch/Königs „Lernt' oder ‚erwirbt' man Fremdsprachen im Unterricht?" Zum Verhältnis von Sprachlehrforschung und Zweitsprachenerwerbsforschung. Die Neueren Sprachen, 84, 205–218.

Wode, H. (1996): Erwerb und Vermittlung von Mehrsprachigkeit. In: Nelde, P.H., Goebl, H., Stary Z. und Wölck, W. (Hgg.): Kontaktlinguistik. Ein internationales Handbuch zeitgenössischer Forschung, Bd. 1. Berlin u.a.: De Gruyter, 284–295.

Wode, H., Burmeister, P. , Daniel, A., Kickler, K.-U., Knust M. (1996): Die Erprobung von deutsch-englisch bilingualem Unterricht in Schleswig-Holstein: Ein erster Zwischenbericht. Zeitschrift für Fremdsprachenforschung, 7, 15–42.

Wong Fillmore, L. (1979): Individual Differences in Second Language Acquisition. In: Fillmore, C.J., Kempler, D., Wang, W.S.Y. (Hgg.), Individual Differences in Language Ability and Behaviour. New York: Academic Press, 202–228.

Wunderlich, D. (1987): Vermeide leere Pronomen – vermeide leere Kategorien. Studium Linguistik, 21, 36–44.

Wunderlich, D. (1988): Grammatisches Grundwissen. Frankfurt M.: Cornelsen.

Wundt, W. (1901): Sprachgeschichte und Sprachpsychologie. Leipzig: Verlag von Wilhelm Engelmann. 18th and 19th Century German Linguistics, 8 Bände, 1995, London: Routledge, Band 8.

Wundt, W. (1912): Völkerpsychologie. Eine Untersuchung der Entwicklungsgesetze von Sprache, Mythus und Sitte. Band I und II: Die Sprache. Leipzig: Engelmann.

Yağmur, K. (2001): Turkish and Other Languages in Turkey. In: Gorter (Hg.), 407–428.

Zifonun, G., Hoffmann, L. und Strecker, B. (Hgg.) (1997): Grammatik der deutschen Sprache. Berlin u.a.: De Gruyter.

Zubin, D. A. und Köpcke, K.-M. (1996): Prinzipien für die Genuszuweisung im Deutschen. In: Lang, E. und Zifonun, G. (Hgg.), Deutsch – typologisch. Berlin u.a.: De Gruyter, 473–491.

Anhang

A.1 Sprachfördermaßnahmen in Zahlen

In Baden-Württemberg werden Sprachfördermaßnahmen durch das Bundesland sowie durch die Landesstiftung gefördert. Allein in Maßnahmen der Landesstiftung wurden in den Förderzeiträumen seit dem Jahr 2002 pro Jahr im Durchschnitt 12 514 Kinder in Sprachfördermaßnahmen in Kindertagesstätten gefördert; von 2003 bis 2006 wurden 50 056 Kinder in Sprachfördermaßnahmen gefördert.[225]

Tabelle 33: Geförderte Kinder der Landesstiftung Baden-Württemberg[226]

	2003/2004	2004/2005	2005/2006	2006/2007	2007/2008	GESAMT
Geförderte Kinder	10 301	9 417	15 088	17 139	15 704	67 649
Kinder mit DaZ[227]	66,87 %	63,94 %	63,45 %	65,80 %	66,17 %	65,27 %
Kinder mit DaE[228]	33,13 %	36,06 %	36,55 %	34,20 %	33,83 %	34,73 %
	2003/04	2004/2005	2005/2006	2006/2007	2007/2008	GESAMT
Geförderte Kinder	10 301	9 417	15 088	17 139	15 704	67 649
Kinder mit DaZ	6888	6021	9574	11 278	10 392	44 153
Kinder mit DaE	3413	3396	5514	5861	5312	23 496

In den letzten drei Förderzeiträumen wurden jeweils Fördermaßnahmen für rund 15 000 Kinder beantragt; darunter wurden jeweils ca. 2/3 der Kinder, rund 10 000 Personen, mit Deutsch als Zweitsprache und 1/3 der Kinder, rund 5000 zukünftige Schüler, mit Deutsch als Erstsprache notiert.[229]

In demselben Bundesland finanziert neben der Landesstiftung das Kultusministerium ein Sprachförderangebot mit dem Kürzel „HSL – Hausaufgaben-, Sprach- und Lern-

---

225 Quelle: Arbeitspapier der Landesstiftung Baden-Württemberg, Online: http://www.sagmalwas-bw.de/projekt01/media/pdf/Arbeitspapier_Nr.2_Bildung_Sagmalwas.pdf.
226 Publikation mit freundlicher Genehmigung der Landesstiftung Baden-Württemberg.
227 „Deutsch als Zweitsprache", gemeint sind mehrsprachige Kinder.
228 „Deutsch als Erstsprache", gemeint sind monolinguale, deutschsprachige Kinder mit Sprachförderbedarf.
229 Quelle: Schriftliche Auskunft der Landesstiftung Baden-Württemberg vom 23.4.2008.

hilfe"; in dem vorschulischen Sprachförderangebot wurden im Jahr 2006 28 000 Kinder gefördert, im Jahr 2007 29 000 Kinder.[230]

Rheinland-Pfalz veröffentlicht die Zahl von über 14 000 Kindern in vorschulischen Sprachfördermaßnahmen im Zeitraum 2007/2008.[231]

Im Bundesland Bayern wurden im Förderzeitraum 2006/2007 10 303 Kinder vor Eintritt in die Grundschule in Sprachfördermaßnahmen gefördert (Sprachförderunterricht für Kinder mit Migrationshintergrund vor Eintritt in die Grundschule/Vorkurse).[232]

In Hessen nahmen im Förderzeitraum 2007/2008 6800 Kinder an den dortigen vorschulischen Sprachfördermaßnahmen, den Vorlaufkursen, teil; seit Beginn der hessischen Förderung im Jahr 2002 nahmen mehr als 30 000 Kinder, für die etwa 90 unterschiedliche Nationalitäten angegeben werden, an Vorlaufkursen teil.[233]

Nordrhein-Westfalen gibt „rund 66 000 Kinder" an, die im Förderzeitraum 2007/2008 vorschulische Sprachfördermaßnahmen erhielten.[234]

A.2 Das Handlungsmuster „Erzählen auf Anforderung" (Rehbein 2007)

Zunächst legt der Datenerhebende im eigenen mentalen Bereich fest, worüber etwas gewusst werden soll bzw. woraus der Gegenstand der Elizitation bestehen soll (Musterposition 2). Dementsprechend wird im interaktionalen Bereich ein Thema vorgegeben, meist in Form einer Frage (Position 3). Der Proband befragt daraufhin den eigenen mentalen Bereich daraufhin ab, was ihm oder ihr dazu einfällt (Position 4 und 5), und gleicht dazu sein Wissen über einen passenden Handlungsablauf in der Wirklichkeit mit dem Thema ab (Positionen 6, 7). Dann zerlegt der Erzählende das Wissen in erzählbare Einheiten (Position 8) und zieht dazu sein Sprachwissen, sein Diskursartwissen und sein Handlungswissen (z.B. über Muster und Schemata) heran.

Die darauf folgenden Musterschritte betreffen die Verbalisierung des Wissens in sprachlichen Handlungen des Wiedergebens: Im günstigen Fall beginnt dann der Proband eine Erzählung, die die Elemente *Vorausgreifende Zusammenfassung, Etablieren der Aktanten, Wiedergeben, narratives Erläutern* und *Einschätzen* (Positionen 9–19) umfassen. Ob dabei das Bewerten und Einschätzen durch die Probanden realisiert wird, gibt wesentliche Hinweise darauf, ob ein Bericht oder eine Erzählung vorliegt.

---

230   Quelle: Schriftliche Auskunft des Ministerium für Kultus, Jugend und Sport Baden Württemberg vom 23.4.2008 zum Förderprogramm „Hausaufgaben-, Sprach- und Lernhilfe – HSL" des Landes Baden-Württemberg.

231   Quelle: MBWJK RLP (2008): Neuer Qualitätsschub für die frühkindliche Sprachförderung. Online: http://bildungsklick.de/pm/54445/flaechendeckende-sprachfoerderung-und-schulvorbereitung -weiter-intensiviert.

232   Quelle: LfStaD (2007): Volksschulen in Bayern/Stand 1. Oktober 2006. Bestell-Nr.: B1102C 200600. München: Landesamt für Statistik und Datenverarbeitung.

233   Quelle: Schriftliche Auskunft des Hessischen Kultusministeriums vom 14.04.2008.

234   Quelle: Online: http://www.mgffi.nrw.de/kinder-und-jugend/kinder-nrw/sprachfoerderung/index.php.

Parallel finden von Seite des Wissenschaftlers Bitten um Fortfahren und Nachfragen statt, die die Realisierung der Erzählung unterstützen (Position 17).

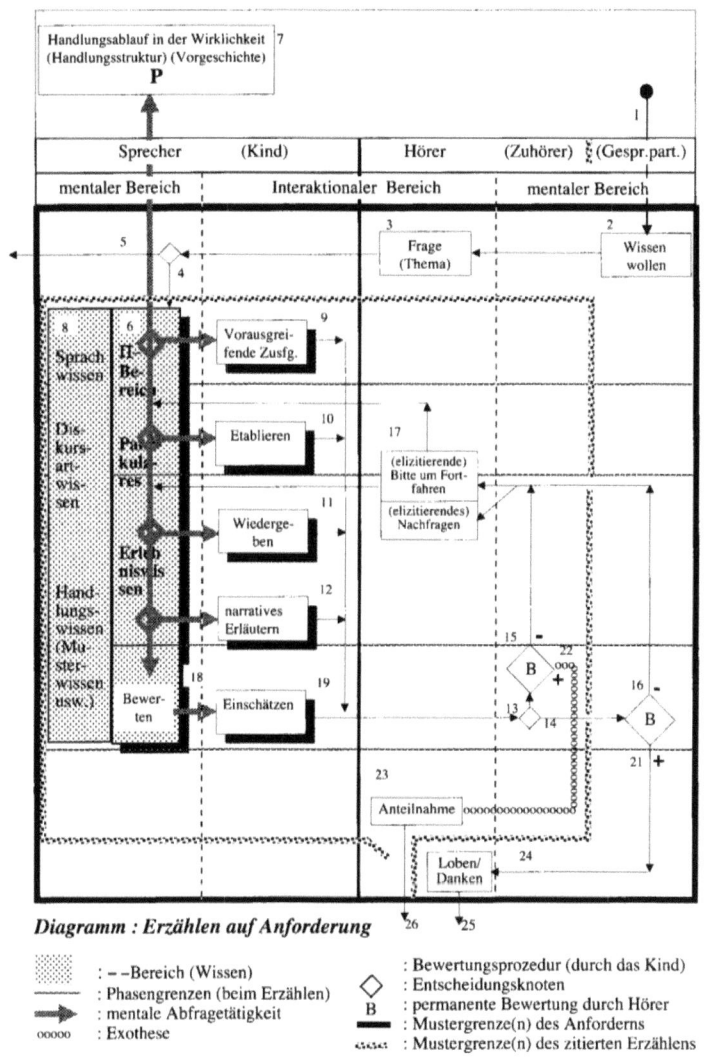

Diagramm : Erzählen auf Anforderung

: --Bereich (Wissen)	: Bewertungsprozedur (durch das Kind)	
: Phasengrenzen (beim Erzählen)	◇ : Entscheidungsknoten	
: mentale Abfragetätigkeit	B : permanente Bewertung durch Hörer	
ooooo : Exothese	: Mustergrenze(n) des Anforderns	
	: Mustergrenze(n) des zitierten Erzählens	

Abbildung 6: Erzählen auf Anforderung

Rehbein 2007: 404

In einer bewertenden Aktivität des Datenerhebenden wird verdeutlicht, ob das Handlungsmuster der Erzählung auf Anforderung weiter durchlaufen werden soll oder ob es abgeschlossen werden kann. Den Abschluss bildet dann im Schaubild die Realisierung der Lob- und Dankposition 24, die zum Musterausgang führt.

Dieses Handlungsmuster wird in der Interaktion mit Erwachsenen formal und funktional sukzessive angeeignet. Es entwickelt sich in jeder der Sprachen des Individuums auf der Grundlage sprachspezifisch unterschiedlicher oraler Tätigkeiten und Diskurse (cf. Rehbein 2007: 403). Sprecher können also durchaus bereits während der Aneignung bewusst erkennen, dass ein Erzählmuster in einer Sprache möglicherweise anders aufgebaut ist als in einer anderen Sprache bzw. Erzähltradition.

A.3 Felder und Prozeduren

Tabelle 34: Felder und Prozeduren

Feld	*Prozedur*	*Sprachliche Mittel (Deutsch)*
Symbolfeld	symbolisch, nennend	Substantiv-, Verb-, Adjektivstämme, einige Adverbien.
Zeigfeld	deiktisch	origobasierte sprecher-/hörer-(gruppen)bezogene Ausdrücke: ich, du, wir, ihr; best. lokale/temporale Adverbien: hier, da, dort, jetzt.
Lenkfeld	expeditiv	Interjektion; Imperativ-/Vokativendung; Tonhöhenverlauf in Tonmustern.
Operationsfeld	operativ	Anapher; Artikel; Relativum; Konjunktor; Subjunktor; Präposition; einige Flexionsendungen (z.B. Infinitiv, Plural); Serialisierung; Akzentuierung.
Malfeld	expressiv	Exklamative Tonmodulation; Imitation.

Hoffmann 2003b: 14

A.4 Die Aneignungsreihenfolge von Grießhaber (2005)

Tabelle 35: Aneignungsreihenfolge Grießhaber (2005)

Stufe	Merkmale
0 Bruchstücke	stark eingeschränkter Wortschatz, Lücken unklare Strukturen bei mehreren Symbolfeldausdrücken meist ohne Verankerung mit Finitum, viele verblose Äußerungen Verben in der Regel mit irgendwie flektiert keine Verkettung durch operative Prozeduren Wiederholung von Symbolfeldausdrücken zur Verkettung Mimik & Gestik, Hilfe durch Hörer
1 Finitum	eingeschränkter Wortschatz, Lücken, Genus unsicher Symbolfeldausdrücke oft ohne Determinativ → syntaktisch isoliert meist Verankerung mit Finitum Neufokussierung statt Verkettung durch operative Prozeduren Hilfe durch Hörer
2 Verbalklammer	ausreichender Wortschatz, Genus unsicher Symbolfeldausdrücke mit Determinativ → syntaktisch integriert sichere Perfektformen, Modalverbkonstruktionen beginnende Verkettung durch operative Prozeduren Unterstützung durch Hörer
3 Inversion	ausreichender Wortschatz, Genus unsicher Deiktika in thematischer Prä-V2-Position → Fortführung Verkettung mit operativen und deiktischen Prozeduren Nebensatzstrukturen unsicher, im Entstehen
4 Nebensätze	komplexe Strukturierung mit Nebensatzstrukturen differenzierter Wortschatz dichte Verkettung mit operativen und deiktischen Prozeduren Partikeln zur Hörersteuerung und Modalisierung

Grießhaber 2005: 42

A.5. Determinationsaneignung in der Übersicht

Tabelle 36: Übersicht der Determinationsaneignung

Name	Indefinite D für unbekannte Aktanten, definite D für bekannte Aktanten	Definite Determination für Aktanten, die H nicht bekannt sind	Herstellen von Bekanntheit bei Zweifelsfällen: Wissensmanagement	Auslassen der Determinationsanzeige
Antonio	(T75)ff., (T249)ff.			(T195), (T197)
Boris	(T97)ff.	(T95)		
Ali	(T201)ff., (T204)ff.	(T169), (T171)ff.		(T132), (T200)
Anna	(T151), (T152), (T336)ff.			(T335)
Mariana	(T213), (T124)	(T40), (T353)	Eigeninitiativ (T43), auf Nachfrage (T354)	(T43), (T44)
Tomas	(T2)ff., (T126)ff., (T127)ff.	(T127), (T130)		(T3), (T130)
Ilaria	(T267)ff., (T374)ff.	(T373)	Eigenaktiv (T46)ff., auf Nachfrage (T148), Korrektur (T92)	(T12), (T13)
Elena	(T140), (T64)			
Ülkü	(T58)ff., (T183)ff., (T323)ff.		Auf Nachfrage (T55)f.	(T208)
Isabella	(T389)ff.	(T398)		(T198)
Mehmet	(T9)ff., (T29)ff., (T136)ff., (T281)ff.	(T30), (T66)		(T282)f., (T287)
Kira	(T233), (T78)	(T17)	Auf Nachfrage (T19)	(T10), (T233)
Michael	(T69)f.		Korrektur (T121)	(T71)
Jo	(T85)ff.			(T84), (T88), (T380)
Sina	(T22)	(T23)	Auf Nachfrage (T25)	
Anastasia	(T138, (T176)		Korrektur (T122)	
Ayse	(T117)ff.,(T159)ff.			(T111)ff.

A.6 Tokens und Types – eine Auswahl

Tabelle 37: Tokens und Types bei Tomas, alle Erzählungen

Kind	Erzählung	Datum	Tokens	Markierung	Types
Tomas	HAVASD1	(5,11; IV)	Katze	8 f, 1 *m	f
			Vogel	6 m	m
			Baum	2 m, 3 m/n	m
			Mauer	2 f	n.g.
	WEH TUN	(6,1; VI)	Wunde	2 f	n.g.
			Handtuch	1 n	n.g.
			Mann	1 m	n.g.
			Wand	1 f, 1 *m	–
			Bett	2 m/n, 1 *m	*m
	HAVASD2	(6,5; X)	Katze	9 f, 2 *m	–
			Vogel	8 m	m
			Baum	3 m	m
			Mauer	3 f	f
			Gras	1 *m	n.g.
Summe				51/6*	6/*1
	zielsprachlich			89,5 %	85,7 %

Tabelle 38: Tokens von Ayse

Kind	Erzählung	Datum	Substantive	Tokens	Types
Ayse	BARBIES	(6,2; IV)	Park	1 *f	–
			Katze	1 f	–
			Kind	1 *f	–
			Baby	1 *f	–
			Haus	1 *f	–
	HAVASD1	(6,2; IV)	Vogel	7 *f, 1 *n	–
			Katze	16 f	–
			Baum	2 *f	–
	HAVASD2	(6,8; X)	Vogel	8 *f	–
			Katze	11 f	–
			Baum	1 f/m (Korrektur)	–
	WEHTUN	(6,8; X)	Spielplatz	1 *f	–
			Rutschen	1 f	–
			Mutti	1 *m	–
			Cousine	1 *m	–
			Fuß	1 *m	–
			Pflaster	1 *f	–
					Keine Types

Tabelle 39: Tokens und Types von Mariana, alle Erzählungen

Kind	Erzählung	Datum	Tokens	Markierung	Types
Mariana	KAKAO	(6,4; II)	Kakao	1 m	n.g.
			Löffel	1 m/n	n.g.
	RABEN	(6,8; VI)	Cousine	3 f, 2 m	–
			Falle	2 f	n.g.
			Rabe	4 m	m
			Seil	1 *m, 1 m/n	n.g.
	HAVASD	(6,8; VI)	Katze	13 f , 2 *m, 2 *m/n	–
			Vogel	6 m	m
			Feuerwehrmann	2 m	n.g.
			Baum	2 m	n.g.
			Polizei	1 f	n.g.
	KOSOVO	(6,8; VI)	Hund	8 m	m
	RABEN		Stein	2 m/n	n.g.
			Haus	3 *m	*m
			Katze	2 f, 1 *m, 1 *m/n	–
			Mutter	1 f, 2 *m	–
			Papa	3 m	m
			Vater	1 m	n.g.
			Decke	1 f	n.g.
			Frau	1 f	n.g.
			Fisch	1 m/n	n.g.
			Hase	1 m/n	n.g.
			Bett	1 m/n, 1 *m	n.g.
	GEBURTSTAG	(7,0; X)	Astrid	1 f, 1 *m	–
			Auge	1 *m	n.g.
			Fest	1 m/n	n.g.
	HAVASD2	(7,0; X)	Katze	5 f, 3 *m, 1 korr m/f	–
			Vogel	6 m	m
			Baum	1 m	n.g.
			Leiter	1 f	n.g.
			Feuerwehrmann	1 *f	n.g.
				76/*19	4/*1
zielsprachlich				80 %	80 %

A.7 Natürliches Geschlecht

Tabelle 40: Genusmarkierungen bei natürlichem Geschlecht, Teilgruppe 1

Name	Substantiv	Markierung	zielsprachlich	abweichend
Mariana	Cousine	3 f, 2 m	3	2
	Feuerwehrmann	2 m, 1 f	2	1
	Mutter	1 f, 2 m	1	2
	Papa	3 m	3	
	Vater	1 m	1	
	Frau	1 f	1	
	Astrid (f)	1 f, 1 m	1	1
Tomas				
	Mann	1 m	1	0
	SUMME		13	6

Tabelle 41: Genusmarkierungen bei natürlichem Geschlecht, Teilgruppe 2

Name	Substantiv		zielsprachlich	abweichend
Ali	Nikolaus	2 f, 3 m	3	2
	Kind	4 m, 4 m/n, 1 f	4	5
	Sehad (m)	1 m	1	
	Schwester	2 f		2
	Bruder	2 f, 1 m/n	1	2
Mina	Movia (m)	1 f		1
	Payam (m)	1 f		1
	Maria	1 f	1	
	Pika	1 f	1	
	Baby	3 m, 1 m/n, 1 f	1	4
	Weihnachtsmann	4 m	4	
	Papa	5 m	5	
	Mama	2 f, 6 m	2	6
	Bruder	4m, 1 f	4	1
Ilaria	Cousine	1 f	1	
	Chef	1 m/n indef	1	
	Oma	2 f	2	
	Tommi (f)	1 f	1	
Ülkü	Gülcin (f)	5 f	5	
	Vater	1 m	1	
	Bruder	2 m	2	
Isabella	Mama	1 f, 6 m	1	6
	Kind	1 m/n	1	
Mehmet	Mama	3 m		3
	Papa	3 m	3	
	Bruder	1 m	1	
	Doktor	1 m	1	
Kira	Mutter	1 m, 4 f	4	1
	Cousine	1 m, 2 f	2	1
	Junge	1 f		1
Elena		1 f	1	
Michael	Junge	1 m, 1 m/n	2	
Ayse	Kind	1 f		1
	Baby	1 f		1
	Mutti	1 m		1
	Cousine	1 m		1
	SUMME		56	40

334

Verzeichnis der Abbildungen

Verzeichnis der Tabellen

Dank

Baki Can   • • (schaut lange)
Ich hab' dich bei Auto gesehn. Ich war hingesetzt, dann hab ich dich gesehn.
EM   Ja?
Baki Can   Hmˇ. • • •
(lacht, schlenkert mit den Beinen: er freut sich)

Im Stuhlkreis, fünfter Beobachtungsmonat

An erster Stelle möchte ich mich ganz besonders herzlich bei Herrn Prof. Dr. Dr. h.c. Konrad Ehlich bedanken, der diese Arbeit als Mentor intensiv vorangebracht hat und dem ich wertvolle Anregungen und Unterstützung, weit über die Promotion hinaus, verdanke. Herrn Prof. Dr. Gerd Kegel danke ich sehr herzlich für seine Tätigkeit als Zweitmentor und sein Interesse an der Fragestellung. Herr Prof. Dr. Thomas Krefeld hatte während der Entstehung und als dritter Prüfer stets ein offenes Ohr und wertvolle Hinweise. Frau Prof. Dr. Ingrid Gogolin danke ich herzlich für ihre Ermutigung zu dem Vorhaben. Frau Prof. Dr. Angelika Speck-Hamdan danke ich für die Gelegenheit, erste Ergebnisse auf einer Tagung vorstellen zu können. Frau PD Dr. Katrin Lindner und Herr Prof. Dr. Hans H. Reich waren gerne bereit, Fragen zu besprechen. Mit den Professoren und Professorinnen, den Promovendenmentorinnen Frau Dr. Melanie Moll und Frau Dr. Caroline Trautmann und Mitpromovenden des Linguistischen Promotionsprogramms LIPP der Ludwig-Maximilians-Universität München konnte ich ermutigende, kritische und konstruktive Diskussionen und eine wunderbare gemeinsame Zeit erleben – danke.

Ermutigend war es, dass viele Professoren und Professorinnen bereit waren, mit ihrem besonderen Fachwissen zur Klärung spezieller Fragen beizutragen. Sehr herzlich möchte ich mich dafür bei Frau Prof. Dr. Angelika Redder, Herrn Prof. Dr. Wolfram Ax, Herrn Prof. Michael Clyne PhD, Herrn Prof. Dr. Geoffrey Haig, Herrn Prof. Dr. Björn Hansen, Herrn Prof. Dr. Ludger Hoffmann, Herrn Prof. Dr. Jürgen Meisel, Herrn Prof. Dr. Christof Rapp und Herrn Prof. Dr. Taylor Roberts bedanken. Frau Dr. Susanne Goedde nahm sich der Problematik der altphilologischen Darstellung an und stellte den Kontakt zu Herr Joachim Heinrich Aulinger her, der mich bei der Wiedergabe der altgriechischen Zitate unterstützte. Diese Bereitschaft, Wissen zu teilen, hat mich sehr gefreut.

Frau Prof. Dr. Argyro Panagiotopoulou schenkte mir ihr Vertrauen und ermöglichte es, die Forschungsarbeit kontinuierlich mit ihr und den Studierenden ihres Instituts zu diskutieren, wofür ich ihr sehr dankbar bin. Die Studentinnen und Studenten meiner Lehrveranstaltungen an der Universität Koblenz gaben mir viele Anregungen – ihr Interesse und ihre Diskussionsbereitschaft waren mir eine stetige Unterstützung.

Wertvolle Anregungen und inhaltliche wie freundschaftliche Unterstützung verdanke ich Frau Dipl. Soz. Lucia Stanko, Referentin im Ministerium für Bildung, Wissenschaft, Jugend und Kultur in Rheinland-Pfalz.

Die Gespräche mit Frau Dr. Anna Komor, Frau Dr. Dorothea Hartkopf, Herrn Dr. des. Abdelrahman Nagi, Herrn Stefan Sassenberg M.A. und Frau Wencke Borde M.A. haben glückliche und schwierige Momente konstruktiv begleitet. Frau Prof. Dr. Galina Paramei hat als Vygotskij-Expertin und Freundin zu dieser Arbeit Wertvolles beigetragen.

Der Deutschen Forschungsgemeinschaft DFG danke ich für die Unterstützung des Promotionsprogramms LIPP, in dem diese Dissertation entstand, und die Förderung von Tagungsreisen.

Den Mitarbeiterinnen und Mitarbeitern der Landesstiftung Baden-Württemberg, der Kultus- und Bildungsministerien in Baden-Württemberg, Hessen und Rheinland-Pfalz sowie des Statistischen Landesamts Bayern verdanke ich interessante Daten und Zahlen und habe mich sehr über die bereitwillige Hilfe gefreut.

Den beteiligten Kindern, Eltern, Erzieherinnen, Lehrerinnen und Vertreterinnen der zuständigen Behörden danke ich herzlich für ihr Vertrauen und ihre Bereitschaft, mir ihre Zeit zu schenken und mit mir zu sprechen.

Für ein kompetentes Lektorat konnte ich auf Frau Dr. Annette Baumgartl, Frau Annette Dörner M.A. und Frau Wencke Borde M.A. zählen. Herr Falk Ziegler Dipl.-Kfm. unterstützte mich tatkräftig beim Zeitmanagement; außerdem erwiesen sich die Vorgenannten als gute Freunde. In diesem Sinne soll ihnen und außerdem Barbara, Moritz, Torsten und Thomas herzlich gedankt sein.

Drei Kinder waren besonders intensiv beteiligt und sollen dafür an dieser Stelle namentlich genannt werden: Luisa hat sich in der Vorbereitung der Datenerhebung als Peer-Testkind geduldig durch eine Vielzahl von Spracherhebungsverfahren und Elizitationsimpulsen durchgeplaudert. Alessio und Valerio kümmerten sich um die logistische Seite der Literaturrecherche und eigneten sich die komplexen Handlungsmuster universitärer Bibliotheken an, wobei sie an manche Titel des Offenen Magazins zeitweise nur mit Hilfe eines Stuhls gelangen konnten. Valerio übernahm die Übertragung der bibliographischen Angaben in die Literaturdatenbank.

Meinem Mann danke ich herzlich für seine Offenheit, Ausdauer und tatkräftige Unterstützung.

Sprach-Vermittlungen

■ Band 6

Dorothea Hartkopf

Der Orientierungskurs als neues Handlungsfeld des Faches Deutsch als Zweitsprache

2010, 340 Seiten, br., 36,90 €, ISBN 978-3-8309-2264-3

Im Jahr 2005 wurden neben Deutsch- auch Orientierungskurse für Zuwanderer eingeführt, die der Vermittlung von politischen, historischen und gesellschaftskundlichen Inhalten dienen sollen. Während in Fachkreisen in Bezug auf den zweiten Teil des Integrationskurses schon bald von der ‚Quadratur des Kreises‘ die Rede war, wurden Lehrer für Deutsch als Zweitsprache ohne weitere Vorbereitung mit einer ebenso anspruchsvollen wie brisanten neuen Aufgabe betraut. Dieser Band beschäftigt sich mit zwei zentralen Fragen: Was passiert in diesen Kursen? Und vor welchem Hintergrund geschieht dies? Im Mittelpunkt stehen dabei die Agenten der Institution, die Lehrer. Während im theoretischen Teil Vorgeschichte und Rahmenbedingungen der neuen Kursform beleuchtet werden, steht im zweiten Teil das Unterrichtsgeschehen selber im Mittelpunkt der Betrachtung. Wie Lehrer für Deutsch als Fremdsprache in Orientierungskursen agieren, wird diskursanalytisch auf der Grundlage erhobener Unterrichtskommunikation in verschiedenen Kursen untersucht. Auch werden Interviews mit den Kursleitern in die Untersuchung einbezogen.

Waxmann

MÜNSTER · NEW YORK · MÜNCHEN · BERLIN

Reihe Mehrsprachigkeit

■ Band 20

Konrad Ehlich,
Antonie Hornung (Hrsg.)

Praxen der
Mehrsprachigkeit

2006, 196 Seiten, br., 24,90 €, ISBN 978-3-8309-1731-1

Europa ist in einer tiefgehenden Weise durch ein Konzept von Sprache
geprägt, das Einsprachigkeit als den Normalfall, Mehrsprachigkeit als
etwas Exzeptionelles ansieht. Doch die europäische Einigung bringt zunehmend neue Aufgaben einer multinationalen Verständigung mit sich.
Mehrsprachigkeit erfordert vor allem wissenschaftliche Grundlegungen,
die durch sorgfältige Beobachtung und Analyse mehrsprachiger Wirk-
lichkeiten fundiert sind.

Aus dem Inhalt:

Kurt Braunmüller
Vorbild Skandinavien?
Zur Relevanz der rezeptiven Mehrsprachigkeit in Europa

Antonie Hornung
Erschwerte Mehrsprachigkeit. Fallvignette über den
Schriftspracherwerb von Migrantenkindern in diglossischem Umfeld

Dorothea Spaniel
Der Beitrag bilingualer Schulen zur Herausbildung
einer europäischen Identität

Sevgi Dereli
Germanismen und Sprachmischung in der Institution

Sinichi Kameyama
Verständnissicherung in Diskursen zwischen Muttersprachlern und
Nichtmuttersprachlern

Christiane Hohenstein
Sind Handlungsmuster mehrsprachig

MÜNSTER · NEW YORK · MÜNCHEN · BERLIN

Waxmann

Reihe Mehrsprachigkeit

■ Band 19

Edgardis Garlin

Bilingualer Erstspracherwerb

Sprachlich handeln – Sprachprobieren – Sprachreflexion.
Eine Langzeitstudie eines deutsch-spanisch
aufwachsenden Geschwisterpaares

2008, 518 Seiten, br., inkl. DVD mit Transkripten und Videoaufnahmen
zu den Transkripten, 39,90 €, ISBN 978-3-8309-1730-4

Kinder eignen sich während des Erstsprach(en)erwerbs nicht nur den
Wortschatz und grammatische Strukturen an, sondern sie lernen
sprachlich zu handeln, d.h. sie erwerben gesellschaftlich ausgearbeite-
te sprachliche Handlungsmuster. Wie dies geschieht - zumal in zwei
Sprachen - und welche Rollen das Sprachprobieren und die Sprachreflexion dabei spielen, sind die zentralen Themen der vorliegenden
Studie.

Luna und Adrian sind ein bilingual (deutsch-spanisch) aufwachsendes
Geschwisterpaar, deren sprachliche Entwicklung über den Zeitraum
der ersten sechs Lebensjahre hinweg mithilfe von Video- und Audio-
aufzeichnungen dokumentiert wurde. Diese Sprachdaten bilden die
empirische Grundlage für die 37 exemplarischen Diskursanalysen, die
hier präsentiert werden - die Originalaufnahmen und Transkripte dazu
finden sich auf der dem Buch beigefügten DVD.

Die Ergebnisse bringen nicht nur neue Aspekte für die mono- und
bilinguale Erstspracherwerbsforschung, sondern sie werden im Ansatz auch hinsichtlich eines Fremd- bzw. Zweitsprachenunterrichts im
Kindesalter ausgewertet.

MÜNSTER · NEW YORK · MÜNCHEN · BERLIN

Waxmann

Drorit Lengyel

Zweitspracherwerb in der Kita

Eine integrative Sicht auf die sprachliche und kognitive Entwicklung mehrsprachiger Kinder

Internationale Hochschulschriften, Band 521,
2009, 284 Seiten, br., 29,90 €
ISBN 978-3-8309-2086-1

Fast 10 Jahre ist es her, dass PISA die deutsche Bildungslandschaft aufrüttelte. Seitdem steht auch das Thema Mehrsprachigkeit mehr und mehr im Zentrum des Interesses. Nur selten wird der Blick jedoch auf die Fähigkeiten der Kinder bei der Aneignung des Deutschen als zweite Sprache gelegt.

Drorit Lengyel setzt mit ihrer Bearbeitung des Themas dort an, wo viele Kinder, die mit mehr als einer Sprache aufwachsen, zum ersten Mal Deutsch als Werkzeug zur Zielerreichung einsetzen müssen. Im Rahmen einer Untersuchung in vier Kindertageseinrichtungen geht sie dem Zusammenwirken sprachlicher, kognitiver und interaktiver Prozesse während der Aneignung der Zweitsprache Deutsch auf den Grund. Hierbei entledigt sie sich disziplinärer Grenzziehungen, indem sie unterschiedliche Ansätze beleuchtet. So werden auf der Suche nach Wegen zur Sprachbildung und Sprachförderung die Grundzüge einer integrativen Sichtweise auf Kinder im Zweitspracherwerb entwickelt, die das Kind in seiner „Sprachwerdung" in den Mittelpunkt der Betrachtung rückt.

MÜNSTER · NEW YORK · MÜNCHEN · BERLIN